SOCIOLOGIA GERAL

VOL. 3: AS FORMAS DO CAPITAL

Dados Internacionais de Catalogação na Publicação (CIP)
(Câmara Brasileira do Livro, SP, Brasil)

Bourdieu, Pierre, 1930-2002
Sociologia geral, vol. 3 : as formas do capital : Curso no Collège de France (1983-1984) / Pierre Bourdieu ; tradução de Fábio Ribeiro. – Petrópolis, RJ : Vozes, 2023.

"Edição estabelecida por Patrick Champagne e Julien Duval com a colaboração de Franck Poupeau e Marie-Christine Rivière"
Título original: Sociologie générale – Vol. 2 – Cours au Collège de France

Bibliografia.
ISBN 978-65-5713-700-0

1. Sociologia I. Título.

22-137135 CDD-301

Índices para catálogo sistemático:
1. Sociologia 301

Inajara Pires de Souza – Bibliotecária – CRB PR-001652/O

Pierre Bourdieu

SOCIOLOGIA GERAL

VOL. 3: AS FORMAS DO CAPITAL

Curso no Collège de France
(1983-1984)

Edição estabelecida por
Patrick Champagne e Julien Duval com a colaboração de
Franck Poupeau e Marie-Christine Rivière

Tradução de Fábio Ribeiro

Petrópolis

Tradução realizada a partir do original em francês intitulado *Sociologie générale – Vol. 2 – Cours au Collège de France (1983-1986)*
Esta edição segue a divisão proposta pela edição em inglês publicada em cinco volumes pela Polity Press.

Direitos de publicação em língua portuguesa – Brasil:
2023, Editora Vozes Ltda.
Rua Frei Luís, 100
25689-900 Petrópolis, RJ
www.vozes.com.br
Brasil

Editoração: Natália Machado
Diagramação: Raquel Nascimento
Revisão gráfica: Nilton Braz da Rocha / Fernando Sergio Olivetti da Rocha
Capa: Editora Vozes

ISBN 978-65-5713-700-0 (Brasil)
ISBN 978-2-02-133587-3 (França)

Este livro foi composto e impresso pela Editora Vozes Ltda.

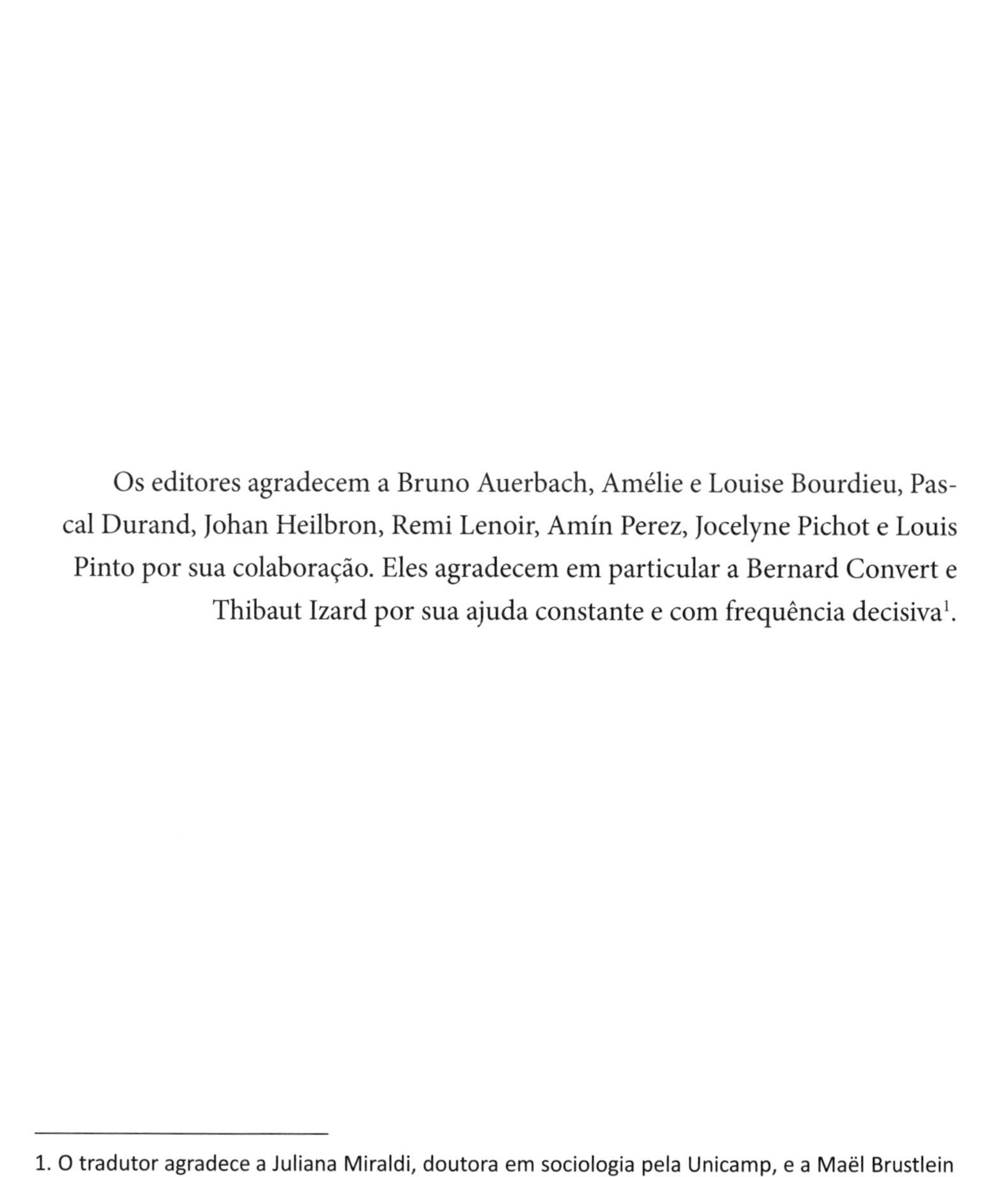

Os editores agradecem a Bruno Auerbach, Amélie e Louise Bourdieu, Pascal Durand, Johan Heilbron, Remi Lenoir, Amín Perez, Jocelyne Pichot e Louis Pinto por sua colaboração. Eles agradecem em particular a Bernard Convert e Thibaut Izard por sua ajuda constante e com frequência decisiva[1].

1. O tradutor agradece a Juliana Miraldi, doutora em sociologia pela Unicamp, e a Maël Brustlein o auxílio em questões que surgiram nesta tradução.

Sumário

Nota dos editores

Este livro se inscreve na empreitada de publicação dos cursos de Pierre Bourdieu no Collège de France. Alguns meses depois de sua última aula nessa instituição em março de 2001, Bourdieu publicara com o título *Ciência da ciência e reflexividade*[2] uma versão condensada de seu último ano de ensino (2000-2001). Depois de seu falecimento, dois livros foram publicados: *Sobre o Estado*, em 2012, e *Manet: uma revolução simbólica*, em 2013, que correspondem aos cursos que ele lecionou, respectivamente, nos períodos 1989-1992 e 1998-2000[3]. A publicação do "Curso de sociologia geral", que Pierre Bourdieu lecionou durante seus cinco primeiros anos letivos no Collège de France, entre abril de 1982 e junho de 1986, foi empreendida em seguida. Os dois volumes anteriores da série reuniram as aulas realizadas nos anos letivos de 1981-1982 e 1982-1983. Este terceiro volume reúne o ano seguinte, 1983-1984, e consiste em dez aulas de cerca de duas horas cada uma. Os dois anos finais serão publicados posteriormente em dois outros volumes.

A edição do "Curso de sociologia geral" conforma-se às escolhas editoriais que foram definidas quando da publicação do curso sobre o Estado que visavam conciliar a fidelidade e a legibilidade[4]. O texto publicado corresponde à retranscrição das aulas tais como elas foram ministradas. A retranscrição foi feita a partir das gravações no quadro deste projeto de publicação.

Como nos volumes anteriores, a passagem do oral ao escrito foi acompanhada por uma leve reescrita que buscou respeitar as disposições que Bourdieu aplicava quando ele próprio revisava suas conferências e seminários: correções

---

2. *Para uma sociologia da ciência*. Trad. P.E. Duarte. Lisboa: Edições 70, 2004 [orig.: *Science de la science et réflexivité*. Paris: Raisons d'Agir, 2001].

3. *Sobre o Estado*. Trad. R.F. d'Aguiar. São Paulo: Companhia das Letras, 2014 [orig.: *Sur L'État: cours au Collège de France 1989-1992*. Paris: Seuil, 2012]; *Manet: une révolution symbolique*. Paris: Seuil, 2013.

4. Ver a nota dos editores em *Sobre o Estado*, *op. cit.*, p. 13-15 [7-9].

estilísticas, suavização dos resíduos do discurso oral (repetições, tiques de linguagem etc.). Em casos muito excepcionais, suprimimos certas digressões quando o estado das gravações não permitia reconstituí-las de maneira satisfatória. As palavras ou passagens que estavam inaudíveis ou que correspondiam a uma interrupção momentânea das gravações são assinaladas por [...] quando se mostraram impossíveis de restituir e foram colocadas entre colchetes quando não puderam ser reconstituídas com segurança.

A divisão em seções e parágrafos, os subtítulos e a pontuação são dos editores. Os "parênteses" nos quais Bourdieu se afasta de sua proposta principal são tratados de maneiras diferentes dependendo de sua extensão e da relação que têm com o contexto. Os mais curtos são colocados entre hífenes. Quando esses desenvolvimentos adquirem uma certa autonomia e implicam uma ruptura no fio do raciocínio, eles são assinalados entre parênteses e, quando são muito longos, podem tornar-se o objeto de uma seção inteira.

As notas de rodapé são, em sua maioria, de três tipos. O primeiro indica, quando foi possível identificá-los, os textos aos quais Bourdieu se referiu explicitamente (e às vezes implicitamente); quando pareceu útil, adicionamos curtas citações desses textos. O segundo visa indicar aos leitores os textos de Bourdieu que, anteriores ou posteriores aos cursos, contêm aprofundamentos sobre os pontos abordados. O último tipo de notas fornece elementos de contextualização, por exemplo em relação a alusões que poderiam ser obscuras para leitores contemporâneos ou pouco a par do contexto francês.

As aulas apresentadas neste volume diferem levemente em sua forma das que foram reunidas nas publicações anteriores: enquanto a primeira hora é dedicada ao curso propriamente dito e inscreve-se na continuidade direta das aulas publicadas nos volumes anteriores, a segunda hora se parece mais com um "seminário", em que Pierre Bourdieu escolheu, como explica na aula que abre este volume, apresentar suas pesquisas em curso (sobre uma "parada de sucessos dos intelectuais" e uma análise de *O processo*, de Kafka, nas primeiras aulas, por exemplo). Para conservar uma linha editorial homogênea com os volumes já publicados, e para preservar as "pontes" que Pierre Bourdieu estabelece regularmente entre suas análises teóricas e suas pesquisas em curso, o volume respeita a ordem na qual as horas de ensino foram dadas. De certa maneira, os leitores ficarão livres para abordar essas lições como desejarem. Eles poderão realizar uma leitura linear, que os aproximará da situação na qual a plateia do curso estava colocada; mas, se a alternância entre aulas "teóricas" e análises vindas de pesquisas em curso que representam um "seminário" incomodar, eles poderão "pular" os estudos de caso para ler continuamente a exposição do sistema teórico ou, inversamente, ler de uma só vez as horas relativas a uma mesma pesquisa em curso deixando de lado a aula propriamente dita.

Por fim, foi reproduzido o resumo do curso como publicado em *L'Annuaire du Collège de France - cours et travaux* [*O anuário do Collège de France - cursos e trabalhos*].

Nota do tradutor: Reforçando o que foi dito pelos editores, gostaria de fazer uma observação sobre o caráter deste texto, que é razoavelmente diferente de um livro acadêmico tradicional. Pierre Bourdieu é conhecido por um estilo um tanto obscuro de redação, especialmente em suas primeiras obras, sobre as quais ele dizia que "o que é complexo só se deixa dizer de maneira complexa" (*Choses dites*, p. 66). Este curso de sociologia, por ser uma transcrição de suas aulas com uma intenção didática muito mais preponderante, é uma mudança radical para Bourdieu. Os editores franceses escolheram manter grande parte da oralidade dessas aulas, opção que segui na tradução e que considero ser a grande virtude deste texto para um público mais geral (e também especializado): um Bourdieu mais claro e até mais "humanizado". Assim, peço que se tenha isso em mente durante a leitura: neste texto há gírias, construções verbais não eruditas, piadas, trocadilhos, jogos de palavras, próclises no lugar de ênclises e outros traços de oralidade. No que concerne à tradução, sempre que possível adicionei referências a edições em língua portuguesa nas notas de rodapé. Algumas dessas edições não foram encontradas devido à dificuldade de acesso a bibliotecas decorrente da pandemia de covid-19 em 2021 e 2022 - nesses casos, indiquei a falta de localização e traduzi eu mesmo as citações. As referências aos originais estão sempre entre colchetes. Também acrescentei notas de esclarecimento de contexto para um público brasileiro quando julguei necessário. Em algumas passagens, o próprio Bourdieu comenta citações de outros autores. Quando isso acontece, acrescentei "P.B." ao final dos colchetes das intervenções de Bourdieu para diferenciá-las das minhas.

Ano letivo

1983-1984

Aula de 1º de março de 1984

Primeira hora (aula): preâmbulo sobre o ensino da sociologia. – Lector e auctor. – O par campo-*habitus*. – Sistema, campo e subcampos. – O campo dos campos. – A estrutura da distribuição do capital específico. – A institucionalização do funcionamento do campo. – Segunda hora (seminário): a parada de sucessos dos intelectuais (1). – Uma jogada de força simbólica. – A sobrerrepresentação das categorias vagas e a questão da competência. – Instituir os juízes. – Tomada de posição sobre as tomadas de posição. – A universalização do juízo particular. – Produtores para produtores e produtores para não produtores.

Primeira hora (aula): preâmbulo sobre o ensino da sociologia

Os começos são sempre a ocasião de angústias e de reflexões, e fui levado a me interrogar sobre o sentido do que ensinei e sobre o sentido do que podia fazer nas condições de ensino em que me encontro. Sem contar todas as reflexões que essa ansiedade me inspirou, eu queria simplesmente dar algumas indicações sobre minha maneira de ensinar e as conclusões que tirei delas. Com efeito, a sociologia, como todas as ciências, pode ser ensinada de duas formas: podemos ensinar ou princípios e formalismos ou aplicações desses formalismos. Por temperamento intelectual, eu preferi a segunda fórmula, que consiste em fazer enxergar a ciência em ação nas operações de pesquisa, mas como as condições nas quais eu me coloco obviamente me proíbem de realmente fazer isso, busquei uma espécie de compromisso entre a intenção de transmitir as formas e a intenção de transmitir a aplicação dessas formas. É por isso que dividirei as duas horas de ensino que darei em duas partes: na primeira parte apresentarei, na lógica e no prolongamento do que fiz ano passado, análises teóricas, e na segunda hora tentarei dar uma ideia do que seria um seminário, mostrando como podemos construir um objeto, elaborar uma problemática, e sobretudo aplicar essas formulações e essas fórmulas teóricas nas operações concretas, o que me parece ser a característica do ofício científico, a saber, a arte de reconhecer problemas teóricos nos fatos mais singulares e mais banais da vida cotidiana, e aplicar realmente esse aparato teórico ao transformar o objeto como dado à percepção num verdadeiro objeto científico. É evidente que isso não é uma coisa comum e o que apresentarei sempre terá algo um pouquinho artificial. Terá a aparência de uma espécie de experiência *ex post*, reconstruída. Talvez falte o essencial, ou seja, os tropeços, as hesitações, as atrapalhações – para chamar as coisas pelos seus nomes – da pesquisa real. É claro que realmente me atrapalharei porque acredito que, apesar de tudo, permanecerá uma parte das incertezas e das fraquezas que toda pesquisa implica.

Volto ao que será a proposta dessa primeira hora: a sequência das análises que apresentei ano passado. Aqui também, as condições em que me coloco para comunicar não são perfeitamente adequadas e apresentarei uma espécie de compromisso, que não me satisfaz muito, entre essa espécie de intenção abstrata e as condições reais nas quais devo realizá-la. De passagem, gostaria de compartilhar uma pequena reflexão que não tem nada de genial, mas que acredito ser importante. O característico de qualquer comunicação é confrontar uma intenção expressiva com o que chamo de um mercado, quer dizer, uma demanda[5]; o que se produz na comunicação é resultado de uma espécie de transação entre a intenção e as condições de recepção. Mesmo que todo emissor tente, por meio de estratégias metadiscursivas, controlar as condições de recepção de seu discurso, ele não controla completamente na prática o que produz. Uma intenção pedagógica controlada cientificamente deveria dominar as condições de sua própria recepção. Deixo essa reflexão para aqueles entre vocês que estão na situação pedagógica. Além disso, não é certo que a reflexão sobre o que fazemos facilite a prática. É até mais o contrário – eu acho que minhas hesitações neste momento são exemplo disso –, mas, apesar de tudo, se existe um preceito pedagógico, é que precisamos saber o que fazemos, ou seja, tentar ajustar um mínimo que seja as condições de produção de um discurso e as condições de recepção. Um dos princípios de minhas hesitações

5. P. Bourdieu aplica aqui à relação pedagógica a análise da economia das trocas linguísticas que desenvolveu em *A economia das trocas linguísticas*. Trad. S. Miceli *et al.* São Paulo: Edusp, 1996 [orig.: *Ce que parler veut dire. L'économie des échanges linguistiques*. Paris: Fayard, 1982 – O livro foi ampliado e reeditado como *Langage et pouvoir symbolique*. Paris: Seuil, 2001].

é a lacuna entre minha intenção de produzir um discurso cuja coerência aparecerá na escala de vários anos e o fato de que sei que o público é descontínuo: o que significa um discurso contínuo diante de um público descontínuo ou, pior, diante de um público que é parcialmente contínuo e parcialmente descontínuo? Para as pessoas que estão no contínuo pode parecer que o que digo inclui repetições, retornos, até contradições, das quais tenho consciência de algumas e outras me escapam. E para aqueles que são descontínuos, a própria lógica do meu discurso corre o risco de causar problemas, ainda mais que os cortes de hora em hora, no que têm de arbitrário, não correspondem necessariamente a unidades teóricas lógicas e autonomizáveis.

Lector e *auctor*

Essa é uma das contradições que a sociologia analisa: a contradição entre os papéis sacerdotais – a missa celebrada em dias e horas fixas – e as situações proféticas. Ao me concederem uma presença descontínua, vocês me colocam num papel profético, já que o profeta surge no extracotidiano, sem momento nem hora previstos, para produzir um discurso extracotidiano e, como se diz, milagroso[6]. A situação pedagógica nesta instituição [o Collège de France] chama o extracotidiano e, portanto, o estatuto profético, mas ao mesmo tempo o lado semanal, regular e repetitivo chama algo que não é nada profético. O profeta precisa poder escolher seu momento: ele não quer falar quando tem uma enxaqueca ou está cansado, ele fala em período de efervescência, de crise, de situação crítica em que o mundo balança, em que ninguém sabe mais o que pensar, em que todos se calam e só sobra ele para falar. A escolástica já denunciava essa contradição quando opunha o *auctor* que produz e prospera por meio de seu discurso ao *lector* que fala, faz leituras e é essencialmente um comentador.

---

6. Referência às análises de Max Weber em *Economia e sociedade*. Vol. 1: A economia e as ordens e poderes sociais. Trad. R. Barbosa e K.E. Barbosa. Brasília: UnB, 1991, p. 209-422 [*Wirtschaft und Gesellschaft*. Tubinga: Mohr, 1922]. P. Bourdieu propôs uma releitura da sociologia da religião de Weber que deu muito espaço para a oposição entre o sacerdote e o profeta em Pierre Bourdieu, "Gênese e estrutura do campo religioso" e "Uma interpretação da teoria da religião de Max Weber". Sergio Miceli (org.). *In*: *A economia das trocas simbólicas*. Trad. de S. Miceli e S.A. Prado. São Paulo: Perspectiva, 1992, p. 27-98 ["Genèse et structure du champ religieux", *Revue française de sociologie*, vol. 12, n. 13, 1971, p. 295-334; "Une interprétation de la théorie de la religion selon Max Weber", *Archives européennes de sociologie*, vol. 12, n. 1, 1971, p. 3-21].

Há um problema de estatuto do papel pedagógico: as situações carismático-burocráticas, ou seja, ambíguas, como esta em que estou colocado, são muito difíceis de viver a partir do momento em que tomamos consciência das contradições que elas implicam, e sobretudo a partir do momento em que queremos evitar representar uma das possibilidades. Essas são análises sociológicas que não parecem ser: as situações e as posições ambíguas favorecem e invocam o jogo duplo que pode ser muito fecundo. Mas muitas situações duplas – acho que é o caso de muitas situações pedagógicas na França, o que explica seu estatuto da pedagogia – permitem lucrar com as duas possibilidades sem ter que pagar seus custos. As situações duplas, por exemplo, "pesquisador-professor", permitem ter as vantagens de ser professor devido ao fato de também sermos pesquisadores e permitem conseguir... não vou continuar a análise, ela levaria a reflexões talvez um pouco trágicas...

Se sentimos as restrições implicadas pelas duas posições e tentamos mantê-las, percebemos que elas são praticamente insustentáveis, o que gera uma ansiedade considerável. Vou estender um pouquinho. Ensinar a sociologia hoje é uma tarefa considerável. Para os detratores da sociologia – que muitas vezes são recrutados entre os sociólogos, já que aqueles que têm dificuldade em representar o papel têm interesse em desacreditá-lo –, a sociologia aparece como uma ciência confusa, incerta, a última das ciências a chegar etc. Mas se encararmos a sociologia de forma diferente, com um esforço de formação, se não exaustivo pelo menos mínimo, temos a sensação de que a sociologia tem tais resultados que o simples papel de *lector*, de comentador, já poderia permitir transmitir de maneira clara e coerente esses resultados. Esse é o papel do *lector*, ele é aquele que canoniza: os juristas foram os primeiros a fazer esse tipo de trabalho. Desde já um século os sociólogos vêm produzindo um *corpus* de atos de jurisprudência. Todos os dias são produzidos trabalhos, conceitos, experimentações, pesquisas, as revistas avançam etc. Um outro papel para o *lector* seria fazer aperfeiçoamentos sintéticos que, não redutivos e não destrutivos – os atos pedagógicos ordinários muitas vezes são –, fariam o saber avançar de uma certa maneira ao torná-lo mais facilmente acumulável. Esse trabalho formidável não seria a empreitada de uma única pessoa, e sim a tarefa de toda uma equipe.

Uma propriedade da França é que esse trabalho de canonização e de codificação que me parece ser uma das condições do avanço científico não é feito. Por razões sociológicas que eu poderia explicar, nós não temos manuais nem *rea-*

ders[7]. As ferramentas cumulativas exigem modéstia e competência, e essa tradição não é recompensada socialmente na França, onde vale mais fazer um ensaio ruim de terceira mão e dar entrevistas para as revistas semanais. Nós não temos ferramentas cumulativas que exigiriam modéstia e competência. Nós não temos traduções: Max Weber ainda não foi traduzido, só parcialmente e muito mal[8].

O papel oposto ao de *lector* consistiria em fazer avançar o saber e apresentar os últimos resultados ou o último estado do saber, pelo menos sobre este ou aquele ponto. Essa tarefa também não é fácil porque a sociologia, como acho que toda ciência, tem pseudópodos, avanços em direções muito diferentes. A partir dessa base de competências comuns de pessoas aparentemente muito opostas – que a *doxa*, sobretudo parisiense, adora opor –, há pesquisas de ponta, avançadas. Mas podemos comunicar essas pesquisas de ponta pressupondo que esse corpo de resultados é conhecido? As reflexões desse tipo não são apenas uma preliminar retórica. Eu acho que elas podem ser úteis para orientar o uso que vocês podem fazer do que eu posso dizer.

O par campo-*habitus*

Portanto, farei um compromisso: vou continuar a desenvolver as análises que propus de um sistema teórico, de um corpo de conceitos que me parece coerente e importante para construir a realidade social, os objetos científicos etc. Esses conceitos não foram fabricados pelo trabalho teórico[9]. Em sua maioria, eles foram empregados praticamente nas pesquisas antes de serem construídos como tais.

---

7. Livros introdutórios que muitas vezes contêm vários excertos das principais obras dos autores, teorias ou temas em questão, muito comuns em países de língua inglesa [N.T.].

8. O curso aconteceu quando a primeira onda de traduções [para o francês] de Max Weber, que ocorreu entre 1959 e 1971, já estava distante (é a partir de meados da década de 1980 que as traduções recomeçarão: elas serão muito numerosas no final da década de 1990 e na década de 2000). Por exemplo, no momento do curso só existia em francês uma tradução muito parcial do grande livro de Max Weber, *Economia e sociedade* (ela mal correspondia à primeira parte da edição alemã de 1956).

9. Alusão de Bourdieu a certas leituras de *O ofício de sociólogo,* livro que, contra a visão positivista que então dominava nas ciências sociais, lembrava a necessidade de construir teoricamente o objeto de pesquisa – essa lembrança foi compreendida, especialmente pelos jovens filósofos althusserianos, como uma injunção a fazer o "trabalho teórico" e a "afiar seus conceitos teóricos" antes de sequer começar qualquer "trabalho empírico". Ver Pierre Bourdieu, Jean-Claude Chamboredon & Jean-Claude Passeron, *O ofício de sociólogo*. Trad. de G.J.F. Teixeira. Petrópolis: Vozes, 2004 [*Le Métier de sociologue*. Paris: Mouton-Bordas, 1968].

Com frequência, eles funcionaram um pouco apesar de mim, sem serem sempre controlados teoricamente por completo, e o controle lógico que farei nesse curso me levará a fazer um certo número de autocríticas ou, para dizer as coisas de modo simples, de correções aos conceitos que expus. Assim, se as análises que vou propor são úteis, isso ocorre à medida que elas também funcionem em pesquisas, e tentarei, sem certeza de sucesso porque isso será muito difícil, fazer com que as aplicações que apresentarei a vocês na segunda hora correspondam mais ou menos às análises teóricas que apresentarei na primeira. Isso para evitar que vocês tenham a sensação de que se trata de um exercício conceitual abstrato, e também para evitar o erro que fui obrigado a cometer no passado e que consiste em digressões imensas em que a preocupação de fornecer ilustrações empíricas fez desaparecer a coerência do discurso teórico. Lembro, para aqueles que estavam aqui, o exemplo do campo literário que utilizei ano passado[10]: a árvore meio que engoliu a floresta, uma vez que quase todas as últimas aulas trataram desse exemplo, vocês podem ter perdido o fio da meada do meu discurso teórico.

O que apresentarei agora é a sequência de minhas análises [do ano passado]. Retomarei muito brevemente a linha sem entrar em detalhes. Num primeiro momento, explicitei os usos teóricos da noção de *habitus*. Tentei mostrar como essa noção permite escapar de um certo número de alternativas filosóficas, em particular a alternativa entre o mecanicismo e o finalismo, que me parecem funestas do ponto de vista de uma análise realista da ação social. Num segundo momento, depois de indicar que as noções inseparáveis de *habitus* e de campo devem funcionar como um par, eu comecei a analisar a noção de campo entendida como espaço de posições. Insistirei um pouco sobre a relação entre *habitus* e campo para remover um certo tipo de mal-entendidos que me parecem muito perigosos. Os que me leem ou que utilizam conceitos como *habitus* ou campo têm uma tendência a dissociar esses dois conceitos. Por exemplo, quando se trata de explicar uma prática (o fato de matricular os filhos nesta ou naquela escola, de realizar esta ou aquela prática religiosa etc.), os sociólogos tendem a se dividir – mais inconscientemente do que conscientemente – entre aqueles que enfatizarão o que está ligado à trajetória, às condições sociais de produção do produtor da prática, ou seja, o *habitus*, e aqueles que enfatizarão o que está ligado ao que podemos chamar de a

10. Ver as três últimas aulas do ano anterior: Pierre Bourdieu, *Sociologia geral volume 2:* habitus *e campo*. Trad. de F. Ribeiro. Petrópolis: Vozes, 2021, p. 328ss. [*Sociologie générale volume 1*. Paris: Seuil, 2015, p. 569ss.].

"situação" – mas ano passado mostrei que essa é uma palavra ruim –, o que está ligado ao campo como espaço de relações que impõe um certo número de restrições no momento em que a ação acontece.

Por exemplo, a análise que acabei de fazer sobre a relação pedagógica enfatizou mais o campo do que as minhas propriedades, apesar de que, para dar conta completamente de minhas angústias e hesitações, seria preciso levar em conta a situação tal como eu a analisei *e* as propriedades ligadas à minha trajetória, às condições sociais de minha produção etc. Dependendo dos objetos, momentos e inclinações intelectuais dos diferentes produtores de discursos sociológicos, podemos tender a enfatizar um ou outro, apesar de na verdade o que está em questão em qualquer ação – esse era o princípio inicial das minhas análises – é sempre a relação entre, por um lado, o agente constituído socialmente por sua experiência social, pela posição que ocupa no espaço social, e dotado de toda uma série de propriedades constantes (disposições, inclinações, preferências, gostos etc.), e, por outro lado, um espaço social no qual as disposições encontrarão suas condições sociais de efetivação. Na perspectiva que proponho, a ação no sentido mais amplo (que pode ser tanto a formulação de uma opinião quanto a produção de um discurso ou a operação de uma ação) é sempre o produto da efetivação de duas potencialidades, de dois sistemas de virtualidades: por um lado, as virtualidades ligadas ao produtor, por outro, as potencialidades inscritas na ação, na situação, no espaço social. O que quer dizer que há em cada um de nós potencialidades que talvez jamais se revelem por não encontrarem condições sociais de efetivação, o campo no qual elas poderiam se efetivar. Assim, como mostram, por exemplo, os escritos sobre a guerra de 1914, que foi uma espécie de choque coletivo sobre o qual todos os escritores da década de 1920 não pararam de refletir; uma situação como a guerra é ocasião de revelação de potencialidades que, sem ela, teriam permanecido enterradas nas disposições dos agentes. E uma das estupefações que as situações de crise provocam tem a ver com o efeito de revelação que elas podem ter ao conduzir ou autorizar a expressão e a revelação de potencialidades ocultas, porque reprimidas, pelas situações ordinárias.

Eis um exemplo que ilustra essa relação e que mostra também como o fato de pensar de maneira profundamente relacional – já que o *habitus* e o campo são sistemas de relações, toda ação é uma relação entre dois sistemas de relações – leva a pensar na lógica da variação imaginária: se tal sistema de disposições produz tal efeito em tal campo, podemos nos perguntar que efeito ele produziria em tal outro campo, e podemos realizar tipos de experimentos. Os manuais repetem que a sociologia e a história não podem experimentar, mas a possibilidade de quase-experimentos é oferecida constantemente; podemos muito bem imaginar proceder por variação imaginária, como dizia Husserl, mas com base em experiências reais[11]. Podemos também nos perguntar como as disposições do intelectual de primeira geração se manifestam no campo intelectual da França em 1984, como elas se manifestavam num campo dotado de uma outra estrutura na década de 1830, como elas se manifestavam no campo artístico e no campo literário, como elas se manifestam na França de hoje e na China comunista. Temos, portanto, a possibilidade de variar, com os campos de referência, as possibilidades de efetivação do *habitus* consideradas constantes. Isso resulta em dar um sentido forte à frase de Durkheim que associava a sociologia ao método comparativo[12]; a experimentação do sociólogo é o método comparativo. É claro que o emprego desse método comparativo assumiu formas muito diferentes: Max Weber, por exemplo, não conseguia escrever uma frase sem logo adicionar "mas entre os gregos fenícios... mas entre os australianos... mas entre os bambaras", enquanto em Durkheim o modo de variação privilegiado era muito mais estatístico[13]. Mas a intenção fundamental – ela faz parte do *corpus* comum que mencionei no começo – é profundamente a mesma. É apenas que, dados os limites das capacidades humanas, ela se efetiva de maneira diferente dependendo das competências específicas dos produtores de sociologia.

---

11. O método fenomenológico, como concebido por Husserl, amplia os exemplos tirados da experiência por meio de "variações imaginárias", à maneira do geômetra: "Em seu pensamento investigativo, [...] o geômetra opera incomparavelmente mais na imaginação do que na percepção [...]. Na imaginação ele tem a liberdade inigualável de reconfigurar como quiser as figuras fictícias, de percorrer as formas possíveis em contínuas modificações e, portanto, de gerar um sem-número de novas construções; uma liberdade que lhe franqueia acesso às imensidões das possibilidades eidéticas" (Edmund Husserl, *Ideias para uma fenomenologia pura e para uma filosofia fenomenológica*. Trad. de M. Suzuki. Aparecida: Ideias & Letras, 2006, § 70, p. 153 [*Ideen zu einer reinen Phänomenologie und phänomenologischen Philosophie*. Tubinga: Max Niemeyer, 1913]).

12. "Uma vez que [...] os fenômenos sociais escapam evidentemente à ação do operador, o método comparativo é o único que convém à sociologia" (Émile Durkheim, *As regras do método sociológico*. Trad. de P. Neves. São Paulo: Martins Fontes, 2007, p. 127-128 [*Les Règles de la méthode sociologique*. Paris: PUF, 1981 (1895), p. 124]).

13. Referência ao "método das variações concomitantes" que Émile Durkheim considera o "instrumento por excelência das pesquisas sociológicas" (*Ibid.*, cap. 6, p. 127-144 [124-138] e que ele propõe aplicar de maneira exemplar em *O suicídio*. Trad. de M. Stahel. São Paulo: Martins Fontes, 2000 [*Le Suicide*. Paris: PUF, 1981 (1897)]).

Sistema, campo e subcampos

A relação entre o *habitus* e o campo é algo inicial mesmo que, pelas necessidades da exposição, eu tenha sido levado [no ano anterior] a proceder por etapas, analisando primeiro o que tem a ver com o *habitus*, depois o que tem a ver com o campo, para mostrar em seguida como os dois funcionam. Depois de colocar essa relação fundamental entre *habitus* e campo, na verdade eu procedi num primeiro momento à análise das funções científicas que a noção de *habitus* cumpre, dos problemas que ela permite formular. Em seguida, passei para a noção de campo. Eu tentei apresentar suas propriedades procedendo da mesma maneira que para a noção de *habitus*: mostrei as funções teóricas que ela cumpre, os problemas que ela permite formular e os problemas falsos que ela permite fazer desaparecer. Lembrarei e especificarei um pouco a definição provisória da noção à qual cheguei, e a ligarei com o que direi este ano.

Eu tinha definido o campo como um espaço de posições, um ponto que eu gostaria de especificar imediatamente ao tentar mostrar a diferença entre campo e sistema. Esse desenvolvimento mereceria muito tempo, mas, como ele não é central do ponto de vista de minha análise, vou me ater ao que pode ser útil para alguns de vocês na medida em que existe na sociologia toda uma corrente inspirada pela teoria dos sistemas para pensar o mundo social e que transfere ao mundo social o pensamento em termos da teoria dos sistemas[14] correndo o perigo, em minha opinião, do organicismo que está contido na teoria dos sistemas e em toda transferência de modos de pensamento inspirados, no sentido mais amplo, pela biologia (os efeitos de autorregulação, de homeostase etc.).

Falar de campo é pensar o mundo social como um espaço cujos diferentes elementos não podem ser pensados fora de sua posição nesse espaço. Assim, o espaço social se definirá como o universo das relações dentro das quais toda posição social vai se definir. Poderíamos dizer, para dar uma ideia simples do que quero dizer, que a questão que se colocará a um sociólogo que estuda um universo social (o universo do jornalismo, da medicina, da universidade etc.) será construir o espaço das relações no qual se encontram definidas as posições ocupadas por cada um dos agentes ou das instituições levadas em consideração. Imediatamente, uma

---

14. Bourdieu sem dúvida alude a Ludwig von Bertalanffy, autor de uma *Teoria geral dos sistemas*. Trad. de F.M. Guimarães. Petrópolis: Vozes, 2010 [*General system theory*. Nova York: George Braziller, 1968].

questão que os utilizadores da noção de campo colocam – e que não mencionei ano passado – é a questão dos limites dos campos e das condições sob as quais podemos definir concretamente os campos. Aliás, a própria prática impõe essa questão. Por exemplo, ano passado falei de um campo literário, mas às vezes também de um campo de produção cultural no qual eu englobava, além dos escritores, os jornalistas, os críticos etc. Eu também falei de passagem de um campo dos críticos como subcampo: seria justo perguntar se essa maneira de agir não tem algo de arbitrário, e como eu construo concretamente esses espaços e seus limites.

A esse respeito, a distinção entre campo e sistema se afirma de maneira muito simples e muito clara. Um sistema se define por sua finitude e por seu fechamento, e não é concebível definir um sistema que não como um sistema de relações entre um conjunto finito de elementos que estabelecem relações completamente definidas, cada qual definido como parte constituída em sua realidade relacional por sua posição no espaço do sistema. A noção de campo, ao contrário, se define pelo fato de ser aberta; um campo é um espaço cujas próprias fronteiras estão realmente em questão no espaço levado em consideração. (Aqui mostro aquele mal-estar que mencionei no começo: bastaria dar um exemplo concreto para que tudo fosse esclarecido, mas esse exemplo concreto tomaria dez minutos e vocês perderiam completamente o fio. Eu acho que um certo número de coisas que digo neste momento vai se esclarecer no último momento da aula.) Um subcampo não é uma parte de um campo. Quando passamos de um campo para um subcampo, há um salto, uma mudança qualitativa e isso acontece em cada nível de divisão. Por exemplo, o subcampo da crítica tem uma lógica diferente da lógica do campo literário. Suas leis de funcionamento são diferentes, elas não podem ser deduzidas do conhecimento do campo que o engloba: os objetivos são diferentes, assim como as formas de capital que funcionam nele. Portanto, o subcampo não funciona na lógica da parte.

Em seguida, a questão das relações do subcampo com o campo que o engloba será colocada sob a forma de relações de dominação, de lutas entre os partidários da autonomia e os partidários da heteronomia. Ilustrarei esse ponto de forma simples, logo darei um exemplo [na segunda hora] de uma análise concreta na qual um dos objetivos é a relação entre o campo do jornalismo e o campo intelectual. Pode-se dizer que esses dois campos também são subcampos do campo de produção cultural. Veremos então desde o começo que a relação entre os dois universos não pode ser definida em termos de fronteiras jurídicas e que, exatamente, um dos objetivos fundamentais de cada um dos subcampos é a luta pela definição das fronteiras entre os campos.

Consequentemente, o sociólogo não constrói arbitrariamente seus campos, e mudar de campo não é simplesmente mudar de escala. Poderíamos dizer, numa perspectiva construtivista e idealista, que a construção de um campo depende do nível no qual o analista se coloca. Isso não é falso: quando me coloco, por exemplo, no nível do crítico, estou numa escala menor do que quando passo para o nível do campo da crítica em seu conjunto. Ao mudar de escala, o sociólogo transforma o estatuto dos elementos com os quais lida: coisas que poderiam aparecer como todos se tornam partes. Por exemplo, constituído o campo literário, podemos mudar de escala e passar para o campo de um gênero, por exemplo o campo do teatro, no qual encontrarei oposições homólogas às que encontrara no campo em seu conjunto.

Mas essa visão operacionalista e construtivista deixa escapar uma propriedade da noção de campo que, como eu disse várias vezes ano passado, me parece fundamental: a abordagem [em termos de campo] leva a propor sobre cada caso um certo número de questões gerais sobre as relações em jogo no espaço social, mas é o caso particular que permitirá responder a essas perguntas. Em outras palavras, a noção de campo permite formular, a propósito de cada campo, questões gerais, mas é a experimentação e o trabalho que fornecerão o conjunto das respostas, em particular sobre os limites e as fronteiras. Eis um exemplo: um grande princípio de diferenças entre os campos está no fato de que certos campos têm fronteiras definidas, fronteiras duras, com *numerus clausus* [limite de vagas], controladas muito fortemente pelas pessoas que dominam o campo, enquanto outros, pelo contrário, têm fronteiras muito permeáveis, muito maldefinidas, muito vagas. Por exemplo, as lutas dentro de um campo em certo momento podem ter como objetivo a dissolução de um subcampo num campo ou, pelo contrário, a reconquista da autonomia de um campo[15]. De passagem, vemos que a autonomia, que é uma das propriedades pelas quais definimos um campo, não pode ser constituída de uma vez por todas: a autonomia ou a heteronomia de um campo está a cada momento em questão num campo. Temos aqui o próprio exemplo da questão universal: podemos formular para todo campo a questão de sua autonomia, para a qual não haverá uma resposta que não seja histórica e particular. No fundo,

15. Ver *Sociologia geral volume 2, op. cit.*, aula de 30 de novembro de 1982.

a virtude principal deste método é formular questões universais que só podem ser respondidas pela pesquisa, pela *historia*[16], pela experimentação empírica.

A relação entre autonomia e fronteira me parece importante: os limites dos campos são apenas excepcionalmente fronteiras jurídicas. Com mais frequência – essa é outra pergunta universal que podemos fazer para todo campo –, eles são de alguma forma frontes, lugares, *loci incerti*[17] [lugares incertos] nos quais a luta é particularmente quente. Poderíamos retomar, por exemplo, a história das disciplinas [e mencionar] as relações entre a psicologia e a sociologia no século XIX, ou as lutas na divisão do trabalho entre os biólogos hoje em dia. As fronteiras são lugares em que está em jogo a própria definição do campo. Assim, a postura operacionalista que consiste em afirmar: "tenho o direito de dizer que a crítica é um subcampo já que, no fundo, a noção de campo é um *constructum* puro, uma construção teórica pura e que eu construo e mudo de escala como quiser" só é válida parcialmente: se é certo que todo conceito científico é construído (no sentido de que ele não é retirado indutivamente da realidade), é a operação de construção enquanto pergunta geral que vai receber sua realidade do trabalho científico de construção empírica e da confrontação com as observações.

Em outras palavras, poderíamos dizer que uma das maneiras de decidir a questão dos limites de um campo é saber o lugar em que de alguma maneira se enfraquece o que podemos chamar de efeito de campo. Penso num artigo de *Actes de la recherche en sciences sociales* sobre as relações entre centro e periferia na pintura italiana[18], que debate a questão de saber se temos o direito de colocar os pintores de Avignon no campo da pintura italiana, por exemplo, nos séculos XIV e XV. Para começar, não há uma resposta universal: a pintura de Avignon pode estar no campo num certo momento e depois não mais – o que é uma informação sobre o campo, sobre sua extensão. Ao mesmo tempo, sua presença ou não no campo é ela mesma de certa maneira função da potência do campo, de sua capacidade de produzir efeitos de campo e efeitos de dominação. Hoje em dia, por exemplo,

---

16. A palavra grega *historia* (ἱστορία) significa, em sua acepção mais simples, "pesquisa, informação, exploração" (e por extensão o resultado de uma pesquisa e a narração ou o relato do que foi aprendido com a pesquisa).

17. P. Bourdieu desenvolverá posteriormente essa noção de *loci incerti* em *Manet: une révolution symbolique*, *op. cit.*, p. 237.

18. Enrico Castelnuovo & Carlo Ginzburg, "Domination symbolique et géographique artistique dans l'histoire de l'art italien" ["Dominação simbólica e geográfica artística na história da arte italiana"], *Actes de la recherche en sciences sociales*, n. 40, 1981, p. 51-72.

poderíamos dizer que a pintura francesa está no campo da pintura americana: há efeitos de campo que se manifestam no fato, por exemplo, de os pintores serem obrigados a expor nos Estados Unidos pelo menos uma vez. Portanto, eu não poderia responder a essa pergunta dos limites do campo sem uma pesquisa empírica que me informará sobre a extensão dos efeitos de campo.

Isto posto, voltemos mais uma vez a campo *versus* sistema: poderíamos supor que existe em todo campo uma tendência ao fechamento, que todo campo tende a se constituir como sistema ou, mais exatamente (porque aqui cometo um erro que sempre denuncio: coloquei uma abstração como sujeito de uma proposição), que em todo campo os dominantes tendem a fechar o campo, ou seja, a transformá-lo em sistema. Eu precisaria de horas para explicitar essa proposição: o *numerus clausus* é uma maneira de constituir como barreira jurídica o que é uma fronteira, no sentido forte do termo, uma fronte permeável com pessoas que atravessam, que saem, que, se puderem pagar o direito de entrada, podem ser aceitas e tornarem-se agentes no campo[19]. A tendência a formar um sistema fechado, a se fechar, está, portanto, sempre presente como uma possibilidade do campo e parece-me que ela será tanto mais forte quanto mais meios tiverem os agentes que dominam o campo de excluir os novos entrantes, quer dizer, de elevar o que os economistas chamam de barreiras de entrada, de tornar o custo de instalação de alguma forma mais alto. Aqui também, as noções de autonomia relativa, de fronteira e de efeito de campo são absolutamente inseparáveis. No fundo, essas são interrogações gerais.

O campo dos campos

Uma outra pergunta que foi feita sobre o curso do ano passado: existe algum tipo de campo dos campos? Aqui, preciso especificar os pressupostos do que conto para aqueles que não os têm em mente: a noção de campo nasce do esforço de dar conta do fato de que no interior dessa coisa complicada que chamamos de "sociedade" há subuniversos, que podemos pensar por analogia com os jogos, e nos quais acontecem coisas diferentes das que acontecem ao lado. Uma coisa importante: isso não é de maneira nenhuma uma propriedade universal das sociedades; existem condições históricas e sociais da possibilidade do aparecimento do

19. Sobre o *numerus clausus*, ver Pierre Bourdieu, *Sociologia geral volume 1: lutas de classificação*. Trad. F. Ribeiro. Petrópolis: Vozes, 2020, aula de 2 de junho de 1982 [*Sociologie générale volume 1*. Paris: Seuil, 2015]; e *Sociologia geral volume 2*, *op. cit.*, aula de 30 de novembro de 1982.

funcionamento em campos. Os sociólogos já observam há muito tempo, dando a ele nomes diferentes, esse processo que é igualmente mencionado na tradição marxista ou weberiana (logo voltarei a isso[20]), mas que poderíamos chamar, com Durkheim[21], de "diferenciação"; é o processo que leva o "mundo social" a se dividir em subuniversos que têm sua autonomia, suas próprias leis de funcionamento relativamente independentes do que os envolve. Mas falar de campo não levaria então a anular a noção de "mundo social"? Será que ainda temos o direito de falar, como faz muita gente, de um "sistema social"? Essa é uma pergunta que considero importante. Eu a responderei mais uma vez no plano abstrato e teórico, o que pode parecer arbitrário, mas pode ser justificado. Isso não é uma simples escolha metafísica, ainda que essa pergunta que acabo de formular seja respondida pela maioria das pessoas que escrevem sobre o mundo social sem que elas saibam que ela é malformulada – digo isso com arrogância, mas é verdade.

Responderei então a essa pergunta: eu penso que o espaço social como espaço dos espaços, campo dos campos, é ainda menos fechado do que qualquer campo. Ele é exatamente essa espécie de lugar de todos os campos sociais. Isso é difícil de pensar por um monte de razões. Como repito o tempo todo (mas acho que a repetição neste caso não é inútil), assim como Bachelard falava da psicanálise do espírito científico a propósito das ciências naturais[22], é preciso falar sempre da psicanálise do espírito científico a propósito das ciências humanas. Se a cura psicanalítica é longa e difícil e se é verdade que a sociologia não é uma ciência como as outras – apesar das minhas declarações no começo –, isso ocorre em grande parte porque essa psicanálise é formidavelmente difícil.

Nós temos toda uma filosofia do espaço social que teríamos muita dificuldade em enunciar no discurso. Se eu distribuísse folhas de papel e dissesse: "Contem para mim o que vocês entendem por 'sociedade'", ou vocês ficariam muito incomodados ou escreveriam dissertações; vocês certamente já fizeram isso sobre esse tipo de assunto. Isto posto, nas expressões comuns, nas escolhas ordinárias, nas escolhas científicas que os sociólogos fazem ao construir o objeto de uma manei-

20. Bourdieu sem dúvida tem em mente as referências que fará um pouco depois nesta aula à análise de Weber do processo de "racionalização", especialmente no caso do direito e da economia.

21. Émile Durkheim, *Da divisão do trabalho social*. Trad. de E. Brandão. São Paulo: Martins Fontes, 1995 [*De la division du travail social*. Paris: PUF, 2007 (1893)].

22. Gaston Bachelard, *A formação do espírito científico*. Trad. de E.S. Abreu. Rio de Janeiro: Contraponto, 2002 [*La formation de l'esprit scientifique*. Paris: Vrin, 1938].

ra ou de outra, nas frases do tipo "a sociedade francesa etc.", nós não paramos de utilizar uma filosofia do mundo social. Essa filosofia também tem sua coerência e não é o que era há 150 anos. Nossa filosofia do mundo social está ligada ao estado do mundo social, mas eu acho que um dos obstáculos ao pensamento [científico] do mundo social, à construção adequada do mundo social, é a filosofia do mundo social de tipo arquitetônico que o marxismo, com suas infraestruturas, suas superestruturas, suas instâncias e sua bagagem, reforça formidavelmente. Em outras palavras, quando falamos do mundo social temos prenoções, como dizia Durkheim[23], esquemas espontâneos que são constituídos e reforçados pela visão científica do mundo social das gerações anteriores. Se a pergunta que acabo de fazer sobre o espaço dos espaços, o campo dos campos, é difícil, isso ocorre em grande parte porque ela bagunça as estruturas do nosso inconsciente social que tende a representar o mundo social como uma casa em que há fundações (a infraestrutura) e depois superestruturas. O mundo social é então concebido como algo bem-estruturado, que podemos desenhar: a sociedade é como uma pirâmide com uma elite necessariamente menor do que uma "base" (o vocabulário está cheio de filosofia social...) maior. Ele é assim alguma coisa finita, fechada, é um conjunto de indivíduos, o que não faz absolutamente nenhum sentido.

A noção de campo questiona tudo isso. Já é um pouco melhor falar, como se fazia muito na década de 1960, no período estruturalista, de um "sistema dos sistemas", de um "sistema de estruturas", de uma "estrutura das estruturas". Mas também se perguntava como "articulamos" as estruturas (com a metáfora das "articulações", do "corpo", não estamos longe de uma forma de organicismo), e quando dizemos o "sistema dos sistemas", pressupomos uma cabeça, pés, encontramos infraestrutura, superestrutura etc. Achamos ótimo – e colocamos nas dissertações – que Bachelard diga que existe uma polêmica da razão científica[24], mas se eu começar a levar a análise um pouco mais longe, a fazer vocês sofrerem, vou parecer maldoso. Então prefiro deixar vocês continuarem sozinhos sua autoanálise e a análise de sua própria representação do mundo social. Se vocês gostarem, um ótimo exercício é pegar uma folha de papel e perguntar a si mesmo como você desenharia o mundo social. Eu recomendo que vocês façam isso; mas agora que eu já disse, vocês não desenharão mais uma pirâmide [*risos na sala*]!

---

23. É. Durkheim, *As regras do método sociológico*, *op. cit.*, cap. 2, p. 15-48 [108-139].

24. G. Bachelard, *A formação do espírito científico*, *op. cit.*, especialmente p. 13 [13].

Dizer "espaço dos espaços" significa que existe um universo de espaços cujas fronteiras não sabemos muito bem onde estão – o que é desagradável: nós adoramos traçar linhas de contorno, cada coisa tem seu lugar – nem como elas são hierarquizadas, já que a hierarquia se move a cada instante. Uma propriedade desses subespaços é exatamente lutar por sua posição no espaço. Podemos pensar em coisas que artistas fabricaram: móbiles que balançam muito devagar, em uma espécie de deslizamento insensível (quando percebemos, já aconteceu) ou, às vezes, com mudanças bruscas de posição[25]. Mas é uma coisa aberta, que não está definida nem no instante nem em sua evolução, o que também é algo muito importante: entre os outros fantasmas sociais que tiramos da cultura ao nosso redor, também há essa ideia de que há um sentido, de que isso vai para algum lugar, de que é orientado. Questiono igualmente este ponto: dizer que esse universo não está finalizado, que ele não é definido, que construí-lo é formular questões de definição que só recebem seu conteúdo a partir da confrontação com o real é questionar um conjunto de coisas tranquilizadoras sobre as quais repousam as operações científicas ordinárias.

Vocês verão no exemplo que darei daqui a pouco que esses problemas se colocam da maneira mais concreta do mundo, mas, aqui também, todas as operações da pesquisa científica levam a resolvê-los sem formulá-los: se eu sou sociólogo empírico, preciso de uma população, portanto preciso definir a população; se estudo os professores, o que é que chamo de "professor"? Todas as operações científicas me induzem a voltar a uma inclinação ordinária que leva a pensar em [termos de] limites. Vou parar aqui, mas também seria preciso pensar na noção de "em última análise"[26]: dizer que o campo dos campos é aberto quer dizer que [para poder dizer] "em última análise", precisaremos esperar um bom tempo.

---

25. P. Bourdieu poderia estar se referindo aos móbiles que o escultor estadunidense Alexander Calder (1898-1976) começou a construir no começo da década de 1930 compostos de formas geométricas postas em movimento pelo ar ou por motores elétricos. Em 1992, P. Bourdieu explicou que, contra uma tendência comum que consiste em representar o mundo social sob a forma de uma pirâmide, "[ele enxergava cada vez mais] o mundo social como um móbile de Calder, em que temos espécies de pequenos universos que se deslocam uns em relação aos outros num espaço de várias dimensões" ("Questions à Pierre Bourdieu" ["Perguntas para Pierre Bourdieu"]. *In*: Gérard Mauger & Louis Pinto (orgs.), *Lire les sciences sociales*, vol. 1, 1989-1992. Paris: Belin, 1994, p. 323).

26. Alusão à abordagem marxista que postula sistematicamente a causalidade do modo de produção econômica "em última análise".

A estrutura de distribuição do capital específico

Irei um pouquinho mais longe. Os campos são espaços. Suas lógicas têm invariáveis, mas se definem tanto por suas variações, singularidades e especificidades quanto por suas invariáveis. Essas variações estão ligadas a conjunturas históricas e, em particular, ao estado das relações num certo momento entre os diferentes campos que, em certa medida, comanda as relações dentro de cada campo. Vocês me dirão que estou colocando aqui uma noção de "campo dos campos", mas lembrar que a cada momento a noção de autonomia relativa implica que os outros campos agem em certa medida - que precisa ser medida - sobre cada campo não é de maneira nenhuma postular que a cada momento há uma espécie de integral ideal de todos os campos que eu poderia calcular.

Há, portanto, propriedades invariáveis de todos os campos, e o princípio invariável de todos os campos é que a estruturação de cada campo é definida pela distribuição daquilo que chamo de capital específico, o qual - especificarei esse ponto nas próximas aulas - define a força no espaço em consideração. Cada um desses espaços tem como propriedade definir as condições de eficácia da ação que queremos exercer nesse campo. Por exemplo, "Que ninguém entre aqui se não for geômetra"[27] é uma frase de campo. Ela quer dizer que, para entrar aqui, é preciso saber geometria: é uma definição do campo matemático que se define pela imposição, num certo momento, de um direito de entrada; se você quiser causar uma polêmica, não adianta dizer "O teorema de Schwarz[28] é de direita", enquanto na sociologia você pode dizer, com chances de ser ouvido, que "A análise que Bourdieu acaba de fazer é de direita": eis uma diferença entre dois campos. Portanto, todo campo tende a definir o direito de entrada, quer dizer, as propriedades que deve ter aquele que entra para produzir efeitos no campo. Sem essas propriedades, ele pode entrar, mas produzirá efeitos que não são do campo, ele será excluído, ridicularizado, ineficaz, a não ser nas situações em que a autonomia do campo se torna muito fraca.

---

27. Isso provavelmente é uma lenda, mas diz-se que essa frase (Ἀγεωμέτρητος μηδεὶς εἰσίτω) estava gravada na entrada da Academia, a escola fundada por Platão.

28. Alusão ao teorema de Schwarz, que recebe seu nome do matemático alemão Hermann Amandus Schwarz (1843-1921) e que trata da derivação das funções.

Darei um exemplo: Marat era um péssimo físico que escreveu polêmicas muito violentas contra Lavoisier[29]. Eis um fato social: as situações revolucionárias permitem acertos de contas diferentes. Num campo autônomo ("Que ninguém entre aqui se não for geômetra"), Marat era simplesmente ridículo; com a ajuda da Revolução, a autonomia do campo científico baixa de maneira muito inquietante para Lavoisier, enquanto Marat... eis um efeito de campo. Assim, cada campo propõe um direito de entrada que assumirá formas absolutamente diferentes, explícitas ou implícitas. "Que ninguém entre aqui se não for geômetra" é uma explicitação formal, uma canonização, a codificação de um princípio tácito, mas muitos campos se definem pelo fato de o direito de entrada ser tácito: ninguém diz "Que ninguém entre aqui se não for capitalista", mas se você não tiver o capital, será rapidamente arruinado e voltará à estaca zero. Existe um direito de entrada implícito ou explícito e, depois de entrarmos, somos definidos pelo fato de produzirmos efeitos.

Volto à pergunta que propus no começo (Será que definir os limites de um campo depende do construtivismo operacionalista ou da constatação realista?): eu só posso conhecer os princípios de constituição do espaço que chamarei de campo através da observação. Para saber como o campo se diferencia, devo observar empiricamente aquilo que produz as diferenças. Numa pesquisa empírica (por exemplo, se constituo uma população de professores do ensino superior[30]), vou tentar enxergar o que gera as diferenças significativas por meio de procedimentos estatísticos. Um dos objetivos de uma pesquisa empírica será encontrar os dois ou três princípios - evidentemente, há leis econômicas e leis científicas universais - que, articulados racionalmente, explicitados racionalmente, me permitem reengendrar o universo das diferenças constitutivas que são características dele. Ao mesmo tempo, chego num universo com a pergunta da diferença e a pergunta dos princípios de diferenciação. Isto posto, preciso estabelecer em cada caso o que são esses princípios, suas forças relativas, seus pesos relativos. Se eu posso

---

29. Jean-Paul Marat (1743-1793) foi um dos principais nomes da Revolução Francesa e considerado um mártir do movimento depois de seu assassinato em 1793. Antoine Lavoisier (1743-1794), guilhotinado durante a Revolução por sua atuação como economista durante esse período, é hoje considerado um dos fundadores da química moderna [N.T.].

30. Alusão à pesquisa sobre os professores da Universidade de Paris: Pierre Bourdieu, *Homo academicus*. Trad. de I.R. Valle & N. Valle. Florianópolis: Editora da UFSC, 2011 [Paris: Minuit, 1984].

dizer que os três princípios de diferenciação entre os bispos são este, este e este[31] avaliando numericamente o peso relativo desses três princípios e mostrando que eles permitem dar conta de todas as diferenças pertinentes, fiz uma contribuição científica e construí ao mesmo tempo o campo e os princípios que produzem as diferenças dentro do campo. Consequentemente, não posso construir o campo sem construir simultaneamente as formas de capital que operam nesse campo, e é a mesma operação que me faz construir os dois. Emprego uma analogia um tanto perigosa: não podemos construir o jogo sem construir os trunfos; portanto construímos simultaneamente as regras do jogo e os trunfos[32].

Uma definição do pertencimento a um campo que, como vocês verão, pode ter graus, é a capacidade de produzir efeitos nele. Por exemplo, uma maneira de entrar e afirmar sua entrada num campo, por exemplo a heresia, é produzir nele os efeitos pelos quais se atinge a existência – isso é muito importante nos campos em que o capital é essencialmente simbólico; ser o objeto de uma réplica de um detentor de um grande capital simbólico já é atingir a existência. Para um novo entrante, é uma estratégia provocar um ataque de um grande detentor de capital simbólico de maneira a conseguir produzir um efeito nele, e uma escolha que se coloca concretamente para os grandes detentores de capital simbólico é saber se é melhor deixar a provocação passar sem respondê-la ou replicar e ao mesmo tempo fazer existir aquele que questiona o capital simbólico e a dominação correlacionada[33].

---

31. Alusão à pesquisa sobre o episcopado: Pierre Bourdieu & Monique de Saint Martin, "La sainte famille. L'épiscopat français dans le champ du pouvoir" ["A santa família: o episcopado francês no campo do poder"], *Actes de la recherche en sciences sociales*, n. 44-45, 1982, p. 2-53.

32. Sobre essa imagem do jogo de baralho, ver Pierre Bourdieu, "Algumas propriedades dos campos". *In*: *Questões de sociologia*. Trad. de F. Creder. Petrópolis: Vozes, 2019, p. 109-115 ["Quelques propriétés générales des champs". *In*: *Questions de sociologie*. Paris: Minuit, 1980, p. 113-120].

33. P. Bourdieu analisou o problema da réplica em seu texto sobre o senso da honra ("O senso de honra". *In*: *O desencantamento do mundo,* Luiz Henrique Soares & Elen Durando (orgs.). Trad. de M.H. de Godoy. São Paulo: Perspectiva, 2021, p. 163-210 ["Le sens de l'honneur". *In*: *Esquisse d'une théorie de la pratique* (*Esboço de uma teoria da prática*). Paris: Seuil, 2000 (1972), p. 19-60]). É bastante possível que aqui ele pense especialmente nos casos dos recém-chegados que constituíam, no final da década de 1970, os "novos filósofos" e aos quais um "grande detentor de capital simbólico", Gilles Deleuze, respondera em 1977: "A propósito dos novos filósofos e de um problema mais geral". *In*: *Dois regimes de loucos: Textos e entrevistas (1975-1995)*. Trad. de G. Ivo. São Paulo: Editora 34, 2016, p. 143-153 ["À propos des nouveaux philosophes et d'un problème plus général". *In*: *Deux régimes de fous. Textes et entretiens (1975-1995)*. Paris: Minuit, 2003, p. 126-134]. Bourdieu mencionou esse texto posteriormente: "Deleuze escreveu um panfletinho sobre os novos filósofos – é um texto antigo. Eu disse 'isso é um erro'. Isso é uma coisa que todo

Terminarei muito rapidamente neste ponto: já que o campo e o capital são interdependentes, não podemos definir um campo sem definir ao mesmo tempo o capital que opera nele. Consequentemente, todo capital é específico e existirão espécies diferentes de capital – voltarei a isso. O capital é uma forma de força que vale num certo espaço, produz efeitos nele – em particular efeitos de diferenciação – e a diferenciação ligada à distribuição desigual do capital é o princípio da estrutura do campo. Em última instância, a estrutura do campo é essencialmente a estrutura das lacunas entre os capitais presentes e a estrutura é ao mesmo tempo o motor do campo – o que esvazia uma oposição da década de 1950, estrutura *versus* história[34]. A estrutura do campo é ao mesmo tempo o motor da mudança já que é desse sistema de diferenças constituinte da estrutura do campo que nascem o movimento do campo e a luta no campo cujo objetivo é conservar ou transformar essa estrutura – e essa luta deve suas propriedades à estrutura.

A institucionalização do funcionamento do campo

Uma última coisa sobre a qual também voltarei: no passado eu insisti muito sobre a estrutura da distribuição do capital, mas deixando de lado uma coisa importante: o aspecto institucionalizado dessa estrutura. Uma propriedade de qualquer estado do campo num momento dado é o grau no qual os ganhos que fazem a diferença num campo são legalmente reconhecidos ou não, quer dizer, explicitados, racionalizados, codificados. Voltarei a essa noção fundamental de codificação, que ilustra o momento em que um código linguístico se torna um código jurídico ou o momento em que um cânone de regras tradicionais torna-se um cânone de regras jurídicas. Uma das questões universais a ser colocada a qual-

---

mundo sabe na prática, mas que não é teorizada: quando você é grande e ataca um pequeno, você dá capital simbólico para o pequeno – isso funciona como um prefácio. Resumindo, eu achei que foi uma besteira estratégica" ("À contre-pente. Entretien avec Pierre Bourdieu", *Vacarme*, n. 14, 2000 ["No contrafluxo: entrevista com Pierre Bourdieu"]).

34. Referência à crítica feita ao estruturalismo especialmente pelo existencialismo e o marxismo por analisar a língua ou os mitos como fenômenos sincrônicos, sem se preocupar com sua gênese. P. Bourdieu, de sua parte, invocará um "estruturalismo genético" ("Se eu gostasse do jogo dos rótulos [...], eu diria que tento elaborar um *estruturalismo genético*: a análise das estruturas objetivas – as estruturas dos diferentes *campos* – é inseparável da análise da gênese, nos indivíduos biológicos, das estruturas mentais (que são em parte produto da incorporação das estruturas sociais) e da análise da gênese [dessas] próprias estruturas sociais" [Pierre Bourdieu, *Coisas ditas*. Trad. de C.R. da Silveira & D.M. Pegorim. São Paulo: Brasiliense, 1990, p. 26 (*Choses dites*. Paris: Minuit, 1987, p. 24)], tradução modificada).

quer campo é a do grau em que o estado das forças está canonizado, codificado e sancionado por regras explícitas de tipo jurídico; o grau no qual o jogo está constituído em regras explícitas com um código de deontologia, direitos de entrada implícitos, explícitos etc.

Essa é uma coisa que varia consideravelmente no tempo: por exemplo, o campo econômico não teve em todas as épocas o grau de codificação que tem hoje em dia; a relação entre a economia e o direito – há coisas magníficas em Max Weber que mostrarei para vocês[35] – é completamente variável. Dentro dos campos constitutivos de uma mesma sincronia, os graus de institucionalização são muito desiguais. O campo literário que tomei como exemplo [no ano anterior] introduziu um viés (daí o aperfeiçoamento que faço hoje) porque ele tem como propriedade ser um dos campos menos institucionalizados que existem – o que tem, creio eu, muitas consequências para qualquer um que faça sociologia da literatura. Ele é um dos universos em que os ganhos são muito pouco garantidos juridicamente. As garantias jurídicas são desqualificadas nele (ver o papel das academias hoje em dia), os ganhos são relativamente pouco garantidos pelo direito, o que acarreta todo tipo de propriedades. Podemos então fazer para qualquer campo a pergunta do grau de institucionalização dos procedimentos de luta, de sucesso, de consagração, de acumulação, de reprodução (é muito importante para o capital), de transmissão (com as leis de sucessão) etc. Por exemplo, o capital simbólico não se transmite hereditariamente no campo literário como acontece em outros campos. Formulamos a pergunta universal e nos interrogamos em cada caso sobre o grau de institucionalização e os efeitos ligados ao grau forte ou fraco de institucionalização dos ganhos anteriores.

Segunda hora (seminário): a parada de sucessos dos intelectuais (1)

Eu vou mudar completamente de registro, mas ao mesmo tempo acho que vou continuar a falar para vocês sobre o que mencionava de maneira um pouco abstrata há um instante. Eu tive a ideia de propor a vocês uma coisa que encontrei folheando minhas notas: eu escrevi um comentário sobre uma lista de vencedores que foi publicada na revista *Lire*[36] em abril de 1981 que consistia em

35. M. Weber, *Economia e sociedade*, *op. cit.*, vol. 2, p. 1-153.

36. *Lire* [*Ler*] é uma revista mensal dedicada à literatura que foi criada em 1975 por iniciativa de Jean-Jacques Servan-Schreiber (conhecido particularmente por ser o fundador da [revista sema-

perguntar a um certo número de pessoas quem eram, em sua opinião, os três principais intelectuais[37] – infelizmente não tenho aqui a formulação exata da pergunta, o que é muito feio de minha parte porque ela é muito importante e estrutura as respostas[38]. Essa pesquisa da revista *Lire* foi destacada por todos os jornais – o que em si já é um fato social: ela foi discutida, as pessoas disseram "eis a lista dos 40 intelectuais mais importantes". O interesse aqui não está na lista em si mesma, mas, como vou tentar mostrar, no que significa o fato de formular essa pergunta e o fato de produzir de alguma forma uma lista de vencedores ou, como diríamos quando falamos de canções, uma parada de sucessos dos intelectuais.

Temos aqui um fato que todas as pessoas têm diante dos olhos, que foi aceito como dinheiro vivo apesar de se tratar de uma intervenção social e até, podemos dizer, de uma invenção social. Se vocês relerem Max Weber (suas análises da evolução do direito, ou também aquele belíssimo texto de "Introdução" à Ética protestante no qual ele mostra como se constituíram pouco a pouco os procedimentos que consideramos racionais[39]), notarão que, quando ele menciona aquilo que chama de "o processo de racionalização", muitas vezes emprega a palavra "invenção" para coisas que não costumamos associar a esse conceito. Por exemplo, ele diz: "o júri é uma invenção dos reis da Inglaterra". Quando se trata do quadrado da hipotenusa, nós aceitamos a noção de invenção, mas não ligamos a palavra "invenção" a técnicas sociais. Eu acho que o jogo de sociedade que a revista *Lire* nos propõe é uma invenção, mas uma invenção que não parece ser inventada, que parece ser evidente. Temos a impressão de sempre ter visto isso. A primeira pergunta que podemos fazer é, portanto: por que aceitamos isso? De onde vem

---

nal de notícias] *L'Express*) e do jornalista literário Bernard Pivot que, no mesmo ano, começou a apresentar o programa de televisão "Apostrophes".

37. P. Bourdieu publicará quase no mesmo momento seu comentário com o título de "Le hit-parade des intellectuels français, ou qui sera juge de la légitimité des juges?" ["A parada de sucessos dos intelectuais franceses, ou quem será o juiz da legitimidade dos juízes?"], *Actes de la recherche en sciences sociales*, n. 52-53, 1984, p. 95-100 (reimpresso em *Homo academicus*, *op. cit.*, p. 271-283 [275-286]).

38. P. Bourdieu a mencionará no começo da aula seguinte: "Quais são os(as) três intelectuais vivos(as), de língua francesa, cujos escritos parecem a você exercer, em profundidade, a maior influência sobre a evolução das ideias, letras, artes, ciências etc.?"

39. Max Weber, "Observação preliminar", *A ética protestante e o espírito do capitalismo.* Trad. de T. da Costa. Petrópolis: Vozes, 2020, p. 11-28 [*Die protestantische Ethik und der Geist des Kapitalismus.* Tubinga: Mohr, 1934 (1904-1905)].

essa invenção? Qual é o universo no qual ela foi produzida? E por que num certo momento ela pode ser aplicada ao universo dos intelectuais?

Segunda pergunta que podemos fazer: Essa invenção pertence a qual classe de ações sociais? Quando refletimos sobre isso, vemos que os semanários, especialmente os culturais, recorrem com muita frequência ao que chamo de "efeito de lista de vencedores": um número considerável de artigos se apresenta sob a forma de balanços. O "balanço da década" publicado em *La Quinzaine Littéraire*[40] de janeiro de 1980 sob o título "Todos os ensaios" é, por exemplo, um documento muito interessante. É uma série de lista de vencedores assinada por autores de listas de vencedores: temos assim Catherine Clément[41] do *Matin de Paris* (que diz: *O anti-Édipo* e *Diálogos* de Deleuze, *Televisão* de Jacques Lacan etc.) e também Max Gallo, Jean-Marie Rouart, Jean-Paul Enthoven, Jean-François Kahn, Robert Maggiori, Christian Delacampagne etc. Dez nomes de personalidades – é um dos objetivos da descrição que vou propor – propõem simultaneamente sua lista de vencedores das produções intelectuais graças a uma coisa absolutamente arbitrária – 1980, é um número redondo: "O que aconteceu nos dez últimos anos?"

Uma jogada de força simbólica

Situa-se igualmente na mesma classe [de ações], sob uma forma relativamente mais discreta, o que poderíamos chamar de "a profecia do fim dos tempos" ou "a profecia de novos tempos", a saber, todas as proposições nas quais aparece a palavra "novo": "novo filósofo", "nova economia", ou ainda "o fim do estruturalismo", "o fim do marxismo", "Marx está morto" etc.[42]. Essas proposições são

---

40. *La Quinzaine Littéraire* [*A Quinzena Literária*] é uma outra revista literária, um pouco mais antiga do que a *Lire* (foi criada em 1966) e de circulação mais restrita.

41. Nascida em 1939, Catherine Clément é uma filósofa universitária que pede demissão da universidade em 1976. Quando, em 1977, é criado *Le Matin de Paris* [*A Manhã de Paris*] (jornal diário próximo ao Partido Socialista, que desaparecerá em 1988), ela assume a direção do setor cultural e se ocupa ela mesma das resenhas de ensaios.

42. Criada aparentemente em 1976 por um recém-chegado (Bernard-Henri Lévy), a expressão "os novos filósofos" se difundiu na segunda metade da década de 1970 para designar um grupo de ensaístas que se beneficiavam de ligações com a imprensa e a mídia (além de Bernard-Henri Lévy, André Glucksmann, Jean-Marie Benoist etc.). Esses "novos filósofos" tendiam a anunciar o fim do "estruturalismo" ou do "marxismo" que teriam dominado a conjuntura intelectual anterior, e *Marx está morto*, aliás, foi o título de um ensaio de Jean-Marie Benoist publicado em 1970. Já a alusão à "nova economia" aqui sem dúvida remete a um grupo de economistas liberais franceses que se constituiu em 1977 sob o nome de "novos economistas"; entre eles, figuravam em particular Jean-Jacques Rosa e Pascal Salin, muito presentes na imprensa.

muito interessantes de um ponto de vista sociológico porque elas se apresentam como constatações: "É o fim do..." Recentemente, também anunciaram "o fim das ciências sociais" – talvez seja isso que tenha me despertado [*risos na sala*]. Uma outra propriedade desses procedimentos é agir com muita força sobre aqueles que os produzem. Acho que foi Catherine Clément (porque muitas vezes podemos identificar a origem do ato profético) a primeira a dizer "é o fim das ciências sociais", e logo os outros profetas a seguiram. Essa é uma propriedade de campo: se Catherine Clément (parece que ela é a primeira da lista) diz "é o fim das ciências sociais", temos certeza de que um pouco depois Christian Delacampagne e Jean-Paul Enthoven também falarão isso. Essas proposições se apresentam como constativas. As pessoas dizem "as ciências sociais estão acabadas" sem definir o que são as ciências sociais.

Mas será que esses constativos não são performativos que dizem: "Acabem logo com as ciências sociais!" [*risos na sala*], "Esqueçam as ciências sociais – e também os cientistas (que eu sou!)"? Por que esses performativos se disfarçam de constativos? O que são essas jogadas de força? Uma propriedade das jogadas de força simbólicas é que elas se mascaram. Essa é uma das propriedades do simbólico: a violência simbólica é uma violência que se exerce sem parecer. Consequentemente, o fato de um performativo poder assumir a aparência de um constativo é extremamente importante. Mas por que ele pode assumir a aparência de um constativo? Para quem? Eu já fiz essas análises cem vezes e hesito em repetir: toda autoridade simbólica – parece-me que é isso que dizem os teóricos do performativo – supõe um espaço social dentro do qual ela funciona, supõe campos dentro dos quais essa autoridade se acumulou. As pessoas dizem: "Essa gente nos informa e [se pensamos que] elas nos informam, é porque elas são bem-informadas". E nós poderíamos dizer: "Mas então será que isso é performativo? Será que elas não estão tomando seus desejos como realidades?" – o que é um reflexo absolutamente saudável –, mas logo seríamos chamados de ignorantes, especialmente se formos, por exemplo, mais provincianos (porque estamos longe, porque não sabemos, e os informantes bem-informados, ou seja, parisienses, estão lá para nos dizer antecipadamente – profecia – o que todos sabem no meio bem-informado).

Vocês podem estar pensando que faço uma polêmica gratuita, mas é um efeito muito importante: por trás desse tipo de enunciados que aparecem o tempo todo na imprensa pode haver uma jogada de força, um efeito de autoridade cuja fundamentação devemos interrogar. Eu descrevi um pouquinho o mecanismo:

o que quer dizer "bem-informado", e "bem-informado" aos olhos de quem? Um paradoxo do "bem-informado" é que quanto mais nos dirigimos a pessoas cada vez mais mal-informadas, maiores as nossas chances de sermos percebidos como "bem-informados" (essa é uma proposição geral cujos resultados, quando transposta para a política, vocês logo verão). A lista de vencedores publicada na *Lire*, cujo redator-chefe é Bernard Pivot, aparece como algo feito por gente "bem-informada". Mas o que significa "bem-informada"? "Informada" sobre o quê? Quando eu disse "bem-informado", vocês sem dúvida pensaram "bem-informado sobre o que está em questão, a saber, o estado das ciências sociais, o estado da filosofia". Mas há uma segunda proposição: "bem-informado" sobre a relação entre o informante informado e a coisa em questão; em outras palavras, "bem-informado" sobre os interesses específicos do informante bem-informado e sobre o interesse que ele tem em aparecer como informado sobre o que está em jogo. As estratégias simbólicas do tipo que descrevo se exercerão cada vez mais à medida que atingem pessoas distantes do local de produção da mensagem, e não somente da informação sobre a filosofia, mas também da informação sobre as condições sob as quais se produzem as informações sobre a filosofia. Em outras palavras, se você não tiver um amigo no jornalismo, você está ferrado.

Eu digo as coisas de maneira brutal para que elas fiquem claras. Podemos pensar na famosa frase sobre os áugures romanos que não conseguiam se encontrar sem rir[43]. Esses áugures aqui [os jornalistas] não são muito engraçados, mas eles deveriam não conseguir se encontrar sem rir porque sabem que falam sobre livros que muitas vezes não leram; por profissão, estatutariamente, eles não conseguem lê-los. Poderíamos fazer uma analogia com a relação entre o sacerdócio e o leigo – à qual Weber dedicou belíssimas análises para as quais voltarei: o efeito de fechamento do campo, o efeito de esoterismo, o efeito de segredo (do qual o *numerus clausus* é uma forma mecânica) contribui para produzir as condições de eficácia simbólica da ação das pessoas que pertencem a um campo relativamente autônomo sobre as pessoas excluídas do campo. Estamos assim diante de um problema de relação clérigo/leigo: é preciso se perguntar qual é a posição no campo desses clérigos [os autores de listas] e se perguntar se suas tomadas de posições,

43. "Mas é muito conhecida aquela antiga frase de Catão, que dizia admirar-se que um harúspice não risse ao ver um outro harúspice" (Marco Túlio Cícero, *Sobre a adivinhação*, II, 51. *In*: Beatris Ribeiro Gratti, *Sobre a adivinhação, de Marco Túlio Cícero*. Dissertação de Mestrado, IEL/Unicamp, 2009, p. 122 [*De divinatione*]). Os harúspices liam o futuro nas entranhas de animais.

que se apresentam como universais, não são a universalização de interesses particulares (aqui isso é Marx). Será que a eficácia simbólica específica dessas tomadas de posições de aparência universal não se deve, em primeiro lugar, à sua posição no campo e, em segundo lugar, ao fato de o campo ter uma tendência ao fechamento e, portanto, essa relação entre a posição e a tomada de posição que, por método, vocês precisam pressupor quando têm a noção de campo em mente, não pode ser feita [pelo leitor] e, em todo caso, não pode ser informada? Isso significa que o leitor provinciano [da revista semanal de notícias] *Nouvel Observateur* pode não ter nenhuma suspeita – é o efeito de autoridade –, ou pensar que "tem alguma coisa por trás disso" (como se diz no exército: "é melhor você dizer isso quando somos nós que dizemos") –, mas ele fica desarmado.

A sobrerrepresentação das categorias vagas e a questão da competência

O que fazer diante dessa lista repetida no rádio ("1º Lévi-Strauss, 2º Aron, 3º Foucault" e assim por diante)? Devemos criticá-la? Será que vocês esperam que eu diga: "Isso está errado, fulano não devia ser terceiro"? [*risos na sala*]. Não, devemos estudar as condições sociais de produção dessa lista. O que essa lista esconde é o que está contido tacitamente nas condições escondidas de sua produção. Na revista, você encontra a lista e também, aliás, os comentários: "Sartre está morto, não há um sucessor"[44]. Isso é interessante... É sempre muito difícil fazer uma análise quando você sente demais – agora há pouco vocês não sentiam o bastante –, você entende rápido demais. Eu me permito dizer isso porque acho que toda a dificuldade diante de um fenômeno como este está em conseguir se surpreender com tudo, incluindo aquilo que entendemos rápido demais como indicado pelo riso, porque rir é sempre entender rápido demais – não saberíamos dizer por que rimos, mas entendemos alguma coisa.

Eu não estou com o exemplar da *Lire* – espero que vocês consigam encontrá-lo –, mas tentarei descrevê-lo para vocês. Temos os vencedores com fotos e biografias para os cinco primeiros, em seguida a lista, depois comentários escritos pelos produtores do questionário, ou seja, os inventores da técnica. À pergunta "Será que Sartre está sempre aqui?", eles dizem que não sabem como responder, o

44. Jean-Paul Sartre faleceu em abril de 1980.

que é uma pena, ou então se tivesse alguém, seria fulano. Esses comentários parecem resultar da lista de vencedores, mas já seria um bom reflexo se perguntar se eles não seriam os princípios inconscientes de produção da lista. E num cantinho no final estão listadas as 448 pessoas questionadas.

Se essas pessoas são citadas nominalmente, isso não é por uma intenção científica (não é para que Bourdieu possa fazer sua análise...), é porque essas pessoas merecem ser citadas: são pessoas cujo nome existe, e é por causa disso que elas foram questionadas e que são legitimadas para dar sua opinião sobre a questão. Elas foram escolhidas por seus nomes próprios: portanto, mencionamos seus nomes. Há até uma hierarquia nessa restituição. As pessoas cujo nome é muito importante têm direito à citação dos preâmbulos de suas respostas. Está escrito: "Yves Montand – coitado! [*risos na sala*] – nos disse que ficou muito envergonhado" (estou inventando... para não citar os exemplos reais que vocês encontrarão... [*risos na sala*]). Sua resposta é muito interessante porque resvala numa questão importante: "Mas com que direito [posso julgar]?"[45] Se a pergunta é feita a ele, é porque ele recebe o direito [de julgar]: só se faz uma pergunta a alguém se você conceder a essa pessoa o direito de resposta. Assim, Yves Montand se sente legitimado porque a pergunta foi feita a ele, mas isso lhe coloca um belo problema porque, apesar de legitimado, ele sente não ter a competência – a palavra "competência" é interessante: é uma palavra jurídica; ele não se sente competente, quer dizer, não somente capaz ("capacidade"), mas também estatutariamente fundamentado a responder, apesar de ter o direito de responder, de estar, portanto, legitimado a responder.

Essa é a pergunta fundamental: quem está investido do direito de julgar quando se trata de *performance* intelectual? *Lire* oferece a lista das pessoas que responderam e, para os mais eminentes, para os esperados – e é aqui que me parece que a sociologia produz seus efeitos –, a pergunta feita tacitamente pela

45. O cantor e ator de cinema Yves Montand [1921-1991] figurava entre as personalidades do mundo das "artes e espetáculos" consultadas por *Lire*. Talvez seja preciso relacionar sua presença no painel a seus engajamentos políticos e a resposta que relata P. Bourdieu, se for mesmo a sua, à sua trajetória social (de origem trabalhadora, ele possuía um CAP [diploma secundário de curso técnico] de cabeleireiro). Em dezembro de 1981, Yves Montand foi um dos primeiros signatários do texto escrito por Bourdieu e Foucault como protesto à reação do governo francês diante dos eventos que ocorriam na Polônia (ver Pierre Bourdieu, *Interventions 1961-2001. Science sociale et action politique* [*Intervenções 1961-2001: ciência social e ação política*]. Marselha: Agone, 2002, p. 164ss.).

lista de vencedores era na verdade a seguinte: quem é o juiz em matéria de produção intelectual? Quem tem o direito de julgar? Quem está fundamentado a julgar? *Lire* oferece a lista dos eleitos e a lista dos eleitores. Para compreender o princípio de seleção em operação na lista dos eleitos é preciso buscar o princípio de seleção em operação na lista dos eleitores. Os eleitores foram eleitos segundo um princípio não enunciado que se reproduz de maneira inconsciente na lista dos eleitos. Vejamos a lista dos eleitores: os eleitores são classificados por categorias: "escritores", "escritores-professores" ou "universitários", "escritores-jornalistas" e "jornalistas".

Quando olhamos as listas ficamos chocados com a vaguidade das taxonomias. Há, por exemplo, pessoas classificadas entre os "jornalistas", apesar dos critérios que fizeram classificar outras entre os escritores significarem que elas poderiam ter sido escritoras. Assim, Max Gallo está entre os jornalistas, enquanto Madeleine Chapsal está entre os escritores[46] – não quero contrariar nenhum dos dois, não estou julgando. Um outro exemplo: Jean Cau, Jean Daniel, Jean-Marie Domenach, Paul Guth e Pierre Nora são considerados "jornalistas". Eles estão ao lado de Jean Farran, Jacques Godet e Louis Pauwels, o que não deve agradar muito a alguns deles. E encontramos entre os "escritores" pessoas como Madeleine Chapsal, Max Gallo, Jacques Lanzmann, Bernard-Henri Lévy, Roger Stéphane. Temos aqui uma incerteza típica das categorias. Um sociólogo procederia de outra forma, ele escolheria tomar um indicador objetivo do grau de participação no jornalismo: a frequência de aparição num número preciso de jornais, ou o fato de ser apontado por um jornal – isso seria um critério melhor –, as rendas médias obtidas com o jornalismo etc. Aqui, a taxonomia é vaga e, manifestamente, todos os escritores são jornalistas e todos os jornalistas são escritores aos olhos da *Lire*. A mesma coisa para os escritores-professores: pessoas que manifestamente escrevem muito nos jornais são classificadas como escritores-professores enquanto pessoas que não escrevem mais nos jornais são classificadas entre os jornalistas.

A incerteza nas taxonomias leva a uma lista em que, para uma grande proporção (mais da metade) das pessoas, a distinção jornalista/escritor é desarmada. Numa análise detalhada, praticamente a metade da lista é constituída por pessoas

46. Como indicado um pouco mais adiante, Max Gallo na verdade estava classificado entre os "escritores".

que não podemos realmente classificar como jornalistas, escritores ou professores. Estamos na ordem do *metaxu*[47], do intermediário, do vago, quer dizer, da fronteira. O corpo dos juízes foi recrutado em grande parte entre pessoas que têm como propriedade escapar de classificações simples. Acima da lista dos jornalistas, os redatores da revista indicam: "Favor notar que muitos jornalistas também são escritores". Eles não colocam isso acima da lista dos escritores, o que indica que há uma hierarquia: eles pensam que um certo número de pessoas que classificaram entre os jornalistas poderia se ofender de serem classificadas nessa categoria que eles reconhecem tacitamente como inferior através do fato dessa cautela. Portanto, as categorias são vagas e há uma sobrerrepresentação de pessoas com propriedades absolutamente indeterminadas.

Agora basta relacionar a lista de vencedores que simplesmente mencionei há pouco e o corpo dos juízes para compreender o princípio da lista de vencedores – se vocês a lerem, acho que se convencerão –, que é ter um viés em favor dos jornalistas-escritores. Concretamente, os escritores-jornalistas são sobrerrepresentados, como se o princípio da lista de vencedores tivesse sido uma espécie de nota de amor – como se diz no exército –, uma espécie de preconceito positivo em favor dos mais jornalistas dos escritores ou os mais escritores dos jornalistas. Dito isso, as coisas não são tão simples: Lévi-Strauss não é dúbio.

Instituir os juízes

Para compreender o procedimento, uma primeira coisa muito importante, do ponto de vista da filosofia social, é que as técnicas sociais podem ser invenções sem sujeito: se precisamos de horas para desmontar o que está contido nessa lista de vencedores, isso é em grande parte porque ela é uma invenção infinitamente mais inteligente do que a soma de todas as inteligências individuais, e o sujeito da empreitada é um campo. É o campo dos jornalistas – aqui chego no final da análise antes de desenvolver todos os preâmbulos –

47. Μεταξὺ é uma preposição e um advérbio grego. A palavra é utilizada por Platão em especial numa passagem do *Banquete* (202-204), assim como em *A república*, em que caracteriza o estado intermediário que o repouso da alma representa em relação ao prazer e à dor; segue-se uma série de reflexões sobre esse estado que "é algo intermediário entre ambos" e que "não é nem uma coisa nem outra", mas que também é passível de "[tornar-se] ambas as coisas". Ele "não existe, é simples aparência: agradável, em comparação com o sofrimento, e molesto, confrontado com o prazer" (Platão, *A república*. Trad. de C.A. Nunes. Belém: UFPA, 2000, livro IX, 583c-584a, p. 417-419).

que inventa essa instituição, por transposição ou transferência de uma técnica análoga que atualmente se emprega para os políticos – mas quando se trata de políticos, estamos do lado de fora; quando somos intelectuais, estamos no mesmo universo, somos juiz e parte interessada sem parecer (em todo caso, adoraríamos ser partes interessadas e, portanto, juízes). Por meio da transferência de uma técnica empregada em outro lugar, são os interesses coletivos – mas de um modo completamente diferente do qual falamos de "interesses coletivos" nos sindicatos, esses não são de modo nenhum interesses agregados – que se manifestam nesses efeitos de campo. A lista de vencedores é uma lista de vencedores, mas de maneira coletiva; ela expressa uma coletividade. O que acontece é apenas que o efeito simbólico dessa lista tem a ver com o fato de que a coletividade expressa não é a coletividade percebida pelos receptores. Com efeito, essa lista se apresenta como universal: "estes são os quarenta melhores escritores", subentendido "tais como julgados pelos próprios escritores". Esse é um juízo que se apresenta como o produto de uma autosseleção autônoma do campo intelectual, enquanto a análise dos eleitores faz aparecer que o corpo dos eleitores é dominado pelas pessoas que exatamente são sujeitos de listas de vencedores, ele é dominado pelas pessoas cujo papel social consiste em fazer listas de vencedores. Se lermos os detalhes, descobrimos que os próprios autores da pesquisa dizem que quiseram perguntar a opinião de pessoas que têm poder, que são influentes no campo. Vou citar a frase: "Homens e mulheres que por sua atividade profissional exercem eles próprios uma influência sobre o movimento das ideias e são detentores de um certo poder cultural". Portanto, essas pessoas foram interrogadas em nome de um critério implícito. Recebemos uma lista que se absolutiza, que se universaliza, mas na realidade para constituí-la foram questionadas as pessoas que têm um poder [real] de constituição social, que têm competência (no sentido jurídico) social para produzir listas de vencedores e para produzir ao mesmo tempo o efeito da lista de vencedores como universalização dos interesses coletivos de uma categoria particular de agentes que são, no fundo, os mandatários sem mandante do conjunto dos jornalistas-escritores/dos escritores-jornalistas.

Se recapitularmos, temos um julgamento, temos juízes, e a questão que é evitada e que se coloca toda vez que temos um julgamento é a do princípio de legitimidade do julgamento: em nome de quem [essa pessoa] formula julgamentos? Weber tem respostas: uma pessoa pode formular um julgamento porque ela é legítima, porque ela é carismática[48] ("Eu encarno a legitimidade da França desde sempre, portanto sou legítimo"). Ela pode ser legítima porque tem um mandado: os professores que fazem os currículos, assim, têm mandado para colocar X no currículo. Também se pode ser legítimo porque, como diria Weber, é a tradição: sempre foi assim ("Sempre se pergunta aos escritores...") e essas pessoas da revista *Lire* poderiam ter dito que em 1881 Huret[49] foi perguntar para as pessoas o que a literatura era para elas, o que elas pensavam do Naturalismo. A comparação é interessante: Huret perguntou para os escritores o que eles pensavam de Zola, de X ou de Y, ele não pedia para classificarem Zola, Hennique, Mallarmé, Céard etc.

Assim, pode-se invocar vários princípios de legitimação. Aqui, o princípio de legitimação invocado tacitamente é um princípio que poderíamos chamar de democrático-tecnocrático. Por exemplo, sob o título da pesquisa está escrito "referendo": há portanto uma base coletiva, o que é uma diferença considerável com a lista singular ou com a profecia do final ("É o fim do estruturalismo"): passamos de um juízo singular no qual o agente se engaja, *idios* (ἴδιος), singular, particular, não universalizável, que só vale o que vale aquele que o professa, a um juízo coletivo, *koïnos* (κοινός), que adquire o estatuto do consenso de uma coletividade, mas uma coletividade de pessoas competentes, quer dizer, que têm competência para julgar. É, portanto, como se, querendo saber se alguma coisa é legal, tivéssemos consultado democraticamente um corpo de juízes. Mas o efeito social é considerável: ao consultar um corpo de juízes num caso em que não há um juiz com mandado, constituímos o corpo de juízes. Em outras palavras, parecemos constituir uma lista de vencedores enquanto constituímos um corpo de juízes – eis um efeito sociológico muito importante. É por isso que a lista de eleitores é muito importante: eles publicaram a lista – sobre a qual eu brinquei há pouco quando disse que não era para que Bourdieu a analisasse – porque a lista é importante, e isso tudo acontece de maneira absolutamente inconsciente. Constituir a lista de eleitores era publicar, como acontecia em Roma. Um dos efeitos jurídicos consiste em publicar: fazemos placas que todos podem ler. Portanto, tornamos público, publicável, de notoriedade pública, oficial – como a publicação das declarações

48. P. Bourdieu se refere sucessivamente aos três tipos de legitimidade que Max Weber distingue (legitimidade de caráter racional, tradicional e carismático). Ver *Economia e sociedade, op. cit.*, vol. 1, p. 141.

49. Jules Huret, *L'Enquête Huret* [*A pesquisa Huret*]. Vanves: Thot, 1982 [1891]. P. Bourdieu se referiu várias vezes à pesquisa Huret em seu curso do ano anterior, 1982-1983.

de casamento[50], que é um ato jurídico por excelência – um corpo de juízes, e temos um julgamento ao mesmo tempo democrático e competente: a hierarquia estabelecida pelo conjunto das pessoas competentes que, passando por cima dos conflitos de tendência divisória dos intelectuais que se disputam entre si, formam um corpo de juízes que são ao mesmo tempo parte interessada e também afastada.

Eu disse várias vezes que a análise obriga a finalizar. Eu disse abstratamente agora há pouco ao fazer minha exposição que a noção de *habitus* tinha esse mérito de permitir escapar da alternativa entre o mecanicismo e o finalismo, e em particular da filosofia do complô que aqui consistiria em dizer que tudo isso foi arranjado ou que "foi Pivot". A célebre denúncia de Pivot é um erro científico de primeira ordem. Uma das coisas que quero mostrar é que essa lista de vencedores não é de nenhuma forma "culpa de Pivot", como se pensa mesmo em níveis altos do Estado[51]. Ele certamente não é responsável por nada, o que não quer dizer que ele não seja um sujeito dessa coisa já que tem uma posição dominante no campo dos agentes que a produziram.

É porque não há um maestro da orquestra que ela funciona tão bem. Se tivéssemos colocado três politécnicos especialistas em pesquisa operacional para fazer isso, teria sido uma catástrofe. Não há um maestro, não há intenção singular. Mesmo as pessoas que estão lá formam um subcampo num subcampo, elas têm sua solidariedade, sua concorrência, elas têm limites para sua concorrência, elas têm acordos ocultos como sempre há entre firmas em concorrência, elas têm regras tácitas – "não vamos até o fim", "não utilizaremos todas as armas". É tão estúpido dizer "é culpa de Pivot" quanto dizer "é culpa dos jornalistas culturais". Há, portanto, um campo de jornalistas culturais que, neste evento, são portadores do interesse coletivo dos jornalistas, mas sem terem um mandato com esse objetivo.

O efeito político importante é que, sob a aparência de instituir uma lista de vencedores, instituímos juízes, o que é um dos objetivos mais fundamentais de todas as lutas simbólicas: em todo campo, a principal questão é saber quem tem o

50. O Código Civil francês estabelece que, na véspera de todo casamento, deve-se publicar uma declaração dessa união, para que qualquer desafio ou impedimento a ela possa ser proposto antes de sua oficialização [N.T.].

51. Bourdieu alude ao escritor Régis Debray que, nomeado em 1981 como conselheiro do presidente da República, criticou Bernard Pivot e seu programa literário publicamente em 1982 por "exercer uma verdadeira ditadura sobre o mercado do livro". P. Bourdieu já havia mencionado esse questionamento de Bernard Pivot como parte interessada no ano anterior (na aula de 14 de dezembro de 1982).

direito de estar no campo, quem faz parte dele (e quem não faz), quem diz que faz parte do campo, quem tem o direito de dizer quem é realmente intelectual. Ao dizer quem é o intelectual verdadeiro, digo quem é realmente intelectual. Isso não é a mesma coisa que dizer que é Lévi-Strauss ou que é Bernard-Henri Lévy. Ao escolher uma forma de realização exemplar e paradigmática do intelectual, afirmo sob uma forma universalizada minha própria definição de intelectual, quer dizer, aquela mais conforme aos meus interesses específicos. A questão será saber qual é o princípio da definição dos interesses específicos (por que, no que me concerne, para mim é mais Lévi-Strauss do que Bernard-Henri Lévy, como vocês percebem através do meu jeito de falar?). Podemos supor que há uma relação entre a posição no espaço em questão e a tomada de posição sobre esse espaço.

Tomada de posição sobre as tomadas de posição

Será que isso quer dizer que não há mais posição objetiva nesse espaço? Esse tipo de argumentação foi muito praticado na década de 1940 a partir de leituras de Max Weber. Na atmosfera um pouco depressiva da época, perguntava-se se o historiador preso na história poderia oferecer juízos históricos sobre a história, se o sociólogo preso na sociedade poderia falar objetivamente sobre a sociedade[52]. Aqui, a pergunta é colocada da maneira mais dramática: será que podemos num curso *ex cathedra, ex officio* [com autoridade da cátedra e do ofício], autorizado, falar dessas coisas sem realizar uma jogada de força ou um abuso de poder simbólico? Será que o que estou fazendo neste momento tem a ver com a mesma lógica daquilo que estou descrevendo? Em outras palavras, será que uma sociologia dos intelectuais é possível para alguém que faça parte do universo intelectual? Será que uma sociologia científica é possível? Essa é uma questão importante e um dos ataques mais virulentos contra a sociologia.

A questão é saber a diferença entre o que estou esboçando e o que descrevo. Em primeiro lugar, uma diferença que acabo de mencionar é que explicito os princípios práticos do que se passa e, como resultado, sou obrigado a aplicá-los a mim mesmo. Eu não posso dizer que o princípio de toda tomada de posição sobre o campo intelectual deve ser procurado na posição ocupada nesse campo sem dar àqueles que me ouvem a possibilidade de me perguntarem sobre a relação entre

52. P. Bourdieu já mencionara esse ponto no ano anterior, na aula de 23 de novembro de 1982, em *Sociologia geral volume 2, op. cit.*, p. 209 [426].

o que digo e minha posição no campo. Em segundo lugar, eu me dou ao mesmo tempo a possibilidade de controlar os efeitos de minha própria posição sobre minha tomada de posição sobre essas tomadas de posição. Em outras palavras, eu me dou a possibilidade de objetivar o ponto de vista a partir do qual se produz aquilo sobre o que falo. Assim, posso também objetivar a estratégia fundamental que consiste em transformar um ponto de vista situado num ponto de vista sem ponto de vista. A estratégia ideológica que descrevi no começo, que consiste, segundo a antiga formulação de Marx, em universalizar o caso particular[53], torna-se então muito mais concreta. Ela quer dizer, se vocês tiverem ouvido o que falei sobre a noção de campo, que toda sociologia é produzida a partir de um subcampo que está ele próprio no campo. É a velha frase de Pascal: "O mundo me compreende, mas eu o compreendo"[54]. O sociólogo que pretende compreender o mundo no qual está compreendido não tem nenhuma chance de compreendê-lo cientificamente a não ser que compreenda a partir de onde ele compreende e leve em conta em sua compreensão o fato de ela ser produzida em algum lugar, como as outras, com a diferença que a compreensão do ponto de vista a partir do qual se produz a compreensão científica tem efeitos científicos.

Aqui, não estou criticando... O fato de que confundimos a sociologia dos intelectuais com o que chamo de "o ponto de vista de Marat" é uma grande dificuldade e uma coisa absolutamente trágica. Foi por meio de um livro sobre a ciência publicado recentemente que conheci a biografia de Marat[55]. Em seguida, trabalhei

---

53. Essa ideia, ainda que não essas palavras exatas, encontra-se em passagens tais como: "Realmente, toda nova classe que toma o lugar de outra que dominava anteriormente é obrigada, para atingir seus fins, a apresentar seu interesse como o interesse comum de todos os membros da sociedade, quer dizer, expresso de forma ideal: é obrigada a dar às suas ideias a forma da universalidade, a apresentá-las como as únicas racionais, universalmente válidas" (Karl Marx & Friedrich Engels, *A ideologia alemã*. Trad. de R. Enderle, N. Schneider & L.C. Martorano. São Paulo: Boitempo, 2007, p. 48 [*Die deutsche Ideologie*, 1845-1846]).

54. "*L'univers me comprend et m'engloutit comme un point; par la pensée, je le comprends*" ["O universo me compreende e me engolfa como um ponto; através do pensamento, eu o compreendo"] (Pascal, *Pensées*, ed. Lafuma, p. 113). Bourdieu voltará a esse tema na conclusão de seu último curso no Collège de France, publicado sob o título *Science de la science et réflexivité*, *op. cit.*, p. 157 [221]. [Na tradução de Sérgio Milliet, essa frase aparece como "O universo me abarca e traga como um ponto; pelo pensamento, eu o abarco" (Pascal, *Pensamentos*. *In*: *Os pensadores*. Vol. XVI. São Paulo: Abril Cultural, 1973, 348, p. 128) – N.T.].

55. Em "Espaço social e gênese das classes" (*In*: *O poder simbólico*. Trad. de F. Tomaz. Rio de Janeiro: Bertrand Brasil, 1989, p. 133-161 ["Espace social et genèse des 'classes'", *Actes de la recherche en sciences sociales*, n. 52-53, 1984, p. 3-15]), P. Bourdieu cita Charles C. Gillispie, *Science and polity in France at the end of the Old Regime* [*Ciência e política na França ao final do Antigo Regi-*

um pouco com as obras que lhe foram dedicadas e nas quais ele foi apresentado como o precursor da sociologia científica dos intelectuais, o que é desolador... Confunde-se a sociologia com uma visão crítica um pouco mal-humorada, com o discurso antimandarins e a visão do ressentimento que é a mais provável para as pessoas que ocupam uma posição dominada no campo de produção cultural. Eu também chamo isso de "ponto de vista de Tersites", nome de um personagem de Homero[56], um simples soldado que passa seu tempo observando as coisas de seu próprio canto. O tempo todo, nas salas de redação, nas antessalas das universidades, identificamos a sociologia do ponto de vista de Tersites sobre o exército grego ou do ponto de vista de Marat sobre a Academia de Ciências, quer dizer, de uma visão de baixo, muito estreita. Esse não é de maneira nenhuma o ponto de vista que o sociólogo adota: trata-se de tomar como objeto o jogo em seu conjunto, quer dizer, o campo, de explicitar as regras segundo as quais esse jogo funciona, os interesses específicos que se engendram nesse jogo e, ao mesmo tempo, os interesses específicos que se expressam nesta ou naquela tomada de posição sobre o jogo. O que faz a sociologia não ser a física é que se os campos podem ser descritos num primeiro momento como campos de forças, essas forças se exercem sobre pessoas que têm um ponto de vista sobre esses campos de forças e que, ao mesmo tempo, podem trabalhar para mudar o campo de forças ao mudarem a visão do campo de forças, ao mudarem o ponto de vista sobre o campo de forças sempre a partir de um ponto de vista.

Assim, o objeto da sociologia é ao mesmo tempo a descrição do campo de forças e a descrição das visões, das lutas para impor sua visão, das lutas pelo monopólio da visão legítima sobre o campo de forças, do que define a ortodoxia – *ortho doxa* quer dizer "opinião direita". No campo intelectual, o que é uma coisa muito interessante, não há realmente uma ortodoxia, não há um jurista intelectual que diz: "Esta é a nota deste ano, fulano está em baixa, sicrano cresce". Daí a tentação à qual o sociólogo está exposto: "Não há um jurista, é preciso ter um, eu mesmo vou

---

me]. Princeton: Princeton University Press, 1980, p. 290-330. Ele também cita com frequência as análises de Robert Darnton, "O Alto Iluminismo e os subliteratos". *In*: *Boemia literária e revolução*. Trad. de L.C. Borges. São Paulo: Companhia das Letras, 1987, p. 13-49 [*The literary underground of the Old Regime*. Harvard: Harvard University Press, 1985].

56. Sobre o ponto de vista de Tersites, ver Pierre Bourdieu, *As regras da arte*. Trad. de M.L. Machado. São Paulo: Companhia das Letras, 1996, p. 218-220 [*Les* Règles *de l'art*. Paris: Seuil, 1992, p. 315-318]. P. Bourdieu também remete a Shakespeare, que reutilizou (em *Troilo e Créssida*) esse personagem da *Ilíada*.

dar a lista verdadeira". Uma das réplicas à análise de Pivot seria dizer: Pivot não é sociólogo, a amostra é patética, lamentável, não faz sentido, não é representativa, por exemplo porque, entre as pessoas questionadas, não há nenhum escritor das Éditions de Minuit – essa observação é verdadeira [*risos na sala*], mas ela está relacionada à minha posição[57] –, apesar de haver alguns entre os eleitos, o que é interessante (vou explicar o porquê). Uma tentação do sociólogo é, portanto, a de ser aquele que os romanos chamavam de *censor*, o estraga-prazeres que denuncia um "exercício ilegal da sociologia". Isso é muito importante: há exercício ilegal da sociologia o tempo todo. Ora, a sociologia não pode se defender por razões sociais que seriam interessantes de estudar. O caso das pesquisas de opinião não é diferente[58]. Diante do exercício ilegal da sociologia, posso ficar tentado a reafirmar a autoridade legítima da ciência dando uma segunda opinião de perito. Vou dizer que a amostra não é boa, que há uma sobrerrepresentação de jornalistas-escritores e de escritores-jornalistas. Vou, portanto, discutir os critérios de seleção dos juízes. Se for verdade, como disse há pouco, que um dos objetivos é instituir juízes, vou então instituir outros juízes. Mas se é o critério de seleção dos juízes que comanda o julgamento que vou produzir, não saio do círculo. Posso dizer que é preciso começar a partir dos prêmios Nobel e depois continuar por todos os indicadores de consagração... Essa é uma técnica utilizada pelos sociólogos americanos que trabalham com as elites[59] e que Pivot reinventa sem saber: tomamos os 20 primeiros que determinamos por indicadores que chamamos de reputação, como o número de citações, e pedimos para esses 20 primeiros dizerem quem são os outros; chegamos assim a uma lista de 100 ou 150 nomes que podemos considerar que reúne as pessoas importantes. Portanto, tratamos aqui de uma técnica social de seleção que tem suas garantias científicas e poderíamos dizer que os sociólogos não são científicos já que X diz que tudo bem, mas Y diz que está errado.

Portanto, essa pesquisa é socialmente fundamentada. Há vários critérios. O critério universitário não é o melhor se quisermos estabelecer a lista das pessoas que têm o maior peso social na mídia – já ouvi dizer que esse é um critério levado

57. Entre 1964 e 1991, P. Bourdieu publica quase todos os seus livros pela Éditions de Minuit, na qual dirige a coleção "Le sens commun".

58. P. Bourdieu, "A opinião pública não existe" (1972). *In*: *Questões de sociologia*, *op. cit.*, p. 210-221 [222-235].

59. Essa técnica desenvolvida no pós-guerra nos Estados Unidos às vezes é chamada de "amostra por bola de neve".

em conta em certas redações (por exemplo, quando se pergunta sobre qual livro será preciso falar nessa semana entre aqueles que chegaram). Se a questão é medir o peso na mídia, nada melhor do que interrogar as pessoas que são ao mesmo tempo as melhores juízas do peso na mídia e aquelas que produzem esse peso. Uma propriedade desses universos circulares é que a percepção produz a coisa. Aqui, temos o círculo absoluto: pedimos para as pessoas perceberem algo que elas contribuíram para produzir. O que a ciência pode fazer num caso desses não é opor uma crítica científica, e sim descrever as condições sociais de produção do objeto, os mecanismos sociais, já que a verdade da pesquisa não é seu resultado e sim a própria pesquisa. Neste caso particular, o objeto da ciência não é mais dizer quem é o maior intelectual francês, mas saber como se pode produzir essa pergunta, o que ela quer dizer, por que não se pergunta quem é o melhor juiz francês.

É, portanto, uma pergunta sobre o que é um campo, sobre o grau de institucionalização do campo, já que uma das propriedades do campo intelectual é não ter uma instância de legitimidade. Mas isso coloca a pergunta muito geral dos campos: Existem instâncias legítimas para decidir as instâncias de legitimidade? Em outras palavras, existe um juiz dos juízes? Voltarei numa outra sessão[60] para esse problema que acho ser – indico isso de passagem – um dos problemas de *O processo*, de Kafka[61]: existe um juiz que julga os juízes? Essa é uma questão absolutamente geral que pode parecer resolvida nos campos em que as competências estão institucionalizadas e repartidas: existe um chefe dos juízes, um tribunal que estabelece a hierarquia dos juízes. No caso do campo intelectual, já que a institucionalização não está avançada, não há um juiz que julgue os juízes. A questão pode assim ser formulada desde que saibamos formulá-la.

A universalização do juízo particular

Eu disse que essas pessoas da *Lire* realizaram uma jogada de força porque elas universalizaram o juízo de uma categoria particular, os escritores-jornalistas e os jornalistas-escritores, que são uma categoria dominada no campo intelectual, mas dominante do ponto de vista do poder de consagração a curto prazo (ela

---

60. Ver especialmente as aulas de 8 e 15 de março de 1984. Ver também Pierre Bourdieu, "La dernière instance" ["A última instância"]. *In*: *Le Siècle de Kafka*. Paris: Centre Georges Pompidou, 1984, p. 268-270.

61. P. Bourdieu voltará a Kafka nas aulas seguintes.

tem efeitos sobre a edição etc.). Mediante essa jogada de força, quer dizer, essa universalização de um juízo coletivo interessado, esses agentes contribuem para transformar a visão do campo e, ao mesmo tempo, para transformar o campo. A transformação da visão de um campo – outra proposição muito geral – tem maiores chances de transformar o campo quanto menos constituída for a visão dominante do campo[62]. Ela teria poucas chances de sucesso num campo em que a visão dominante do campo é muito institucionalizada, quer dizer, jurídica: se publicássemos todas as manhãs a nota dos intelectuais oficiais, medida com indicadores objetivos (o *Citation Index*[63] etc.), é provável que, como jogadas desse tipo seriam auto[destrutivas (?)], elas nem sequer viriam à mente das pessoas. Para que a possibilidade de conceber uma jogada como essa exista, as relações entre o campo intelectual e o campo do jornalismo devem ser tais que a jogada não apareça como uma loucura.

Depois de fazer a jogada, por meio do quê ela se exerce? Por meio do efeito de codificação que consiste no fato de substituir aquilo que os juristas árabes chamavam de "o consenso tácito de todos". Para os juristas, a questão de saber quem tem o direito de julgar também se coloca, mas eles fazem pensar que ela está resolvida. Será que, quando eu julgo, julgo em nome dos interesses dos dominantes ou dos dominados? Eles dizem: "Existe o consenso de todos". Para o campo intelectual, podemos dizer que existe o consenso tácito dos doutores que pode se manifestar nos processos de cooptação, nas referências, nas maneiras de citar, de não citar etc. É um consenso tácito de todos. No caso da lista de vencedores da *Lire*, passamos a uma lista. Ela não é mais tácita de todos, é uma lista única que tem o mérito de existir, como se diz – não refletimos sobre isso: no lugar de um Todo absolutamente confuso, substituímos algo que todo mundo vai discutir ("isso não é possível", "Fulano não está na lista", "eles são realmente cegos" etc.). Isto posto, ela existe, e existe como objetivação de um juízo universal.

---

62. A partir dessa análise da "parada de sucessos dos intelectuais", desenham-se temas que serão desenvolvidos, dez anos mais tarde, no artigo "A influência do jornalismo", *In*: *Sobre a televisão*. Trad. de M.L. Machado. Rio de Janeiro: Jorge Zahar, 1997, p. 101-120 ["L'emprise du journalisme", *Actes de la recherche en sciences sociales*, n. 101-102, 1994].

63. O *Science Citation Index* [Índice de citações científicas] é uma das principais ferramentas bibliométricas. Ele foi estabelecido na década de 1960 por Eugene Garfield.

Como resultado, há o efeito de lei, é a *vis formae*[64]: tínhamos uma coisa informal – quando dizemos que um almoço ou as relações entre X e Y são "informais", dizemos que não há etiqueta, não há um código de deontologia, que as regras não estão objetivadas – e agora temos aqui um efeito de forma. Eu acho que isso é uma coisa muito importante de compreender, por exemplo, para o efeito jurídico[65]: o efeito de forma é essa espécie de efeito produzido pelo fato de tornar objetivo, escrito, publicado, público. O público é universal, é oficial; não temos vergonha dele. Aqui, o fato de os jornalistas poderem publicar seus julgamentos sem se envergonharem é surpreendente e interessante. Eles não poderiam publicar a lista dos melhores matemáticos, isso seria uma vergonha... O fato de eles poderem se publicar como publicadores e aptos a julgar é muito interessante. As pessoas que responderam, que foram listadas na revista, foram escolhidas como aptas a responder, e elas se sentem escolhidas como dignas de responder – com maior ou menor hesitação. Há também pessoas que não responderam[66] porque elas recusaram o jogo, elas recusaram receber a legitimidade: há ausências sistemáticas que, sem tomar nenhum partido, podemos observar. Por exemplo, nenhum dos mais bem classificados segundo os critérios internos do campo de produção para produtores respondeu a um questionário destinado a escolher os mais eminentes. Em outras palavras, essa série de pequenas escolhas individuais ("será que respondo ou não?"; "estou hesitante"; "vou esperar quinze dias"; "envio ou não envio?"; "como foi que eu escolhi?" etc.) produz um sentido objetivo que tem todos os efeitos que descrevi.

Produtores para produtores e produtores para não produtores

Continuo um pouquinho mais: essa lista de vencedores mistura a fronteira entre o campo de produção restrita (o campo de produção para os produtores) e o campo de produção ampliada (o campo de produção para os não produtores). É claro que se trata de subcampos dentro do campo de produção cultural e

---

64. ["Força da forma" – N.T.] Ver Pierre Bourdieu, "Habitus, code et codification" ["*Habitus*, código e codificação"], *Actes de la recherche en sciences sociales*, n. 64, 1986, p. 40-44.

65. Ver as aulas seguintes e o artigo "A força do direito: elementos para uma sociologia do campo jurídico". *In*: *O poder simbólico*, *op. cit.*, p. 209-254 ["La force du droit. Éléments pour une sociologie du champ juridique", *Actes de la recherche en sciences sociales*, n. 64, 1986, p. 3-19].

66. A revista *Lire* afirmou que 600 pessoas foram questionadas, mas que apenas 448 responderam.

essa oposição se encontra dentro de qualquer campo de produção cultural – no estado em que estamos, isso não vale para qualquer campo: há produtores para os produtores (a poesia de vanguarda etc.) e produtores para os não produtores, obviamente com todas as margens intermediárias. Se vocês se lembram do que eu disse, as pessoas sobrerrepresentadas nessa população de eleitores e ao mesmo tempo na lista de vencedores são aquelas que se situam nessa zona que não é nem uma coisa nem outra, *metaxu* (μεταξὺ) como diz Platão[67], bastarda, em que não se sabe se eles estão aqui ou ali. O interesse dos bastardos é legitimar a bastardia, fazer desaparecer a distinção em nome da qual eles são bastardos. O interesse inconsciente das pessoas que estão na fronteira do campo de produção restrita e do campo de produção para os não produtores, ou seja, os jornalistas – o jornalista é tipicamente aquele que publica para o grande público – é dizer "Todos os gatos são pardos", abolir a *diacrisis*, o corte. Um dos objetivos da luta simbólica sobre o mundo social é o princípio de divisão, e a ortodoxia é o poder de dizer: "É preciso ver isto aqui e isto ali", "Não confunda o sagrado com o profano, o distinto com o vulgar". Misturar as taxonomias ou impor uma taxonomia que não diferencie mais as coisas que estavam diferenciadas é mudar as relações de força dentro do campo. É mudar a definição do campo (quem está nele/quem não está), e, como resultado, o princípio de legitimação.

Vocês percebem a dificuldade que existe para descrever isso: a análise torna-se forçosamente finalista. Não se deve dizer: "Eles desejaram isso", "Eles lutaram para", "Isso é uma revolução", "Foi uma categoria dominada sob certa relação, mas dominante sobre outra que tomou o poder por meio dessa revolução que é a imposição de uma lista de vencedores". Não, deve-se falar do que chamo de *allodoxia*, segundo o *Teeteto* de Platão. Vemos uma pessoa ao longe, dizemos: "Quem é aquele? É Teeteto? – Não, era Sócrates", tomamos uma coisa por uma outra[68]. O interesse do conceito é indicar que nos enganamos em boa-fé. É um erro de percepção ligado às categorias de percepção daquele que as emprega: ele não tem poder de discriminação suficiente e confunde coisas que uma pessoa dotada de maior acuidade visual diferencia. A *allodoxia* designa aquilo que acontece com

---

67. Ver *supra*, p. 45, nota 47.

68. Sócrates emprega o termo *allodoxia* (Ἀλλοδοξία) para designar um juízo falso: "Designamos como opinião falsa o equívoco de quem, confundindo no pensamento duas coisas igualmente existentes, afirma que uma é outra" (Platão, *Teeteto*, 189b-c. *In*: *Teeteto – Crátilo*. Trad. de C.A. Nunes. Belém: UFPA, 1988, p. 67-68).

as pessoas que percebem as coisas para as quais elas não têm categorias, e muitas vezes elas não têm as categorias porque não têm interesse em tê-las. Vocês podem reunir tudo que eu disse e dizer que elas não querem ver essa diferença e, ao mesmo tempo, elas não conseguem vê-la. Essa é uma lei social muito geral: nós não queremos o que não conseguimos, nós não conseguimos o que não queremos. É com uma inocência absoluta que cada um, em seu pequeno ato individual, contribui para colocar na lista [o filólogo Georges] Dumézil ao lado de um escritor-jornalista.

Isso é muito complicado porque, ao mesmo tempo, além da lei do interesse bem-entendido, uma outra lei leva à *allodoxia*. Se eu digo que meu *alter ego* é o igual de alguém, e sei que não estou à altura desse alguém, eu me igualizo àquele que sei não igualar. Portanto, ao eleger meu *alter ego*, meu interesse é dizer: "Ele é o maior, já que ele sou eu". Isso vale até certo ponto, como acontece em Proust[69]: se você disser "O salão de Madame Verdurin é muito bom", você mostra que você não é muito bom, não está muito alto; se você disser: "X, que todos sabem não ser muito bom, é muito bom", você julga a si mesmo. O classificador é classificado por suas classificações. As listas são, portanto, compromissos entre o *alter ego* e o inigualável. As pessoas dirão "Dumézil é uma aposta certeira" – isso é para classificar o classificador, eu me classifico ao classificar – e do lado dele vocês encontram... Vocês se referirão à classificação, não quero mencionar nomes, o que seria percebido como maldade apesar de ser ciência. (Se eu trabalhasse com os Nambikwaras, todo mundo acharia isso simpático, nada etnocêntrico, humanista, mas como trabalho com meus contemporâneos mais próximos, isso causa tremores especiais que não temos quando lemos *Tristes trópicos*[70]. As pessoas acham que isso não é realmente científico enquanto penso que é muito mais complicado analisar o próximo e o contemporâneo – como já fiz os dois, posso dizer isso.) Portanto, temos interesse, mas apesar de tudo há limites: não podemos aparecer como não percebendo a diferença entre aquilo que é precisamente o objetivo do jogo inteiro sem nos desqualificarmos.

---

69. Marcel Proust, *Em busca do tempo perdido*, 7v. Vários tradutores. São Paulo: Globo, 1998 [À la recherche du temps perdu. Paris: Bernard Grasset/Gallimard, 1913-1927]. Nessa obra, o salão da burguesa Madame Verdurin tinha muito menos prestígio do que os salões aristocráticos como o da duquesa de Guermantes [N.T.].

70. Claude Lévi-Strauss, *Tristes trópicos*. Trad. de R.F. Aguiar. São Paulo: Companhia das Letras, 1996 [*Tristes tropiques*. Paris: Plon, 1955 – N.T.].

A lista produziu como resultado um outro efeito simbólico que ninguém desejou: ela começa com Lévi-Strauss e continua com Foucault, Lacan etc. Se a lista tivesse sido completamente liberada, se é que posso dizer, do efeito "O juiz é julgado por seu julgamento", ela teria sido outra. Tenho em mente uma contagem obtida pela soma de julgamentos numa situação mais livre, na qual se pedia não três nomes, e sim dez. Ora, eu previ isso imediatamente: ao pedir dez nomes, a dispersão é maior, os grandes são mais encobertos, eles desaparecem porque temos mais liberdade. Apesar de tudo, pode-se produzir o efeito "Eu até que sei julgar, eu sei que o grande livro da década é de fulano", fazemos isso para o primeiro nome e depois podemos colocar nove "amiguinhos". "Amiguinhos" é uma expressão ruim: há o risco de entendermos "Eles apoiam seu próprio grupo", o que é um complô. Ora, isso não tem nada a ver com complô, essas coisas acontecem na maior inocência! Aliás, essa é uma outra propriedade desses universos: as jogadas simbólicas funcionam melhor quanto mais aqueles que as fazem acreditam nelas. Se fossem pequenas coisas cínicas ("Eu gosto muito de [Christian] Delacampagne, então digo que é o maior filósofo contemporâneo"), elas perderiam grande parte de sua eficácia. Daí a expressão "*allodoxia*": na *doxa* existe a crença – eles acreditam nisso, os infelizes...

Na próxima aula gastarei mais cinco minutos sobre a diferença que mencionei muito rapidamente entre o juízo científico e o juízo nativo: o juízo científico sabe a partir de onde ele se enuncia e produz então um ponto que não está mais no campo – algo em que acredito profundamente. Voltarei a isso tentando mostrar no que essa análise reflexiva sobre a posição a partir da qual produzo este discurso sobre as posições me fez encontrar na análise da lista dos vencedores algo que não vi num primeiro momento. Uma última coisa: esse erro de amostragem malconstruída é muito banal entre os sociólogos. Se quero estudar os escritores do século XIX, vou fazer uma lista e perguntar o que é um escritor sem enxergar que os jogos estão feitos na minha lista. Assim, isso não é de modo algum um erro inocente e é por isso que ele é muito poderoso simbolicamente. Se isso fosse um erro besta que qualquer sociólogo e *a fortiori* qualquer nativo que não conhece a sociologia enxergasse imediatamente, o efeito ideológico fracassaria, mas trata-se aqui, digamos, de um erro de alto nível.

Aula de 8 de março de 1984

Primeira hora: a parada de sucessos dos intelectuais (2). – Perguntas falsas e respostas verdadeiras. – Os modelos do mercado e do processo. – Indivíduo concreto e indivíduo construído. – O objetivo da visibilidade e do título. – A invenção do júri. – A posição do subcampo jornalístico no campo de produção cultural. – Definir as regras do jogo. – Segunda hora: a parada de sucessos dos intelectuais (3). – O modelo do processo. – O modelo do mercado. – Juízo de valor. – A instituição das diferenças. – A produção dos produtores.

Primeira hora: a parada de sucessos dos intelectuais (2)

Eu vou voltar ao que disse na segunda hora da semana passada, ou seja, à análise da pesquisa da *Lire* sobre os intelectuais, começando com aquilo que não dei a vocês na aula passada, quer dizer, o enunciado da pergunta e algumas indicações sobre essa lista de vencedores. A lista foi publicada na revista *Lire*, número 8 (abril de 1981) e tem como título "Os quarenta e dois primeiros intelectuais", com a palavra "referendo" escrita abaixo dele. Tudo isso é muito importante. Com efeito, eu acho que uma virtude do que tento mostrar a vocês é chamar a atenção para o inconsciente da leitura: a lista da *Lire* foi lida por milhares de pessoas que, se é que posso dizer isso, não enxergaram nada nela, o que não quer dizer que elas não tenham percebido os efeitos daquilo que não enxergaram. Falam com frequência que uma das funções da pedagogia moderna é ensinar a ler, mas seria preciso que os professores dessa leitura soubessem ler também. Uma das funções do que proponho é ensinar a ler entre as linhas, quer dizer, a ler o que é dito através de uma censura social que se exerce nos discursos por meio dos eufemismos, dos subentendidos, dos subentendidos entendidos que a antiga retórica analisava. A neorretórica que hoje em dia se enfeita com o nome de semiologia às vezes analisa esses tipos de técnicas sociais, mas de maneira muito ingênua porque as dimensões propriamente sociais dessa relação de comunicação muitas vezes são ignoradas.

A pergunta feita para o painel da *Lire* foi: "Quais são os[as] três intelectuais vivos[as] de língua francesa [essa especificação é extremamente importante, é uma jogada de força extraordinária – P.B.] cujos escritos [isso é importante – P.B.] lhe parecem exercer em profundidade a maior influência [mais uma palavra que seria preciso analisar – P.B.] sobre a evolução das ideias, letras, artes, ciências etc.?" As palavras ficam muito difíceis de pronunciar a partir do momento em que começamos a questioná-las. Por exemplo, devido ao fato de muitas pessoas a empregarem rotineiramente, a palavra "influência" está destinada a passar despercebida apesar de ser em si mesma toda uma filosofia social da relação entre emissor e receptor, uma filosofia social que entra no ensino da literatura. Poderíamos também comentar sobre a ordem na hierarquia "letras, artes, ciências". Poderíamos dizer que é um automatismo verbal: muitas vezes falamos das "artes e [das] letras", mas isso não é a mesma coisa, há [aqui] toda uma hierarquia implícita... As ciências não teriam sido mencionadas na década de 1930: no ápice da *NRF*[71], é provável que não se falasse das "ciências". Podemos ver que alguns cientistas aparecem na lista de vencedores e talvez seja porque alguns cientistas apareçam na lista que a palavra "ciências" apareça na pergunta, e não o contrário. Resumindo, há um monte de perguntas. É claro que não vou tratar de todas elas.

Agora, volto ao começo. Eu devia ter comentado a expressão "os quarenta e dois primeiros intelectuais": por que "quarenta e dois", "primeiros", "intelectuais" etc.? Trata-se aqui de pressupostos absolutamente formidáveis: por que cortar em 42? Por que o 30º vira "normaliano"[72] e por que o 31º não[73]? Essas são perguntas

---

71. *Nouvelle Revue française* [*Nova Revista Francesa*], revista de literatura e crítica criada em 1908 e que foi a mais importante da área até a década de 1940 [N.T.].

72. Aluno da École Normale Supérieure, uma das *grandes écoles* francesas responsáveis pela formação de sua elite – no caso, a ENS forma professores universitários de alto nível nas ciências humanas, letras e filosofia [N.T.].

73. Ver as análises sobre "o primeiro cortado": "A magia social consegue sempre produzir o descontínuo a partir do contínuo. O exemplo por excelência é o do concurso, que serviu de ponto de partida de minha reflexão. Entre [o último aprovado e o primeiro cortado], o concurso cria diferenças que vão do tudo ao nada e que permanecem para toda a vida. Um será engenheiro politécnico, com todas as vantagens a isso inerentes, o outro não será nada" (Pierre Bourdieu, "Os ritos de instituição". *In*: *A economia das trocas linguísticas*, *op. cit.*, p. 100, tradução modificada ["Les rites d'institution". *In*: *Langage et pouvoir symbolique*, *op. cit.*, p. 179]).

sociologicamente muito importantes: quem decide sobre a fronteira? Qual efeito essa fronteira produz? Será que o 43º não é mais intelectual ou será que ele simplesmente não é um dos "primeiros intelectuais"? Aliás, será que os intelectuais buscam ser "primeiros"? Pressupõe-se que existe entre os intelectuais uma corrida para ser o primeiro. Um outro pressuposto aparece na introdução: "Ainda existem mestres do pensamento? [Precisaríamos pensar sobre essa expressão – P.B.] Existem outros Gides, Camus, Sartres?" Aqui, o pressuposto é que esses três foram mestres do pensamento. (Eu me aproveito do fato de sermos pouco numerosos hoje para fazer uma espécie de interlúdio e ir no ritmo que precisaríamos para trabalhar realmente bem, ou seja, de maneira extrapedagógica – mas ainda vou muito mais rápido do que deveria.)

"*Lire* questionou várias centenas de escritores, jornalistas, professores, estudiosos, políticos etc." Aqui também o essencial está dito, segundo o paradigma da carta roubada comentado por Lacan[74]: atiram-se ao rosto evidências que saltam aos olhos, dizem o essencial. O essencial aqui é dito numa frase que passa despercebida porque aquele que a produz não a enxerga e não sabe o que diz. Isso é importante: os melhores efeitos simbólicos são aqueles que os emissores produzem sem saber o que dizem enquanto dizem algo muito importante. Eles dizem algo que não sabem e, falando com desconhecimento de causa, engendram uma relação de desconhecimento compartilhado que é talvez aquilo que chamo de violência simbólica.

"*Lire* questionou várias centenas de escritores, jornalistas, professores, estudantes, políticos etc. [Aqui, há uma elipse e isso será especificado mais adiante: 'A pergunta foi enviada para 600 pessoas. Em 11 de março, 448 haviam respondido. Nós as agradecemos. Aqui estão seus nomes'. – P.B.] Eles responderam massivamente [o 'massivamente' seria interessante de estudar – P.B.]." Agora vocês começam a ter reflexos: a ordem é importante: "escritores", "jornalistas", "professores", "estudantes" (acho que eles foram enfiados aqui), "políticos". Seria preciso refletir sobre o que quer dizer o lugar designado para essas pessoas. Em seguida,

74. "A carta roubada" (1844) é um conto de Edgar Allan Poe: um ministro rouba uma carta da rainha, e a polícia realiza inspeções muito minuciosas para encontrar o lugar onde ele a ocultou, só que em vez de escondê-la, ele a deixou à vista de todos, partindo do princípio que as coisas "escapam ao observador exatamente pelo fato de sua evidência excessiva". Em abril de 1955, Jacques Lacan realizou o "Seminário sobre 'A carta roubada'", reproduzido em *Escritos*. Trad. de V. Ribeiro. Rio de Janeiro: Jorge Zahar, 1998, p. 13-66 [Écrits. Paris: Seuil, p. 11-61].

"eles responderam massivamente". Como vocês leram antes "referendo", é autoevidente ("massivamente", "referendo") que isso será um plebiscito, ou seja, uma consulta de massa respondida por uma massa de pessoas. Temos aqui, portanto, a jogada do efeito dos números: o julgamento que vamos produzir – a palavra "produzir" pode ser tomada em vários sentidos – é sancionado socialmente por uma coletividade que aparentemente definimos (os escritores etc.) e que é numerosa. É, portanto, o efeito de massa, o efeito de consenso, de consenso *omnium* [de todos] – mas nunca se diz quem é "*omnium*". Aqui, vemos a aplicação de uma definição implícita da operação da população que participa. Dizem: "Vocês lerão o resultado de um referendo respondido pelo conjunto das partes em questão, praticamente a totalidade dos juízes competentes para julgar o que queremos julgar – exceto alguns sujeitos bizarros que acharam a pergunta complicada demais ou que não tiveram tempo". E a introdução reforça: "Eles responderam massivamente. Confessando seu embaraço. Sem eleger ninguém. Mas reconhecendo a influência de Lévi-Strauss, Aron e Foucault".

Perguntas falsas e respostas verdadeiras

O "sem eleger ninguém" é muito importante. É preciso ler entre as linhas: uma pergunta subjacente a essa lista é a questão de saber se existe um sucessor de Sartre, uma pergunta tipicamente jornalística, que é o produto do interesse inconsciente dos jornalistas e de suas estruturas de percepção inconscientes do mundo social. Os jornalistas transferem para o campo intelectual uma problemática que é a do campo político e que trata do problema da sucessão, um problema sociológico de primeira importância. Aqueles entre vocês que conhecem Weber sabem que ele se pergunta a respeito de cada forma de dominação sobre o modo de sucessão que a caracteriza[75]. Não há nada de mais característico no modo de dominação do que a forma de sucessão que lhe é própria, e uma das propriedades mais interessantes do campo intelectual é exatamente a de não haver sucessor. Em outras palavras, impõe-se uma pergunta falsa para a qual é claro que imediatamente encontra-se uma resposta falsa, ou melhor, uma resposta verdadeira. Esse é um efeito que os sociólogos também produzem constantemente: eles obtêm respostas verdadeiras para perguntas falsas.

---

75. Ver M. Weber, *Economia e sociedade*, *op. cit.*, vol. 1, especialmente p. 141-160.

Esse efeito é clássico: os entrevistados são pessoas muito corajosas que, contrariamente ao que se diz, sempre respondem – existem não respostas, mas forçando um pouco sempre conseguimos respostas –, mas basta esquecer que a pergunta que os fizemos responder era uma pergunta falsa para produzir realmente uma resposta falsa que se torna verdadeira para o próprio sociólogo. Sem saber, por definição, que sua pergunta era falsa, o sociólogo é o mais malposicionado para enxergar que produziu uma resposta que não existia, mais exatamente, uma resposta que existe para alguém que não se fazia a pergunta que responde[76]. O sociólogo deve então levar em conta o fato de que a pessoa que respondeu não se fazia a pergunta, o que não quer dizer que uma vez feita a pergunta a resposta não exista – isso é muito complicado. Um sociólogo deve se interrogar sobre o estatuto da pergunta que faz.

Evidentemente, isso vale também para as pessoas que fazem história da literatura, sociologia da literatura, história da filosofia etc.: "Será que não estou fazendo para meu autor, meus autores, meus textos etc. perguntas que eles não podiam se fazer?" O que não quer dizer que eles não respondam a essas perguntas – sempre podemos fazer responder –, mas é importante saber que fizemos alguma coisa ao fazer uma certa pergunta.

Assim, a introdução está cheia de pressupostos. Insisto muito no fato de que esses pressupostos são inconscientes. Seria preciso examinarmos muito essa palavra "inconsciente". Eu a emprego de maneira estritamente negativa para dizer que não se trata de uma estratégia consciente: isso não é desejado, isso não é "feito para", isso não é o produto de uma intenção individual. Se os autores dessa pesquisa estivessem nesta sala, é provável que eles se surpreendessem bastante com tudo o que digo. Eles se levantariam para desmentir: "Mas, afinal, o que é que ele está procurando aqui? Nós não somos tão malvados..."

Uma dificuldade da análise sociológica – eu disse isso meio rápido na aula passada – é que o simples fato de explicitar as estratégias implícitas muda o estatuto dessas estratégias e transforma em intenção o produto de intenções objetivas. Em outras palavras, tudo que posso descobrir nessa lista aparece como portador de uma intenção objetiva e se apresenta, a partir do momento em que fazemos a análise, como orientado para certos fins, como dotado de uma espécie de finalidade imanente, como se fosse desejado. Daí o "tudo se passa como se" que coloco em

76. Ver P. Bourdieu, "A opinião pública não existe", *art. cit.*

muitas de minhas frases e que não é uma afetação, mas uma maneira de lembrar o tempo todo (assim como os matemáticos colocam quantificadores) que tudo se passa como se isso tivesse um fim. Mas seria um erro teórico e político fundamental pensar que todas as intenções que se revelam no que as pessoas fazem é o produto de uma intenção. Aqui [no caso da lista de vencedores], estamos na presença de um conjunto de intenções objetivas e, no fundo, no limite eu poderia resumir tudo que disse com uma frase: "Tudo isso aparece como o resultado da intenção objetiva de promover os jornalistas, e mais especialmente os jornalistas intelectuais e os intelectuais jornalistas, ao estatuto de juízes das produções intelectuais". Tudo isso sobre o que eu poderia discorrer por horas poderia se resumir dessa maneira.

Muitas vezes, o problema é que, para ser compreendido, para comunicar os resultados de uma análise, somos obrigados a dizer "em última análise". Por exemplo, diremos: "A *Crítica da faculdade de julgar*, de Kant, aparece como conforme aos interesses objetivos de um grupo que está num certo momento, no século XVIII..." Somos obrigados a dizer as coisas assim. As pessoas que não conseguem suportar a objetivação científica logo se atiram sobre esse tipo de frases: "É preciso ser estúpido (digo isso porque isso foi dito sobre minha análise da *Crítica da faculdade de julgar*[77]) para dizer que a *Crítica da faculdade de julgar*, esse texto sagrado da filosofia, expressa os interesses objetivos de uma categoria da burguesia alemã!" Na verdade, é mais complicado: como o interesse objetivo coincide com o interesse dos comentadores da *Crítica da faculdade de julgar*, ou seja, dos professores de filosofia num certo momento, a *Crítica da faculdade de julgar* é de certa maneira lida e não lida: as pessoas se beneficiam mais se não enxergarem isso. Se eu resumisse em uma frase minha análise da *Crítica da faculdade de julgar*, seria obrigado a dizer isso. Da mesma forma, se resumisse em uma frase minha análise da lista de vencedores, serei obrigado a dizer o que acabo de dizer.

(Na realidade, o "mistério" – não gosto muito dessa palavra – dos fatos sociais, da lógica do social[78], é que, para meus olhos, acontece que coisas formi-

---

77. Ver "*Post-scriptum*. Elementos para uma crítica 'vulgar' das críticas 'puras'". *In*: Pierre Bourdieu, *A distinção: crítica social do juízo*. Trad. de D. Kern & G.J.F. Teixeira. Porto Alegre: Zouk, 2006, p. 448-460 [*La Distinction: critique sociale du jugement*. Paris: Minuit, 1979, p. 565-585].

78. Não é impossível que isto seja uma alusão ao livro de Raymond Boudon que fora publicado com esse título alguns anos antes (*La Logique du social*. Paris: Hachette, 1979) e que de certa maneira também colocava a pergunta do "mistério dos fatos sociais" (dando a isso a resposta do "individualismo metodológico" fundamentado sobre a noção dos "efeitos emergentes").

davelmente complicadas, uma espécie de labirinto de intenções que aparecem, podem ser reavaliadas e resumidas numa proposição do tipo da que acabei de fazer: "Há uma intenção objetiva de...", "Tudo se passa como se..." O problema é que muitas vezes na polêmica política, utilizando análises sociológicas frequentemente muito rudimentares, as pessoas dizem: "Isso não passa do interesse da pequena burguesia em ascensão etc." Um dos grandes problemas da análise sociológica, tal como eu a concebo, é que muitas vezes é preciso se esforçar bastante para reconstruir essa espécie de rede extremamente complexa de relações, de pequenas mistificações, de pequenos objetivos, de pequenas jogadas para chegar a alguma coisa que, em última síntese, em suma, se resume a algo relativamente simples. É claro que os adversários que recebem essa análise complicada e que sofrem por causa dela – porque é verdade que a análise científica das ações sociais pode fazer sofrer – se agarram, para construir um sistema de defesa, à ideia de que "esses sociólogos são estúpidos e primitivos e fazem um marxismo vulgar". Esse parêntese me permitiu dizer algo caro a mim e tentar derrubar um sistema de defesa entre outros.)

Os modelos do mercado e do processo

Passo para a lista em si mesma. Não a lerei integralmente, mas contarei o começo para vocês. Na ponta, encontramos Claude Lévi-Strauss com 101 vozes – em todos os casos, embaixo do nome está indicado o número de vozes. "Vozes", isso remete ao plebiscito, à eleição. Isso é uma coisa que me apareceu enquanto falava para vocês: tentarei mostrar a vocês que a lógica da lista de vencedores é ou a do processo, no sentido judiciário, ou a do mercado, como processo de formação dos preços; nos dois casos, as pessoas julgam. Os sociólogos adorariam saber o que é um mercado, e aqui temos uma chance de ver uma espécie de pequeno mecanismo, de pequena máquina, de pequeno modelo reduzido do que é a formação dos preços: temos produtos culturais (um livro de Raymond Aron etc.) numa vitrine de livraria, esses produtos culturais são oferecidos e as pessoas vão comprá-los ou não. Evidentemente, os prêmios literários fazem parte disso.

Quando digo que as coisas podem ser descritas segundo o modelo do mercado ou do processo, isso não são metáforas nem analogias, e sim modelos possíveis. (Digo isso de passagem, porque muitas vezes dizem que a linguagem econômica é uma metáfora quando isso não é uma metáfora.) Essas duas possibilidades, a homologia do processo e do mercado, são ocultadas pela homologia do mercado eleitoral, o que não é absurdo: é verdade que uma eleição também funciona dessa maneira. Tentarei mostrar daqui a pouco quais são os fatores principais do ato de julgar um produto cultural e acho que teríamos os mesmos fatores para julgar um produto político (um deputado, um presidente etc.). Dito isso, a analogia com o produto político exerce um efeito de ocultação pela evidência: é sempre o paradigma da carta roubada, não há nada melhor para fazer as coisas passarem despercebidas do que apresentá-las de tal maneira que ficamos tão habituados a vê-las que elas saltam aos olhos e não refletimos sobre elas. Posso dizer isso em voz alta para vocês, por assim dizer: percebi agora que a palavra "vozes" é importante e eu não tinha visto que esse é um dos pequenos sinais subliminares que situam vocês na lógica do referendo.

Claude Lévi-Strauss tem, portanto, 101 vozes; Raymond Aron, 84 vozes; Michel Foucault, 83 vozes – eles estão quase iguais –; Jacques Lacan, 51 vozes; Simone de Beauvoir, 46 vozes; Marguerite Yourcenar, 32 vozes etc. Esses seis primeiros têm direito a um retrato fotográfico e a um retrato intelectual sobre o qual eu deveria comentar cada linha – vocês não aguentariam isso, nem eu, mas é interessante ver o que é retido para cada uma dessas pessoas.

Indivíduo concreto e indivíduo construído

Farei apenas uma pequena observação para anunciar uma coisa: tentarei refletir com vocês sobre o que é um indivíduo. Deus sabe que isso é algo que todo mundo acha que sabe – há até pessoas que fazem uma sociologia construída sobre a noção de indivíduo[79], eu acho que elas devem saber o que é o indivíduo. O problema se colocou para mim de forma muito concreta numa pesquisa[80] em que as personalidades apareciam numa análise fatorial, quer dizer, distribuída num espaço sob a forma de pontos. Eu me perguntei, e ainda me pergunto, se tenho o direito de publicar esse espaço com os nomes próprios que correspondem a esses pontos. Tenho o direito de colocar "Lévi-Strauss" nesse ponto que posicionei no

79. P. Bourdieu faz uma alusão à corrente sociológica chamada de "individualismo metodológico", da qual Raymond Boudon é um dos teóricos importantes.

80. Trata-se da pesquisa sobre os professores da Universidade de Paris publicada em *Homo academicus, op. cit.*, que será publicado em novembro de 1984. A questão que Bourdieu menciona aqui é tratada na passagem da introdução do livro dedicada à distinção entre indivíduos empíricos e indivíduos epistêmicos, p. 44ss. [34ss.].

alto à esquerda e [o crítico literário Frédéric] "Deloffre" neste ponto embaixo à direita? Tenho o direito de escrever os nomes próprios? O que acontece quando escrevo um nome próprio num ponto de um espaço construído em teoria? Para explicar em duas palavras, sem estragar muito o que vou contar, a questão é saber se o Lévi-Strauss que descubro nesse espaço é o mesmo Lévi-Strauss que vocês têm em mente. Bons filósofos trabalharam muito sobre isso (eu me permito um juízo de valor, mais uma vez para dissipar uma forma de resistência organizada pelos maus filósofos para defender a má filosofia contra a boa sociologia) e alguns de vocês conhecem as reflexões sobre "O rei da França é careca"[81]: falar do rei da França careca é fazer como se existisse o rei da França careca. Essa também é uma estratégia política clássica. Falar das coisas ("O povo pensa que...", "Os intelectuais pensam que...") faz com que não nos perguntemos se elas existem. Atraímos a atenção para o juízo predicativo. Esquecemos (e fazemos esquecer) de perguntar se o sujeito em questão existe. Para o indivíduo, é exatamente a mesma pergunta: será que esse ponto existe como existe o Lévi-Strauss real?

Não me estenderei mais porque vocês teriam uma sensação de *déjà-vu* e não prestarão atenção quando eu falar para vocês do indivíduo concreto e do indivíduo construído. Eu acho que a pesquisa trabalha sobre um indivíduo construído que não é o indivíduo concreto. A dificuldade na recepção do discurso científico é que os leitores sempre funcionam com o indivíduo concreto enquanto o que é representado é o indivíduo construído como conjunto de propriedades num espaço de propriedades. Isso não é de modo algum um problema de esoterismo deliberado, e sim um problema muito difícil no discurso sociológico e ele se coloca para mim hoje: por exemplo, estou gastando tempo com essa lista, mas hesito em lê-la e não irei até o final porque o que acredito ser uma análise distanciada, de objetivo apenas científico – isso nunca é completamente verdade –, corre o risco de ser ouvida no primeiro grau, quer dizer, no nível em que se colocam as pessoas que fizeram essa lista: "Quem é realmente o melhor?", "O que é que ele [Bourdieu] pensa? Será que ele vai dar uma rasteira no primeiro, segundo, terceiro ou quarto? Será que ele não está tentando nos dizer que a lista está errada, que se ela fosse certa

81. Ver Bertrand Russell, "Da denotação". *In*: *Os pensadores*. Vol. XLII. Trad. de P.R. Mariconda. São Paulo: Abril Cultural, 1974, p. 9-20 ["On Denotation", *Mind*, 1905, p. 479-493]. P. Bourdieu já mencionara em maiores detalhes esse tipo de exemplos no ano anterior (aula de 9 de novembro de 1982, *Sociologia geral volume 2, op. cit.*, p. 149ss. [353ss.]).

seria uma lista diferente?" Digo tudo isso porque mesmo que essas perguntas não apareçam para vocês explicitamente, acho que elas se colocam subliminarmente.

O objetivo da visibilidade e do título

Volto à lista: por ser o primeiro, Lévi-Strauss tem direito a um retrato mais longo (três colunas). Aron tem direito a um retrato um pouco mais curto (uma coluna pequena). O tamanho do retrato é proporcional à posição. Seria preciso entrar nos detalhes para ver a imagem social de cada um desses personagens. A partir do sétimo, as pessoas não têm mais retratos, mas têm direito a um título profissional: "7º Fernand Braudel, historiador; Michel Tournier, romancista; Bernard-Henri Lévy, filósofo; Henri Michaux, poeta; François Jacob, biólogo; Samuel Beckett, dramaturgo e romancista" etc. Portanto, as pessoas têm direito a um título profissional, o que é extremamente importante, como tentarei demonstrar daqui a pouco, mas digo isso logo para vocês para que reflitam sobre isso de maneira metadiscursiva em relação ao que digo neste momento: os mecanismos que tento extrair neste caso particular são mecanismos muito gerais que funcionam no conjunto do mundo social. Basicamente, trato aqui de um microcosmo em que esses mecanismos podem ser vistos de maneira particular porque, para ser rápido, o objetivo principal desse universo é a visibilidade, quer dizer, o que chamo de capital simbólico. A forma principal de lucro buscada nesse campo é a visibilidade. Ao mesmo tempo, esse é um bom terreno para estudar as condições sociais da formação dos preços porque esses preços são a visibilidade. No fundo, vou descrever para vocês como se desenrola, no universo particular que é o campo intelectual, essa forma particular de luta que é a luta simbólica e como se acumula essa forma particular de capital que é a visibilidade.

Essa luta está presente na totalidade do mundo social, mas o peso relativo da visibilidade do capital simbólico no universo dos objetivos é maior ou menor dependendo do universo. Por exemplo, os OS também se deparam com problemas de título: eles podem querer se tornar OP, OQ[82] etc. Isso também é importante para eles, isso tem efeitos sociais; isso não faz vender livros, mas permite que eles

82. Essas siglas [em francês] remetem à classificação das ocupações manuais: OS para "operários especializados", OP para "operários profissionais", OQ para "operários qualificados". Diferente dos outros, os postos de operários especializados correspondem a tarefas para as quais não se exige nem profissão nem qualificação.

se beneficiem das condições coletivas que protegem isso, eles poderão dizer: "Meu título está acompanhado de uma definição dos limites do que se pode exigir de mim e entrarei em greve se exigirem que eu faça alguma coisa que não está contida nessa forma de essência social que me foi dada e que é resumida pelo meu título". Portanto, o título profissional é muito importante. Quando se diz (digo uma maldade) "Edgar Morin, sociólogo e filósofo", isso é interessante [*risos*]; ou "René Girard, filósofo" (não quero dizer nada! [*risos*]); ou "Jean Bernard, médico" etc.[83] Não digo isso por zombaria, vocês vão ler.

Eu disse tudo que poderia dizer publicamente, o que também é uma coisa importante de minha análise: todas as restrições da passagem para a publicação ou para a publicidade, do fato de tornar público, do que pode ser dito publicamente, em situação pública, oficial, numa situação definida socialmente por regras implícitas ou explícitas, estão aqui. Esse efeito de publicação é um dos efeitos mais viciosos e mais escondidos.

A invenção do júri

Agora retomarei muito rapidamente os principais ganhos da minha análise e tentarei ir um pouquinho mais longe. O que está em jogo é o que poderíamos chamar de uma tecnologia ou de uma técnica social de ação sobre o mundo social. Eu disse isso na aula passada muito de passagem: há invenções no mundo social como nas outras áreas. Por exemplo, Max Weber insiste bastante sobre o fato de que o júri popular, ao qual estamos tão habituados que não refletimos mais sobre isso, foi uma grande invenção histórica na história do direito que mudou completamente a estrutura do campo jurídico[84]. Nesse campo jurídico, há sempre um problema de equilíbrio entre a competência dos juristas (se lhes fosse permitido, eles fariam um direito racionalizado, cada vez mais coerente mas também mais separado da vida, de certa maneira), as exigências dos clientes principais dos juristas (por exemplo, desde a Revolução Industrial, a burguesia exige que o direito se torne, como diz Weber, uma ferramenta de previsibilidade e de calculabilidade) e as outras pessoas (das quais o júri pelo menos simboliza a presença – mas eu não

83. P. Bourdieu voltará a essa questão dos títulos em sua análise dos programas de televisão dedicados às greves de 1995 (programa "Arrêts sur images", emissora France 5, 20 de janeiro de 1996; *Sobre a televisão*, *op. cit.*).

84. Max Weber, *Economia e sociedade*, *op. cit.*, vol. 2, especialmente cap. 7, § 3, p. 67ss.

acho que a exprima). Como o campo jurídico é um dos campos que menos trabalhei, isso que digo está mais próximo dos discursos escolares de segunda mão do que do discurso científico, mas isso vem de Weber (que muitas vezes não é lido): essa invenção do júri mudou a estrutura.

Aqui, temos uma invenção do mesmo tipo, do tipo do júri. Em relação ao questionário de Proust[85] ou à pesquisa Huret (Huret, um jornalista de um jornal que era o equivalente do *Figaro* na época, entrevistou escritores em 1891[86]), a lista de vencedores da *Lire* apresenta algo de novo: passa-se a impressão de ser realmente um referendo. Há uma intenção objetiva que – insisti muito sobre isso no começo desta aula – não é uma intenção subjetiva, nem sequer uma soma de intenções subjetivas, entendendo "intenção" no sentido de vontade orientada para fins postulados explicitamente. Portanto, isso não é nem o produto de uma intenção única de algum tipo de conspirador – Bernard Pivot – nem de uma intenção coletiva de um conjunto de conspiradores que agiriam em conjunto e teriam dito: "Como podemos finalmente derrubar esses intelectuais dominantes e impor a visão jornalística dos intelectuais?" Eu acho que essa é uma das propriedades das invenções sociais. É preciso dizer a palavra "invenção" para lembrar que isso não é autoevidente, que há rupturas, cortes, mudanças.

Por exemplo, e voltarei a isso, o Salão dos Recusados[87] – todos aprendemos sobre isso nos cursos de história da literatura – é uma invenção histórica formidável que foi extraordinariamente difícil: foi preciso realmente que pintores morressem de fome durante 20 ou 30 anos para que essa invenção simples se tornasse possível. Havia a Academia, as exposições da Academia que ocorriam todo ano e que eram chamadas de Salões, e criou-se o Salão dos Recusados – o Salão de todos aqueles que não foram aceitos pelo Salão oficial da Academia. O Salão dos Recusados é uma ideia e é uma palavra; e as pessoas vão fazer dessa palavra algo que será poste-

---

85. Marcel Proust popularizou esse questionário, um jogo de salão da Inglaterra do século XIX com perguntas sobre a personalidade do entrevistado, e que hoje em dia é retomado em vários programas de entrevistas – incluindo o de Bernard Pivot, mencionado anteriormente no curso [N.T.].

86. J. Huret, *L'Enquête Huret*, *op. cit.* Jules Huret trabalhava na época no jornal *L'Écho de Paris* (e depois no *Figaro* a partir de 1892).

87. P. Bourdieu tem em mente o trabalho que começara sobre a Revolução Impressionista, sobre o qual dará uma primeira apresentação em seu curso do ano seguinte (1984-1985). Ele tratará o Salão dos Recusados em detalhes em *Manet: une révolution symbolique*, *op. cit.* [O "Salão dos Recusados" de 1863 foi uma exposição realizada em paralelo ao Salão de Paris, exibindo obras que foram recusadas por este e que incluía quadros de vários artistas que depois se consagrariam como impressionistas ou modernos – N.T.].

riormente percebido pelas pessoas que vão dizer: "Ah, sim, o Salão dos Recusados". Com muita frequência, os movimentos literários começam – isso já foi dito muitas vezes a respeito dos impressionistas – com uma injúria que se torna um conceito[88]. Como os historiadores da arte se esquecem disso e querem dar um sentido aos conceitos, eles têm então grandes dificuldades e falam muitas besteiras. É muito importante saber que o que chamamos de "barroco", por exemplo, é uma mistura de insultos de época e de categorias professorais, o saco de gatos da dissertação. O "barroco" é o típico-ideal, isso não tem o mesmo sentido do que falar em Viena[89]... Digo uma maldade, mas é fundamentada, eu poderia defendê-la.

Essa técnica social é, portanto, realmente uma invenção, mas uma invenção sem sujeito, no sentido ordinário do termo, o que não quer dizer que ela não tenha uma intenção, que seja alguma coisa ao acaso. No fundo esse é o paradoxo do social. Eu acho que a visão espontânea do mundo social oscila entre duas visões: a visão segundo a qual é qualquer coisa, é o acaso, não sabemos por que isso acontece desse jeito, etc., de onde vem uma forma de pessimismo em relação à sociologia – é o que Hegel chamava de "ateísmo do mundo moral"[90]: supõe-se que o mundo da natureza tem uma razão, e quando passamos para o mundo social dizemos que pode acontecer qualquer coisa (é claro que eu, por profissão, não posso ter essa visão); e uma visão segundo a qual se existe uma ordem, é porque há pessoas que

---

88. O termo "impressionista" parece ter sido empregado pela primeira vez por um crítico de arte (Louis Leroy) que zombava e hostilizava o quadro *Impression, soleil levant* [*Impressão, nascer do sol*] de Claude Monet (1872).

89. Referência à famosa frase de Charles Bourseul, um dos precursores do desenvolvimento do telefone: "Eu me perguntei se a palavra poderia ser transmitida pela eletricidade, ou melhor, se poderíamos falar em Viena e sermos ouvidos em Paris". P. Bourdieu parece utilizar isso para destacar a diferença entre uma invenção tecnológica com uma intenção subjetiva, como o telefone, e as invenções sociais sobre as quais discorre nesta seção [N.T.].

90. "A respeito da natureza, concede-se que a filosofia tem a conhecer o que ela é, que a pedra do saber [filosofal] se encontra oculta em algum lugar, mas na natureza mesma, que ela seja racional dentro de si e o saber tem a investigar e a conceituar essa razão efetiva, que está presente nela, a investigar e a conceituar não mais as configurações e contingências que se mostram na superfície, porém sua eterna harmonia, mas enquanto ela é sua lei e sua essência imanentes. Ao contrário, o mundo ético, o Estado, ela, a razão, tal como ela se efetiva no elemento da autoconsciência, não deve fruir da felicidade de que a razão se afirme e permaneça nele, que, de fato, conquistou força e poder nesse elemento. O universo espiritual deve ser antes entregue ao acaso e ao arbítrio, deve ser abandonado por Deus, de modo que, segundo esse ateísmo do mundo ético, o verdadeiro se encontraria fora dele e, ao mesmo tempo, porque, no entanto, deve haver também razão nele, o verdadeiro ali seria apenas um problema" (Georg Wilhelm Friedrich Hegel, *Filosofia do direito*. Trad. de P. Meneses *et al.* São Leopoldo: Unisinos, 2010, p. 35 [*Grundlinien der Philosophie des Rechts*, 1821]).

impõem a ordem, executores da ordem (o complô, o "isso é feito para" etc.). O discurso crítico espontâneo sobre o mundo social, aquele que lemos nos jornais de esquerda, é do segundo tipo: "Existe uma ordem e não pode existir uma ordem sem alguém que imponha a ordem", e quem impõe a ordem são "os capitalistas", sujeitos gramaticais mas também sujeitos no sentido da filosofia tradicional, da filosofia com sujeito: pessoas que têm intenções, um entendimento, uma vontade, que sabem o que querem, que querem o que sabem e que sabem o que fazem. Eu digo que nada disso é verdade: existe uma intenção objetiva, um sentido, fins, funções, objetivos, coerência e apesar disso não existe um sujeito.

Na última aula, esboçava-se uma resposta provisória e confusa à pergunta "Mas quem é o sujeito de tudo isso?", que era: o campo de produção cultural. Vocês talvez tenham se dito que quase não avançamos, mas isso é um progresso enorme. Às vezes penso que podemos ter um progresso muito grande ao mudar a maneira global de pensar um objeto social. No caso em questão, vocês vão concordar comigo que o sujeito é o campo de produção cultural, porque se trata de intelectuais menores, mas pensem nos intelectuais maiores: quem é o sujeito da obra de Mallarmé? Em que grau? Todos os sujeitos são igualmente sujeitos? Será que somos sujeitos no mesmo grau qualquer que seja a posição que ocupamos num campo ou será que em todo momento é sempre o campo que é o sujeito, mesmo que, às vezes, existam pessoas que, pela sua posição no campo, são um pouco mais sujeitos? Eu acho que se trata de um deslocamento muito importante que, em relação ao campo literário, como tentei mostrar ano passado, tinha consequências absolutamente radicais para a maneira de estudar as obras culturais, científicas, artísticas ou literárias: em todos os casos, podemos nos colocar a pergunta de saber qual é o sujeito e todas as vezes, para mim, o sujeito será um campo como conjunto de agentes unidos por relações objetivas e irredutíveis às interações que eles possam ter. Eu repito isso sempre, isso é realmente o alfa e o ômega: as relações não são redutíveis às interações; pessoas que não têm interação, que jamais se encontraram, podem estar em relação.

O sujeito do que se passa aqui é o campo, e um problema é saber qual é o campo, como ele se define, como funciona, quais são seus limites. Lembro a vocês o que disse na aula passada sobre os limites e as fronteiras: há limites jurídicos? Um objetivo aqui que eu já mencionei semana passada é exatamente bagunçar os limites, e é por meio da definição dos juízes competentes cuja lista é publicada que daremos a definição do campo. Poderíamos dizer em última instância que todo o trabalho de "desconstrução"[91] que é preciso fazer para ler o que acontece nessas quatro páginas da revista (p. 38-41), que são tão complicadas quanto um texto de Hegel – digo isso para os filósofos –, consistirá em deslocar a atenção das páginas em que lemos a lista – o que as pessoas leram, a lista de vencedores e todos os tipos de comentários – para o que está escrito no finalzinho como uma espécie de anexo: "A pergunta foi enviada para 600 pessoas. Em 11 de março, 448 haviam respondido. Nós as agradecemos. Aqui estão seus nomes".

No fundo, todo o trabalho consiste em dizer que, por trás do objeto aparente da lista de vencedores, o objeto real é a instauração como juízes dessas pessoas cuja lista é publicada e que mereceria horas e horas de comentários. Não se trata de fazer comentários pessoais e dizer: "Olha só, isso é engraçado, eles colocaram [a romancista] Suzanne Prou, e por que entre os escritores?" Se eu quisesse, poderia dizer maldades desse tipo, mas vocês farão isso sozinhos. Trata-se de comentar esse corpo constituído. Um corpo constituído é um corpo reunido para o qual damos um nome por efeito de nomeação: por exemplo, o Conselho de Estado. Aqui, isso poderia ser um Conselho de Estado cultural ou artístico. Bastaria um decreto do presidente da República e isso seria terrível... Esse corpo constituído é escondido pelo produto de sua ação: chama-se a atenção de vocês para a lista de vencedores e ela é desviada dos fazedores da lista que se constituem pelo fato de fazerem essa lista como fazedores de lista legítimos. Em outras palavras, há uma operação de autolegitimação dos fazedores de listas de vencedores e me parece que esse é o verdadeiro objetivo: tudo se passa como se os inventores da tecnologia social da parada de sucessos intelectual tivessem se dado como projeto instituir os fazedores de listas legítimos, os Gault e Millau da cultura[92] [*risos*]. Isso faz rir, e é de propósito. Se aceitamos isso, é porque em outros terrenos existem fazedores de listas (por exemplo, dizem para vocês: "Eis os dez melhores filmes") e toda vez são as mesmas operações: os juízes se autolegitimam e proíbem que você faça a pergunta de saber quem tem o direito de designar os juízes. Eis o que conseguimos.

91. Provável alusão à utilização feita desse termo na filosofia, em particular desde o livro de Jacques Derrida, *Gramatologia*. Trad. de M. Schnaiderman & R.J. Ribeiro. São Paulo: Perspectiva, 1973 [*De la grammatologie*. Paris: Minuit, 1967].

92. O *Gault et Millau* é um guia gastronômico criado por dois jornalistas em 1972.

A posição do subcampo jornalístico no campo de produção cultural

O sujeito é um campo cujos limites é preciso definir: existem fronteiras ou não? Alguém tenta fazer com que existam? Esse campo está englobado por um campo mais importante? Ele ocupa uma posição dominante ou dominada? Uma outra jogada que acontece é que o campo designado pela lista se apresenta como coextensivo ao campo de produção cultural quando na verdade ele é mais ou menos representativo de um subcampo do campo da produção cultural, a saber, o subcampo dos intermediários culturais, dos mediadores, dos difusores, dos intelectuais-jornalistas etc. Essas pessoas estão na fronteira entre o campo dos produtores para produtores, o campo restrito daqueles que escrevem para outros escritores (o que muitas vezes chamamos de vanguarda, mas isso não é rigoroso) e do campo de grande difusão ou de grande produção: são pessoas-fronteira. Esse subcampo ocupa uma posição dominada no campo mais amplo da produção cultural apesar de exercer uma ação potencialmente dominante através da ação que pode exercer sobre os leitores, os leigos – a analogia com a Igreja sempre funciona –, a clientela e, através dos leigos, sobre as vendas, através do "dízimo", sobre as livrarias, através das livrarias, sobre os editores, através dos editores, sobre a edição, através da edição, sobre a censura – isso é importante. Assim, esse subcampo é feito de pessoas que ocupam uma posição dominada na relação cultural – darei um monte de indicadores disso –, mas potencialmente dominantes.

Através dele podemos introduzir uma outra dominação de tipo cultural, dominação de tipo econômico etc. Mas, num campo cultural, a dominação jamais pode ser puramente econômica. Essa é uma lei fundamental que mencionei várias vezes. Será preciso que ela se vista culturalmente, as pessoas não vão dizer: "É uma lista de *best-sellers*", e sim "Estes são os 42 primeiros intelectuais". Em outras palavras (acabei de pensar nisso enquanto falava), é uma luta pela imposição de uma nova legitimidade por meio da qual se introduz o peso da economia. A economia jamais está ausente mesmo do campo mais autônomo – seja o campo religioso, jurídico ou literário. Ela está presente neles, mas não pode aparecer pessoalmente. Essa é uma coisa importante: na religião não se fala do "salário" do padre, mas das "oferendas". Num campo relativamente autônomo, as restrições econômicas sempre aparecem disfarçadas, mascaradas. Esse vocabulário é finalista: temos a impressão de que é preciso se mascarar, o que faz cair numa filosofia da religião à moda de Helvétius – ou seja, uma visão cínica e materialista da religião. Em vez disso, é melhor dizer que essas restrições aparecem eufemizadas (fala-se de "oferendas", não de "salário"). Aqui é parecido: juízes novos se impõem por meio de uma jogada de força simbólica, eles expressam seus interesses específicos de intelectuais dominados que exercem um papel dominante mediante a intermediação da imprensa. Essa jogada de força por meio da qual as pessoas expressam seus interesses é a mediação através da qual se expressam coisas que poderíamos descrever com grandes palavras (a "dominação do mercado") e grandes análises materialistas (a "concentração da edição", o "monopólio [da editora] Hachette" etc.). No meu modo de fazer, eu acabo não pensando mais nessas análises. O que me parece importante é compreender como as coisas acontecem. Denunciou-se tanto o domínio do dinheiro sobre a religião etc. que acabamos não nos perguntando mais como isso acontece, o que me parece ser o essencial.

O sujeito é, portanto, um conjunto de agentes, mas estes não são indivíduos. A palavra "agente" não é bonita (pensamos em "agente de polícia" etc.), ela é difícil de ser aceita em textos literários, mas é importante. Ela pode portar sem muitas dificuldades toda uma filosofia social: "agente" tem relação com "ação", "prática" etc. Ela não tem as conotações ideológicas penduradas na palavra "pessoa". Ela também não trata de um "sujeito" – depois de tudo que eu disse essa manhã, vocês podem imaginar tudo que esse "sujeito" implica. É alguém que age, mas que não sabe necessariamente o que faz. E eu acho que a palavra implica que esse agente (aqui, as conotações "agente de polícia/de serviço numa instituição" são úteis) tem funções, mas não no sentido do funcionalismo (essa é uma outra bobagem que eu infelizmente escuto a propósito do que faço). É um agente no sentido de indivíduo socialmente construído: um agente avança precedido por sua definição social. Vocês jamais lidam com um indivíduo – um indivíduo, no limite, é uma coisa biológica sobre a qual o sociólogo não tem nada a fazer (com exceção do fato de a biologia colocar problemas para o social, poderemos voltar a isso). O agente é constituído socialmente, ele estará provido de uma identidade social.

Eu disse no começo que o jogo que apresento para vocês é uma espécie de pequeno modelo do jogo social em sua generalidade e, para generalizar tudo isso que disse para vocês, basta dizer que essas pessoas da lista de vencedores da *Lire* têm como objetivo sua identidade no campo intelectual, sua visibilidade, seu estatuto de escritor, seu nome próprio: "Será que eu vou me tornar um nome próprio, um 'Jean-Paul Sartre' com nome e sobrenome, ou vou continuar a ser um título genérico como 'sociólogo', 'escritor' etc.?" Esse é o objetivo. Para os agentes sociais ordinários, o objetivo é: "Como vão falar de mim?" Em muitas sociedades, somos o primo do primo de fulano ou fulano, filho de fulano. Em nossas sociedades, o título profissional é um dos grandes objetivos das lutas sociais. É a luta pela apropriação dos locais onde se premiam os títulos profissionais, ou seja, o sistema escolar e o Estado. É isso que quero dizer quando digo que o Estado é a instituição que dispõe do monopólio da violência simbólica legítima[93]. Eu sempre repito isso, mas não é por afetação: todas as pessoas que falam do Estado com frases do tipo: "O Estado é..." fazem a jogada de "O rei da França é careca". "O monopólio da violência simbólica legítima" quer dizer que essa coisa X que costumamos chamar de "Estado" e sobre a qual seria preciso refletir muito para saber o que queremos dizer com isso[94], exerce o que chamo de poder de nomeação, quer dizer, o poder de dizer a identidade dominante. Quando eu digo "O Estado é aquilo que...", meu sujeito é definido pelo predicado. Claramente, chamo provisoriamente de "Estado" essa *social agency* [agência social], esse operador social que diz para as pessoas o que elas são com uma força particular. Se eu me apresento como professor certificado, sabemos o que isso quer dizer (isso corresponde a um salário, posso reivindicar isso ou aquilo etc.), mas se eu disser "Eu sou trabalhador do céu/dos espaços"[95], posso ganhar um prêmio de poesia. Isso é importante, e pouco importa se falamos de nós mesmos ou de outras pessoas (se eu disser para alguém: "Você não passa de um...", é parecido). O jogo que se joga e o objetivo desse jogo são casos particulares de um jogo muito mais geral que é todo um aspecto do mundo social: no fundo, o que tenho em mente é mostrar para vocês uma das grandes maneiras de construir o mundo social (que, certamente, nos faz perder outras coisas), que foi relegada por uma espécie de submissão inconsciente a um materialismo.

93. P. Bourdieu utiliza essa expressão em referência àquela com a qual Weber definiu o Estado como "o monopólio do uso legítimo da violência física" (M. Weber, *Economia e sociedade*, *op. cit.*, vol. 1, p. 19-20). Ver também os cursos que ele dedicará posteriormente ao Estado publicados com o título *Sobre o Estado*, *op. cit.*

94. P. Bourdieu, *Sobre o Estado*, *op. cit.*

95. Possível referência a Antoine de Saint-Exupéry, autor de *O pequeno príncipe*, cuja biografia mais famosa, escrita por Curtis Cate, chama-se *Antoine de Saint-Exupéry, laboureur du ciel*. Paris: Grasset, 1973 [N.T.].

Definir as regras do jogo

Essa maneira de construir o mundo social, de construir um perfil, uma perspectiva poderosa dá conta de uma grande parte dos fatos sociais que as outras maneiras de construir não permitem enxergar. Isso não é o alfa e o ômega, isso não é a totalidade, mas isso não quer dizer que seja falso. Uma maneira de construir o mundo social como o lugar onde se joga alguma coisa às vezes muito mais essencial do que aquilo que o materialismo toma como objetivo (o salário etc.), no sentido de engajar questões de vida ou morte, coisas pelas quais estamos dispostos a morrer, quer dizer, sacrificar todo o resto, é [apreender por meio do] problema da identidade [em que] se joga a resposta às perguntas: "O que é que realmente sou?", "E quem pode me dizer o que sou?" Aqui, na lista de vencedores, um certo número de pessoas pode se dizer: "Mas onde estou na lista? Será que estou nela ou não? Será que estou numa boa colocação? Eu posso recusar a lista, mas sou obrigado a tomar posição". O mundo social é constituído por um monte de jogos sociais desse tipo: "Será que sou (ou será que ele é) realmente cristão ou não realmente cristão?" (Tem gente que morre por isso...), "Será que posso me chamar disso, será que ele pode se chamar disso?", "Será que ele tem o direito de nos dizer isso?", "E quem pode me dizer quem sou?" Voltarei daqui a pouco a esse ponto, mas acho que é isso que está em jogo.

O sujeito desse jogo que tento estudar é o conjunto do jogo. Estarei diante do que chamamos pretensiosamente de círculo hermenêutico: quanto mais eu souber o que é o jogo, mais saberei quem o joga, mais saberei os limites do jogo e mais saberei o que é o jogo. Saber que é preciso interrogar os limites nos faz ganhar bastante tempo porque eu irei diretamente às polêmicas sobre "Fulano que não é um escritor" ou "os novos filósofos que não são filósofos". As polêmicas indicam que coisas acontecem, que há objetivos, definições implícitas: se eu pegar todos os textos escritos por filósofos a favor dos novos filósofos ou contra eles, vou ver um objetivo escondido, aquele que consiste, para cada um, em definir o jogo de tal maneira que ele seja mestre do jogo. Esse é o objetivo de todos os jogos: eu defino as regras do jogo de maneira a ter todos os trunfos. Quando jogamos com crianças, é esse tipo de coisa que acontece: há uma espécie de negociação sobre as regras do jogo de tal maneira que elas ganhem. Entre adultos, isso não é um jogo: definimos o jogo e, se pudéssemos, mudaríamos a regra a todo momento. A vida científica é isto: um bom cientista muda a regra de tal maneira que aquilo que ele faz seja o que se deve fazer e que todos os outros só tenham como opção o desemprego ou a greve.

Portanto, o jogo tem como objetivo a própria definição do jogo, o que se passa nele e quem pode jogá-lo, e cada agente tem um objetivo fundamental comum que é a existência do jogo. Imaginem que o jogo literário seja suprimido: muitas pessoas estariam desempregadas. É isso que faz com que os jogos dos campos relativamente autônomos muitas vezes tenham um limite oculto: as lutas não vão até o fim porque isso quebraria o jogo, segundo a lei "não se corta o galho sobre o qual estamos sentados". Essa é uma lei da sabedoria popular que, por incrível que pareça, é uma lei científica: em todo jogo há uma colusão (é a mesma raiz[96]) fundamental, muitas vezes completamente inconsciente – é o que há de mais inconsciente nos jogos sociais –, ao redor da qual aqueles que estão ligados à própria existência do jogo e de tudo aquilo que nos faz ter o jogo, como se diz, em todos os sentidos do termo, que faz o jogo nos ter. Num colóquio sobre a filosofia, podemos fazer todas as variações sobre o interesse da filosofia, o interesse na filosofia etc., mas ninguém [aborda] essa coisa muito simples, que seria melhor saber – especialmente quando praticamos a *épochè*[97] e conclamamos as outras pessoas a praticá-la –, que há um interesse na existência da filosofia. Se hoje em dia o discurso de defesa da filosofia realmente acaba levando a uma teoria da Inspeção Geral sobre a filosofia, é porque a existência da filosofia depende de qualquer forma da existência da Inspeção Geral da Educação Nacional[98]: cargos de filósofos, cátedras etc. Isso não é um problema: todo mundo precisa ganhar a vida [*risos*]. O que quero dizer apenas é que é melhor saber disso, senão nos arriscamos a produzir um discurso imenso que não pode ser mais do que uma racionalização desse interesse fundamental. Para as pessoas que professam fazer questionamentos radicais, isso é de qualquer forma muito inquietante. Assim, eu digo aos filósofos que existe, em todo jogo, um interesse comum que muitas vezes é a coisa mais escondida: é o interesse de existir com um título, um rótulo para poder dizer "Eu sou um escritor". Há modos de dizer: "Eu sou um escritor", "Eu sou um filósofo" etc. [...] Vou parar por aqui.

---

96. Referência à etimologia da palavra "colusão", formada a partir do verbo [latino] *ludere*, "jogar".

97. Palavra que designa a suspensão do juízo, a dúvida metódica.

98. Órgão governamental francês encarregado de inspecionar as escolas, liceus e universidades [N.T.].

Segunda hora: a parada de sucessos dos intelectuais (3)

Agora vou tentar formular o problema de uma sociologia da percepção do mundo social, um problema que a sociologia praticamente nunca formula. Ora, há uma reflexão a realizar sobre o que é perceber o mundo social, sobre uma questão como, por exemplo: "O que é julgar socialmente?"

Antes de prosseguir, gostaria de responder a uma pergunta que foi feita semana passada sobre a noção de "pós-moderno". Uma pessoa me perguntou [...]: "O senhor poderia nos informar sobre o modo de fabricação da noção de pós-moderno e situar sua validade no campo dos conhecimentos? A que corresponde essa necessidade de formalizar um corte e, portanto, de fazê-lo existir ao nomeá-lo? [...] Atualmente, parece-me que são aqueles que menos empregam a noção de historicidade que utilizam com mais facilidade o prefixo *pós-*, o que resume melhor a expressão 'pós-histórico'. [...] etc." Eu acho que essa é uma pergunta muito boa, mas, como [é] frequentemente o caso com as perguntas boas, induz sua própria resposta, e acho que tudo isso que conto é uma resposta: um dos jogos aos quais os detentores do monopólio do discurso sobre o mundo social, ou, em todo caso, as pessoas que lutam pelo monopólio do discurso sobre o mundo social se entregam é um jogo de tipo profético que consiste em introduzir cortes; as pessoas dizem: "isso é pré-isto ou pós-aquilo", "isso é neo- ou paleo-". Em outras palavras, um dos objetivos das lutas simbólicas que menciono hoje é manipular os princípios de visão e de divisão, jogar com as categorias de percepção do mundo social. Dizer que alguma coisa é pós-, ante-, neo- ou paleo- [...] é constituir a realidade de uma certa maneira, e esse ato de constituição, no sentido filosófico tradicional e jurídico, terá a força, a pregnância[99] da autoridade do autor do ato constituinte. Aqui é a mesma coisa. Para mim, as pessoas que são capazes de dizer "pós-" ou "ante-" não são sociólogas. [*inaudível*]. Eu sou capaz de justificar minha definição [da sociologia] que, como toda definição, se inscreve no quadro de uma luta para delimitar o campo e, portanto, o espaço dos juízes. Toda luta científica é uma luta desse tipo, o que, entretanto, não quer dizer que ela não seja científica. O fato de que as pessoas que falam essa linguagem se excluem da sociologia pode, portanto, ser argumentado. Eu acho que elas se colocam num papel profético:

---

99. O conceito de "pregnância" [do alemão *Prägnanz*] é um dos pilares da teoria Gestalt da psicologia, e se refere a uma simplicidade que favorece nossa percepção das formas, que assim tendem a se impor à nossa consciência [N.T.].

elas se instituem no papel que consiste em tentar modificar por meio das palavras o mundo que elas pretendem pensar. Mais exatamente, elas tentam modificar o mundo e, ao mesmo tempo, sua posição no mundo das pessoas que tentam modificar o mundo. Um profeta é alguém que, ao modificar a representação do mundo, tem chances de modificar sua posição no espaço das pessoas que trabalham para modificar a representação do mundo [...].

Existe, portanto, uma definição implícita da sociologia que eu defendo há duas aulas: nesse jogo, meu papel não é dizer qual é a verdadeira lista (ainda que, evidentemente, como todo mundo eu também tenha minha lista verdadeira enquanto indivíduo singular, mas eu não a direi para vocês); enquanto sociólogo, tenho que dizer o que é o jogo que tem como objetivo a verdadeira lista e, portanto, tenho que compreender sua lógica, o que, aliás, pode modificar minha visão da lista verdadeira e transformar muito profundamente minha relação com aquilo que enxergo como listas falsas, por exemplo me fazendo aceitar no modo do riso aquilo que eu vivenciava no modo da indignação. É isso que faz com que eu possa dizer as coisas como disse até agora, de maneira absolutamente séria e ao mesmo tempo às vezes divertida: "brincar seriamente" – para citar Platão[100]. (Mas em geral as pessoas que comentam isso são as menos engraçadas. Elas nos fazem esquecer de que podemos dizer coisas muito sérias nos divertindo, de que o trabalho científico é formidavelmente divertido se o realizarmos bem. Eu digo realmente tudo, o que é uma propriedade do profeta [*risos*]: o profeta é aquele que diz tudo sobre tudo, tudo sobre o Todo; uma vez por ano, numa ocasião excepcional, no carnaval, podemos dizer tudo sobre tudo, e depois voltamos para as coisas definidas socialmente como sérias.)

Creio que respondi sobre "pós-moderno"... Não de verdade, mas acho que isso não é uma evasão hábil de minha parte porque acho que a pessoa que me fez a pergunta, pela maneira como ela foi formulada, é capaz de produzir a resposta. De passagem, gostaria de fazer um agradecimento (que também é um apelo): uma pessoa me mostrou no intervalo um texto magnífico tirado da revista *Matin*: "Depois de Sartre, quem?" Vejam, eu não inventei isso! O artigo é datado de 25 de setembro de 1982 (é mais ou menos a época em que aconteceu o que descrevo) e

100. Platão muitas vezes analisa as atividades humanas, e em particular a filosofia, como brincadeiras sérias. A filosofia é um "jogo razoável de velhos" (*As leis*. Trad. de E. Bini. Bauru: Edipro, 1999, livro VI, p. 251); ela consiste em "estudar seriamente" como "uma brincadeira" (*Teeteto*, *op. cit.*, 168d-e, p. 38-39).

é assinado por Catherine Clément (sempre devemos dar a César... [*risos*]). É uma outra lista de vencedores com interseções, amigos em comum, mas o comum leva a melhor sobre o diferente porque, obviamente, é uma pessoa que está no centro do espaço de produção que tento definir.

O modelo do processo

Agora eu queria tentar descrever – não farei isso em profundidade porque é um assunto imenso – o que a análise desse jogo social nos traz para uma sociologia da percepção do mundo social. Eu disse há pouco muito rapidamente que podíamos descrever o que se passa ou pela lógica do processo ou pela lógica do mercado, a lógica da formação dos preços. Vou especificar as conotações que dou à palavra "processo": penso nessa palavra como ela foi utilizada por Kafka, e estenderei a análise que ofereço hoje por meio de uma espécie de leitura de Kafka, que não é nada parecida com uma leitura no sentido literário, ela consiste em enxergar em Kafka um modelo do mundo social. Parece-me que podemos ler *O processo* como a descrição do processo segundo o qual os agentes sociais lutam de alguma forma para saber sua identidade: é a busca do tribunal supremo. É isso que faz com que possamos ter uma leitura sociológica ou teológica de *O processo*, de Kafka: as duas leituras pelas quais nos digladiamos não são antagônicas ou antinômicas de modo algum. É apenas quando temos uma ideia absolutamente ingênua do mundo social que não vemos que a sociedade é a teologia. Entretanto, o velho Durkheim – o que fazia seus comentadores autorizados rirem – já dizia: "A sociedade é Deus"[101]. Dito por ele, e da maneira como ele dizia, isso é às vezes difícil de admitir, mas eu acho que a questão teológica de Deus é formulada no mundo social por meio da pergunta: "Quem sou eu?", "Quem me dirá o que eu sou?" Passo a passo, chegando a uma última análise, a

101. Émile Durkheim, *As formas elementares da vida religiosa*. Trad. de P. Neves. São Paulo: Martins Fontes, 1996 [*Les Formes élémentaires de la vie religieuse*. Paris: PUF, 1912]. A seguinte frase também é muito citada: "[...] no mundo da experiência conheço somente um sujeito que possui uma realidade moral mais rica e mais complexa do que a nossa: a coletividade. Engano-me; há outra que poderia desempenhar o mesmo papel: a divindade. Entre Deus e a sociedade é necessário escolher. [...] de meu ponto de vista, tal escolha me deixa bem indiferente, pois não vejo na divindade mais do que a sociedade transfigurada e concebida simbolicamente" ("Determinação do fato moral" [1906]. *In*: *Sociologia e filosofia*. Trad. de M. Consolim. São Paulo: WMF Martins Fontes, 2020, p. 65 ["Détermination du fait moral". *In*: *Sociologie et philosophie*. Paris: PUF, 1924, p. 74-75]).

uma última instância, as pessoas dizem: "É Deus". Essa é uma leitura de Kafka que proporei a vocês.

(Eu acho que se um certo número de perguntas feitas pelo sociólogo se encontra sob uma outra forma na linguagem que chamamos de teológica, é melhor sabermos disso se não quisermos que a sociologia seja uma teologia. Essa é minha posição, que podemos chamar de científica: por proferir que faço ciência, meu trabalho é fazer da sociologia uma ciência e não fazer teologia por acidente, enquanto muitas vezes os sociólogos fazem teologia sem saber disso. Eu acho que são coisas relativamente importantes, ainda que um pouco peremptórias e excessivas, mas é importante que vocês saibam por que eu digo algumas coisas – se começo a falar sobre Kafka meio de repente, vocês podem pensar que isso é completamente absurdo.)

Há, portanto, um processo [*procès* – no sentido jurídico], um processo [*processus* – uma sequência de eventos] durante o qual se constitui um corpo de juízes e um processo em cujo final se elabora um veredito, ou seja, *veredictum*, "o que é verdadeiramente dito"[102]: "Quem poderá dizer o verdadeiro?", "Quem poderá dizer a verdade sobre o mundo social e, portanto, sobre mim no mundo social?", "Onde estou?", "E quem tem verdadeiramente o direito de proferir veredictos sobre mim?", "Quem tem verdadeiramente o direito de me dizer o que verdadeiramente sou?" É preciso realmente se cegar de propósito para não enxergar isso em Kafka: essa questão volta o tempo todo. Para definir as relações entre sociologia e literatura, sobre as quais se faz muita literatura, poderíamos dizer que a literatura boa (mais um juízo de valor) tem uma virtude que o discurso com pretensão científica não pode ter, que é a de dramatizar um problema. Quando se trata do mundo social, uma das dificuldades da ciência é falar sobre o problema de modo que ele se torne realmente um problema para as pessoas, que ele não seja apenas um tópico acadêmico. Podemos fazer Kafka funcionar como um problema sociológico dramatizado, quer dizer, patético, no sentido de *drama*, ou seja, algo posto em ação, que poderíamos representar no teatro[103] de modo a nos identificarmos com ele (essas são coisas que se dizem o tempo todo sobre o teatro).

---

102. Referência à origem etimológica da palavra "veredito" ("que é dito em verdade", "dizer a verdade").

103. O problema das relações entre a sociologia e os artistas é um assunto antigo e constante em Bourdieu. Ele lamentava que a sociologia não pudesse recorrer, com a mesma liberdade que os artistas, às diversas formas artísticas para ajudar na difusão da sociologia. Desde 1975, com a

(Há um modo de compreensão do discurso científico sobre o mundo social que acho ser de uma outra ordem do que o modo de compreensão que podemos esperar de um discurso biológico ou matemático: nós não entendemos realmente a não ser que sejamos capazes de redramatizar. Eu sempre cito aquela frase de Sartre sobre o Marx que ele lia em sua juventude: "Eu compreendia magnificamente tudo e não compreendia nada"[104]. Isso ocorre com muita frequência na relação pedagógica: se compreendemos tudo, não compreendemos nada. É verdade que a sociologia tal como eu a concebo não suporta ser compreendida somente de maneira formal. Muitas pessoas diriam que o que digo "não é científico" ou que "é político". Não, de jeito nenhum. Eu penso que se quisermos ter uma atividade produtiva nas ciências sociais em geral não basta compreender a sociologia como teoremas. Esse é um problema sobre o qual não tenho mais a dizer do que aquilo que já disse... Às vezes me ocorre sugerir que eu teria mais a dizer para não dizer o que não quero dizer, mas aqui não tenho mais a dizer. Deixo isso para sua reflexão.)

O modelo do mercado

Isso basta para o modelo do processo. Do lado do modelo do mercado as coisas são simples: temos produtos. Eis uma vantagem da linguagem: eu digo "produto", "produtor" etc. Quando Max Weber diz: "A Igreja é a instituição que tem

---

criação da revista *Actes de la recherche en sciences sociales*, Bourdieu introduziu no mundo das revistas acadêmicas de ciências sociais uma liberdade que deu uma aparência de vanguarda para a revista. Sua análise do romance *A educação sentimental*, de Gustave Flaubert ("L'invention de la vie d'artiste" ["A invenção da vida de artista"], *Actes de la recherche en sciences sociales*, n. 2, 1975, p. 67-94), constitui uma segunda aproximação entre sociologia e literatura. Mas é com *A miséria do mundo* (Trad. de M.S.S. Azevedo *et al.* Petrópolis: Vozes, 1997 [*La misère du monde*. Paris: Seuil, 2015 (1993)]) que ele dá um passo decisivo na direção do mundo artístico, pois Bourdieu conceberá explicitamente esse livro de entrevistas como um conjunto de novelas curtas que permitiria a um grande público, por meio da projeção ou da identificação, chegar a uma compreensão das análises sociológicas. O livro vai gerar uma "encenação teatral", com as entrevistas sendo representadas por comediantes durante vários anos. Essa colaboração de Bourdieu com os artistas continuará até o fim, já que Bourdieu concordara com a proposta [do artista plástico] Daniel Buren para conceber uma das salas de sua exposição no Centro Pompidou que estava prevista para março de 2002. Esse projeto ficou em estado de esboço e foi interrompido pelo falecimento de Bourdieu em janeiro de 2002.

104. "Foi por essa época [cerca de 1925] que li *O capital* e *A ideologia alemã*: compreendia tudo de forma luminosa e, ao mesmo tempo, não compreendia absolutamente nada. Compreender é modificar-se, ir além de si mesmo: essa leitura não me modificava" (Jean-Paul Sartre, *Crítica da razão dialética: precedido por Questões de método*. Trad. de G.J.F. Teixeira. Rio de Janeiro: DP&A, 2002, p. 28 ["Questions de méthode". *In*: *Critique de la raison dialectique*. Paris: Gallimard, 1960, p. 23]).

o monopólio da manipulação legítima dos bens de salvação"[105], sua proposição pode fazer os crentes tremerem, mas ela é importante porque a analogia econômica que emprega faz parte da construção do objeto; e, ao mesmo tempo que constrói, ela rompe com a relação ingênua com o objeto que está inteira nas palavras (como "culto"). Por estar com muita frequência enterrada numa linguagem, a sociologia da religião tem muita dificuldade em fazer o corte, ainda mais quando aqueles que fazem essa sociologia, pessoalmente, não romperam de verdade com aquilo sobre o que falam. Às vezes é importante mudar de linguagem para mudar a relação com o objeto.

Mas a analogia econômica tem uma outra função. Dizer "produtor" em vez de "artista" ou "artesão" pode permitir escapar de contrassensos históricos e evitar fazer cortes que deveriam ser analisados historicamente. Falar de "artista" a propósito de um entalhador de madeira da Idade Média que não é nem sequer um escultor é fazer um contrassenso histórico, um anacronismo, uma monstruosidade. Ao dizer "produtor", evitamos um erro enorme e, pelo menos, evitamos responder sem saber disso à pergunta sobre a época em que o artista enquanto tal foi inventado, a pergunta de saber se o artista não é – exatamente como o júri da *Lire* – uma invenção social que teve condições sociais de possibilidade, que levou tempo, que não é inventado de uma vez por todas e pode desaparecer, ainda que uma vez que tenha existido, sempre podemos recorrer a ela. Assim, o recurso ao vocabulário da produção não é de jeito nenhum uma maneira de exibir com arrogância um materialismo um tanto primário e primitivo. É assumir uma definição provisória de virtude sobretudo negativa. Dizer, por exemplo, "produtor para produtores" é uma lavagem cerebral que permite enxergar um monte de problemas que não somos capazes de enxergar quando dizemos "artista de vanguarda".

Assim, temos um mercado no qual os preços vão se formar. No interior dos mecanismos ou das relações de força vão se definir juízos mais ou menos fortes, mais ou menos capazes de se universalizar, de se impor universalmente sobre re-

105. "Uma associação de dominação denomina-se associação *hierocrática* quando e na medida em que se aplique coação psíquica, concedendo-se ou recusando-se bens de salvação (coação hierocrática). Uma *empresa hierocrática com caráter de instituição* é denominada *igreja* quando e na medida em que seu quadro administrativo pretenda para si o *monopólio* da legítima coação hierocrática" (M. Weber, *Economia e sociedade*, *op. cit.*, vol. 1, p. 34). Essa definição corresponde à de Estado: "Uma *empresa com caráter de instituição* política denominamos *Estado*, quando e na medida em que seu quadro administrativo reivindica com êxito o *monopólio legítimo* da coação física para realizar as ordens vigentes" (*ibid.*).

lações de troca que podem ir do encontro na rua ("Você leu o último livrinho de fulano? É fraquinho") até a nomeação para a Academia Francesa, passando pelas listas de vencedores, as listas de *best-sellers* da [revista semanal de notícias] *L'Express* etc. Assim, vai haver uma série de atos de juízo e a intervenção de uma multidão de pequenos juízes, incluindo vocês, incluindo eu: comprar um livro é realizar um ato econômico de juízo, mas que, exercido num espaço em que o ato econômico não é apenas econômico, é também uma ratificação, uma consagração. Da mesma maneira, ir à missa não é simplesmente participar do ofertório, é também ratificar, sancionar e consagrar o local de culto como local que merece ser frequentado. Ir ao teatro não é apenas comprar um ingresso, é além disso fazer um plebiscito com os pés, é plebiscitar, é dar uma sanção de consagração. Daí a ambiguidade do *best-seller* – isso é uma coisa muito importante, vou me referir a ela daqui a pouco. Eu já ouvi, vocês talvez tenham ouvido também, as pessoas no quiosque da aldeia dizerem: "Me dá o *best-seller*"; há um efeito de consagração para as pessoas que não estão na jogada, que não sabem que não se deve comprar o *best-seller*, que é preciso dizer que os *best-sellers* são idiotas, o que é uma norma tácita do campo restrito. As pessoas que transferem para o mundo da economia dos bens simbólicos as leis da economia dos bens ordinários – "Isso vende muito, portanto é bom" – cometem um contrassenso do ponto de vista da lógica específica do campo. Daí a ambiguidade dessa sanção. Vocês terão num extremo as consagrações mais internas: [o romancista e filósofo Maurice] Blanchot escrevendo sobre [o escritor Alain] Robbe-Grillet[106], isso é *in*, isso é a autonomia relativa (observem que eu usei exemplos históricos, isso já faz 20 anos...), e, na outra ponta, teremos então as pessoas que compram o último prêmio Goncourt[107], e entre as duas vocês terão todos os casos de figuras intermediárias.

Eu acho que a analogia econômica é absolutamente válida desde que reconheçamos a especificidade dessa economia que tentei descrever ao descrever a diferença entre o *best-seller* e o romance *in*; eu indiquei que os atos têm uma dimensão econômica, como diz Weber, mas jamais são completamente econômicos. Para compreendê-los completamente, não devemos jamais nos esquecer – como eu tendi a fazer quando comecei a falar esta manhã – da dimensão econômica. Por meio

---

106. P. Bourdieu talvez pense no texto de Maurice Blanchot "Notes sur un roman" ["Notas sobre um romance"], *La Nouvelle Revue française*, n. 3, 1955.

107. Prêmio literário mais famoso do mercado editorial francês [N.T.].

dos vereditos desse grupo de *taste-makers* [criadores de gosto], um efeito econômico vai se exercer que pode de certa maneira também se exercer sobre o campo mais restrito. É assim, por exemplo, que a poesia é publicada por conta do autor.

Juízo de valor

Esses são atos de dimensão econômica, mas, ao mesmo tempo, não são atos econômicos, e trata-se de nos perguntarmos sobre a outra dimensão para saber a lógica própria que ela obedece e que tentei capturar todo esse tempo: é a lógica do juízo de valor que consiste, inseparavelmente, em perceber e apreciar em função de categorias de percepção que são inseparavelmente categorias de apreciação. Eu acredito que isso seja uma propriedade da percepção social, qualquer que seja o tipo de sociedade: as categorias de percepção são inseparavelmente categorias de apreciação.

Assim, em muitas sociedades, é em função das estruturas de parentesco que medimos as distâncias no mundo social, o principal e o secundário, o realmente verdadeiro e o falso, o realmente bom e o ruim etc. Eu creio que as categorias de parentesco são inseparavelmente categorias de percepção e, simultaneamente, de apreciação: não podemos dizer sobre alguém "essa é sua irmã" sem dizer "isso é bom ou ruim" – a gente sabe, é o incesto –, ou "é bom ou ruim fazer isso ou aquilo", "é bom ou ruim amá-la ou não". Isso é verdade para todas as categorias de percepção do mundo social: dizer "isso é vulgar/distinto" (aqui enxergamos bem), "isso é quente/frio", "isso é chato/brilhante" ou "isso é construído/não é construído" etc. implica um juízo de valor. Não há uma palavra classificatória que não implique um juízo de valor. O que dificulta muito as coisas para qualquer discurso que não queira ser normativo: o único discurso não normativo sobre um universo social é um metadiscurso sobre os juízos normativos, como este que estou fazendo. O conteúdo da percepção, o veredito, será o "produto" da relação entre uma coisa vista e um agente que vê.

Para compreender um juízo, qualquer que seja, para compreender uma manifestação e aquilo que os jornalistas dizem dela, para compreender um jornal e aquilo que os leitores leem nele, para compreender um livro e aquilo que os leitores leem nele, para compreender a leitura como ato de ler alguma coisa, é preciso portanto se interrogar, por um lado, sobre as condições sociais de produção dos sujeitos que percebem, e em particular sobre suas categorias de percepção e as condições de exercício de seu ato de percepção (onde eles estão? O que eles enxergam?), e, por outro lado, sobre as condições sociais de produção do produtor do produto e as propriedades objetivas (no sentido de "colocadas diante do sujeito que percebe") do produto, nas quais se expressam as propriedades sociais do produtor, as propriedades sociais do campo de produção, por meio das propriedades da posição do produtor no campo de produção.

Para mim, tudo isso está em jogo em tudo. O aparato teórico que mobilizo a propósito de um detalhe - quatro páginas de uma revista - poderia ser aplicado a mil coisas. Se amanhã vocês me disserem que é preciso compreender o [museu de arte moderna] Beaubourg, eu procederia da mesma maneira: condições sociais dos produtores, condições sociais dos receptores, e eu poderia predizer um monte de coisas. Eu sei de antemão que todo mundo vai pensar a mesma coisa, eu posso predizer, de modo geral, o que as pessoas vão pensar, quem será a favor, quem será contra, até que ponto, em função das propriedades determinantes do receptor. Trata-se então aqui de uma espécie de teoria geral da percepção do mundo social que permite formular as perguntas gerais que obviamente precisarão ser especificadas em cada caso: em cada caso, será preciso dar um valor às variáveis. Perceber uma coisa social, percepção no sentido de *perceptum* (o que é percebido) será o produto da relação entre as propriedades de quem vê e as propriedades da coisa vista.

Uma verificação muito simples é oferecida pelos casos em que alguma coisa passa despercebida, como se diz. Na literatura isso é evidente. Por exemplo, para a minha geração, Bachelard passou despercebido para a maioria das pessoas, exceto para uma pequena parte que o enxergou muito bem e que depois fez com que ele fosse visto[108]. Mas se essas pessoas que enxergaram Bachelard não o tivessem enxergado, ou se, apesar de enxergá-lo, fossem dominadas e não estivessem em posição de impor sua visão na luta, ainda não enxergaríamos Bachelard, que não seria um grande homem. Ele não teria visibilidade, ele estaria morto e enterrado de uma vez por todas, até que alguém chegasse e, com as categorias de percepção

---

108. P. Bourdieu mencionará em detalhes em sua autoanálise o estado do campo filosófico no momento em que entrou nele. Em especial, ele aproximará o caso de Bachelard ao de Canguilhem, que foi "consagrado [...] como mestre do pensamento pelos filósofos mais distanciados do coração da tradição acadêmica, entre os quais Althusser, Foucault e alguns outros: como se [...] tivessem-no designado para desempenhar o papel de emblema totêmico; dele podiam valer-se os que pretendiam romper com o modelo dominante" (Pierre Bourdieu, *Esboço de autoanálise*. Trad. de S. Miceli. São Paulo: Companhia das Letras, 2005, p. 46 [*Esquisse pour une auto-analyse*. Paris: Raisons d'Agir, 2004, p. 22]).

para enxergá-lo, com o poder de fazer com que ele fosse visto, o reabilitasse. Isso pode acontecer para um monumento, uma pessoa, uma obra. Chamamos isso de "descoberta", "redescoberta" etc. Mas aquele que descobre deve ter propriedades particulares: é preciso que ele tenha as capacidades de ver, de impor a visão, e ter um interesse específico em reabilitar.

O sociólogo fará imediatamente a hipótese de que se o descobridor reabilita essa coisa, é porque ao reabilitá-la ele se reabilita. Em outros termos, nós reabilitamos o *alter ego* ou, mais exatamente, o homólogo num campo próximo. O prefácio célebre de Lévi-Strauss sobre Mauss[109] é, por exemplo, uma maneira de se celebrar através de uma pessoa interposta. Ele respeita a lei do campo que proíbe a celebração de si mesmo, primeiro porque é feio, e em seguida porque eu fiz isso [*risos na sala*]: a gente eufemiza por meio de um personagem que, aliás, produzimos. Como eu tenho certeza de que alguém está pensando isso, é melhor eu dizer logo [*risos na sala*]: eu fiz isso uma vez com Panofsky. É claro que, como só pedimos empréstimos aos ricos, coloca-se muitas coisas em Panofsky, com o risco de que depois alguém diga: "Mas você pegou tudo isso de Panofsky"[110], o que é uma maneira de corrigir o que eu diria para Lévi-Strauss – é evidente que Lévi-Strauss coloca em Mauss muitas coisas que só estavam lá para Lévi-Strauss.

É um trabalho muito longo analisar as estratégias de prefácio, reabilitação, consagração, celebração, os centenários, os aniversários etc. Podemos fazer isso tanto em história da filosofia quanto na história da literatura, da pintura etc. Esses mecanismos universais assumem simplesmente formas específicas dependendo da estrutura do campo, das leis do jogo etc. Uma verificação da proposição segundo a qual a percepção sempre é uma relação é, portanto, o caso em que há um objeto a perceber, mas não há sujeito para o perceber: o objeto passa despercebido até que aqueles que têm interesse em percebê-lo o percebam.

---

109. Claude Lévi-Strauss, "Introdução à obra de Marcel Mauss". *In*: M. Mauss, *Sociologia e antropologia.* Trad. de P. Neves. São Paulo: Cosacnaify, 2003, p. 11-46 [*Sociologie et anthropologie.* Paris: PUF, 1950, p. ix-lii]. Sobre esse prefácio, que ele mesmo comentou em suas análises da dádiva (ver em especial *O senso prático*. Trad. de M. Ferreira. Petrópolis: Vozes, 2009 [*Le Sens pratique*. Paris: Minuit, 1980]), Bourdieu falou em outras ocasiões (ver em particular "As condições sociais da circulação internacional das ideias". Trad. de F. Abreu, *Enfoques*, vol. 1, n. 1, 2002, p. 6-15 ["Les conditions sociales de la circulation internationale des idées", *Actes de la recherche en sciences sociales*, n. 145, 2002, p. 6]).

110. Pierre Bourdieu, "Estrutura, *habitus* e prática". *In*: *A economia das trocas simbólicas, op. cit.* Trad. de W.C. Vieira, p. 337-361 ["Postface". *In*: Erwin Panofsky, *Architecture gothique et pensée scolastique.* Paris: Minuit, 1967, p. 133-167].

A palavra "interesse" é interessante: "interesse em perceber" quer dizer "capacidade de fazer a diferença". Dizer "isso para mim tanto faz" ["ça m'est égal"] é ser como o asno de Buridan[111], é não enxergar, não fazer a diferença. Contra aqueles que têm uma leitura redutora do que digo sobre a palavra "interesse", digo então que ter interesse é fundamentalmente fazer a diferença ("Para mim, isso não é parecido"), o que supõe categorias que permitam fazer a *diacrisis*, a divisão entre isto e aquilo. Enquanto eu não tiver as categorias do salgado e do doce, não posso compreender nada da cozinha de muitas civilizações. Não ter o gosto é não fazer a diferença. As crianças que comem papinhas dizem que "elas não têm gosto". É verdade, as crianças seriam como os jornalistas que estudo [*risos na sala*]... Essa é uma ótima imagem [*risos na sala*]: elas não têm o princípio de diferenciação entre o salgado e o doce. Ter o interesse quer dizer duas coisas: ter vontade e ter uma necessidade de fazer a diferença. A palavra "gosto" é magnífica porque ela expressa as duas coisas: ter gosto é ter uma propensão a consumir e ao mesmo tempo uma capacidade de diferenciar. Isso fundamenta o que eu disse há pouco: as taxonomias são sempre ao mesmo tempo positivas e normativas. Dizer que "o homem é diferente da mulher" quer dizer que o homem é melhor. Eu jamais posso dizer "isto é diferente daquilo" sem dizer que um é melhor do que o outro. Essa é uma proposição socialmente universal. Daí a enorme dificuldade do discurso sociológico: quando você diz "o sistema escolar reproduz", as pessoas entendem "e isso é bom" ou "e isso é ruim". O juízo de gosto, de preferência, é, portanto, um juízo de diferença e de distinção que, ao mesmo tempo, implica um juízo de valor.

A instituição das diferenças

Estenderei um pouco a análise que queria introduzir com este exemplo: os sujeitos que percebem contribuem para fazer a coisa percebida. Se colocássemos o problema das classes, seria parecido: os sujeitos que percebem contribuem para fazer as diferenças sociais: "Isso é chique/isso não é chique", "Aquele é um operário/este é um burguês", "Aquele é o Balzar[112]/este é um bistrô"; eles fazem diferenças e assim contribuem para produzi-las. Um paradoxo do mundo social é que ele

111. O paradoxo do filósofo escolástico Jean Buridan menciona um asno morto de fome e sede entre sua porção de aveia e seu balde d'água, incapaz de escolher por onde começar.

112. Restaurante do Quartier Latin em Paris, a 200 metros do Collège de France, frequentado especialmente por universitários e escritores.

se trata do percebido já percebido, já constituído antes de mais nada pelas percepções que foram capazes de se tornarem coisas. As gerações passadas criaram diferenças, por exemplo, entre um juiz de primeira turma e um juiz de segunda turma, e para nós isso se torna um tipo que tem três divisas a mais, e que nos faz esperar três horas a mais – como em *O processo*, de Kafka –, que é instituído como diferente. O direito é uma grande instituição que institui diferenças, que as institui como coisas, nas coisas. Ele reifica as percepções. As diferenças constituídas são acompanhadas por atos de diferença. As pessoas diferentes "fazem sentir a diferença", como se diz, e as pessoas distantes são distantes, elas marcam as distâncias, elas mantêm as distâncias, elas não se familiarizam. Mas, como se diz, é preciso poder se permitir essa diferença: as pessoas distantes são exatamente aquelas que estão à distância (senão elas são "pretensiosas"). Há uma diferença que é uma diferença simbólica produzida por atos simbólicos de diferenciação, mas reificados e naturalizados. Ela se tornou uma coisa: é desse jeito, é natural. Essa é a parte objetiva do lado da coisa percebida que já é percebida como instituída.

Do lado do sujeito que percebe há categorias de percepção – aqui irei muito rápido porque isso seria quase infinito – que, em grande parte, são o produto da interiorização das diferenças objetivas. A diferença entre o salgado e o doce não é inventada, ela existe na objetividade. Seria preciso refletir, por exemplo, no caso da ciência, sobre os vários problemas que jamais teriam sido formulados se a tradição científica não os houvesse formulado. Por que estudamos o lazer sem estudar a cultura[113]? Existe uma instituição, o Congresso Mundial de Sociologia[114], em que aqueles que estudam a cultura ficam numa sala, quem estuda o lazer em outra, quem estuda educação em outra diferente. Cada um tem suas pequenas problemáticas e não enxergam que o simples fato de estarem numa sala em vez de outra impõe uma problemática em vez de outra: as fronteiras sociais são transfor-

113. Esse exemplo remete implicitamente ao trabalho que P. Bourdieu e sua equipe realizaram, especialmente na década de 1960 (e num centro que, depois de 1968, recebe o nome significativo de "Centro de Sociologia da Educação e da Cultura"), que tinha como uma de suas características a análise simultânea das práticas culturais e da educação (sobre esse ponto, ver, p. ex., P. Bourdieu, A. Darbel & D. Schnapper. *O amor pela arte*. Trad. G.J.F. Teixeira. São Paulo: Edusp, 2003 [*L'amour de l'art*. Paris: Minuit, 1966]).

114. Alusão ao congresso da Associação Internacional de Sociologia que, desde 1950, ocorria a cada três anos (atualmente, a cada quatro). P. Bourdieu e membros de seu centro de pesquisa participaram do 7º Congresso que ocorreu em Varna, na Bulgária, em 1970, mas não voltaram a fazê-lo. A associação se organiza em "redes de pesquisa" temáticas (sociologia da educação, do trabalho etc.), e o congresso, com exceção de suas "sessões plenárias", segue essa organização.

madas em estruturas mentais. Reflitam também sobre a diferença entre sociólogos e filósofos e nos vários problemas que, num certo momento, não podem ser formulados socialmente em razão das diferenças instituídas entre as disciplinas. As disciplinas são nossa tabela periódica de categorias do entendimento[115], o que faz com que um monte de coisas não possa ser pensado. É claro que, quando temos como categorias de pensamento as estruturas segundo as quais aquilo que se deve pensar é estruturado, as coisas são óbvias, elas funcionam, é evidente. Poderíamos estender isso por horas, mas vou parar por aqui.

A produção dos produtores

Depois desse desvio sobre os sujeitos que percebem, volto a meu objeto particular; vou aplicar a maquininha ao caso particular. A primeira pergunta é se perguntar como são produzidos os produtores. Vamos assim nos perguntar se essas pessoas são intelectuais-jornalistas, jornalistas-intelectuais, escritoras-jornalistas, jornalistas-escritoras, professoras-jornalistas, jornalistas-professoras, de onde elas vêm, como elas foram produzidas. O primeiro reflexo quando se trata de produtores culturais é pensar na família. O que é quase sempre esquecido na sociologia das obras culturais é o sistema escolar, a instituição social que as produziu. O que quero dizer não é exatamente aquilo que dizemos quando lembramos que Descartes foi aluno dos jesuítas. Digamos que aquilo que o sistema escolar transmite é menos importante do que o que ele faz quando designa lugares, ao dizer: "você é literário", "você é científico", "você vai para o C", "você vai para o D"[116], o que quer dizer um monte de coisas. Em outras palavras, o sistema escolar age menos por meio do que ele ensina ou do que utiliza como base supostamente objetiva de classificação do que pelas classificações que ele produz e os efeitos dessa classificação. Existe um efeito de "você é isso", "você não passa de...", um efeito de *fatum*, de consagração, efeitos de estigmatização ("Você é bom/não é bom", "Você é dotado/não é dotado"): quantos filólogos são pessoas que não foram aprovadas em sua dissertação aos 18 anos?

---

115. P. Bourdieu alude à tabela periódica dos elementos de Mendeleev.

116. Alusão ao nome das séries de bacharelado em vigor de 1968 a 1995 (os bacharelados C e D eram séries científicas). [Na França, o bacharelado é um título que pode ser obtido ao final do ensino médio nos liceus – N.T.]

Aqui, no caso da lista de vencedores, a relação com o sistema escolar dos produtores é evidente. Uma das características do meio jornalístico é uma espécie de anti-intelectualismo rampante e latente. É uma espécie de revanche. Os escritores sempre falam disso e temos também páginas terríveis de Zola: o anti-intelectualismo rampante dos críticos de tipo escolar está ligado à divisão do trabalho e à hierarquia objetiva entre professores e escritores. O que Zola diz sobre os alunos da École normale[117], sua mistura de arrogância e modéstia, de humildade e mediocridade, é o efeito das condições sociais de produção. A relação do escritor com o escritor-jornalista será completamente diferente: o escritor-jornalista não tem a arrogância estatutária dada pelo fato de ser crítico vindo de uma instituição, um crítico consagrado; ele tem contas a acertar com os intelectuais. Não continuarei porque isso teria um ar polêmico. Entretanto, isso de polêmico não tem nada, isso faz parte das coisas que é preciso saber, que eu gostaria de poder dizer, mas não digo. (Se, várias vezes, agora há pouco houve coisas que eu não disse, isso não é de modo algum por elas serem maldosas, mas sim porque elas seriam entendidas dessa forma por vocês: é na relação entre o que digo e as categorias de percepção que vocês poderiam aplicar ao que digo que a maledicência pode se engendrar.)

Trata-se, portanto, de se interrogar sobre as condições sociais de produção dos produtores: sua família, seu meio de origem, seus estudos etc. Para os estudos não é exatamente a questão de seu interesse científico e sim de saber se eles foram bem-sucedidos ou não, realizados ou não. Por exemplo, há uma forma de hostilidade à ciência, de ideologia neomística, que se engendra ao mesmo tempo em certos setores do campo científico e também do campo jornalístico. Essa espécie de irracionalismo ou de antirracionalismo floresceu muito mais por volta de 1933 na Alemanha e claramente floresce com frequência nas pessoas que têm contas a acertar com a ciência. Não é acidente que o cientista ruim muitas vezes se torna um bom revolucionário, como sugeri na última aula [sobre Marat], ou um bom

---

117. "Quem quer que tenha respirado o ar da *École* fica impregnado por ele por toda a vida. O cérebro preserva um odor insípido e mofado do professorado; e tornam-se, para hoje e sempre, altitudes secas, precisando de surras de vara, vontades surdas e impotentes de solteirões que fracassaram com as mulheres. Quando esses galhardos são espirituosos e audaciosos, quando eles encontram ideias novas, o que acontece de vez em quando, eles as recortam em pedacinhos tão pequenos ou as deformam tão bem através do tom pedagógico de suas mentes que as tornam inaceitáveis. Eles não são originais, não podem ser originais, porque cresceram com um fertilizante especial. Se você semear professores, jamais colherá criadores" (Émile Zola, "Notre École Normale" ["Nossa Escola Normal"], *Le Figaro*, 4 de abril de 1881, republicado em *Une campagne*. Paris: Charpentier, 1882, p. 247-259).

nacional-revolucionário. Aqui digo essas coisas de maneira brutal e excessiva, mas remeto vocês, por achar que isso faria vocês compreenderem um bocado de coisas, ao que escrevi sobre Heidegger[118] e sobre o contexto em que se engendrou o pensamento nacional-socialista.

Assim, é preciso se interrogar sobre as condições sociais de produção dos produtores, as origens sociais, o sistema escolar e a relação entre os dois: a maneira de viver o fracasso escolar será muito variável dependendo do ponto de partida (e da relação com o sistema escolar). Os efeitos de ressentimento, por exemplo (e a relação mal-humorada, infeliz, hostil, submissa, dominada – essas coisas não são exclusivas entre si), estarão em relação com a relação entre o ponto de partida e o ponto de chegada mediado pelo sistema escolar. Tudo isso é muito complicado. A partir disso, podemos voltar ao anti-intelectualismo, por exemplo: enxergamos bem com o que acabei de dizer que "Quem é o sucessor de Sartre?" também quer dizer: "Não há ninguém, que sorte, enfim nos livramos!" Digo isso de maneira ingênua, mas é isso que está dito: eu poderia mostrar para vocês 20 testemunhos (e vocês me trariam documentos – é um pedido de contribuição...), pois essas coisas estão dispersas em um monte de jornais sob a forma de pequenos indicadores que se mostram aqui e ali. Quanto mais documentos existirem, mais indicadores terei. Num certo momento, pois isso se torna possível (isso é uma coisa muito importante) por razões históricas, essas pulsões permanentes – por exemplo, o anti-intelectualismo dos intelectuais – têm chance de serem recebidas e se expressarem.

É preciso se perguntar quais são as condições, as causas ocasionais que fizeram com que em 1933 o anti-intelectualismo pudesse se expressar em particular: isso não está ligado a uma superprodução de diplomados, ao fato de que os assistentes tinham carreiras muito lentas, e também ao contexto de crise política (podia-se dizer qualquer coisa e parecer dizer alguma coisa)? Há aqui toda uma análise a fazer de uma coisa muito difícil de capturar cientificamente, mas que o sociólogo, ou pelo menos eu, com muita frequência é obrigado a pressupor: a existência de uma espécie de consciência confusa das condições de aceitabilidade do que as pessoas fazem ou dizem. Em cada momento, para tudo aquilo que nós fazemos, há uma espécie de referência vaga: "Isso pode se fazer", "Isso pode se

118. *A ontologia política de Martin Heidegger*. Trad. de L.M. Cesar. Campinas: Papirus, 1989 [*L'Ontologie politique de Martin Heidegger*. Paris: Minuit, 1988]. O livro é uma versão revisada e expandida de um artigo com o mesmo nome que P. Bourdieu publicara em *Actes de la recherche en sciences sociales*, n. 5-6, 1975, p. 109-156.

dizer", "Isso é uma transgressão, mas tolerável", "Isso é impensável", "Isso é impossível", "Isso não se faz". Há uma espécie de avaliação, e é muito difícil de saber como ela se constitui. Eu acho que ela se constitui por meio de uma espécie de estatística prática, semiconsciente. De qualquer forma, eu acho que é muito importante, para compreender os fenômenos de revolução literária, ou as maneiras de fazer e agir cotidianas, saber que existe essa sensibilidade a um índice objetivo de aceitabilidade das práticas.

Depois das condições dos produtores é preciso analisar as posições sociais dos produtores no espaço. O campo é o sujeito das ações através da mediação da posição ocupada no campo tal qual expressa na prática do agente, já que o agente tem em relação a essa posição uma disposição parcialmente preliminar à ocupação da posição (ela é moldada pela família etc.), mas parcialmente constituída pela posição, em particular pelo que a posição torna possível ou obrigatório. Para dizer as coisas como elas são, uma posição é um cargo: há cargos de escritores. Por exemplo, no cargo de escritor desde Zola, desde Sartre, há o fato de assinar petições. Dizer que existem invenções sociais é dizer que existem cargos. Falamos de cargos de torneiro, de montador etc.: é parecido para os intelectuais, ainda que, obviamente, isso não seja definido de maneira estrita. Uma propriedade dos cargos é que, quanto mais elevados eles são, mais a definição é vaga, mais ela implica que se pode e se deve jogar com a definição – essa é uma regra muito geral – e mais se tem interesse em que a posição seja vaga, enquanto (dependendo de verificação – eu acho que é assim, mas não tenho certeza) quanto mais descemos na hierarquia social, mais temos interesse em que a definição seja rígida e juridicamente definida. Isso certamente é irritante, mas pelo menos é uma proteção, uma comporta: há coisas que não se pode fazer com você. Mas o cargo implica deveres ("Você deve fazer isso"). Isso também é uma potencialidade objetiva: colocar alguém num cargo é engendrar um processo psicossociológico muito complicado sobre o qual a psicanálise teria muitas coisas a dizer. Paro por aqui.

Há uma coisa muito importante na posição dos jornalistas. Dizemos sobre a imprensa que ela tem pressa[119], que é urgente, que não se tem tempo de ler e assim somos pagos para falar sobre livros que não lemos (esse é um fato social verificável, digo isso sem maldade: qualquer jornalista confessaria isso e não vemos como poderia ser diferente). Consequentemente, lemos o que os outros jornalis-

---

119. Em francês, a palavra "*presse*", "imprensa", se parece com "*pressé*", "com pressa" [N.T.].

tas dizem sobre o que é preciso falar e – isso é um efeito de campo absolutamente típico (verificado cem vezes; eu não tenho estatísticas, mas há outras maneiras de se chegar à verdade social) – há livros sobre os quais não podemos não falar, o redator-chefe diz: "É absolutamente necessário que você fale do livro de fulano". As pessoas que estão nessa lista, sobre as quais nos perguntamos (do ponto de vista de uma visão normativa) por que elas estão nela, não podem publicar um livro sem que o fenômeno apareça: "É absolutamente necessário falar de seu livro". Entretanto, a combinação dessa coerção muito forte com um anti-intelectualismo rampante tem como consequência, num certo momento, começarem a despedaçar alguém. Mais uma vez, não há uma decisão, isso não é desejado, mas é muito irritante quando somos os primeiros numa lista, porque isso significa que estamos estruturalmente expostos. A vítima efetiva ou potencial pode vivenciar isso como um complô ("Eles querem me pegar", "Eles querem me derrubar", "A direita/esquerda quer me derrubar", "É o governo" etc.), mas eu acho que, na verdade, nos casos observados, isso é um efeito de campo combinado com um efeito de *habitus*: "É absolutamente necessário falar de fulano, mas isso nos irrita demais, talvez ele seja o novo Sartre: seria melhor derrubá-lo antes disso..." [*risos na sala*].

(É claro que isso não é consciente, mas mostra coisas que vão surgir... Durkheim dizia que a religião é uma ilusão bem-fundamentada[120]. Eu acho que essa frase se aplica a um monte de fenômenos sociais: com muita frequência, o sociólogo precisa destruir as coisas para construir seu objeto. Por exemplo, passei minha manhã destruindo a análise do tipo "isso é desejado [por alguém]", mas é preciso se perguntar por que essa ilusão tem um estatuto social coletivo. Uma boa teoria científica – essa é uma das diferenças com as ciências da natureza – deve envolver e integrar a teoria do que é e a teoria das razões que fazem com que isso não seja percebido como é; ela deve abranger uma sociologia do que as coisas são e das razões pelas quais isso não é visto. Eu acho que este é um dos grandes cortes, explicado por razões estritamente históricas, entre o que eu faço e a tradição dos fundadores, sobretudo Marx, mas também Durkheim. Eles realmente tiveram dificuldades para fundar a ciência social – não é por acaso que ela foi a última a partir... todos disseram que era muito duro, que era preciso ser especialmente

120. A ideia, ainda que não a expressão, pode ser encontrada na passagem que, no começo da conclusão de *As formas elementares da vida religiosa*, é sintetizada no sumário pela frase: "A religião é uma experiência bem-fundamentada". Ver *Sociologia geral volume 2*, *op. cit.*, p. 121, n. 133 [318, n. 2].

vigoroso –, eles precisaram de tanta energia, por exemplo, para destruir a representação do trabalho e substituí-la pela teoria da mais-valia, que não tiveram a energia para pensar por que foi necessária tanta energia para compreender isso[121]. Se tivesse sido evidente que o trabalho era a produção de mais-valia, não teria sido tão difícil e ele teria sido capaz de integrar as razões que fizeram com que a teoria fosse dura de construir e que ela não se difundisse com facilidade, que encontrasse resistências etc.)

Eu me desviei de meu caso particular no caminho... eu falava da ilusão da simultaneidade que é um fundamento objetivo de uma visão do complô. A visão do complô é realmente uma forma elementar da percepção do mundo social. Ela tem uma probabilidade de aparição desigual dependendo das classes sociais, dos meios, dos momentos: ela será particularmente forte na pequena burguesia em declínio. Dito isso, ela pode encontrar condições objetivas. Aqui, se o que digo for verdade, há um efeito de campo. Num certo momento, uma pessoa está no topo da parada de sucessos dos intelectuais. Agora que Aron [segundo da lista] está morto[122], já podemos ver sobre quem poderão ser apontadas as próximas armas. Os efeitos de campo vão provocar a obrigação de celebrar, num contexto em que a legalidade do anti-intelectualismo aumenta, e teremos boas chances de ver surgir... Eu posso dizer o que eu pensava: por exemplo, isso pode cair sobre Foucault. Eis, portanto, um exemplo de ilusão bem-fundamentada: os efeitos de campo combinados com os efeitos de posição ligados ao *habitus* podem engendrar formas de invenções simultâneas em todos os pontos do campo, desde [a revista de direita] *Le Point* até [o jornal de esquerda] *Libération*, e podemos ver surgir coisas que podem ser percebidas como uma campanha. Ora, existe um monte de campanhas, e as melhores do ponto de vista da dissimulação, da violência simbólica, são as campanhas sem sujeito.

Eu acho que preciso terminar. Ainda assim, direi muito rapidamente que os objetos que percebem terão propriedades de visibilidade e legibilidade. Isso todo mundo sente bem: dadas as categorias de percepção dos jornalistas, que são pessoas apressadas (aqui seria preciso caracterizar sua formação social, suas cate-

---

121. P. Bourdieu desenvolveu esse ponto em maior profundidade em *Sociologia geral volume 1, op. cit.*, aula de 26 de maio de 1982.

122. Raymond Aron faleceu poucos meses antes desta aula, em 17 de outubro de 1983.

gorias de percepção, o que eles têm interesse em ver e não ver), há pessoas que serão mais visíveis e mais legíveis e também há pessoas que terão uma propensão maior que as outras a se fazer ver e a se fazer ver bem; há, portanto, pessoas que serão vistas melhor e melhor bem-vistas. *A priori*, tudo isso pode ser deduzido: as pessoas que serão vistas melhor serão aquelas que terão os *habitus* mais próximos de seus juízes. Há cumplicidades entre juiz e julgado: os intelectuais-jornalistas obviamente vão considerar os jornalistas-intelectuais muito bons, e vice-versa. Portanto, vai haver uma espécie de nota de amor estrutural que não tem nada a ver com "essa pessoa é meu amigo/minha amiga", que pode ser no máximo dobrada pela proximidade pessoal.

Costumeiramente, buscamos pequenas causas, e a explicação, do ponto de vista histórico, enfatizará o papel das mulheres na história ou, na história da literatura, o papel dos salões. É muito importante levar em conta essas pequenas causas, mas elas não são de modo algum acidentais, elas são estruturais: são afinidades de *habitus* ("nós nos sentimos bem juntos") que não têm nada a ver com as manipulações conscientes do mercado. Teremos de um lado as afinidades de *habitus* e do outro – é aqui que isso fica muito complicado – as estratégias de condescendência. Um fator que é preciso levar em conta nas relações entre os intelectuais e os jornalistas é a estrutura do campo de produção e a posição particular ocupada pelo campo dos críticos – escritores-artistas, artistas-escritores – no campo de produção. Eu defini essa posição agora há pouco: ela é culturalmente dominada e temporalmente dominante. Uma das estratégias pelas quais se expressará a preocupação de ser bem-visto será uma categoria particular da classe das estratégias de condescendência. Os intelectuais preocupados em ser reconhecidos como intelectuais devem, em razão da definição do intelectual num momento dado do tempo (a que foi constituída desde Voltaire, Zola, Gide, Sartre etc.), ir para além do papel que consiste em escrever livros. Portanto, eles precisam dos jornalistas. Se quisermos ser intelectuais, precisamos nos servir dos jornalistas. Isso faz parte da definição do papel porque, em última instância, ser um intelectual é ser um grande cientista (por exemplo…) e mais alguma coisa, e essa alguma coisa é dada pelo jornalismo. Neste momento, os intelectuais que querem ser bem-vistos reconhecem por causa disso uma certa legitimidade do veredito desses juízes e podem reconhecê-la através das estratégias de condescendência que podem quase chegar ao cinismo. No mundo social tal como ele é, nem todas as estratégias são inconscientes. Elas o são muito mais do que pensamos, mas não totalmente. Eu precisaria voltar a isso. Digamos que se essas pessoas são dotadas de legitimidade, é porque elas recebem um reconhecimento incluindo daqueles que menos se sentem no direito de julgar.

Aula de 15 de março de 1984

Primeira hora (aula): preâmbulo sobre a compreensão sociológica. – Será que um campo tem um começo? – Regras e regularidades. – O processo de objetivação. – O interesse em se pôr em regra. – A posição espontaneísta e a posição continuísta. – A passagem dos universos descontínuos aos universos contínuos. – Segunda hora (seminário): a parada de sucessos dos intelectuais (4). – A margem de liberdade da ação simbólica. – O efeito de duplicação do poder simbólico. – A especificidade da ação simbólica. – A previsão política.

Primeira hora (aula): preâmbulo sobre a compreensão sociológica

Hoje eu queria começar com um breve preâmbulo sobre o que significa compreender na sociologia. Na última aula, indiquei que uma função do exercício de apresentação que fiz era, para mim, tentar fazer com que compreendamos de modo diferente de como compreendemos normalmente: com efeito, há várias maneiras de compreender qualquer mensagem, particularmente a mensagem sociológica. Eu queria voltar a esse ponto citando para começar um texto de Wittgenstein. Eu o li no livro de Jacques Bouveresse, *O filósofo entre os autófagos*[123], cuja leitura recomendo bastante porque ele trata muito diretamente dos problemas que abordo aqui. Em sua introdução - que é um pouco difícil -, Bouveresse cita o seguinte texto: "O que torna o objeto dificilmente inteligível não é - quando ele é significativo e importante - que seja necessária uma instrução particular sobre coisas abstrusas, e sim a oposição entre a compreensão do objeto e o que a maioria das pessoas *quer* enxergar. Desse fato, aquilo que é o mais imediatamente percep-

---

123. Esse livro foi publicado na época em que esse curso aconteceu: Jacques Bouveresse, *Le Philosophe chez les autophages*. Paris: Minuit, 1984.

tível pode exatamente se tornar mais dificilmente compreensível do que qualquer outra coisa. Não é uma dificuldade do intelecto que deve ser superada, e sim uma da vontade"[124]. Esse texto muito claro diz muito bem o que costumo dizer sobre a sociologia: fazer sociologia não seria tão difícil se a intenção de compreender não fosse tão difícil; o objeto social é em parte algo que não temos vontade de compreender.

Sigo com um texto de Freud sobre o riso que um de vocês me enviou. Eu acho que a pessoa que me trouxe esse texto estava pensando sobre os risos que causei em vocês ao dizer algumas coisas e sobre aquilo que tentei dizer a propósito desse riso[125]. Esse texto muito conhecido de *O chiste e sua relação com o inconsciente* me parece completamente apropriado: "Muitos de meus pacientes neuróticos em tratamento psicanalítico testemunham regularmente, através do riso, que a análise conseguiu mostrar de maneira fiel, à sua percepção consciente, o material inconsciente oculto, e eles então riem, mesmo quando o conteúdo do que foi desvelado não o justifica de modo algum. A condição para que isso aconteça, em todo caso, é que eles tenham chegado perto o bastante desse material inconsciente para captá-lo depois que o médico o adivinhou e o apresentou a eles"[126]. Como diz a pessoa que me comunicou isso (como vocês podem imaginar, esse tipo de comunicação que sinaliza uma compreensão verdadeira me agrada muito), o riso poderia então ser uma forma de compreensão prática que precede a compreensão que poderíamos chamar de teórica (é claro que essas palavras não querem dizer grande coisa): haveria uma compreensão prática que viria antes da compreensão pelas palavras ou nas palavras.

Falarei um pouco sobre as palavras: as palavras são um dos obstáculos à verdadeira compreensão do objeto sociológico e uma parte do trabalho consiste em trabalhar sobre elas. Esse trabalho, obviamente, é muito praticado, especialmente num certo tipo de tradição filosófica – e em gêneros diferentes: a tradição hegeliana e a tradição heideggeriana utilizam as palavras de maneira completamente diferente –, mas acho que, com muita frequência, o trabalho so-

---

124. *Ibid.*, p. 164 (a frase não é citada na introdução do livro, e sim no capítulo chamado "Será que a filosofia esqueceu seus problemas?"). A tradução é provavelmente de Jacques Bouveresse.

125. Ver *supra*, p. 42.

126. Sigmund Freud, *O chiste e sua relação com o inconsciente.* Trad. de P.C. de Souza. São Paulo: Companhia das Letras, 2017, p. 249, n. 54 [*Der Witz und seine Beziehung zum Unbewussten.* Leipzig: Deuticke, 1905].

bre as palavras, o fato de dizer a mesma coisa de maneiras diferentes, de trocar uma palavra por outra, é algo preliminar à compreensão real tanto do lado do produtor do discurso sociológico quanto do lado dos receptores. Se a comunicação oral tem uma virtude – e sem ela, seria melhor ler, seria mais econômico para todo mundo –, é exatamente que ela mostra as palavras se procurando, se encontrando, se substituindo. Acho que ver esse trabalho de luta contra as palavras faz parte das condições da compreensão verdadeira. Por exemplo, eu tenho a experiência de que nunca acabamos de compreender o que dizemos: ao reler textos que escrevi há muito tempo, às vezes me surpreendo completamente ao enxergar neles coisas que acabei de compreender; eu me digo então que meus automatismos verbais haviam se adiantado a mim. Isso quer dizer simplesmente que podemos dizer algumas coisas sem realmente as compreender, enquanto, com muita frequência, para fazer um trabalho científico na sociologia, é preciso tentar compreender realmente o que se diz.

Esse preâmbulo é uma maneira de justificar o exercício que fiz na última aula e o lado um pouco desenfreado, ou "liberado", que dei para minha proposta: eu queria liberar um certo número de repressões e mostrar que podemos falar de maneira absolutamente livre, com um riso nietzschiano, desse universo intelectual que acho que muitas vezes é vivido no sofrimento. Eu voltarei a esse problema na segunda hora para tentar mostrar como os universos sociais são locais de sofrimento. Existe sofrimento e existe uma ocasião para fazer uma analogia com a psicanálise[127]. Eu sempre manejo essa analogia com muita prudência porque ela muitas vezes é utilizada de maneira inconsequente, mas também porque o discurso psicanalítico, na medida em que toca de leve uma realidade sem jamais atingi-la, é uma das telas mais perigosas para a compreensão do mundo social. Entretanto, aqui neste caso, a analogia me parece muito fundamentada. (Com certeza vocês devem pensar que digo coisas triviais ou que me repito; isso certamente pode acontecer, mas pode acontecer também que isso seja uma intenção ligada a uma certa ideia do que significa transmitir a sociologia.)

---

127. O tema do sofrimento social estará no centro do livro coletivo que P. Bourdieu organizará com o título *A miséria do mundo, op. cit.*, e que também enfatizará a possibilidade da sociologia de cumprir funções normalmente associadas à psicanálise.

Será que um campo tem um começo?

Agora retomarei o fio da análise que fiz na primeira aula, ou seja, a análise da noção de campo (e voltarei na segunda parte ao que dizia sobre as lutas simbólicas e o campo intelectual). Na penúltima aula, eu disse que um campo é um espaço que tem em si mesmo seu motor. A ideia central do que eu queria dizer hoje poderia, no fundo, se resumir assim: como um campo é um espaço social estruturado, ele pode ser descrito, por analogia, na linguagem da topologia, mas, na medida em que sua estrutura é produzida por forças antagônicas, esse espaço também pode ser descrito na linguagem da dinâmica, como um campo de forças. De qualquer maneira, um mundo social, um jogo social, tem em si mesmo seu próprio motor – eu acho que a analogia do motor é um pouco grosseira, mas é bom tê-la em mente para compreender. "Estabelecer um campo" não faz sentido: não há um começo, um campo não começa por contrato, ainda que, *ex post*, quando analisamos, descobrimos algo que parece ser um contrato, já que uma das propriedades de um campo é exatamente que ele contém uma axiomática em si mesmo: um certo número de regras, práticas ou explícitas, define seu funcionamento. Mas nada seria mais falso do que imaginar que os mundos ou os campos sociais começam num certo momento por um contrato, e um dos grandes problemas da análise científica dos campos é descrever esses processos insensíveis pelos quais se constitui aquilo que em seguida passa a funcionar como um campo. Por exemplo, quando trabalhamos com a história da literatura, podemos começar a dizer: "Mas sim, existe um campo literário desde o século XII". O autor de um artigo que li ontem sobre os tratados a respeito da arte na Idade Média aproxima três discursos clássicos sobre o mundo artístico no século XII, e essas pessoas falavam em termos de campo, o que arrisca surpreender os historiadores da arte que situariam o começo do funcionamento do mundo artístico como campo no *Quattrocento*, por exemplo.

Portanto, um dos grandes problemas é saber em que momento se estabelece um campo, ou seja, uma espécie de pequena máquina que em seguida engendrará sua própria perpetuação, seus próprios problemas, que se tornará autônoma e, se é que posso dizer isso, automóvel. Assim, não há nada de mais falso do que a ideia de que existe num certo momento uma espécie de *artifex* [de criador]. Uma outra ilusão sociológica é o artificialismo, a ilusão do contrato ou de um Deus relojoeiro que, num certo momento, construiria alguma coisa como um jogo social. Eu acho que jamais foi encontrado, sob o bisturi do sociólogo, um jogo social constituído inteiramente. Isso vale até para os jogos de sociedade que utilizamos constantemente como analogias – eu acho que essa é uma das analogias menos ruins para pensar o mundo social: sempre podemos encontrar seus antecedentes, mas não sabemos se eles não são a reprodução, num espaço imaginário e estruturado segundo regras, de jogos sociais preexistentes a eles – por exemplo, todos os jogos que imitam a guerra. Poderíamos trabalhar sobre esse assunto.

Portanto, o campo não é alguma coisa que começaria num certo momento, por contrato, por decreto. Não há um começo absoluto. Mesmo que a análise sociológica tenha por função encontrar essa espécie de *nomos*, de lei originária que é ao mesmo tempo uma divisão, encontrar os *nomoï* e torná-los visíveis, não se trata de pensar que existe um nomóteta que, num certo momento, formulou e constituiu o *nomos*. Os etnólogos, que retiram as leis imanentes a um espaço social, dirão por exemplo que na sociedade cabila encontramos um certo número de oposições fundamentais entre o seco e o úmido, o leste e o oeste, o quente e o frio etc.[128]. Eles tornam, assim, explícito o princípio de divisão de um mundo que é ao mesmo tempo o princípio de visão desse mundo e que existe ao mesmo tempo nas coisas (por exemplo, no espaço da casa há uma parte masculina e uma feminina) e nos cérebros das pessoas que moram nessa casa e que a percebem segundo as próprias estruturas que estão inscritas nele num estado imanente. Mas encontrar esse *nomos*, essa lei, não obriga a pensar que exista um ato constituinte dessa lei. Eu acho que a ilusão artificialista ou nomotética é reforçada por todas as teorias do contrato e toda uma tradição da filosofia da história, da filosofia das sociedades[129].

Regras e regularidades

Dito isso, um campo é, por analogia, uma espécie de jogo que tem regras imanentes, que podem ser mecanismos produtores de regularidades ou normas explícitas que engendram práticas regradas. É preciso tomar cuidado para não confundir os mecanismos com as regras, esses dois princípios de ordem que

---

128. P. Bourdieu, "A casa *kabyle* ou o mundo às avessas". Trad. de C.G. Papavero, *Cadernos de Campo*, vol. 8, n. 8, 1999, p. 147-159 ["La maison kabyle ou le monde renversé". *In*: *Esquisse d'une théorie de la pratique*, *op. cit.*, p. 61-82].

129. Alusão à influência exercida pelas teorias do contrato desenvolvidas nos séculos XVII e XVIII, cujos principais representantes são Grócio, Hobbes, Locke e Rousseau.

encontramos no mundo social. Pelo contrário, é preciso ter em mente a oposição entre as regularidades e as regras, já que a confusão entre esses dois modos de regulação do mundo social é um dos erros mais constantes e com mais pregnância no pensamento sociológico. Esse erro – retomo uma frase de Marx sobre Hegel que é quase um *slogan*: "Hegel toma as coisas da lógica pela lógica das coisas"[130] – consiste em acreditar que uma regularidade tem uma regra como princípio. Se o mundo social está cheio de regularidades, de coisas que se repetem de maneira constante, essas ligações regulares entre causas e efeitos, entre eventos e consequências, não são necessariamente o produto de uma regra. Assim, um linguista, Paul Ziff, observa que há um abismo entre essas duas frases: "O trem está regularmente atrasado" e "É uma regra que o trem esteja regularmente atrasado"[131]. Quine explicita essa distinção importante quando diz que, quando construímos um modelo, é preciso distinguir entre *to fit* e *to guide* [encaixar e orientar][132]: um modelo pode ser adaptado e ajustado àquilo que ele dá conta ou, ao contrário, ele pode orientar aquilo que nomeia. Como o que falamos sobre o mundo social sempre se situa entre essas duas posições, a confusão é permanente.

Por exemplo, o que os etnólogos querem dizer com frases do tipo: "Entre os dobus, as pessoas fazem tal coisa"? Isso quer dizer que fazer tal coisa é uma regra ou que se constatou que as pessoas regularmente fazem tal coisa? Entre essas duas acepções, está toda a antropologia. Tudo aquilo que concerne à noção de regras de parentesco gira ao redor dessa distinção que pode ter a aparência de uma bobagenzinha gratuita. Não insistirei por muito tempo neste ponto: remeto vocês – porque, afinal, o discurso oral não substitui tudo – a meu livro *O senso prático*, no

130. "O momento filosófico não é a lógica da coisa, mas a coisa da lógica" (Karl Marx, *Crítica da filosofia do direito de Hegel*. Trad. de R. Enderle & L. de Deus. São Paulo: Boitempo, 2010, p. 39 [*Zur Kritik der hegelschen Rechtsphilosophie*, 1843]).

131. "Considerem a diferença entre dizer 'O trem regularmente atrasa dois minutos' e 'Como regra, o trem atrasa dois minutos' [...]: há a sugestão no segundo caso de que o trem estar atrasado dois minutos estaria de acordo com alguma política ou plano. [...] As regras estão conectadas com planos ou políticas de uma maneira que as regularidades não estão. [...] Defender que, portanto, deve haver regras na linguagem natural é como defender que as estradas devem ser vermelhas se corresponderem a linhas vermelhas num mapa" (P. Bourdieu cita essa passagem em *O senso prático*, *op. cit.*, p. 66 [67-68]. A citação original é: Paul Ziff, *Semantic analysis* [*Análise semântica*]. Ithaca: Cornell University Press, 1960, p. 37-38).

132. W.V.O. Quine, "Methodological Reflections on Current Linguistic Theory" ["Reflexões metodológicas sobre a teoria linguística atual"]. *In*: Gilbert Harman & Donald Davidson (orgs.), *Semantics of natural language*. Dordrecht: Reidel, 1972, p. 442-454.

qual analisei longamente essa distinção chamando a atenção para sua importância para compreender um certo número de coisas na antropologia e, especialmente, os problemas das regras de parentesco (olhem a entrada para "regra" no índice e encontrarão referências precisas que permitirão que vocês reconstituam a coerência do discurso).

Há mil razões pelas quais essa lacuna entre "isso é de regra" e "isso é regular" seja, de alguma forma, escotomizada[133] constantemente no discurso sociológico. Para começar, os informantes falam espontaneamente a linguagem da regra; quando perguntamos para um informante: "Mas o que você está fazendo?", "O que as pessoas fazem num dia como hoje?", "O que é que se faz na sua sociedade?", "Será que é conveniente fazer isso?", convocamos essa pessoa a virar sua própria teorizadora e responder como nomóteta. Ela dirá: "Sim, entre nós, não fazemos..." ou "No primeiro dia da primavera, é preciso..."

Um dos grandes problemas da ciência social e da evolução das sociedades – é uma das coisas sobre as quais eu queria insistir hoje – é precisamente a passagem das coisas que se fazem para as coisas que se devem fazer, das regularidades práticas para as regularidades constituídas, para as regras constituídas, para as normas. Poderíamos dizer que não há diferença: [a observação de Ziff não teria importância porque] o trem está atrasado de qualquer maneira e, a partir do momento que as pessoas jogam flores diante de suas portas no primeiro dia da primavera, pouco importa que o princípio real de sua prática seja por submissão prática a disposições permanentes e semi-inconscientes, ou para obedecer a uma regra explícita. Mas a distinção que assinalo não é uma simples questão de honra teórica e antropológica.

Nesse caso, como em muitos outros, Quine foi extremamente útil para mim e essa distinção de filósofos é muito importante a partir do momento em que nos situamos na lógica da evolução e queremos comparar sociedades, por exemplo. Um dos meus interesses atuais é compreender como os universos sociais duram, como eles se perpetuam: Como dar conta do fato de que os mundos sociais se reproduzem, de que eles perpetuam sua existência, e de que a perpetuam como existência normatizada, como local de uma necessidade autorreproduzida? Se nos situamos nessa perspectiva, temos, no fundo, duas respostas para as perguntas que formu-

---

133. *Scotomisé* no original, termo psicanalítico que se refere ao bloqueio mental de percepções indesejadas [N.T.].

lei: nossa filosofia espontânea do mundo social (quando digo "nós", isso engloba as pessoas em geral, mas também os cientistas que pretendem pensar de maneira coerente o mundo social) oscila entre uma filosofia que poderíamos chamar de espontaneísta e uma que poderíamos chamar de mecanicista. Essa oposição é grosseira (claramente não é ideal para a comunicação científica ensinar as coisas dessa maneira, mas é assim que procedemos para fins escolares), mas poderíamos opor as grandes tradições sociológicas sob esse aspecto. Alguns sociólogos são mais sensíveis para o surgimento do novo. Eles enxergam a sociedade no que ela tem de espontaneidade, de criação imprevisível, de novidade – para falar como Bergson. Outros, ao contrário, são mais sensíveis às regularidades, ao caráter autoperpetuado, autorreproduzido.

Na verdade, aquilo que muitas vezes é descrito como uma espécie de escolha ética, existencial ou política – há aqueles que defendem a reprodução e aqueles que defendem a mudança (com muita frequência os debates que chamamos de teóricos não passam de confrontações entre visões de mundo quase estéticas) – esconde o problema muito importante da lógica de funcionamento dos espaços sociais, ao qual não acho que possamos responder escolhendo um dos termos da alternativa. É possível ver por que esse problema aparentemente sociológico tem pregnância: ele esconde um problema social, uma oposição entre o movimento e a conservação, o progresso e a repetição etc. Uma dicotomia social muito forte (conservadorismo/progressismo) tende assim a se reproduzir sob a forma de uma dicotomia aparentemente científica. De acordo com minha experiência, esses problemas sociológicos que não passam da forma eufemizada e transfigurada de problemas sociais são falsos problemas, ou pelo menos problemas malformulados que precisamos destruir para encontrar os verdadeiros problemas. Neste caso em particular, as coisas me parecem relativamente simples. Eu gostaria de mostrar que não podemos fechar a comparação entre uma sociedade pré-capitalista e uma sociedade como a nossa na alternativa que formulei: toda sociedade tende a garantir sua própria duração, mesmo que ela possa empregar meios extremamente diferentes para esse fim; da mesma maneira, teremos respostas cruzadas ao problema que formulei.

Volto um instante ao problema da regra: uma das mudanças mais consideráveis, que Max Weber descreveu de maneira muito forte, é a passagem do difuso, do implícito, do prático (o que está no estado prático) ao codificado, à objetividade, ao público, ao oficial. Parece que, quando avançamos na história das sociedades, cresce a parte das práticas que têm por princípio a regra explícita, jurídica e constituída e das instituições encarregadas de garantir essa regra. O que não quer dizer, contrariamente ao que afirma o esquema evolucionista que a maioria das pessoas – incluindo Max Weber – tem em mente, que esse progresso no sentido que Weber chama de "racionalização" – vou me explicar quanto a essa palavra: seria melhor dizer "esse progresso no sentido de uma objetivação dos princípios da prática" – seja um progresso geral e que todos os setores do universo estejam igualmente submetidos a esse processo.

O processo de objetivação

Como perduram os universos sociais? Como acontece de os campos sociais, que são produtos da história, se organizarem de modo a se perpetuar? Podemos dizer – eu já dei várias definições da noção de campo, e darei outras – que há em todo campo dois aspectos: por um lado, os mecanismos que não são necessariamente constituídos e instituídos e, pelo outro, as instituições. Eu gostaria de insistir rapidamente nessa distinção entre campo e instituição: nem tudo é instituído num campo e os campos não são igualmente institucionalizados – é uma coisa importante. Parece-me que a noção de instituição, que foi identificada pelos durkheimianos ao social[134], deve receber uma acepção muito mais restrita: o instituído seria, para mim, esse aspecto dos mecanismos sociais que é levado do estado de regularidade para o estado de regra; é o produto de um trabalho de codificação ou de um ato de instituição que é, em si, um ato de codificação. Eu apenas indico esse tema da nomeação que já mencionei várias vezes nas aulas anteriores: há instituição quando não somente as coisas são feitas, mas quando alguém dotado de autoridade diz como elas devem ser feitas e quando a forma segundo a qual as coisas devem ser feitas é o objeto de uma objetivação – a escrita é extremamente importante – e, portanto, de uma explicitação e de um controle lógico. É nesse sentido que chegamos à noção de racionalização: a objetivação sempre é um passo no sentido da racionalização; a passagem do implícito e do prático ao explícito e

134. Émile Durkheim chegou a definir a sociologia como a "ciência das instituições": "Com efeito, sem alterar o sentido dessa expressão, pode-se chamar *instituição* todas as crenças e todos os modos de conduta instituídos pela coletividade; a sociologia pode então ser definida como a ciência das instituições, de sua gênese e de seu funcionamento" (Émile Durkheim, *As regras do método sociológico, op. cit.*, prefácio da segunda edição (1901), p. xxx [xxi]).

ao objetivo implica a possibilidade de um controle lógico, de uma confrontação que é condição de coerência.

Num jogo, espaço ou campo social existem, portanto, o institucionalizado e o não institucionalizado; para empregar a metáfora do jogo, existem os trunfos e uma estrutura de distribuição dos trunfos, que é um dos princípios estruturantes de todo campo. Assim, um princípio de estruturação do campo intelectual que mencionei ano passado é a distribuição desigual do que chamo de capital simbólico e que podemos, de modo geral, identificar provisoriamente com a reputação, o renome, a celebridade. Essa estrutura do capital simbólico que é invisível, que não está codificada (lembro a vocês o que eu disse na aula passada sobre a jogada de força que representa a codificação na forma de lista de vencedores: como a honra nas sociedades pré-capitalistas, essa estrutura da distribuição do capital simbólico é algo impalpável e elusivo) é muito atuante: ela se beneficia por ser difusa e elusiva, ela comanda as práticas, as interações entre as pessoas, as cooptações, as exclusões, as frequentações etc. Além disso, há o instituído no campo, ou seja, as regras e os guardiões das regras. Há um direito mais ou menos elaborado, mais ou menos sistemático; ele pode ser um simples direito de costumes, quer dizer, um conjunto de regras parciais que remetem a um sistema ausente e que consiste na aplicação de princípios fundamentais jamais formulados porque permanecem no "isso é assim", na constituição não escrita. Isso é o caso nas sociedades pré-capitalistas, mas também num campo como o campo intelectual, em que há um monte de regras que é preciso conhecer para não ser excluído ou excomungado como nas sociedades primitivas. Muitas vezes mais importantes do que as regras escritas, essas regras não escritas são o pedestal no qual repousam algumas regras escritas – não expomos em qualquer lugar quando somos pintores etc. Essa parte codificada, esse aspecto institucionalizado é extremamente importante: a passagem do difuso ao institucionalizado marca uma mudança qualitativa. Por exemplo, no campo literário, que é um universo muito pouco institucionalizado, as instituições têm tanto mais força quanto menos houver um árbitro.

Assim, em todo campo coexistem aquilo que se deve às regras e aquilo que se deve a uma combinação de mecanismos e de disposições. Um universo social deve sua duração à conjunção desses dois tipos de princípios. As regras produzem regularidade porque uma regra engendra previsibilidade. Um jurista aplicará as regras todas as vezes que houver ocasião de fazê-lo, que houver um *casus*: a regra é uma maneira de produzir a previsibilidade e a calculabilidade. Essa é inclusive a definição do direito racional segundo Weber: o direito racional, que corresponde às sociedades capitalistas, é um direito que fornece à economia aquilo que ela precisa, a saber, a calculabilidade e a previsibilidade[135]. Uma propriedade da regra é garantir para aquele que a conhece que ele saberá o que deve fazer, e garantir para aquele que a conhece e que a vê agir que ele saberá o que ela vai fazer. A regra é uma espécie de lei explícita que garante uma forma de previsibilidade. Não é por acaso que a ciência social seja sempre tentada pelo que chamo de juridismo. Isso tem razões históricas – as ciências sociais muitas vezes saem das faculdades de direito, que geraram uma forma de ciência social muito particular –, mas também há razões de fundo: ao procurar a regularidade, todo cientista é levado a encontrá-la onde ela se propõe, em particular nos nomótetas, nos fazedores de regras ou nos juristas que lhe dizem que "é de regra que..." Assim, os antropólogos muitas vezes são juristas espontâneos e não é por acaso que uma parte da etnologia tenha sido produzida nos países coloniais por pessoas que tinham formação jurídica; eles eram de alguma forma os juristas de sociedades pré-capitalistas que, por não terem escrita, não haviam codificado seu código prático. Dito isso, é preciso saber que o simples fato de transcrever como regras de direito coisas que existem no estado de princípios práticos é uma mudança radical. O juridismo é uma tentação permanente da ciência social que procura a regularidade; se encontramos as regras, descrevemos o mundo como algo que obedece a regras; se não as encontramos, traduzimos o que ouvimos ("No primeiro dia da primavera, vamos colher flores nos campos") no modo da regra, e produzimos o "é preciso que..."

O interesse em se pôr em regra

Aliás, essa tentação será ainda maior porque os agentes sociais sempre têm relações extremamente complicadas com os princípios de suas práticas: a partir do momento em que uma regra existe, existe um interesse em estar em regra. Sinto-me tentado a dizer que, quando você trabalha com sociedades pré-capitalistas,

---

135. "O domínio universal da relação associativa de *mercado* exige, por um lado, um funcionamento do direito calculável segundo regras racionais" (Max Weber, *Economia e sociedade*, *op. cit.*, vol. 1, p. 227); "A calculabilidade do funcionamento dos aparatos coativos é, nas condições de uma economia de mercado em desenvolvimento, o pressuposto técnico e uma das forças motrizes da inventiva dos 'juristas cautelares' que encontramos em ação por toda parte, como elemento independente da criação de novos direitos por iniciativa privada, mas de forma mais desenvolvida e mais controlável no direito romano e no inglês" (*ibid.*, vol. 2, p. 70-71).

há muito poucas ações que têm a regra como princípio. Como esses são universos em que a objetivação está muito pouco avançada, então vale mais, para dar conta das práticas, ir procurar mais do lado do *habitus*, das disposições permanentes, dos micromecanismos que podem existir. Dito isso, as pessoas dirão que apesar de tudo há regras, por exemplo o casamento com a prima paralela[136]. Mas será preciso dizer, como muitas vezes fazem os antropólogos, que a regra é o princípio das práticas e que, se as pessoas se casam com a prima paralela, é "porque isso é de regra"? Na verdade, para começar essa é uma regra muito pouco aplicada – cerca de 4% dos casos –, o que faz duvidar que isso seja uma regra; em seguida, mesmo nos casos em que as pessoas parecem obedecer à regra, pode ser que elas obedeçam simplesmente pela preocupação de estar em regra, de se pôr em regra, o que é extremamente importante.

Se transpusermos isso para as nossas sociedades, enxergaremos imediatamente que existem lucros de moralidade: é muito importante, mesmo quando transgredimos a regra, parecer que a obedecemos, o que permite nesse caso acumular os lucros da transgressão e os lucros da conformidade. O respeito à regra gera lucros específicos, lucros, poderíamos dizer, de farisaísmo, lucros de conformidade. Nas sociedades pré-capitalistas – no caso da sociedade cabila, vocês encontrarão ótimos exemplos procurando também [no índice de *O senso prático*] "regras" e "colocar-se em regra" –, uma parte considerável do gênio social se ocupa em produzir condutas que são o produto do interesse – no sentido muito amplo, voltarei a isso –, mas que podem parecer que têm como princípio a obediência à regra. Isso faz com que acumulemos as duas formas de lucro: o grupo não é bobo, mas – isso é muito importante – ele concede esse lucro suplementar com prazer porque – as frases que têm "o grupo" como sujeito sempre são perigosas – ele recebe um lucro específico com as condutas do tipo "se pôr em regra" devido ao fato de elas terem como virtude reconhecer o grupo. Eu sempre cito o conceito magnífico de *obsequium*[137] com o qual Espinosa designa no fundo o respeito que concedemos à

136. Sobre este exemplo, ver Pierre Bourdieu, "La parenté comme représentation et comme volonté" ["O parentesco como representação e como vontade"]. *In*: *Esquisse d'une théorie de la pratique*, *op. cit.*, p. 83-215; e "Os usos sociais do parentesco". *In*: *O senso prático*, *op. cit.*, p. 266-328 [271-331].

137. Espinosa fala do *obsequium* como uma "vontade constante de cumprir aquilo que é bom segundo o direito e que, segundo o decreto comum, deve [ser posto em prática]" (Espinosa, *Tratado político*. Trad. de D.P. Aurélio. São Paulo: WMF Martins Fontes, 2009, cap. 2, § 19, p. 21 [tradução modificada. Nessa tradução, o termo *obsequium* é traduzido por "obediência" – N.T.]). Alexandre

ordem social enquanto tal; é uma espécie de respeito fundamental, mais profundo do que todos os conformismos, que os grupos fundamentalmente exigem quando exigem que respeitemos as formas. Os grupos com muita frequência nos dizem: "Mas afinal o que lhe custa se vestir como os outros, empregar as fórmulas de polidez, não transgredir essas formalidades insignificantes, por que você não concede isso ao grupo? Em contrapartida, o grupo lhe concederá seu reconhecimento etc." Eu acho que as estratégias que têm como objetivo se pôr em regra são uma forma de *obsequium*, de reconhecimento formal das formas.

O que os grupos exigem é sempre que sigamos o decoro e nos conformemos a ele, quer dizer, às regularidades explicitadas. Há pessoas que produzem a forma, o decoro é seu trabalho característico: o escritor, o poeta, o esteta, o artista, e também o jurista. Poderíamos dizer que a produção cultural é em grande parte uma produção de formas. A diferença, que todo mundo intui, entre a polidez de coração e a polidez formal ou a civilidade é a oposição forma/sem forma. Há textos magníficos de Rousseau, que se sentia desconfortável no universo dos intelectuais parisienses, descrevendo essa espécie de conflito entre a sinceridade – o que vem do coração, do fundo – e o formal, o formalismo da polidez mundana parisiense[138]. Na verdade, isso é algo absolutamente profundo, não é por acaso que essa oposição formal/informal se encontra entre as sociedades e entre as classes: há interesses no decoro e nem todo mundo tem interesse no decoro na medida em que simplesmente nem todo mundo tem capacidade para isso.

O fato é que, às vezes, o decoro é toda a competência. Por exemplo, em meu texto sobre Heidegger[139], tentei mostrar – falarei agora de maneira muito simplista – que Heidegger propôs com decoro filosófico um certo número de temas que eram a vulgata na qual o nazismo mergulhou. É claro que o trabalho de decoro, tão completamente bem-sucedido que hoje em dia podemos ler Heidegger sem

---

Matheron apresenta o *obsequium* e a "virtude de justiça" como "o resultado definitivo do condicionamento através do qual o Estado nos molda para seu uso e que permite que ele se conserve" (Alexandre Matheron, *Individu et communauté chez Spinoza* [*Indivíduo e comunidade em Espinosa*]. Paris: Minuit, 1969, p. 349).

138. Ver em particular a primeira parte do *Discurso sobre as ciências e as artes*: "[...] incessantemente a polidez impõe, o decoro ordena; incessantemente seguem-se os usos e nunca o próprio gênio" (Jean-Jacques Rousseau, *Discurso sobre as ciências e as artes*. *In*: *Os pensadores*, vol. XXIV. Trad. de L.S. Machado. São Paulo: Abril Cultural, 1973, p. 344 [*Discours sur les sciences et les arts*, 1750]).

139. P. Bourdieu, *A ontologia política de Martin Heidegger*, *op. cit.*

enxergar que ele trata do nazismo transformado, supõe uma competência específica formidável: é preciso ter lido Kant, Heráclito, é preciso uma competência específica formidável. Esse decoro que permite dizer qualquer coisa de forma decorosa, escapar das censuras, é o eufemismo: a arte de falar conforme aquilo que o grupo exige. O grupo sempre reconhece quando usamos o decoro: a carne é fraca, mas, com o decoro, concedemos que fazemos tudo o que podemos para estar nas normas, para nos pôr em regra. Demonstramos gratidão em oposição à atitude que consiste em quebrar o jogo e que é a pior das atitudes, sobretudo quando é feita por alguém que vemos que poderia ser decoroso, mas que se recusa... Reencontramos a profecia, que tem como propriedade, segundo Max Weber, exatamente ser extraordinária e ao mesmo tempo quebrar o jogo ao romper com o decoro legítimo que o sacerdócio conserva[140].

Essa oposição entre o decoroso, o não formado, o objetivado, o codificado e o regular sem decoro se encontra em todo espaço social: nas sociedades pré-capitalistas ou nas sociedades como as nossas, e, nas sociedades como as nossas, ela também se encontra dentro de todos os espaços, desde os mais codificados – como o mundo do direito, por exemplo – até os menos codificados, como o campo intelectual.

A posição espontaneísta e a posição continuísta

Essa oposição é muito importante na medida em que corresponde a duas maneiras de ordenar o mundo social. São dois princípios de ordem absolutamente diferentes e me parece que, para fazermos a sociologia comparada dos tipos de sociedade – o que fazemos constantemente sem saber na vida cotidiana e que os sociólogos fazem quase sempre de modo mais ou menos envergonhado –, o viés que assumirei não é o pior. Vou tentar comparar as diferentes sociedades em relação à sua maneira de garantir sua duração, de gerar sua relação com o tempo, sua relação com o futuro.

Vou fazer aqui, sem insistir muito, uma referência que parecerá absurda para vocês, mas que eu acho que funcionará para aqueles que têm a cultura correspondente. Poderíamos dizer, de certa forma, que muitas vezes se opõem duas visões

140. "Em virtude de seu sentido, toda profecia, ainda que em grau diverso, desvaloriza os elementos mágicos do sacerdócio organizado. [...] Por isso, há em toda parte tensões entre os profetas, seus adeptos leigos e os representantes da tradição sacerdotal" (M. Weber, *Economia e sociedade*, *op. cit.*, vol. 1, p. 313-314).

absolutamente antagônicas a propósito do mundo social: uma visão que chamei de espontaneísta, instantaneísta, descontinuísta do mundo social como local de uma emergência permanente, de um surgimento permanente, e uma visão que enxerga o mundo social mais como o local de uma constância, da reprodução etc. Para que vocês entendam, citarei uma frase de Durkheim em seu famoso curso *Montesquieu e Rousseau, precursores da sociologia*: "Segundo o ponto de vista de Hobbes, a ordem social é gerada por um ato de vontade e sustentada por um ato de vontade que deve ser constantemente renovado"[141]. Para Hobbes, então, segundo Durkheim, o mundo social é uma espécie de criação contínua. Há um nomóteta que cria, e a cada instante o mundo é recriado.

A analogia com a criação contínua cartesiana é, penso, absolutamente bem-fundamentada. Sobre Descartes, um comentarista célebre, Jean Wahl, disse: "A criação é contínua porque a duração não é"[142]; o Deus cartesiano precisa refazer o mundo a cada instante porque o mundo não tem em si mesmo sua energia, seu princípio de continuação. Leibniz, que criticou muito severamente a física e, ao mesmo tempo, a metafísica cartesiana, disse: "O que é esse mundo e o que é esse Deus que não é capaz de fazer o mundo de uma vez por todas?"[143]. Ele disse mais ou menos: "É como um artesão que deve recomeçar sem parar, ele não soube colocar um motor, é um mundo sem motor"[144]. Sobre o movimento, Leibniz tem

141. Émile Durkheim, *Montesquieu e Rousseau*. Trad. de J. Vidili. São Paulo: Madras, 2008, p. 140 [*Montesquieu et Rousseau: précurseurs de la sociologie*. Paris: Rivière, 1953, p. 195-197].

142. Jean Wahl, *Du rôle de l'idée d'instant dans la philosophie de Descartes* [*Sobre o papel da ideia de instante na filosofia de Descartes*]. Paris: Vrin, 1953 [1920], p. 18.

143. Na *Teodiceia*, que escreveu em francês para um público relativamente amplo, Leibniz diz sobre o universo que "Deus regrou tudo isso antecipadamente de uma vez" (Gottfried Wilhelm Leibniz, *Ensaios de teodiceia sobre a bondade de Deus, a liberdade do homem e a origem do mal*. Trad. de W.S. Piauí & J.C. Silva. São Paulo: Estação Liberdade, 2017, § 9, p. 139 [*Essais de Théodicée sur la bonté de Dieu, la liberté de l'homme et l'origine du mal*, 1710]). Em uma discussão em latim sobre as teses de um cartesiano alemão, Johann Sturm, ele argumenta: "Assim, não basta dizer que Deus, ao criar as coisas no início, quis que em seu progresso elas se conformassem a uma lei certa, se se supuser que sua vontade seria tão ineficaz que as coisas não seriam afetadas por ela nem seria durável o efeito nelas produzido. Que Deus queira e, entretanto, ao querer, nada produza e nada mude, que aja sempre e nunca seja eficaz, e que não deixe *obra alguma terminada*, isso seguramente se choca com a noção de potência e de vontade divinas puras e absolutas" (Gottfried Wilhelm Leibniz, *Da natureza ela mesma*. Trad. de S. Kontic & L. Neto e Silva. *Cadernos Espinosanos*, n. 43, 2020, § 6, p. 543-545 [*Ipsa Natura*, 1698]).

144. "[Sturm] repele como mal-imputada a ele pelos adversários a opinião de que Deus move as coisas como o lenhador move o machado e o moleiro dirige o moinho, fechando as águas ou as desviando para a sua roda" (*ibid.*, § 5, p. 543).

uma frase muito bela que antecipa o que Bergson diz sobre a visão cinematográfica da duração[145]: "O *movimento* [...] é apenas a existência sucessiva da coisa movida em diversos lugares"[146]. O movimento é uma série de fotografias estáticas nas quais o lugar das coisas mudou: ela estava aqui, ela está aqui, e o movimento não passa de uma aparência produzida pelo sequenciamento de visões instantâneas.

No universo sociológico contemporâneo ou no mundo social há pessoas que falam a linguagem dessa visão instantaneísta na qual o mundo começa de alguma forma a cada instante. Por exemplo, as ideologias de maio de 68 eram espontaneamente espontaneístas: há essa ideia de que o mundo é alguma coisa que podemos fazer *ex nihilo*, que podemos retomar do zero. Contra essa visão há uma visão continuísta, encarnada na filosofia por Leibniz, segundo a qual o mundo social, e cada um dos subuniversos que chamo de campo, tem em si mesmo sua lei, uma lei inscrita e imanente. Essa *lex insita*, como dizia Leibniz, é ao mesmo tempo uma *vis insita*, quer dizer, [o campo] tem em si mesmo sua força, seu motor próprio e quando ele se transforma, é *motu proprio*: ele é constituído de maneira a engendrar seu próprio futuro e tem portanto uma espécie de *conatus* – é uma palavra que aparece tanto em Leibniz como em Espinosa –, ele tem seu elã em si mesmo: ele não vai a qualquer lugar, ele tem tendências. Vocês encontram essa linguagem da tendência em Weber. Sobre a Igreja, ele fala das "tendências próprias do corpo sacerdotal"[147]. O sociólogo, quando descreve um corpo – é algo diferente de um campo[148] –, como o corpo sacerdotal ou docente, deve captar essas leis imanentes, essa tendência a perseverar no ser, esse *conatus*, essa tendência a perpetuar sua posição que é constitutiva ou de um agente, ou de um grupo de agentes, ou de um corpo de agentes. A sociologia deve, portanto, descobrir essas tendências imanentes. Poderíamos continuar com essa analogia, mas simplesmente citarei Leibniz,

---

145. Ver, por exemplo, Henri Bergson, *A evolução criadora.* Trad. de B. Prado Neto. São Paulo: Martins Fontes, 2005, p. 43 [*L'Évolution créatrice.* Paris: PUF, 2001 (1907), p. 35].

146. G.W. Leibniz, *Da natureza ela mesma*, *op. cit.*, § 13, p. 561.

147. P. Bourdieu talvez pense numa passagem como "As três forças atuantes no círculo dos leigos são: 1) a profecia; 2) o tradicionalismo leigo; e 3) o intelectualismo leigo. Perante essas forças atuam as necessidades e tendências do 'exercício' sacerdotal, puramente como tal, como outra força, também essencialmente decisiva" (M. Weber, *Economia e sociedade*, *op. cit.*, vol. 1, p. 313).

148. Sobre a diferença entre corpo e campo, ver Pierre Bourdieu, "Effet de champ et effet de corps" ["Efeito de campo e efeito de corpo"], *Actes de la recherche en sciences sociales*, n. 59, 1985, p. 73. Mais tarde, Bourdieu tratará mais longamente dessa diferença em seu curso sobre Manet (*Manet: une révolution symbolique*, *op. cit.*).

que diz: "A força é a *lex insita*, a lei imanente, a impressão durável"[149]. A expressão "impressão durável" é significativa: é de alguma forma o traço durável - na visão obviamente teológica há um primeiro começo, enquanto na visão sociológica não há um primeiro começo –, uma espécie de necessidade inscrita que define ao mesmo tempo o mundo considerado no instante e também em sua pretensão de durar.

A passagem dos universos descontínuos aos universos contínuos

O fato de eu ter empregado uma referência filosófica pode fazer pensar que essas duas visões de mundo, que poderíamos chamar uma de mecanicista e instantaneísta, a outra de continuísta e dinamista, são dois tipos ideais ou dois modelos puros entre os quais a ciência social deveria decidir. Mas será que, dependendo das sociedades e dos subespaços dentro de cada sociedade, não encontramos de alguma maneira combinações dessas duas formas?

Num primeiro momento, eu gostaria de dizer que acho que podemos descrever, sem risco de cairmos num esquema evolucionista simplista, a passagem das sociedades pré-capitalistas às sociedades capitalistas de lógica imanente como uma passagem de universos do tipo cartesiano descontínuos a universos de tipo leibniziano contínuos. Da mesma maneira, podemos descrever a instituição de um campo e o processo de objetivação que a acompanha como tendendo a substituir os universos da descontinuidade pelos universos da continuidade nos quais as relações sociais tendem a se autoperpetuar sem intervenção permanente dos agentes sociais. Vou traduzir isso de maneira muito simples: as sociedades pré-capitalistas, ou pelo menos as do tipo da sociedade cabila que descrevi - remeto vocês mais uma vez a *O senso prático*[150] –, têm como propriedade exigir dos agentes sociais um trabalho permanente de sustentação das relações sociais. Essas são sociedades nas quais - como o Deus de Descartes que precisa refazer sua criação sem parar a cada instante - as relações sociais devem ser recomeçadas sem parar,

---

149. "Pois pergunto-me se aquela vontade ou decreto, ou, se preferires, a lei divina, uma vez produzida, atribui somente uma *denominação extrínseca* às coisas, ou se de fato confere alguma impressão criada que perdura nas próprias coisas, ou como aquilo que o eminente Schelhammer, egrégio não menos pelo juízo que pela experiência, chama de *lei inerente* [*lex insita*] (embora frequentemente não seja inteligida pelas criaturas nas quais ela inere), a partir da qual se seguiriam as ações e as paixões" (G.W. Leibniz, *Da natureza ela mesma*, *op. cit.*, § 5, p. 543).

150. Ver especialmente o livro I, capítulo 7, "O capital simbólico", em *O senso prático*, *op. cit.*, p. 187-202 [191-208].

não há relações permanentes a não ser que as sustentemos. O trabalho de constituição das relações sociais exige um investimento permanente.

Corrijo imediatamente a impressão de linearidade que posso passar: quanto mais vamos na direção das sociedades de alta acumulação objetivada, mais haverá locais institucionais autorreproduzidos, mas mesmo nas sociedades mais racionalizadas no sentido de Weber sempre permanecem zonas inteiras nas quais o trabalho de sustentação, de instituição e de restauração da instituição deve ser feito. Por exemplo, no universo econômico, se a objetivação, a formação das relações, a codificação das relações serão muito avançadas nas grandes sociedades de tipo capitalista, os modelos de tipo familiar ainda têm muita pregnância nas pequenas empresas que chamamos de "paternalistas" e onde as relações de trabalho só se perpetuam enquanto as duas partes as sustentam por meio de um monte de coisas que são consideradas não econômicas. É claro que um dos locais onde se perpetuam as relações do tipo pré-capitalista é na economia doméstica, que todos sabem se basear em todo um trabalho de sustentação, de atenções etc.

Portanto, apesar de não haver um esquema linear, a oposição ainda é verdadeira apesar de tudo. As relações nas sociedades pré-capitalistas exigem dos agentes sociais um trabalho de sustentação permanente; elas só podem ser constituídas e sustentadas mediante esse trabalho de invenção que tem como exemplo a troca de dádivas: a troca de dádivas se apresenta como uma forma de criação contínua, já que, a cada momento, as coisas podem acabar se uma das partes assim decidir, o que não quer dizer que ela não seja coagida pela série que foi instaurada[151]. Dar um presente a alguém é deixar essa pessoa sem escolha. O que quer que ela faça será uma resposta: se não retribuir, causará uma ofensa; se retribuir, escolherá continuar. Dito isso, a cada momento o jogo pode parar. Poderíamos descrever a mesma coisa a propósito das relações entre os patrões e os trabalhadores domésticos, e aqui há toda uma tradição de análise extremamente importante sobre a diferença entre o trabalhador doméstico e o agrícola. Num texto muito bonito, Max Weber mostra como a substituição do trabalhador doméstico pelo agrícola é uma mudança absolutamente capital do ponto de vista da fundação de uma economia racional com os trabalhadores formalmente livres etc.[152]. A economia fundamen-

151. *Ibid.*, capítulo 6, "A ação do tempo", p. 164-186 [167-189].

152. Max Weber, "Die Lage der Landarbeiter im ostelbischen Deutschland" ["A situação dos trabalhadores rurais na Alemanha a leste do Elba"], 1892.

tada na relação de trabalho doméstico se baseia exatamente nesse tipo de relação encantada, ao mesmo tempo charmosa e mistificada, que designamos, por exemplo, com a palavra "paternalismo": as relações econômicas só podem se perpetuar às custas de um trabalho simbólico destinado a mascarar a realidade das relações econômicas: transformar um salário em presente exige todo um trabalho. Basta refletir sobre os honorários dos médicos e as relações entre os médicos de família e as famílias burguesas, ou sobre as relações entre os médicos que não recebem honorários, o que dá muito trabalho para aqueles que receberam o serviço porque eles precisam inventar uma maneira honrada de pagar os honorários, quer dizer, uma maneira eufemizada.

Nas sociedades muito formalizadas as estruturas de tipo informal sempre existem, mas não têm o mesmo peso nem são dominantes. Já as sociedades pré-capitalistas não têm (ou têm de formas no máximo muito fracas) uma instituição jurídica constituída com um poder de coerção, de polícia, de prisão. Elas não têm mecanismos econômicos constituídos, nem para serviços como a construção de uma casa. Elas precisam então constantemente trabalhar para criar relações duráveis num universo onde não há nada para garanti-las. Existem contratos, mas são contratos de confiança muito complicados... Seria preciso voltarmos à noção de *fidēs* desenvolvida por Benveniste em *O vocabulário das instituições indo-europeias*[153]: são as economias da boa-fé e da *fidēs* ou da fidelidade. Assim como a economia doméstica, são economias da confiança em que tudo se baseia sobre aquilo que pode aparecer como a boa vontade das pessoas.

Como resultado, a questão fundamental que é saber como ter alguém duravelmente, ainda que se coloque para todas as sociedades, é resolvida de modo diferente. Uma maneira de ter alguém duravelmente é fazer com que ele precise de você, quer dizer, constituir relações de dependência que podem ser afetivas. A relação afetiva é um dos instrumentos sobre os quais se baseiam em grande parte a economia e a política domésticas. Resumindo, a sustentação desse tipo de relações supõe, da parte daquele que não tem outro meio de exercer duravelmente seu poder, um trabalho de sustentação que pode esgotar de alguma forma toda

---

153. Émile Benveniste, *O vocabulário das instituições indo-europeias*, vol. I: *Economia, parentesco, sociedade*; vol. II: *Poder, direito, religião*. Trad. de D. Bottmann. Campinas: Editora da Unicamp, 1995 [*Le Vocabulaire des institutions indo-européennes*, vol. I: *Économie, parenté, société*; vol. II: *Pouvoir, droit, religion*. Paris: Minuit, 1969], vol. I, p. 115-121. Para a noção de *fidēs*, P. Bourdieu desenvolverá essa análise em seu curso dos anos de 1985-1986 (aula de 24 de abril de 1986).

sua energia. Duby diz em algum lugar algo que me pareceu iluminado. Talvez eu esteja simplificando (sempre hesito em citar alguém porque sempre tenho medo de mutilá-lo, não é uma falta de respeito, é o contrário), mas acho que compreendi no que Duby disse que a saída do feudalismo pressupunha que um certo número de pessoas fosse liberado do trabalho exigido para a sustentação de um capital simbólico[154]. Enquanto tivermos que gastar tanta energia e ter tanto gênio de invenção para sustentar relações tão complicadas, não teremos muitas reservas para investir economicamente. A sustentação das relações econômicas duráveis é muito cara: essas relações – entre o patrão e o meeiro, entre o ferreiro e o camponês etc. – são muito complicadas e exigem muito trabalho, eufemismos, desconhecimento, reconhecimento, transformação da dívida no sentido econômico em dívida moral... Sobre esse ponto, vocês podem reler Benveniste: todo o vocabulário das instituições indo-europeias é um vocabulário ambíguo porque ele se relaciona com uma economia pré-capitalista na qual todos os meios de ter os outros são, como diríamos hoje, morais, ou seja, na qual só obtemos as coisas por meio da moral, do reconhecimento, do sentimento. As palavras como *fidēs*, *pretium* etc., que se tornaram palavras econômicas, no começo estavam sobrecarregadas de conotações afetivas, éticas etc.

As formalizações permitirão claramente uma economia de energia: essas estruturas ambíguas são formidavelmente custosas e substituir a relação de *philos*, como descreve Benveniste, por um contrato de associação simplifica muito a vida. Uma das funções da passagem da regularidade com base na confiança ou nas disposições éticas para a regra, quer dizer, a regularidade com base no direito, é permitir uma economia considerável de tempo e de energia e instaurar relações no fundo muito mais unívocas e muito menos equívocas. Seria preciso retomar tudo isso em detalhes, mas paro por aqui [pela primeira hora da aula].

Segunda hora (seminário): A parada de sucessos dos intelectuais (4)

Eu recebi, durante o intervalo, três boas perguntas que me parecem importantes, mas [...] para não improvisar uma resposta, voltarei a elas na próxima aula. Nesta segunda hora eu queria retomar a análise que fiz na última aula para

154. Quase certamente se trata do livro de Georges Duby, *As três ordens ou o imaginário do feudalismo*. Trad. de M.H.C. Dias. Lisboa: Estampa, 1982 [*Les Trois Ordres ou l'Imaginaire du féodalisme*. Paris: Gallimard, 1972].

concluir o que disse e prolongar uma análise de Kafka que também esbocei. Eu estava no ponto em que descrevia os fundamentos de uma sociologia da percepção social ao distinguir aquilo que deve ser levado em conta do lado do objeto, por uma parte, e do lado do sujeito que percebe, pela outra. Eu lembrei que, do lado do objeto, tratando-se do exemplo dos intelectuais, havia propriedades características dos objetos a ver, ou seja, a propensão a se fazer ver e se fazer ver bem. Além do mais – e isso vale mais quanto mais estamos em universos institucionalizados e codificados, para retomar o que eu dizia agora há pouco –, os indivíduos são portadores de marcas institucionais: marcas de vestimentas (o turbante verde para mostrar que foram a Meca, bigodes para mostrar que eles são homens de honra em oposição às mulheres, os trajes etc.) ou títulos (em muitas sociedades, esse é simplesmente o nome próprio que sempre é um nome de família, quer dizer, o indicador de um capital simbólico possuído a título coletivo).

No caso dos intelectuais, há coisas que fazem pensar nas sociedades pré-capitalistas, em particular o papel determinante do capital simbólico, que é um capital muito frágil. Os cabilas dizem que "a honra é uma semente de nabo" e poderíamos dizer que, da mesma maneira, a reputação intelectual é muito frágil – "ela rola como uma semente de nabo, é pequena, redonda, rola e escapa entre os dedos". A reputação, a celebridade etc. são coisas muito frágeis, muito pouco codificadas, muito pouco objetivadas. É preciso sustentá-las, e quando aquilo que está em jogo é uma reputação de intelectual que, levando em conta a definição histórica do intelectual, implica uma dimensão política, é preciso manter relações com os jornalistas. Encontramo-nos numa estrutura de tipo pré-capitalista: trata-se de sustentar duravelmente relações, transformá-las em relações encantadas. As sociedades pré-capitalistas sabem muito bem que é preciso sustentar as relações *o tempo todo* para se servir delas *de vez em quando* porque as relações não sustentadas não podem servir: se as restauramos no momento em que precisamos, elas se revelam como interessadas e, portanto, não funcionam como relações. Essas coisas absolutamente simples são importantes. Uma relação por contrato é terrivelmente simples. Sabemos que será preciso pagar no final do prazo, e se precisarmos cancelar o contrato antes, será preciso pagar uma multa: tudo está previsto, isso é sem história. As relações do tipo que precisam ser sustentadas são muito mais custosas: é preciso improvisar o tempo todo, inventar a cada momento, acidentes sempre são possíveis etc.

Volto às marcas. Os intelectuais são produtos marcados, mas as próprias marcas são discutíveis. Vocês podem pensar no papel da Academia, que é uma das marcas mais antigas, mais verificadas, mas que, até certo ponto, desacredita em vez de creditar. Entretanto, isso varia com o tempo: há um certo número de acadêmicos na lista que eu li para vocês daquela vez, mas, se refletirmos sobre isso, teria sido impensável ter acadêmicos numa lista de intelectuais há 15 anos. Por que isso é possível hoje em dia? Eu acho que existem fenômenos de marcação, de rotulação, como dizem os sociólogos americanos[155]: os produtos culturais têm uma etiqueta particular. É uma propriedade desse campo ser fracamente institucionalizado, pouco codificado. Não há um jurista, nenhuma instituição verdadeiramente dotada, tirando a instituição muito importante, mas que não é visível, que é o sistema escolar: esse sistema – mais outra analogia com a Igreja (o pensamento analógico de campo a campo é absolutamente fundamentado já que se trata de pensar de estrutura a estrutura, de buscar as homologias) – permanece detentor do poder de canonização, mesmo que seja um poder que só é exercido *post mortem*. É muito interessante observar que, como vocês sabem, o direito [francês] proíbe escolher como assunto de teses alguém que ainda esteja vivo: existem muito poucas regras jurídicas na vida intelectual e universitária, mas essa é uma delas... isso mereceria uma análise para saber quando ela foi formulada, por que, com qual sentido etc.

Dito isso, essa regra marca uma ruptura entre o processo de canonização *post mortem* por meio do sistema escolar e o processo de canonização em vida dos autores, que é abandonado a jogos muito mais confusos, difusos etc. Daí a pergunta: Em que medida a canonização antecipada, da qual a lista de vencedores que mencionei no outro dia é um momento, prefigura ou pré-molda a canonização que será exercida pelo sistema escolar? A resposta a essa pergunta supõe uma pesquisa histórica. Ela não será a mesma dependendo das épocas consideradas, mas a pergunta em si é trans-histórica: ela pode ser feita a propósito de qualquer campo. As

---

155. Referência à "*labeling theory*" (às vezes chamada de "teoria do etiquetamento"), que foi desenvolvida no quadro da sociologia interacionista e que enfatiza aquilo que o comportamento dos indivíduos deve à identidade que lhes é designada por outras pessoas. Duas aplicações célebres dessa teoria são de Erving Goffman (ao menos em *Estigma: notas sobre a manipulação da identidade deteriorada*. Trad. de M.B. Nunes. Rio de Janeiro: LTC, 1988 [*Stigma: notes on the management of spoiled identity*. Nova Jersey: Prentice-Hall, 1963]; e *Manicômios, prisões e conventos*. Trad. de D.M. Leite. São Paulo: Perspectiva, 1996 [*Asylums*. Nova York: Anchor, 1961]) e de Howard Becker (*Outsiders: estudos de sociologia do desvio*. Trad. de M.L. Borges. Rio de Janeiro: Jorge Zahar, 2008 [*Outsiders: studies in the sociology of deviance*. Nova York: Free Press, 1963]).

relações entre o campo intelectual e o campo universitário são centrais. A pergunta precisa que encontremos indicadores, por exemplo o número de universitários numa lista de vencedores estabelecida por jornalistas-universitários. Poderíamos ir ver os programas de todos os cursos da França e observar a parte dos cursos dedicadas a autores vivos: ela provavelmente varia consideravelmente dependendo da época. Temos aqui uma questão sobre a qual seria preciso refletir... Isto posto, há poucas instâncias legítimas para legitimar, dotadas de maneira indiscutível do poder legítimo de legitimar, e essas próprias instâncias são passíveis de críticas: a Academia Francesa, a Academia Goncourt e o Prêmio Goncourt desacreditam mais do que creditam (isso depende de para quem...).

Esse universo da economia fiduciária está baseado numa economia da crença. É preciso especificar isso para corrigir um esquema evolucionista que alguns de vocês podem ter em mente. É evidente que se as economias pré-capitalistas se baseiam na *fidēs* e na crença em todas as suas dimensões, incluindo as mais econômicas, as economias mais formalizadas ainda têm uma grande parte de crença. Entre os economistas, algumas novas correntes finalmente percebem que a economia se baseia na crença, na confiança etc.[156] (Com muita frequência, os economistas redescobrem com grande estardalhaço coisas que eles "escotomizaram" para poder constituir seu objeto – o que não simplifica as relações com a sociologia...) As economias mais avançadas no sentido da objetivação, da formalização etc. ainda têm fundamentações do tipo *fidēs*: por exemplo, o contrato de trabalho não deve tanto, nem da mesma maneira, à *fidēs* do que a relação entre o trabalhador doméstico e seu mestre, mas ele deve muito mais à *fidēs* do que normalmente acreditamos. Descobrimos isso, por exemplo, quando toda uma geração passa a instaurar uma relação ao trabalho sem precedentes. Falamos então de "alergia ao trabalho"[157] como se isso fosse uma doença: acontece simplesmente que, como num certo momento as condições sociais de produção e de reprodução da relação com o trabalho exigidas tacitamente pela economia – e exigidas tão tacitamente que ela não se dá conta delas em sua teoria – não são cumpridas, todo um aspecto

156. Kenneth Arrow muitas vezes é considerado aquele que introduz, no final da década de 1960 e começo da década de 1970, o tema da confiança na economia. Ele insiste na importância da confiança nas relações hierárquicas e nas trocas econômicas. Segundo uma frase muito citada, "a confiança é uma instituição invisível que rege o desenvolvimento econômico" (Kenneth Arrow, *The limits of organization* [*Os limites da organização*]. Nova York: Norton, 1974).

157. P. Bourdieu menciona o desencanto em relação ao trabalho que se observa a partir das décadas de 1960 e 1970 em *A distinção*, *op. cit.*, especialmente p. 136 e p. 138 [161, 164].

da economia não pode mais funcionar. Percebemos que, no contrato de trabalho, assim como em todo contrato, nem tudo é contratual, seguindo a frase de Durkheim[158], há o implícito, o não dito etc.

A margem de liberdade da ação simbólica

Volto às propriedades que predispõem o escritor a ser percebido. Há, portanto, o fato de ele ser mais ou menos marcado pelas marcas institucionais. O pertencimento a esta ou àquela instituição universitária desempenha um papel muito importante na percepção, assim como o pertencimento a esta ou àquela editora. Há uma espécie de pré-construção do livro que é lido através da capa, através daquilo que a capa significa como um signo num espaço de signos. Há também o nome próprio do autor, sua imagem em função de seus escritos anteriores ou do que se sabe sobre eles etc. Jamais há uma leitura ingênua, mesmo da parte dos leitores nas editoras: ninguém nunca lê um manuscrito sem uma carta anterior. As pesquisas com os editores mostram que um livro nunca chega sozinho, e sim muitas vezes por meio de um autor da editora[159], e, além disso, quando isso acontece ele é escolhido em função de uma representação pré-construída do editor. É novamente o efeito de capa que faz com que o manuscrito chegue para esse editor. O livro já está pré-construído para o editor: não enviamos nosso manuscrito para qualquer um (não vamos enviar para [a editora] Stock um romance pós-moderno). Há, portanto, uma espécie de pré-construção da percepção do lado do objeto.

Do lado dos jornalistas, relembro muito rapidamente certo número de princípios de estruturação de sua percepção. Eu indiquei sua posição no espaço do campo de produção em seu conjunto: em particular, a posição ambígua, *metaxu*, dos

158. "Mas não é apenas fora das relações contratuais, é sobre o jogo dessas mesmas relações que a ação social se faz sentir. Pois nem tudo é contratual no contrato. Os únicos compromissos que merecem esse nome são os que foram desejados pelos indivíduos e que não têm outra origem além dessa livre-vontade. Inversamente, toda obrigação que não foi mutuamente consentida nada tem de contratual. Ora, onde quer que o contrato exista, é submetido a uma regulamentação que é obra da sociedade e não dos particulares, e que se torna cada vez mais volumosa e mais complicada" (É. Durkheim, *Da divisão do trabalho social*, *op. cit.*, p. 197-198 [189]).

159. P. Bourdieu e outros pesquisadores do Centro de Sociologia Europeia trabalharam com a edição na década de 1960. P. Bourdieu retomará posteriormente esses pontos num artigo chamado "Uma revolução conservadora na edição" (Trad. de L.S. Salgado & J.S. Muniz Jr., *Política & Sociedade*, vol. 17, n. 39, 2018, p. 198-249 ["Une révolution conservatrice dans l'édition", *Actes de la recherche en sciences sociales*, n. 126-129, 1999, p. 3-26]).

jornalistas culturais que os leva a uma percepção ambígua e que faz com que eles tenham interesse na *allodoxia*, no equívoco. Mas eu indiquei também que a propensão ao equívoco permite produzir um efeito de consagração por contato. Assim como falamos de "contaminação por contato" nas sociedades primitivas (duas coisas que se tocam se contaminam magicamente), há uma consagração por contato: colocar um autor pequeno ao lado de um grande – é o efeito do prefácio – consagra simbolicamente o pequeno através do grande. Em consequência, ao se justapor numa lista coisas separadas, nós as assimilamos, e como nós nos assimilamos ao pequeno, nós nos assimilamos ao grande ao assimilar o pequeno ao grande.

Esses procedimentos absolutamente inconscientes atuam muito na propensão a produzir essas listas que, do ponto de vista de alguém que tenha as categorias de percepção bem constituídas, ou seja, segundo as estruturas reais da distribuição do capital simbólico, exibem distribuições que parecem misturadas, bárbaras. Essas listas que misturam o joio com o trigo podem ser o produto de uma série de motivações mais ou menos inconscientes, entre as quais a propensão à *allodoxia*, mas isso tem limites. Com efeito, podemos pensar que se os jornalistas se soltassem de vez – além do mais, podemos ter uma ideia disso, porque dependendo de onde escrevem, são mais ou menos censurados, expressam mais ou menos sua "lista de coração" –, o efeito de consagração nem sequer se exerceria, a lista enfocaria seus pares. Eis aqui uma propriedade social evidente: tendemos a amar aquilo com que nos identificamos. Eles tenderiam então a ir até a consagração total de seus pares. Não darei nenhum exemplo, mas se isso divertir vocês, basta seguir a questão sobre a qual já dei alguns elementos... Se eles fossem até o fim, só haveria pessoas como eles em suas listas.

O que os impede é que eles ocupam nesse campo uma posição dominada culturalmente e dominante do ponto de vista temporal, mediante o poder que dá o poder sobre os jornais. Mas o poder temporal que eles detêm se aniquilaria completamente se eles não mantivessem um certo poder cultural, se eles não mantivessem pelo menos algumas aparências. Em outras palavras, para que o poder cultural se exerça como poder simbólico, ou seja, como poder desconhecido e, portanto, reconhecido, é preciso que seus juízos tenham a aparência de legitimidade. Ao ir longe demais no sentido de suas pulsões sociais, eles perderiam o benefício de seus atos de consagração. Essa é uma das razões dessas misturas bizarras de Dumézil com Bernard-Henri Lévy. Uma outra razão é que para afirmar seu pertencimento ao campo é preciso afirmar o reconhecimento das pessoas reconhecidas na região dominante do campo no qual ocupamos uma posição culturalmente dominada.

Isso leva a uma propriedade muito importante da ação simbólica: ela sempre tem uma margem de liberdade em relação às ações reais. A ação simbólica tem como objetivo transformar os princípios de visão e de divisão do mundo social. Ela é sempre no fundo uma ação sobre a percepção e sobre as categorias de percepção. Para ser eficaz, ela deve transigir com as categorias de percepção que quer transformar: não podemos dizer que é noite em plena luz do dia. É apenas na hora em que todos os gatos são pardos que podemos dizer: "Isso é preto, isso é branco". Como consequência, quanto mais as estruturas objetivas de um espaço social são vagas, mais o poder simbólico poderá se exercer. Isso explica, entre outras coisas que os antropólogos, etnólogos e sociólogos de todas as épocas notaram, que a profecia, uma das formas mais extraordinárias da ação sobre as categorias de percepção, floresça nos períodos de crise quando exatamente vacilam as estruturas do mundo social. Basta pensar, para aqueles que o viveram, em maio de 1968[160]: são períodos nos quais todos os futuros parecem possíveis. Esses efeitos de continuação correta que mencionei de manhã e que fazem parte do inconsciente de nossa relação ordinária com o mundo social, esse sentimento de que as coisas tendem a perseverar no ser, que há carreiras, futuros prováveis, que nem tudo é possível, que não estamos num universo de jogo em que a cada instante tudo vai mudar etc., tudo isso balança nos períodos de crise. Temos bruscamente a impressão de que um monte de possíveis aparecem. Esse é o terreno favorável à intervenção profética. No momento em que não sabemos mais o que vai acontecer, em que não enxergamos bem, como se diz, o que vai chegar, o profeta intervém. É o poeta nas sociedades pré-capitalistas. Nas sociedades como as nossas, surge o político. Não é de modo nenhum um político ordinário, é Cohn-Bendit[161], é aquele que fala quando todos estão mudos, aquele que ainda consegue dizer alguma coisa quando todo mundo está num estado de estupefação. Eu acho que a sociologia da percepção leva a uma sociologia do poder de percepção, portanto a uma sociologia política que creio ser, em grande parte, uma sociologia do poder sobre o

160. Em suas análises de maio de 1968 no campo universitário, P. Bourdieu menciona a ruptura da relação dóxica com o mundo social que ocasiona a crise. Ver *Homo academicus, op. cit.*

161. Daniel Cohn-Bendit (1945-) foi um dos líderes estudantis de maio de 1968 e depois se tornou membro do Partido Verde na Alemanha na época em que P. Bourdieu deu estas aulas. Na década de 1990, foi eleito várias vezes membro do Parlamento da União Europeia [N.T.].

enxergar, sobre os instrumentos de visão, os princípios de visão, os princípios de divisão do mundo social.

O efeito de duplicação do poder simbólico

Esse poder sobre os princípios de visão e de divisão não pode se exercer no vazio. Aqui também, produzirei uma oposição um pouco simplista, mas para superá-la. Poderíamos dizer que há uma visão marxista clássica do político como parteiro: existem as estruturas e o político consciente dá à luz essas estruturas ao falar sobre elas – é a "tomada de consciência". A teoria das classes é o fato de dizer que existem classes na realidade que descubro. É, em última instância, uma teoria heideggeriana da verdade: eu sou aquele que descobre as estruturas preexistentes e que as faço existir[162]. Ao descobri-las, eu produzo o efeito de objetivação e de explicitação sobre o qual falei há pouco, mas esse efeito não é mais do que um efeito de duplicação das estruturas preexistentes. A posição oposta – que invento um pouco, mas não completamente... – consistiria numa espécie de subjetivismo radical e espontaneísta: eu não digo o que existe, mas eu digo e ele existe. Eu produzo, faço surgir o que existe ao dizê-lo. É a ação política como ação mágica que diz "existem classes", "existe uma classe", "existe esta classe", ou então que, por meio da manifestação, manifesta – "manifestação" é uma palavra formidável – que existe uma classe e que ao mesmo tempo a faz existir, a torna manifesta. Isso leva a uma teoria completamente subjetivista do mundo social segundo a qual só existe a classe enquanto as pessoas acreditarem que existe, consigam fazer acreditar que existe, consigam ser reconhecidas como acreditáveis quando dizem que existe ou, o que é ainda mais forte, quando dizem que *são* a classe.

A verdade não é o compromisso, mas eu postulei essas posições polares porque elas muitas vezes correspondem a posições políticas – essa é mais uma das dificuldades da sociologia. Como resultado, elas se tornam estruturas mentais incorporadas, completamente inconscientes, que continuam a funcionar no trabalho científico. É por essa razão que é preciso expulsá-las. Assim como os curandeiros expulsam o mal, eu acabo de expulsá-las sem caricaturá-las demais (eu diria até que as deixei com uma boa aparência, porque elas são mais feiosas do que isso... [*risos na sala*] enquanto esta manhã, quando constituí as duas oposições

162. P. Bourdieu, "Espaço social e gênese das classes", *art. cit.*

sobre o tempo, eu caricaturei um pouco...). Essas duas oposições mascaram um problema capital: dentro de quais limites esse poder sobre a percepção pode se exercer? Dentro de quais limites reais podemos dizer qualquer coisa, fazer qualquer coisa ao dizê-lo? Quais são os limites do poder simbólico? Será que ele é um poder absoluto?

Poderíamos dizer, e isso é muito interessante, que o poder simbólico mais extraordinário consiste em dizer aquilo que existe, e isso muda tudo. Há assim um poema de Ponge, *Natare piscem doces*: "Você ensina os peixes a nadar"[163]. Muitas ações sociais, especialmente escolares, consistem em ensinar os peixes a nadar: ensinamos coisas que apenas aqueles que já as sabem aprendem, depois consagramos aqueles que parecem aprender como tendo aprendido. O efeito de consagração é um efeito formidável e muito importante: dizer que a Igreja Católica *consagra* a família cristã, isso não é insignificante. Os sociólogos se perguntam se é a Igreja Católica que sustenta a família católica ou se é a família católica que sustenta a Igreja Católica[164]. Eu poderia dar a vocês uma bibliografia de mil títulos. Muita literatura empírica tenta dissociar as causas dos efeitos, mas estamos na presença de um efeito de consagração que consiste exatamente em não parecer ser nada. Vocês podem procurar onde quiserem e jamais conseguirão isolar o efeito de consagração do efeito preliminar e, obviamente, o efeito de consagração se exerce melhor quanto mais dizemos aquilo que aconteceria de qualquer maneira. É como em *Jean-Christophe*[165]: o garoto quer acreditar que é onipotente e diz para as nuvens "vá para a direita" quando elas vão para a direita e "vá para a esquerda" quando elas vão para a esquerda. Uma parte da ação política é desse tipo. Um grande político – aliás, especialmente de direita – é aquele que diz: "Eu digo o que é". Ele pode fazer crer que é a causa eficiente de uma coisa sobre a qual ele vai exercer uma eficácia simbólica que não é nula e que é muito difícil de definir – como

163. Francis Ponge, "Natare piscem doces" (1924), *Proêmes*, vol. I. Paris: Gallimard, 1965, p. 148.

164. Para complementos, ver P. Bourdieu; M. Saint Martin, "La sainte famille", *art. cit.*, esp. p. 44.

165. "Ele também era um mágico. Andava a passos largos nos campos, olhando para o céu e agitando os braços. Ele dava ordens às nuvens: 'Quero que vocês vão para a direita'. – Mas elas iam para a esquerda. Então ele as xingava, e repetia a ordem. Ele as vigiava de canto de olho, com o coração acelerado, vendo se não haveria pelo menos uma pequenininha que obedecesse; mas elas continuavam a deslizar tranquilamente para a esquerda. Então ele batia os pés, ameaçava-as com seu bastão, e, colérico, ordenava que fossem para a esquerda: e, com efeito, dessa vez elas obedeciam perfeitamente. Ele ficava feliz e orgulhoso de seu poder" (Romain Rolland, *Jean-Christophe*. Paris: Albin Michel, 2007 [1904-1912], p. 34).

vocês podem ver, estou hesitando, não sei bem como defini-la, mas nomeá-la já é alguma coisa.

Muitas ações sociais, em particular os ritos de instituição, são desse tipo: chamo de "ritos de instituição" esse gênero de ritos de passagem[166]. Eles consistem em dizer a um rapaz que ele é um rapaz e isso muda tudo, porque o rapaz acredita que é um rapaz, porque as garotas acreditam que ele é um rapaz, e assim por diante. Essa é toda uma moral. Depois, é um trabalho enorme estar à altura da definição constituída socialmente. Quando dizemos: "Você é um normaliano", "Você é um politécnico", "Você é um idiota", "Você é um fracote", "Você é um analfabeto", esses são atos simbólicos puramente simbólicos de duplicação nas quais o problema que acabo de formular não se formula já que digo: "Ensino os peixes a nadar". Mas é preciso se interrogar sobre o interesse da ação simbólica e se perguntar quem tem interesse nela: vemos bem que são interesses de conservação. Se achamos que o mundo está muito bem do jeito que está, mais vale se dar a impressão de ter desejado isso; ele fica ainda melhor porque é desejado.

A especificidade da ação simbólica

Mas o problema da ação simbólica se coloca de maneira dramática quando queremos ir contra ela: quais margens de liberdade temos nesse caso em que podemos tentar medir a eficácia específica do simbólico quando se trata de produzir um efeito diferente? Eu comecei (isso é muito difícil de comunicar) pelo menos evidente porque a ação simbólica do tipo que nomeei é a mais difícil de enxergar. Ela passa despercebida por definição já que duplica aquilo que existiria de qualquer maneira. Podemos acreditar que ela não serve para nada, mas isso é completamente falso. Uma evidência disso é essa literatura imensa sobre a família católica e a Igreja: o familismo é o responsável pelo tamanho da família ou é o contrário? O segundo caso é muito mais fácil: o problema aparece com muito mais facilidade, mas a medição empírica e a descrição dos limites não são fáceis.

Eu acho que a ação política visa transformar o mundo social ao transformar a percepção do mundo social que é constitutiva desse mundo na medida em que, por um lado, uma grande parte desse mundo é o mundo da percepção objetivada – à imagem do direito – e que, pelo outro lado, os agentes agem nesse mundo em

166. P. Bourdieu, "Os ritos de instituição", *art. cit.*

função da percepção que têm dele. Um dos únicos recursos que temos quando queremos mudar o mundo social em vez de conservá-lo – hoje de manhã eu me situei na lógica da conservação – é aquele que consiste em tentar transformar a percepção. Como fazer para transformar a percepção objetivada, canonizada, consagrada – o direito é assim uma vista direita, ortodoxia, uma visão direita – e a visão incorporada, ou seja, os princípios de visão, as categorias de percepção? Digo coisas muito gerais, mas elas se ilustram perfeitamente no caso minúsculo que tomei como pretexto.

É certo que, se podemos tentar dizer qualquer coisa, a probabilidade dessa qualquer coisa ser ouvida variará dependendo do estado do mundo social. Se estamos num campo de tipo leibniziano em que a propensão à reprodução é muito forte e as tendências imanentes são sentidas com muita força, sabemos no que nos agarrarmos para o futuro e dizer qualquer coisa é loucura. Essa qualquer coisa tem mais chances de ser ouvida nas situações de crise de uma ordem desse tipo ou numa sociedade em que encontra estruturas sociais menos autorreprodutivas, menos estáveis. Isso me parece esclarecer muitas coisas, mesmo que eu diga demais ou muito pouco porque esse não é meu objeto principal. No caso da ordem normal, podemos pensar no problema colocado por Kuhn para um universo científico[167]: O que é uma revolução científica? Se você disser qualquer coisa, será queimado. Isso aconteceu na história. Há até descobertas que não foram percebidas como tais e que se descobriu serem descobertas 150 anos depois. Isso quer dizer que aqueles que as fizeram passaram [por] loucos ou que ela passou despercebida: não havia categorias de percepção para percebê-la.

A probabilidade de sucesso de uma ação propriamente política de transformação das categorias de percepção depende de um monte de variáveis objetivas mas, em todo caso, o transformador das visões e das formas de percepção objetivadas (por exemplo, aquele que, como o poeta em certas sociedades, diz que é preciso fazer a paz quando as pessoas estão se estraçalhando), aquele que muda a visão e a ação ao mudar a visão, deve realizar uma espécie de ótimo: ele deve se servir daquilo que combate para combatê-lo, e portanto deve conhecê-lo. É por isso que os grandes transformadores são mestres: a transformação supõe uma

167. Thomas S. Kuhn, *A revolução copernicana*. Lisboa: Edições 70, 2002. Trad. de M.C. Fontes [*The Copernican Revolution*. Harvard: Harvard University Press, 1957]; *A estrutura das revoluções científicas*. São Paulo: Perspectiva, 1998. Trad. de B.V. Boeira & N. Boeira [*The structure of scientific revolutions*. Chicago: University of Chicago Press, 1962].

maestria daquilo que buscamos transformar. Por exemplo, na negociação numa sociedade pré-capitalista, o papel do transformador será de se servir das estruturas que engendram aquilo que ele quer combater para combater aquilo que ele quer combater: ele vai se servir da questão de honra para regulamentar uma querela de honra, ele vai se servir dos valores da linhagem: "Você é um fulano, filho de fulano, filho de fulano, filho de fulano, todos sabemos disso, e é em nome disso que o interpelo: você é grande o bastante para poder se permitir o que pareceria desonra para outra pessoa". Vocês verão que esses são modelos muito gerais. Se eu disser que Isidore Isou[168] é o maior poeta contemporâneo, isso é muito difícil de fazer admitir: isso mostra que não estou por dentro, ou então que sou muito paradoxal, mas isso dependerá de minha posição nas próprias estruturas que quero transformar. Essa é uma outra lei: quanto mais alto estou nas estruturas, mais posso transformá-las, mas... menos tenho vontade! [*risos*]. Isso não é um gracejo, e sim uma lei a ser verificada, e esse é o paradoxo do campo científico: para fazer uma grande revolução científica hoje em dia é preciso ter muito capital científico[169]. Em outras palavras, a revolução tende a ser o monopólio dos capitalistas: ela não está ao alcance de qualquer pessoa. Essa é uma das propriedades dos campos altamente objetivados e altamente formalizados.

No caso [da lista de vencedores dos intelectuais] que tenho diante de mim, o problema é saber se tenho crédito o suficiente para transformar a estrutura da distribuição do crédito. Se ajo em pleno desconhecimento de causa, quer dizer, sem conhecer essa estrutura da distribuição do crédito nem minha posição nessa estrutura – são duas coisas importantes –, posso dizer qualquer coisa que quiser, mas será ridículo. Em segundo lugar, se não conheço minha posição, não sei os limites dentro dos quais posso me desviar. Para jogar bem, um jornalista cultural deve saber seu estatuto; por exemplo, esse estatuto pode não ser baixo, mas pode permanecer mediano: sua autoridade só é reconhecida por aqueles que

168. Poeta e artista visual, criador do movimento vanguardista "Letrismo", inspirado pelo dadaísmo e caracterizado pela ênfase na fonética e nas palavras como onomatopeias [N.T.].

169. "A revolução científica não interessa aos mais desprovidos, mas aos que são, ao contrário, entre os novatos, os mais ricos cientificamente" (Pierre Bourdieu, "O campo científico". Trad. de P. Montero. *In*: *Pierre Bourdieu: Sociologia*, Renato Ortiz (org.). São Paulo: Ática, 1983, p. 143 ["Le champ scientifique", *Actes de la recherche en sciences sociales*, n. 2-3, 1976, p. 99)]. Em seus trabalhos sobre Flaubert e Manet, P. Bourdieu chamará a atenção para o mesmo fenômeno quando se trata das revoluções simbólicas nos campos literário e artístico (ver *As regras da arte*, *op. cit.* e *Manet: une révolution symbolique*, *op. cit.*).

não conhecem. Ele precisa ter uma espécie de visão realista que não é teórica. É isso que chamo de senso de posicionamento, segundo uma metáfora esportiva: o senso do posicionamento é aquele que faz com que você esteja no lugar em que a bola vai chegar, enquanto o mal ajustado está no lugar de onde a bola saiu, ou de onde ela parecia sair. O senso de posicionamento é o fato de saber onde estamos e conhecer as margens de liberdade, as tolerâncias ao desvio, o direito à heresia que essa posição tolera, o limiar entre "ele é maluco" e "ele é original". Trata-se aqui de coisas absolutamente fundamentais, quase da vida cotidiana. Esse senso de posicionamento dá então um certo número de limites. Ele também pressupõe um conhecimento da verdadeira estrutura da distribuição do capital simbólico: para saber onde estou na estrutura é preciso conhecer a estrutura, pelo menos na prática, e muitas vezes só conhecemos a estrutura quando sentimos nossa posição nela. Quando fazemos a teoria de um campo devemos construir o que chamamos de a "estrutura da distribuição do capital simbólico", e isso muitas vezes é um trabalho considerável: é preciso encontrar indicadores, calcular índices, somá-los, e o que produzimos é uma espécie de artefato que não existe para ninguém e que resulta de um trabalho de codificação do mesmo tipo feito pelos juristas[170]. Dito isso, essa estrutura não é apenas teórica e as pessoas têm uma espécie de domínio intuitivo dela: qualquer um que tenha uma boa intuição de seu lugar no campo, do que pode se permitir e não pode se permitir, como se diz, tem uma espécie de sentimento confuso do equivalente prático do conjunto da estrutura.

Seria certamente um erro monstruoso transformar esse equivalente prático em domínio teórico e, para fazer a ligação com o que eu dizia de manhã, colocar na cabeça das pessoas a construção teórica que somos obrigados a produzir por meio dos instrumentos da ciência como a estatística. A ação simbólica e a ação política devem seus limites ao domínio político da estrutura, da posição que ocupamos, da liberdade que podemos tomar com a estrutura, de seus pontos fracos, das pequenas margens, dos pontos vagos. A ligação entre o objetivo e o subjetivo que distingui pela necessidade da compreensão vai aparecer agora: uma empreitada de mistura como essa realizada por esta lista de vencedores só é possível se houver fundamentos *in rei*, *cum fundamento in re* [com fundamento nas coisas], como diziam os escolásticos. Isso é uma expressão durkheimiana

170. Sobre esses pontos, ver a introdução de *Homo academicus*, *op. cit.*, especialmente p. 27s. [17s.].

típica[171]: para que certas ações simbólicas sejam pensáveis e possíveis é preciso que elas tenham uma probabilidade objetiva de sucesso, que elas tenham um fundamento na realidade. Elas exercem um efeito de consagração ao acentuar ou reforçar alguma coisa que foi possibilitada pelas propriedades objetivas. Em consequência, se o campo intelectual francês não estivesse – no momento em questão, na década de 1980 – em tal relação com o campo do jornalismo de modo que o jornalismo tenha a possibilidade de se manifestar como julgador das obras intelectuais, eu acho que uma lista dessa não existiria. Se ela existe, é porque a chance objetiva lhe foi dada, o que não quer dizer que sua existência enquanto vontade simbólica não adicione nada a essa chance objetiva. É por isso que o famoso problema "se Napoleão não tivesse existido..." é ingênuo. Ele ainda ocupa com frequência as discussões históricas e o resolvemos dizendo "o copo meio cheio, meio vazio", esse tipo de bobagens do senso comum liquida os verdadeiros problemas. Esse problema muito concreto que é o problema de toda ação humana é simplesmente levado ao máximo pela ação política. A pretensão de transformar [a situação] por uma ação pressupõe uma apreciação inconsciente das chances e acho que a ambição de transformar [as coisas] está correlacionada às chances de sucesso da transformação – há outras variáveis do lado das disposições daquele que avalia a situação. O que não quer dizer [que essa ambição] não contribua para acelerar e reforçar [a transformação]; existe uma eficácia propriamente simbólica.

Podemos voltar ao problema das classes que formulei há pouco (eu o retomarei mais rigorosamente e de maneira mais didática): eu criei duas posições, uma espontaneísta, a outra determinista. O problema é da mesma ordem. Se você disser: "Patrões e trabalhadores de todos os países, vocês todos estão unidos, unam-se!", eu não sei se vocês conseguirão mobilizar muita gente... Sempre podemos dizer o que quisermos, mas as chances que o discurso sobre o mundo social tem de se tornar socialmente eficaz são proporcionais à sua objetividade, à natureza

171. Por exemplo: "Retomando [por sua conta] o velho adágio empírico *Nihil est in intelectu quod non ante fuerit in sensu* [Nada ocorre ao intelecto sem antes ter aparecido aos sentidos], ele [o filólogo alemão Max Müller] o aplica à religião e declara que nada pode haver na fé que não tenha estado antes nos sentidos. Temos aqui, pois, uma doutrina que parece escapar, dessa vez, à grave objeção que fazíamos ao animismo. Desse ponto de vista, com efeito, a religião parece dever necessariamente se apresentar, não como um vago e confuso devaneio, mas como um sistema de ideias e de práticas bem-fundamentadas na realidade" (É. Durkheim, *As formas elementares da vida religiosa*, *op. cit.*, p. 63 [103], tradução modificada).

da relação que ele trava com a objetividade sobre a qual quer agir, e o limite é o caso em que ele consagra; tenho 100% de sucesso se disser: "É preciso ser o que você é, seja você mesmo!" – isso não quer dizer que eu não faça nada... É muito diferente se eu disser: "Mude, faça uma *metanoia* radical, torne-se outra pessoa, morra e renasça!" As instituições totalitárias realizam uma ação social desse tipo: é a entrada no convento. Remeto vocês a *Manicômios, prisões e conventos*, de Goffman (1961), que é um livro absolutamente capital, um dos fundamentos da sociologia. As instituições totais, em certos casos, dizem: "Você deve mudar da cabeça aos pés", o que pressupõe condições completamente especiais: o campo de concentração, a caserna, o convento etc. A ação política – graças a Deus! – não pode reunir em todas as ocasiões essas condições muito especiais que pressupõem a produção de uma pessoa nova.

A previsão política

Entre os dois casos polares está a ação política. Ela é uma transação com o provável. Vemos isso muito bem no meu exemplinho. De certa maneira, descrevi as pulsões das pessoas a partir de uma descrição de sua posição. Mostrei aquilo que elas teriam vontade de enxergar e que teriam vontade de dizer. Mas há limites ao que elas podem dizer se quiserem ser eficazes e acreditáveis, o que é quase a mesma coisa: é preciso que elas conservem seu capital simbólico, o que consiste essencialmente para um jornalista em ser acreditável, ser considerado como digno de ser acreditado. Se eu digo qualquer coisa, perco meu crédito – eis uma palavra pré-capitalista e capitalista: "crédito". Se eles quiserem conservar seu crédito, há limites, como se diz. Esses são limites incorporados. Eles podem ser limites de tipo jurídico, mas apenas em certos casos, por exemplo quando há uma deontologia. Se decretamos regras que, por exemplo, enunciam que um jornalista não pode dizer que Lévi-Strauss e Bernard-Henri Lévy são a mesma coisa, isso muda tudo: o ato se torna a transgressão de uma regra. Mas num universo sem regras, os únicos limites são os limites incorporados. Eu insisti muito nesse tema porque o considero importante para além desse caso particular.

Darei apenas um exemplo que não desenvolverei porque seria longo demais: o estatuto particular da previsão na política[172]. Se vocês refletirem sobre isso, en-

172. Sobre a previsão na política, ver Pierre Bourdieu & Luc Boltanski, "La production de l'idéologie dominante" ["A produção da ideologia dominante"], *Actes de la recherche en sciences sociales*, 1976, n. 2, p. 3-73.

contrarão um monte de coisas: a previsão não tem de modo algum o mesmo estatuto na política e nas ciências. Isso não quer dizer que não exista previsão nas ciências sociais: podemos prever, mas a previsão nelas é um ato político mesmo quando se trata de uma previsão científica. Uma maneira de impor sua visão consiste em proferi-la como uma previsão. Se digo: "É certo que isso vai acontecer", é o efeito de *fatum*. Se digo: "É certo que fulano é o maior, é só esperar, você vai ver", já tenho as curvas que mostram que há uma inclinação ascendente. O efeito de previsão é uma jogada política e, nas sociedades em que existe a ciência social (ou, se quisermos ser muito modestos, a ideia da ciência social), a previsão se torna um objetivo absolutamente capital. A ciência social, queira ela ou não, é uma ciência política: as constatações mais constativas ("O capital cultural se dirige ao capital cultural" etc.) estão predispostas a funcionar como previsões (por exemplo, destinadas a desmobilizar: "Não há nada a fazer, já que essa é a lei"). Em todo caso, a previsão é uma das estratégias mais comuns. Acontece que há diferentes formas de previsão. Se, por exemplo, sou um político, posso dizer: "Prevejo que no primeiro de maio haverá uma manifestação na Bastilha" ou "A França será obrigada a sair da serpente monetária"[173], já que tenho o poder de fazer com que isso exista. Mas em nome de qual autoridade digo isso? Será que não contribuo a fazer com que a previsão se realize? Esse é um problema muito complicado, mas é, se quiserem, uma maneira de pensar corretamente o estatuto das ciências sociais. Popper disse coisas muito interessantes sobre isso[174], mas acho que podemos ir muito mais longe. Se isso agradar vocês, voltarei ao tema, mas hoje queria abordar muito rapidamente um último ponto.

Essas pessoas que conceberam a lista de vencedores dos intelectuais realizaram uma estratégia política – emprego a partir de agora a palavra "política" em um sentido muito amplo: é "política" qualquer ação que busque transformar as categorias de percepção etc. Elas realizaram essa ação política ao impor uma visão que contém um princípio de visão e impuseram essa visão sob a forma de uma

173. O exemplo remete aos debates que ocorriam na França desde 1982 sobre as escolhas de política econômica e monetária do governo socialista da época. O franco francês havia sofrido várias desvalorizações. Certos responsáveis políticos conclamavam que a França saísse do sistema monetário europeu (uma forma modificada da "serpente monetária europeia" estabelecida em 1972), mas essa opção será descartada alguns meses depois deste curso, com a chegada, no verão de 1984, do novo governo dirigido por Laurent Fabius.

174. Ver especialmente Karl Popper, *A miséria do historicismo*. Trad. de O.S. Mota & L. Hegenberg. São Paulo: Cultrix, 1980 [*The poverty of historicism*. Londres: Routledge, 1957].

lista, de uma classificação que implica um princípio de classificação – toda divisão implica um *principium divisionis*, como diziam os antigos.

(Faço um parêntese: entre os princípios mais sutis que elas impuseram está o princípio da mistura. Ao mesmo momento, toda uma epistemologia da mistura se desenvolve e se afirma. Ela é uma negação do corte entre a ciência e a não ciência, o cientista e o não cientista, a história histórica dos historiadores e a história de todo mundo. Além disso, aquele que desenvolve a epistemologia da mistura está muito bem posicionado na classificação em questão[175] – o que é algo para se refletir, não falo isso para fazer rir.)

Portanto, eles impuseram princípios de visão constituídos, uma lista, um código, nos dois sentidos: código linguístico e código jurídico – um código também é alguma coisa que permite discernir, separar, fazer diferenças entre os sons. Eles impuseram um código e exerceram essa força particular que os juristas chamam de *vis formae*[176]. É a força da forma. A forma exerce alguma coisa enquanto forma, enquanto alguma coisa informada, em oposição ao informe. O informe é o indiferente, o indiferenciado: você pode dizer o que quiser, que "à noite todos os gatos são pardos", enquanto a forma tem contornos. Ela se opõe a um fundo. Ela se discerne, se distingue, ela é delimitada etc. Essa própria forma constituída está ligada a um corpo constituído que diz qual é a forma boa: "Eis o que é preciso ver", "Eis a *Gestalt*", "Aqui você acredita que fulano é diferente de sicrano, mas isso não é verdade, eles estão no mesmo saco e você acredita que ele é parecido com beltrano quando na verdade não, ele é diferente". Eles exerceram um efeito de tipo jurídico, um efeito de objetivação, de codificação, de clarificação, de racionalização. Eu também analisarei esse efeito, e foi por isso que pensei nesse exemplo.

Só uma palavra para terminar: isso que esse jogo revela de mais escondido é aquilo que o universo social deve ser para que o jogo seja possível. No fundo, o que eu gostaria de comunicar a vocês nessas várias aulas é a necessidade permanente do metadiscurso sobre o discurso sociológico. No momento de dizer a vo-

---

175. Trata-se de uma alusão a Michel Serres (20º na "parada de sucessos" da *Lire*) que, por exemplo, explicou: "O que é bom é a mistura. O que é horrível é a separação. Neste momento estou fazendo uma filosofia da *mistura*. Sempre disseram para nós que para ser rigoroso era preciso separar e, de fato, isso é muito fértil até um certo ponto. Mas é um gesto religioso, que bane o impuro" ("Michel Serres ou la philosophie du mélange" ["Michel Serres e a filosofia da mistura"], *Le Matin de Paris*, 12 de janeiro de 1982, p. 28, citado por J. Bouveresse, *Le Philosophe chez les autophages*, *op. cit.*, p. 53).

176. Ver P. Bourdieu, "A força do direito", *art. cit.*, p. 249 [43].

cês, tenho hesitações – de toda maneira, essa é minha forma de viver as coisas: eu não sei se tenho o direito de universalizá-la. Mas, para mim, em relação à minha experiência, eu acho que aquilo que consideramos ordinariamente como a epistemologia, ou seja, o discurso sobre o discurso, acontece em geral após a batalha e é em geral feito por pessoas que na verdade não sabem o que é a ciência sobre a qual falam. Como resultado, elas fazem codificações *ex post*, sem conhecer realmente os atos de jurisprudência, e inventam um direito sem objeto e sobretudo sem sujeito. Não posso dizer que gosto dessa epistemologia... Ao mesmo tempo, minha experiência é que, na prática científica, nunca é demais refletir sobre o que estamos fazendo. O que digo aqui não é genial, Saussure o disse muito melhor: "É preciso saber o que o linguista faz"[177]. Nunca é demais se perguntar sobre o que fazemos. Por exemplo, no caso da lista de vencedores, eu tinha a sensação de ter esgotado meu pequeno objeto, mas, na última hora, eu disse a mim mesmo: "Atenção! Falta uma coisa importante: o que esse jogo revela sobre o espaço no qual é jogado". Em outras palavras, o que deve ser o espaço social, o campo intelectual, o lugar do jornalismo no campo intelectual para que uma ação desse tipo seja possível, e para que minha interrogação e a comunicação daquilo que faço sobre esse jogo sejam possíveis sem que o jogo ao mesmo tempo seja destruído?

Esse é um hábito de pensar que, aos meus olhos, é constitutivo da boa prática científica nas ciências sociais. Mas será que ele é uma especificidade das ciências sociais ou será que vale para toda ciência, com a diferença que os cientistas não dizem isso ou que, quando dizem, não os escutamos? Deixo a questão em aberto. Em todo caso, esse tipo de reflexão me parece absolutamente constitutiva: para mim, isso não é um luxo ligado a nostalgias de filósofo, é algo absolutamente capital para se fazer escolhas científicas, escolhas de amostras, escolhas de parâmetros. É constitutivo do próprio ato científico.

177. "Estou muito desgostoso com [...] a dificuldade que há, em geral, para escrever dez linhas quando se tem [o] senso comum em matéria de fatos de linguagem. Preocupado sobretudo, há muito tempo, com a classificação lógica desses fatos, com a classificação dos [pontos de vista] sob os quais os tratamos, vejo cada vez mais [...] a imensidade do trabalho que seria necessário para mostrar ao linguista *o que ele faz* [...]" (Ferdinand de Saussure, carta a Antoine Meillet, de 4 de janeiro de 1894, citada por Émile Benveniste em "Saussure após meio século". *In*: *Problemas de linguística geral I*. Trad. de M. da G. Novak & M.L. Neri. Campinas: Editora da Unicamp, 1991, p. 40, tradução modificada ["Saussure après un demi-siècle", *Cahiers Ferdinand de Saussure*, n. 20, 1963, p. 13]).

Aula de 22 de março de 1984

Primeira hora (aula): respostas a perguntas. – O interesse no sentido amplo. – Será que o subcampo é uma simples mudança de escala? – Será que a empresa é um campo? – O campo como sujeito das ações sociais. – Segunda hora (seminário): *O processo*, de Kafka (1). – *O processo* e a busca da identidade. – O reconhecimento nos campos fracamente objetivados.

Primeira hora (aula): respostas a perguntas

Para começar, agradeço àqueles entre vocês que me enviaram perguntas: essa comunicação tem muita importância para mim porque acontece de eu ter dúvidas sobre a comunicabilidade do que digo. Ela me dá, no fundo, uma verificação muito agradável do fato de que fui compreendido muito melhor do que pensava. Como o que tenho a dizer muitas vezes é complicado e pode acontecer de eu não estar completamente focado (o nervosismo aparece em algumas situações), tenho a sensação de nem sempre dizer tudo o que queria dizer.

Estas são as perguntas: a primeira trata da noção de interesse, a segunda da noção de subcampo e a terceira fala das empresas. Vou tentar responder rapidamente a essas três perguntas que me parecem importantes e que talvez me permitam especificar ou completar algumas coisas que disse.

Sobre o primeiro ponto, a noção de interesse, eu falei no ano passado[178], mas sempre é preciso voltar a ela porque essa noção gera mal-entendidos, em grande parte porque a maioria das pessoas que a empregam o faz de maneira a-histórica,

178. Ver a aula de 2 de novembro de 1982, *Sociologia geral volume 2, op. cit.*, p. 118-122 [314-318].

sem a cultura histórica que seria preciso ter para saber o que se diz quando pronunciamos a palavra "interesse". Sobre a história do conceito de interesse, vocês podem ler, por exemplo, o livro de Albert Hirschman, *As paixões e os interesses*, que acho que foi traduzido para o francês[179]: nele Hirschman estuda a gênese social do conceito de interesse como empregado pelos economistas.

No sentido em que a emprego, a noção de interesse não tem o sentido restrito que lhe foi conferido pouco a pouco pela história, pela evolução do mundo social e pela constituição do espaço econômico enquanto espaço autônomo tendo suas próprias leis. O destino dessa noção está historicamente ligado ao processo de diferenciação dos universos sociais que conduz à constituição desses espaços sociais separados que chamo de campos, e uma coisa que queria mencionar hoje é essa espécie de processo histórico por meio do qual universos separados se constituem pouco a pouco.

Entre esses universos, há um que tendemos a considerar o alfa e o ômega: o universo econômico, no qual dizemos "negócios são negócios". (Se é preciso dizer isso, é porque isso não é autoevidente: as tautologias são sempre muito importantes, elas são atos de constituição, de afirmação. Dizer "isso é isso", "essa é sua irmã", "negócios são negócios" - ou "nos negócios não há sentimentos", o que não passa de um desenvolvimento da tautologia –, é instituir, mediante um ato de constituição, um universo dentro do qual certas coisas serão jogadas, e jogadas de uma certa maneira.) Essa lei do interesse é uma lei histórica que está ligada à existência de espaços dentro dos quais, por exemplo, como Weber diz magnificamente, não são mais as relações de família que são o modelo das relações econômicas, e sim as relações econômicas que tendem a se tornar o modelo de todas as relações, incluindo as relações de parentesco[180]. Esse universo no qual nos banhamos, e que é tão autoevidente para nós que não enxergamos as condições axiomáticas de seu funcionamento, não tem, portanto, nada de universal.

É por isso que há um mal-entendido sobre a noção de interesse: quando digo "interesse", tomo a palavra no sentido do universo dos interesses correspondente

---

179. Albert O. Hirschman, *As paixões e os interesses*. Trad. de L. Campeio. São Paulo: Paz & Terra, 1979 [*The passions and the interests*. Princeton: Princeton University Press, 1977].

180. P. Bourdieu provavelmente pensava nas análises que Weber desenvolve na seção de *Economia e sociedade* intitulada "A dissolução da comunidade doméstica: modificações de sua posição funcional e crescente 'calculabilidade'. Nascimento das modernas sociedades mercantis" (*Economia e sociedade, op. cit.*, vol. 1, p. 258-265).

ao universo dos universos sociais, mas logo a entendemos no sentido de Bentham, no sentido dos utilitaristas, no sentido restrito da economia. Os economistas então se precipitam para dizer que adotamos o modelo econômico, sem enxergar o absurdo que está no princípio de sua universalização inconsciente do modelo econômico. Isso é muito importante em relação ao debate atual ao redor da economia do interesse, debate que evoca a questão formulada pelo aluno do curso. Carregados dessa espécie de húbris da ciência dominante, os economistas se metem a pensar todas as coisas a partir de uma axiomática particular ligada a um universo social particular. Penso, por exemplo, numa forma dessa economia do interesse que aliás é uma das mais interessantes devido à sua própria teratologia: a obra de Gary Becker sobre o casamento[181]. Em total ignorância de causa, ou seja, ignorando tudo, incluindo as obras dos antropólogos sobre o parentesco, esse economista distinto se aventura a propor um modelo do casamento considerado como uma espécie de empreendimento econômico. É verdade que o casamento também é um empreendimento econômico, mas sob uma forma mais ou menos denegada dependendo das sociedades.

A palavra "interesse" é polissêmica e vocês poderiam me perguntar por que eu a emprego se ela é tão equívoca. Primeiro, porque nem sempre podemos inventar palavras novas (já reclamam bastante disso comigo, quando dizem, por exemplo, que seria muito mais simples falar de "hábito" em vez de "*habitus*", apesar de *habitus* não ter nada a ver com hábito). Além disso, os conceitos às vezes têm uma função polêmica – no sentido de Bachelard[182], que não tem nada a ver com a polêmica comum – e o conceito de interesse é assim extremamente útil aplicado aos universos cuja lógica é aparentemente o desinteresse. Há, por exemplo, um interesse específico dos mandatários políticos[183]. Como eles estão num universo em que os agentes tendem a se pensar como desinteressados, dedicados e militantes, dizer que eles têm, enquanto mandatários, interesses específicos (se vocês lerem meus textos, eu digo sempre "interesses específicos" porque trata-se de interesses

181. Gary S. Becker, *The economic approach to human behavior* [*A abordagem econômica do comportamento humano*]. Chicago: University of Chicago Press, 1976, cap. 11, "A theory of marriage" ["Uma teoria do casamento"]; *A treatise on the family* [*Um tratado sobre a família*]. Cambridge: Harvard University Press, 1981.

182. G. Bachelard, *A formação do espírito científico, op. cit.*

183. Ver Pierre Bourdieu, "A delegação e o fetichismo político". *In*: *Coisas ditas, op. cit.*, p. 188-206 [185-202].

ligados a um universo particular) é conferir a esse conceito uma função crítica e lembrar que, como em todo lugar, lá existem interesses. Cada um dos campos que a análise sociológica descreve tem seus interesses próprios e, paradoxalmente, existem universos em que podemos ter interesse no desinteresse, concebendo o "desinteresse" a partir de uma definição implícita do interesse como interesse econômico. Por exemplo, para fazer poesia pura hoje em dia, é preciso realmente ser muito desinteressado no sentido em que um banqueiro empregaria a palavra "desinteresse". Utilizar assim o conceito de interesse é utilizá-lo como um instrumento de ruptura, algo que os conceitos com frequência são.

Além disso, é preciso mencionar uma tradição desagradável da comunicação científica na França na qual não nos damos o trabalho de compreender: começamos sempre criticando. (Eu não gosto de conceitos de caráter nacional, mas certas tradições históricas têm a ver com formas sociais objetivadas e essas tradições históricas na França são muito desfavoráveis para a comunicação científica: o que chamamos de "crítica" é muitas vezes uma defesa muito ingênua dos interesses específicos do crítico que busca mais se valorizar e aparecer do que compreender aquilo sobre o que fala.) A noção de interesse fica assim muito exposta, mas eu acho que a ciência às vezes exige que empreguemos conceitos expostos, arriscados, porque eles levam a avanços, inclusive por meio das críticas que suscitam, da surpresa que provocam ou do próprio fato de darem nossa cara para bater. Empregar conceitos arriscados é particularmente arriscado num país onde não se gosta de riscos e nos garantimos e nos tranquilizamos através de um certo tipo de olhar fácil sobre os trabalhos dos outros. O interesse, empregado no sentido em que emprego, sempre está exposto a aparecer como associado a uma visão utilitarista e arriscamo-nos então a esquecer que a noção de interesse tal como empregada pelos economistas é um caso particular, uma invenção histórica, uma invenção em última instância associada à invenção de campos econômicos nos quais a regra do jogo é o interesse enquanto tal.

Perdoem-me por insistir se vocês já tiverem entendido, mas essa noção de "enquanto" é correlativa à noção de campo. Um campo é um lugar no qual certas coisas são feitas enquanto tais, como tais, "*als*"[184], para empregar essa famosa palavra dos filósofos que, pelo menos dessa vez, acho que dizem algo de importante. O campo econômico é um lugar onde vamos agir conforme ao interesse enquanto

---

184. Em alemão, a conjunção *als* significa "enquanto".

tal, conforme ao cálculo interessado concebido enquanto tal, e não reprimido, denegado ou assumido vergonhosamente como na troca de dádivas. Pode-se descrever a troca de dádivas como uma espécie de crédito, mas é um crédito denegado, no sentido de Freud[185]: ele não se confessa, ele não é assumido enquanto tal por seu autor e não é reconhecido enquanto tal por aqueles que o observam. A existência de um campo econômico, a existência de contratos econômicos ou a existência, como diz Weber, de um direito racional ligado às práticas econômicas pressupõe, por um lado, agentes capazes de constituir a economia como tal e dispostos a fazê-lo e, por outro lado, um jogo no qual podemos nos exibir como calculistas, nos declarar como calculistas: o agente em questão pode oficialmente se dar objetivos interessados, algo que, em muitas sociedades, e ainda mais em muitos universos de nossas sociedades, seria o bastante para afundá-lo. Se vocês pensarem na troca de dádivas, fica claro que dizer "eu o convido para que você seja obrigado a me reconvidar" ou "eu lhe dou este presente para que você mexa os pauzinhos com fulano de tal..." destrói a própria intenção da ação. Certas trocas são trocas econômicas denegadas. Dizer isso não significa reduzi-las ao econômico. Na verdade, é a denegação que é importante: elas são objetivamente trocas econômicas, mas não funcionam como trocas econômicas, elas só atingem seus objetivos – por exemplo, proteções, recompensas, lucros etc. – se se denegarem, o que às vezes pressupõe a convicção, porque, para que a denegação seja bem-sucedida, é preciso vivê-la enquanto tal, "é preciso acreditar nisso", como se diz. Essas ações econômicas só têm sucesso se forem denegadas subjetiva e objetivamente como econômicas, o que, obviamente, muda tudo. O interesse tal como funciona nas sociedades racionais (como diria Weber), capitalistas (como diria Marx), calculistas, em que a economia está instituída como campo autônomo com suas leis próprias, é um caso particular de um universo de interesses possíveis dentro dos quais também aparecem o interesse científico, o interesse literário, o interesse político, o interesse do trabalho voluntário etc. Podemos, por exemplo, fazer uma economia do trabalho voluntário e perguntar um monte de coisas: Por que existem ações voluntárias? Por que existe assistência social, caridade? Em minha

185. O termo alemão *Verneinung*, que pode ser traduzido em português como "denegação", mas também simplesmente como "negação", serve na teoria freudiana para se referir a episódios em que o paciente da terapia enuncia algo que não quer reconhecer. Ver Sigmund Freud, "A negação". *In*: *Obras completas volume 16: O Eu e o Id, "Autobiografia" e outros textos (1923-1925)*. Trad. de P.C. Souza. São Paulo: Companhia das Letras, 2011, p. 164-168 ["Die Verneinung", *Imago*, vol. 11, n. 3, 1925, p. 217-221] [N.T.].

lógica, postularemos que existe um interesse de um tipo particular, que pode ser uma forma inversa da lógica que consideramos comum do interesse, aquela que rege o econômico.

Mas essa lógica "comum" só rege a economia até certo ponto, e uma virtude da análise que proponho é demonstrar que mesmo o mundo econômico constituído enquanto tal não funciona inteiramente, longe disso, de acordo com o interesse no sentido restrito de Bentham[186]. Posso remetê-los, por exemplo, a meu artigo sobre o patronato[187]: até nas relações aparentemente mais regidas pelo cálculo econômico racional, que implicam o *homo œconomicus* por excelência (que eu saiba, ninguém é mais *homo œconomicus* do que os banqueiros), encontramos, inclusive para se chegar a decisões econômicas, relações que não têm nada a ver com a economia no sentido mais restrito do termo. Essa espécie de generalização da noção de interesse que opero ao empregar a palavra é, portanto, muito fecunda para compreender não somente as formas de interesse não incluídas no conceito restrito de interesse tal como definido pela economia, mas também a lógica específica da economia que não é tão interessada no sentido restrito, o que adoramos dizer quando não fazemos parte dela, o que é o caso dos intelectuais que falam de economia.

Resumindo muito rapidamente: o interesse no sentido dos economistas é um caso particular. É uma invenção histórica ligada a um espaço particular no qual o interesse econômico é constituído como tal por oposição, por exemplo, aos sentimentos, aos modelos de tipo familiar: maternalismo, paternalismo, fraternidade etc. Esses modelos sociais regem quase sempre as economias pré-capitalistas. Nessas sociedades, o modelo do parentesco se estende para além dos limites da família e, em certos limites, vale até sobre o mercado. Por exemplo, não se compra um bife de qualquer pessoa: se posso comprá-lo de um irmão, isso é formidável, mas se for de um primo, isso já não é tão bom; sempre se busca uma garantia do lado do parentesco. Ainda existem sociedades em que não se compra uma passagem de avião sem passar por um primo (exagero um pouco...). Resumindo, esse modelo do cálculo econômico universal não é universal enquanto tal e teve muita

---

186. P. Bourdieu dedicará um curso inteiro ao campo econômico no ano letivo de 1992-1993, publicado em *Anthropologie économique: cours au Collège de France 1992-1993* [*Antropologia econômica: curso no Collège de France 1992-1993*]. Paris: Seuil & Raisons d'Agir, 2017.

187. Pierre Bourdieu & Monique de Saint Martin, "Le patronat" ["O patronato"], *Actes de la recherche en sciences sociales*, n. 20-21, 1978, p. 3-82.

dificuldade para se constituir em nossas sociedades: a partir do momento em que uma compra um pouco arriscada se apresenta, buscamos garantias e buscamos transformar a relação econômica brutal, anônima, impessoal, regida apenas pelo cálculo numa relação familiar, familiarizada, dominada através de modelos. Esse interesse no sentido restrito é, portanto, uma instituição histórica e particular, que não foi feita em um dia, que jamais está terminada, que sempre precisa ser realizada, que jamais é universal e que está ligada à instituição de um espaço objetivo no qual a regra das condutas pode ser essa.

O interesse no sentido amplo

A noção tal como eu a emprego é evidentemente muito mais geral e constitui o interesse econômico como um caso particular. No sentido muito geral, ela se resume a dizer que não agimos sem razão, o que é uma maneira de transpor para a sociologia o famoso princípio da razão suficiente dos filósofos[188]: agimos quando temos interesse em agir. Vocês me dirão que isso é tautológico, que é a virtude dormitiva do ópio[189]. Efetivamente, é preciso saber isso, mas isso não é uma razão para não dizer: agimos quando temos interesse em agir e a ação supõe uma espécie de investimento – esse já é um sinônimo de "interesse" – no sentido da economia, mas também no sentido da psicanálise. (O que acontece é que em francês os acasos da tradução[190] fazem com que a mesma palavra diga as duas coisas, não devemos tirar conclusões universais disso, mas, neste caso em particular,

---

188. Ver, por exemplo, sua formulação em *A monadologia* (1714) de Leibniz: "Os nossos raciocínios fundam-se sobre *dois grandes princípios*: [... e] o da *Razão suficiente*, pelo qual entendemos não poder algum fato ser tomado como verdadeiro ou existente, nem algum enunciado ser considerado verídico, sem que haja uma razão suficiente para ser assim e não de outro modo, embora frequentemente tais razões não possam ser conhecidas por nós" (Gottfried Wilhelm Leibniz, *A monadologia. In: Os pensadores,* vol. XIX. Trad. de M. Chauí. São Paulo: Abril Cultural, 1974, § 31-32, p. 66 [*La Monadologie*, 1714]).

189. A "virtude dormitiva do ópio" é um exemplo de explicação tautológica que Molière menciona através de um bacharel de medicina em *O doente imaginário* (ato III, cena 14): "*Mihi a docto Doctore / Domandatur causam et rationem, quare / Opium facit dormire? / A quoi respondeo, / Quia est in eo/ Virtus dormitiva*" ["Perguntou-me o douto doutor, por qual motivo e razão o ópio faz dormir, a qual respondo que ele possui virtude dormitiva"] (Molière, *O doente imaginário.* Trad. de L. Gonçalves. Belo Horizonte: Crisálida, 2002 [*Le malade imaginaire*, 1673]).

190. Geralmente traduzido em francês por "*investissement*" ["investimento"], o termo *Besetzung* utilizado por Freud também pode ser traduzido pela palavra "*occupation*" ["ocupação"], que é mais próxima da palavra alemã e tem menor conotação econômica [A mesma situação ocorre nas traduções de Freud para o português – N.T.].

acho que isso funciona.) O interesse é uma forma de investimento num jogo, e um outro sinônimo que dou é *illusio*. Um campo é um jogo e a *illusio* é o fato de estar tomado pelo jogo, de investir no jogo: a etimologia está incorreta, mas pouco importa[191]. A palavra é interessante porque ela lembra que a *illusio* é uma ilusão que só vale para aqueles tomados por ela: alguém que não esteja tomado por esse jogo não enxerga realmente o interesse. As entrevistas mostram isso muito bem: se você fizer o jogo do banqueiro ser avaliado por um poeta de vanguarda, para pegar as coisas mais distantes, é provável que este terá uma sensação muito forte do caráter ilusório do investimento no jogo, e vice-versa. Em outras palavras, os jogos dos outros parecem sem interesse para nós. Para que haja um jogo, no sentido completo do termo, não basta apenas que exista um jogo, quer dizer, um espaço de probabilidades, um local em que se engendram regularidades prováveis, probabilidades de ganho de um tipo particular; é preciso também pessoas prontas para entrar no jogo, para jogar o jogo, para se deixarem tomar pelo jogo.

Mas será que é o jogo que produz a *illusio*? Será que os jogos são capazes de produzir a vontade de jogar ou será que é preciso estar predisposto a entrar no jogo para entrar no jogo? Essa é uma das grandes questões colocadas pela noção de campo: Será que é melhor estar predisposto a isso para entrar no campo literário? Um aspecto da hereditariedade profissional – como dizem os sociólogos um pouco simplistas – é o fato de estarmos tomados pelo jogo antes mesmo de entrarmos nele: nós herdamos, essencialmente da família, a adesão ao jogo, a propensão a investir, como dizem os economistas, no jogo. Isso é muito importante para compreender o próprio jogo econômico: descer na mina não é inato, mas isso existe como propensão em certas condições, em certos momentos. Hoje em dia, um certo número de ações sociais, como a ação do sistema escolar, esconde um certo tipo de obstáculos à reprodução da propensão a investir e fala-se de "alergia ao trabalho"[192], o que estritamente não quer dizer nada – isso é realmente uma virtude dormitiva...

Isso é extremamente importante porque os economistas acreditam que a economia é sua própria base. Ora, podemos muitas vezes perguntar se a crença na

---

191. Alusão à etimologia proposta por Johan Huizinga quando escreve que o desmancha-prazeres "priva o jogo da ilusão – palavra cheia de sentido que significa literalmente 'em jogo' (de *inlusio*, *illudere* ou *inludere*)" (Johan Huizinga, *Homo ludens*. Trad. de J.P. Monteiro. São Paulo: Perspectiva, 2000, p. 12 [*Homo ludens*. Londres: Routledge, 1949 (1944), p. 11]).

192. Sobre este ponto, ver também a aula anterior, p. 121.

base de tantos jogos também não está na base da economia; o que não quer dizer que a economia não é determinante, mas, para que ela seja determinante, é preciso pessoas determinadas a se deixarem determinar por essas determinações [*risos na sala*]. Eu não acho que isso seja um simples jogo. Sempre podemos sair: o monasticismo, por exemplo, é em última instância uma recusa da *illusio*, do investimento; é a fuga, a ascese extramundana [*hors du siècle*]. Weber diz que no começo da economia capitalista temos essa invenção histórica ligada ao protestantismo que é a ascese intramundana[193]. Ele não diz que a ascese intramundana é o princípio determinante da economia, mas que o capitalismo deve sua forma específica ao fato de que as pessoas fizeram essa forma de investimento.

Também podemos dizer interesse = expectativa. Ser tomado pelo jogo quer dizer na verdade esperar alguma coisa do jogo. Mas então aqueles que não têm nada a esperar de um jogo teriam chances de serem tomados pelo jogo? A pergunta é importante: Para ser tomado pelo jogo, não é preciso ter um mínimo de chance no jogo? Já fica claro que isso não é tão simples, não estamos no subjetivismo radical: a relação com a economia de um subproletário, que não espera grandes coisas do jogo econômico, não é muito encantada.

"Investimento", "expectativa", "esperança de ganho", "propensão a investir", "investimento" no sentido extremamente amplo, incluindo o psicológico: eis os sinônimos de "interesse". É claro que teremos tantos interesses quanto campos, tantos interesses quanto jogos, e o interesse de um será o desinteresse de outro. "Interesse" nesse sentido muito geral certamente se opõe a "desinteresse", mas haverá tantos desinteresses quanto interesses, já que, em cada caso, o desinteresse será a classe complementar daquilo que é definido como "interesse". Assim, o conceito explode em pedaços e, em última instância, o interesse é a não indiferença. Aqui chegamos a algo muito importante: não indiferença quer dizer capacidade e propensão a fazer diferença. Quando dizemos: "Para mim tanto faz" ["Ça m'est égal"], "não vejo diferença", "não tenho interesse", enxergamos muito bem que essa *illusio* é fundamental; é a vontade de jogar e, no mesmo movimento, a capacidade de jogar, quer dizer, de discernir lucros, por exemplo. Aquele que não tem o *principium divisionis*, o princípio de visão e de divisão, não enxerga o interesse porque não enxerga onde estão os lucros. Pensem no problema da difusão da cultura: hoje em dia, a política cultural postula que a cultura é algo universal que

---

193. M. Weber, *A ética protestante e o espírito do capitalismo*, *op. cit.*

basta oferecer para que se torne imediatamente objeto de concupiscência, mas o que os profetas da difusão da cultura esquecem é que a propensão a investir nela é proporcional à propensão a enxergar o jogo. Quando só enxergamos bagunça, quando não enxergamos o interesse, quando não enxergamos a diferença, somos desinteressados num sentido muito especial: somos indiferentes – como se diz, "não temos nada para fazer"[194]. No limite, podemos dizer que o interesse é essa espécie de disposição muito geral que pode ser definida como capacidade e propensão a fazer diferenças pertinentes. É claro que a propensão só existe se houver capacidade: se eu só enxergo bagunça, se tudo é parecido, se tudo se assemelha, eu não vou investir minha salvação nesse universo indiferenciado. O próprio princípio que permite fazer as distinções, fazer a *diacrisis*, fazer as diferenças, é ajustado e só funciona num espaço se fizer as diferenças pertinentes, aquelas que realmente dividem o espaço.

Posso voltar ao que disse na última aula: se, para diferenciar os intelectuais, tomarmos como critério o sucesso como atividade econômica, diremos que os melhores são aqueles que venderam 500 mil exemplares, e o maior intelectual da França será Alain Peyrefitte[195]. Mas esse princípio de diferenciação não é pertinente do ponto de vista daqueles que estão dentro do jogo. Com esse princípio produzimos diferenças, mas não as diferenças corretas, elas não são *cum fundamento in re*, elas não são confirmadas pela coisa.

Podemos propor um outro sinônimo: a noção de "gosto" é um interesse. O gosto é ao mesmo tempo uma capacidade e uma propensão a discernir, e isso pode se aplicar a todo tipo de objetos: o dicionário dirá "ter gosto pelas mulheres", "ter gosto pelas letras" etc. Em todos os casos, trata-se de discernimento e propensão, e os dois estão correlacionados.

Um outro sinônimo – talvez vocês tenham um sobressalto – seria "libido", no sentido de *libido sciendi* (eu não digo "desejo" porque isso está muito na moda[196],

---

194. Sobre esses pontos e sobre os limites das políticas de democratização cultural das décadas de 1960 e 1970, ver em particular P. Bourdieu; A. Darbel & D. Schnapper, *O amor pela arte*, *op. cit.*

195. Ex-aluno da École Normale Supérieure e da École nationale d'administration, Alain Peyrefitte foi político e escritor (e membro da Academia Francesa). Na década de 1970, seus ensaios *Quand la Chine s'éveillera... le monde tremblera* [*Quando a China despertar... o mundo tremerá*] (1973) e *Le Mal français* [*O mal francês*] (1976) fizeram sucesso nas livrarias.

196. P. Bourdieu sem dúvida tem em mente os usos dessa palavra pelos psicanalistas, ou por Gilles Deleuze e Félix Guattari (seu *Anti-Édipo*, publicado em 1972, propunha um "novo conceito de desejo").

mas eu poderia dizer desde que a noção tivesse um significado que só tem raramente). É claro que, em todos os casos, essa *libido* é instituída socialmente, mesmo que tenha bases infrassociais. Eu não quero dizer que a *libido* sobre a qual Freud fala seja produto do social, e sim que ela sempre é trabalhada pelo social, de maneira que não tem mais nada a ver com o que era antes dessa espécie de trabalho que o social opera nela. A *libido sciendi* é uma certa maneira de designar o interesse específico do cientista que, do ponto de vista do interesse do banqueiro, não parece muito interessante.

Um último sinônimo seria paixão. Correndo o risco de surpreendê-los, vou ler para vocês um texto de Hegel que todo mundo conhece. Cito a tradução de Éric Weil: "Se chamarmos de paixão um interesse pelo qual a individualidade inteira, com todas as veias de seu querer, negligenciando todos os outros interesses tão numerosos que podemos ter e que igualmente temos, se lança num único objeto, [um interesse] pelo qual ela concentra nesse objetivo todas as suas necessidades e todas as suas forças, então devemos dizer que de modo geral nada de grande jamais foi realizado no mundo sem a paixão"[197]. Como nós conhecemos o final dessa citação, mas não o começo, normalmente dissertamos sobre essa frase a respeito das paixões. Na verdade, nesse sentido a "paixão" é uma forma de investimento total, o que junta uma ideia que não mencionei (foram os filósofos que fizeram isso…): Por que o investimento seria necessariamente total? Uma das questões que vamos nos formular empiricamente será saber qual é o grau de investimento. Será que há uma relação entre o investimento objetivo e as chances objetivas? Essa foi minha primeira pergunta na sociologia. Será que a propensão a investir, cuja existência os economistas postulam, e, em seguida, a constância do investimento não teriam condições econômicas de possibilidade? Será que quanto mais chances de sucesso eu tiver, mais inclinado estarei a investir? Será que antes de um certo limite eu não seria um não investidor? Em outras palavras, não have-

197. Éric Weil oferece essa tradução em *Hegel et l'État* [*Hegel e o Estado*]. Paris: Vrin, 1980 [1950], p. 81. P. Bourdieu já mencionara e comentara essa citação na aula de 2 de novembro de 1982, em *Sociologia geral volume 2, op. cit.*, p. 120-122 [317-319]. [Nesta passagem, traduzi do francês a citação específica a que P. Bourdieu se refere. A tradução portuguesa publicada a partir do original alemão é a seguinte: "(...) se chamarmos paixão a um interesse, na medida em que a individualidade inteira se entrega, com postergação de todos os demais interesses e fins múltiplos que se tenham e possam ter, se fixa num objeto com todos os veios inerentes do querer e concentra neste fim todas as suas necessidades e forças, devemos então dizer em geral que nada de grande se realizou no mundo sem paixão" (Georg Wilhelm Friedrich Hegel, *A razão na história*. Trad. de A. Morão. Lisboa: Edições 70, 2013, p. 84 [*Die Vernunft in der Geschichte*, 1830]) – N.T.].

ria condições econômicas, sempre esquecidas pelos economistas, do investimento econômico? Eis as perguntas que surgem da noção de interesse[198].

Será que o subcampo é uma simples mudança de escala?

Passo para a segunda pergunta. Ela volta para a noção de subcampo que tratei rapidamente na última aula: "Por que falar de subcampo? Quais são os critérios de diferenciação? Será que o termo 'sub' indica uma subordinação – o que é uma pergunta muito importante que deixei completamente de lado – em relação a um campo definido por um certo número de efeitos?" Vou tentar ir bem rápido, ainda que isso seja muito longo e completamente dentro da lógica do que já descrevi. Podemos, num primeiro momento, adotar uma definição subjetivista da noção de campo e de subcampo. Dependendo das disposições ou dos momentos, um pesquisador poderá constituir como campo o conjunto do campo de produção cultural e reunir todas as pessoas que produzem o simbólico: a Igreja (se você disser "campos de produção cultural", nove pessoas entre dez vão pensar na Igreja), o jornalismo, a imprensa, a educação etc. Pode acontecer de ser bem interessante construir assim o campo de produção cultural que tem certas propriedades. Num outro momento, podemos pegar apenas a Igreja e considerá-la como um campo ou, dentro da Igreja, pegar o campo do episcopado ou o campo da teologia. Diremos então que isso é um *constructum* e que há uma espécie de arbitrário, e a amplitude do espaço depende do nível de análise em que o pesquisador se situa.

Eu acho que essa é uma resposta útil num primeiro momento, mas absolutamente insuficiente. Quando se trata do campo literário, que é o caso sobre o qual mais refleti, é possível estudar o campo literário, mas também podemos descer ao nível do gênero para estudar o campo do teatro, ou descer a um nível ainda mais baixo e considerar o campo do teatro de *boulevard*. Será que isso quer dizer que passamos de um campo para um subcampo por meio de uma simples mudança de escala? Essa metáfora da mudança de escala é uma das mais funestas das ciências sociais. Ela sustenta todas as oposições entre o macro e o micro que os economistas manipulam de maneira selvagem, na minha opinião[199] – como não

---

198. Sobre todos esses pontos, ver Pierre Bourdieu, *Esquisses algériennes* [*Esboços argelinos*]. Paris: Seuil, 2008.

199. Referência à distinção entre "microeconomia" (cuja unidade de análise seria mais os agentes econômicos particulares, consumidores ou produtores) e "macroeconomia" (que trata de agrega-

estou legitimado nem autorizado a falar desse terreno, não quero dizer mais –, mas que os sociólogos repatriam no terreno da sociologia, de modo geral para causar efeitos de ciência e de cientificidade. Eles dizem "macro/micro", "mudança de escala", "construímos de maneira diferente" etc., e temos uma espécie de filosofia relativista micropositivista. A noção de campo se define contra essa maneira de pensar, e o campo não é alguma coisa que construímos *ad libitum* [à vontade]: pensar em termos de campo obriga a formular, em termos empíricos, a questão dos limites do campo. É preciso pesquisar a partir de princípios tais como aqueles que indiquei: o campo termina quando não observamos mais efeito de campo. A partir de questões gerais passíveis de verificações ou invalidações empíricas, nossa tarefa é procurar os limites de um campo. Portanto, não vamos trabalhar às cegas, por meio de recortes. Não vamos desenhar setas na lousa. Se a sociologia em termos de campo pode fazer esquemas, as linhas são pontos de interrogação: Até onde vai o campo? Será que essa linha é contínua ou descontínua? Será que é uma fronteira em nuvem ou uma fronteira traçada juridicamente com precisão? (Isso eu cheguei a dizer para vocês.)

Em seguida, a questão das subordinações feita pelo aluno é importante porque ela contém uma precisão em relação ao que eu disse: falar de subcampo é pressupor que o campo englobado é dominado pelo campo que engloba. Eu poderia dizer, por exemplo (isso coloca questões empíricas), que o teatro é um subcampo do campo literário se observarmos no teatro efeitos que não podemos explicar sem a intervenção do campo literário em seu conjunto: por exemplo, a posição do teatro na hierarquia dos gêneros. De fato, os problemas que menciono constantemente de hierarquia entre as disciplinas (eu os abordei ano passado[200]), entre os gêneros ou entre os estilos só podem ser formulados dentro da lógica do campo e do subcampo, entendendo que um subcampo é um espaço relativamente autô-

dos, por exemplo o consumo ou o emprego tomados num nível nacional). A distinção é um pouco confusa especialmente porque às vezes se misturam considerações teóricas e um caráter "microeconômico" pode ser designado a abordagens individualistas como aquelas vindas da teoria neoclássica (que pode também desenvolver uma "macroeconomia com fundamentos microeconômicos") e a análise keynesiana pode ser associada à "macroeconomia" por outros motivos que não apenas a "escala" de seus objetos. Certos economistas também distinguem uma "mesoeconomia", que, entre a "micro" e a "macroeconomia", trataria do nível de um ramo de atividade, de um setor econômico, de uma região.

200. Ver em particular a aula de 23 de novembro de 1982, *Sociologia geral volume 2, op. cit.*, p. 200-228 [415-449].

nomo em relação a um espaço que o engloba, e que a autonomia relativa se define nos limites dos efeitos que o campo que engloba exerce sobre o campo englobado.

Eis um exemplo muito preciso: em meus primeiros trabalhos sobre o campo intelectual, eu tinha uma tendência, devido a um "intelectualcentrismo" inevitável, a pensar o campo intelectual como relativamente autônomo e, como sempre acontece na história literária, eu só procurava o princípio de sua heteronomia no espaço social mais amplo. Foi uma descoberta importante para mim ver que parte das propriedades do campo intelectual tinham como princípio a posição dominada do campo intelectual naquilo que chamo de campo do poder e que normalmente chamamos de classe dominante. Portanto, há propriedades do campo intelectual que não podemos compreender olhando apenas para o campo intelectual. Podemos examinar por milênios um campo intelectual ou, *a fortiori*, um intelectual particular como Flaubert – esse foi o erro de Sartre[201] –, há coisas que jamais compreenderemos se não enxergarmos que ele ocupa uma posição dominada no campo do poder. A subordinação se manifesta por efeitos visíveis, como a relação intelectual/burguês, no sentido tradicional da literatura do século XIX, quer dizer, a denúncia simbólica do burguês, a fascinação e a ambivalência que o burguês exerce sobre os artistas. Esses são efeitos que constatamos no campo intelectual, mas que não têm seu princípio nele, mesmo que esses efeitos sejam retraduzidos pela lógica do campo intelectual – sem isso, vocês poderiam me perguntar por que falar de campo intelectual... É isso que designa a noção de autonomia relativa que significa dependência relativa: o campo intelectual é relativamente autônomo em relação ao campo do poder, e sua autonomia relativa se manifesta no fato de que os efeitos externos de dominação são sempre retraduzidos. Não diremos: "Proletários de todos os países, uni-vos!", e sim "artistas contra burgueses"; será, portanto, na lógica específica do campo intelectual que se expressará o efeito de domínio exercido pelo campo sobre o subcampo. Acho que assim respondi mais ou menos à pergunta.

Será que a empresa é um campo?

Passo rapidamente para a terceira pergunta que, no entanto, também mereceria um longo desenvolvimento e também está na lógica do que já falei. Ela trata

201. Alusão a Jean-Paul Sartre, *O idiota da família*. Trad. de J.R. Simões. Porto Alegre: L&PM, 2014 [*L'Idiot de la famille*. Paris: Gallimard, 1971-1972, três volumes].

das empresas. Essa pergunta [do Sr. Georges Tiffon[202]] é muito elaborada. Ela me agradou muito porque eu tinha a ingenuidade de acreditar que, a partir do pouco que disse, já seria possível produzir esse tipo de contribuição. Isso não é uma sociologia das empresas, mas já é uma construção interessante de uma problemática para compreender o que é uma empresa. Tenho vontade de lê-la, mas não o farei completamente: "Será que a empresa industrial, comercial etc. é um campo? Será que é possível constituí-la como um campo relativamente autônomo com interesses específicos etc.? Será que ela é um subcampo de um ramo profissional [essa é uma ótima pergunta – P.B.]? E será que ela está implicada em outros campos, por exemplo o das finanças, e o do capital etc.?"

Responderei muito rapidamente, remetendo ao arquivo que fiz com Monique de Saint Martin[203]. Nesse artigo, a parte chamada "A empresa como campo" (p. 57-60) me parece conter minha resposta à pergunta feita. Lembrarei rapidamente o esquema: podemos, prolongando o que acabo de dizer, construir o campo das empresas como um espaço dentro do qual cada empresa deve parte de suas propriedades à posição que ocupa no espaço. No fundo, os empreendimentos econômicos são, como os empreendimentos literários, definidos pelas relações objetivas, constantes e duráveis que, por um lado, os unem entre si e, pelo outro, os unem aos diferentes mercados. Por exemplo, no artigo sobre o patronato, descrevemos num primeiro momento as estruturas do campo das empresas, as principais oposições a partir das quais podemos compreender um certo número de propriedades de cada um dos subespaços. Em seguida, podemos construir o que [Tiffon] chama de subcampos e, especialmente, esses

202. A gravação não permite identificar com certeza total o autor da pergunta, mas parece se tratar Georges Tiffon (1919-2011), um diplomado do Conservatório Nacional das Artes e Ofícios (CNAM, na sigla em francês), que fez carreira na mineração de carvão. Ele publicou um livro sobre a indústria do carvão (*Le Charbon* [*O carvão*]. Paris: PUF, 1967) e foi membro do conselho científico do Instituto de História Social da Mineração. Ele se afastou de suas funções de administrador de empresas em 1981, alguns anos antes do curso.

203. P. Bourdieu & M. de Saint Martin, "Le patronat", *art. cit.* Posteriormente, P. Bourdieu terá a ocasião de voltar a essas questões em seu trabalho sobre a casa própria ("Un placement de père de famille. La maison individuelle: spécificité du produit et logique du champ de production" ["Um investimento de pai de família. A casa própria: especificidade do produto e lógica do campo de produção"], *Actes de la recherche en sciences sociales*, n. 81, 1990, p. 6-33) e em seu artigo "O campo econômico". Trad. de S. Cardoso & C. Raud-Mattedi. *Política & Sociedade*, n. 6, 2005, p. 15-57 [*Actes de la recherche en sciences sociales*, n. 119, 1997, p. 48-66], textos que reunirá em *As estruturas sociais da economia*. Porto: Campo das Letras, 2006 [*Les structures sociales de l'économie*. Paris: Seuil, 2000].

subcampos que chamamos de ramos. Há trabalhos muito interessantes sobre os ramos, em particular feitos por gente do Insee[204], que analisou a gênese histórica das divisões em ramos[205]. Como todas as classificações sociais em uso, por exemplo as CSP [categorias socioprofissionais], as formas de classificação das empresas são o produto de um trabalho histórico às vezes muito bizarro e misterioso em que colaboram teóricos, ou seja, fazedores de classificações, e agentes sociais que lutam para se classificar, se diferenciar, fazer organizações, se dar nomes, rótulos, divisões etc.

Repito um de meus lemas epistemológicos: toda vez que tratamos de uma classificação, é preciso se interrogar sobre a gênese histórica e social dessa classificação, senão seremos pensados por aquilo que utilizamos como instrumento de pensamento. Esse é um preceito sociológico kantiano: "Tome por objeto as categorias de pensamento se quiser saber o que pensa"[206]. Nossas categorias sociais de pensamento são o produto de um trabalho histórico muito complicado e muito confuso, com inúmeros sujeitos em concorrência. Ora, essas categorias do Insee que distinguem, por exemplo, o ramo têxtil, têm uma história e, como resultado, elas são ao mesmo tempo muito menos bestas do que as categorias inventadas por um tecnocrata em seu escritório com um pouco de cultura matemática e o que ele chama de bom-senso, ou seja, o senso de classe; elas também são muito mais rigorosas. Portanto, é preciso respeitá-las. A primeira gracinha do sociólogo iniciante é dizer que é preciso desconfiar das categorias do Insee, mas elas são muito melhores do que o sociólogo iniciante pensa – isso posso realmente dizer depois de 20 anos de publicações. Dito isso, é preciso desconfiar muito delas porque elas têm uma gênese social: elas são o produto de negociações complexas, de lutas sociais, de estruturas mentais mais ou menos vagas etc.

---

204. Instituto Nacional de Estatística e Estudos Econômicos, na sigla em francês [N.T.].

205. Bernard Guibert, Jean Laganier & Michel Volle, "Essai sur les nomenclatures industrielles" ["Ensaio sobre as nomenclaturas industriais"], Économie et statistique, n. 20, 1971, p. 23-36. Sobre as nomenclaturas das categorias socioprofissionais que P. Bourdieu menciona na frase seguinte, ver um outro trabalho realizado por administradores do Insee (e apresentado, na década de 1970, no seminário de P. Bourdieu): Alain Desrosières & Laurent Thévenot. *Les Catégories socio-professionnelles*. Paris: La Découverte, 1982.

206. Alusão à empreitada de Kant na *Crítica da razão pura*: para determinar o que podemos conhecer, é preciso se interrogar sobre nossa faculdade de conhecimento, especialmente no que ela implica com relação à criação de categorias.

Temos então o campo do ramo ou do setor e, por exemplo, dois economistas, um deles Eymard-Duvernay, fizeram uma obra sobre o campo da relojoaria[207]. Eles analisam como um campo de produção esse espaço particular das empresas que produzem essas coisas que podemos chamar de "relógios de pulso", "relógios de parede" etc. Eles descobriram que essas empresas estão ligadas entre si por relações constantes e permanentes de concorrência pela produção do produto e pela sua difusão num mercado. Esse espaço de relações duráveis se estabelece, por um lado, entre os produtores e, pelo outro, entre os produtores e os mercados privilegiados – tudo isso também vale para o mercado da produção literária. Essas empresas são caracterizadas pelo fato de terem um capital específico.

Falamos de "capital específico" como falamos de "interesse específico": o conceito de campo implica capital e interesse "específicos". Posso amarrar isso ao fio da aula anterior que mostrou como se constituem os campos dentro dos quais funcionarão interesses e capitais específicos: seria preciso passar pela análise desse processo de diferenciação dos campos e de constituição dos espaços relativamente autônomos chamados campos para poder chegar ao que é o projeto principal do meu curso, a saber, a descrição do que chamo de espécies de capital. Há formas específicas de capital e teremos tantas formas de capital quanto de campos, e tudo que eu disse sobre o interesse também vale para o capital.

Na relojoaria há formas de capital específico que os economistas descrevem, por exemplo, como métodos de produção particulares, segredos de fabricação próprios de uma empresa, procedimentos de fabricação, modos de gestão da mão de obra – com estratégias paternalistas herdadas de uma longa tradição e estratégias racionais emprestadas dos psicólogos sociais, como a dinâmica de grupos etc. –, modos de valorização dos produtos – a publicidade de tipo moderno, mas também todas as formas de técnicas que a precederam, como a valorização do nome próprio. Esse capital específico, propriamente econômico, se especifica em cada campo e um capital de relojoeiro não se transfere facilmente para a indústria têxtil: teremos então a definição de um subcampo.

207. Trata-se, como os trabalhos citados anteriormente, de uma obra ligada ao Insee. François Eymard-Duvernay era administrador do Insee (encarregado da divisão "Empresa") quando escreveu com Daniel Bony, também do Insee, o artigo mencionado aqui: "Cohérence de la branche et diversité des enterprises: étude d'un cas" ["Coerência do ramo e diversidade das empresas: estudo de um caso"], Économie et statistique, n. 144, 1982, p. 13-23.

Também há um capital simbólico – aqui, isso funciona facilmente: a marca, a mão própria, "de pai para filho desde o século XII" para os vinhos, os perfumes etc. Se vocês refletirem, a utilização do nome e a publicidade se parecem com o campo intelectual: "se fazer um nome" também é muito importante no campo econômico[208]. É por isso que é interessante ter uma teoria geral do campo, porque o capital científico adquirido sobre o estudo de um campo pode ser transferido a outro campo. O capital simbólico, a marca, a reputação muitas vezes são adquiridos pela senioridade (esse é um dos grandes princípios de acumulação do capital simbólico: ele tem como propriedade ser um capital de senioridade). Em seguida, encontramos também efeitos de campo: por exemplo, a tendência dos produtores próximos do ponto de vista dos produtos a se diferenciarem ao máximo. Isso é muito interessante: cada empresa tende a se diferenciar das empresas mais próximas de modo a reduzir a concorrência: se você tem um produto único, insubstituível, você não tem concorrência. Isso é bem conhecido na história do campo científico (não consigo deixar de fazer essa analogia): um belíssimo artigo de Kantorowicz sobre os juristas poloneses mostra que desde que os juristas surgiram no século XII, eles começaram a se dividir em especialidades e, em seguida, toda a história da ciência é feita dessas especializações resumidas pela lei "melhor ser o primeiro em minha aldeia do que o segundo em Roma" ("melhor ser o primeiro em 'epistemologia pedagógica do trabalho' do que o segundo em 'epistemologia'"). A tendência à diferenciação é uma tendência que tem como efeito evitar a concorrência. Com muita frequência, as empreitadas de diferenciação são sobredeterminadas: o interesse em se diferenciar tem fundamentos objetivos porque o produto é diferente e a tendência à diferenciação pela diferenciação é limitada por restrições objetivas. (O que estou fazendo é muito difícil porque sou obrigado a dizer rapidamente um monte de coisas, e estou agindo mal ao dizer coisas unilaterais enquanto tenho mentalmente a correção.) Uma outra analogia poderia ser feita com o campo político que, como todos sabem, é o terreno por excelência da tendência a se diferenciar dos produtos mais próximos.

208. Alusão à necessidade sublinhada com frequência por P. Bourdieu de "se fazer um nome" para existir nos campos de produção cultural. Por exemplo, no caso do campo científico ele escreve: "[...] acumular capital é fazer um 'nome', um nome próprio (e, para alguns, um primeiro nome), um nome conhecido e reconhecido, marca que distingue imediatamente seu portador, arrancando-o como forma visível do fundo indiferenciado, despercebido, obscuro, no qual se perde o homem comum [...]" ("O campo científico", *art. cit.*, p. 132 [93], tradução modificada).

O campo como sujeito das ações sociais

Há, portanto, o campo econômico, o subcampo do "ramo", que seria preciso chamar de um nome novo, o que não é fácil: é preciso levar em conta o produto, o mercado, e há interseções. Um problema é a autonomia desses subcampos: o estudo empírico bate de frente com muitas dificuldades porque um campo pode ser autônomo apesar de estar em interseção parcial, num de seus setores, com outros campos. Isso não é simples, mas permite formular questões rigorosas. Eu não vou desenvolver isso, mas em última instância temos a própria empresa que seria o subcampo dentro do subcampo do ramo. Eu remeto vocês a esse ponto no artigo "Le patronat" que coloca problemas importantes do ponto de vista teórico, já que a economia clássica tende a tratar a empresa como um agente. Quando a economia clássica diz que há domicílios, que há empresas, elas são consideradas agentes, e todo tipo de discursos psicossociológicos (ou uma espécie de sociologia desvairada que os economistas produzem quando se sentem desconfortáveis com seus conceitos) levam a dizer: "A empresa é um sujeito econômico". Assim, existe uma tradição de "sociologia" (coloco a palavra entre aspas, mas ela existe socialmente como sociologia) nos Estados Unidos que consiste em estudos de caso (*case studies*) que têm como objetivo fazer a genealogia histórica de uma decisão[209]. Eles formulam a questão de saber quem decide economicamente, quem é o sujeito dos atos econômicos, assim como eu perguntei quem era o sujeito da lista de vencedores, quem julgou. Para a economia, a resposta do senso comum para a pergunta "Quem decide?" é obviamente: "é o grande Capital", "é Godot!"[210] Se hesito em dizer que os *case studies* são ridículos, é porque seu empirismo já representa um progresso considerável em relação ao pensamento totalitário simplista do tipo "é Godot!"

Por exemplo, no caso da questão de Villette[211], eles farão um estudo para saber quem decide. O perigo desse tipo de interrogação é o pensamento político elemen-

---

209. Nas décadas de 1970 e 1980 começou a aparecer na "sociologia das organizações", e ainda mais na ciência política e nas disciplinas da administração, um número muito grande de estudos de caso frequentemente muito descritivos dedicados às decisões. Para um exemplo muito citado, ver Graham T. Allison, *The essence of decision: explaining the Cuban missile crisis* [*A essência da decisão: explicando a crise dos mísseis de Cuba*]. Boston: Little, Brown, 1971.

210. Referência à peça de Samuel Beckett, *Esperando Godot* (Trad. de F.S. Andrade. São Paulo: Cosacnaify, 2005 [*En attendant Godot*. Paris: Minuit, 1949]), em que dois personagens esperam constantemente a chegada de um certo Godot [N.T.].

211. Provável referência ao "escândalo" que envolveu nas décadas de 1950 e 1960 as decisões do poder público a respeito da restauração dos abatedouros do bairro Villette no nordeste de Paris.

tar em termos de responsáveis[212]. Vocês se lembram do que eu disse sobre a lista de vencedores: seria a mesma coisa para a questão de Villette, o que quer dizer que não há responsável; na verdade, a pergunta "Quem é responsável?" não faz muito sentido. O sujeito das ações econômicas é um campo. É claro que disso resulta que aqueles que dominam o campo são mais responsáveis do que aqueles que são dominados pelo campo, mas dizer isso é completamente diferente de dizer: "o responsável é fulano: é preciso enforcá-lo". A busca do sujeito das ações econômicas – é por isso que a sociologia é uma ciência moral querendo ou não – dissolve imediatamente *o* sujeito, e a primeira coisa que a sociologia aprende é que há uma infinidade de sujeitos, o que é muito complicado: falamos de influências, fazemos a *network analysis* [análise de redes] que faz as redes surgirem, estudamos as agendas, os cadernos de endereços, vemos as conexões e, passo a passo, encontramos a totalidade do espaço social com uma rede de relações objetivas na qual certas instituições ou certos agentes têm um peso estrutural maior e portanto são mais responsáveis. Mas é o espaço em seu conjunto que funciona como sujeito desse espaço.

Apesar de chegar um pouco por acaso na minha aula, esse ponto é importante: ele vai contra uma tendência espontânea, talvez constituída sociologicamente, da pesquisa. Em particular, a pesquisa histórica é quase sempre inspirada pela busca dos responsáveis. Não é por acaso que a história, tal como ela se veicula na mídia, é muitas vezes uma história de "casos" ["*affaires*"] e, com frequência, a busca de causas não passa de uma maneira de buscar responsáveis; buscar as causas da Revolução Francesa quase não é melhor do que perguntar: "De quem é a culpa por terem existido campos de concentração?" Um progresso importante que a análise em termos de campo impõe é que as ações sociais são ações sem sujeito – mas não no sentido que o estruturalismo dizia na década de 1960 –, ações cujo sujeito é um conjunto de agentes estruturados, submetidos a coerções coletivas. O menos falso é dizer: "o sujeito é o campo", ou seja, é o conjunto de agentes que são responsáveis. Às vezes eles podem fazer um pequeno clinâmen[213], mas

---

Esse "escândalo" levou a uma comissão de investigação parlamentar em 1970. O curso de P. Bourdieu aconteceu nos anos em que se construíram, no antigo local dos abatedouros, um parque e edifícios culturais, cuja construção, especialmente no caso da Cidade da Música, foi decidida pelo governo socialista que chegou ao poder em 1981.

212. P. Bourdieu já mencionara esse tipo de pensamento no curso do ano anterior (ver *Sociologia geral volume 2, op. cit.*, p. 148-149 [350-351]).

213. Conceito criado por Lucrécio para designar, seguindo a teoria atomista de Epicuro, um desvio imprevisível dos átomos em seu movimento no vazio que geraria as colisões necessárias para a

são responsáveis cada um em seu lugar, na proporção de seu peso numa estrutura que comanda aquilo que podem enxergar, aquilo que podem saber, aquilo que podem compreender e, ao mesmo tempo, os limites de sua cumplicidade e também de sua ruptura. Às vezes, toda a responsabilidade pode consistir em dizer: "Não, não aceito isso"; isso pode ser um grão de areia – bom, a moral é assim... Mas eu acho que isso é importante porque essa espécie de moralização, que é uma dramatização do problema, impede a constituição rigorosa do objeto. Se vocês abrirem os livros de história, verão que a busca do responsável – para o bem ou para o mal – está no princípio de muitas pesquisas que chamamos de história. Diremos que "O Louvre foi feito por fulano", um arquiteto ou um rei. A busca do responsável na arte é parecida: será Giotto ou Leonardo da Vinci, mas é preciso ter um responsável.

Eu demorei um pouco, mas isso é importante do ponto de vista desse tipo de psicanálise do espírito científico[214] que me proponho constantemente a fazer neste curso. Volto muito rapidamente à questão apresentada: sim, é claro, a empresa é um campo, mas quem é o sujeito da decisão econômica? Pode-se dizer que não é o patrão, mas a "eminência parda", o que consiste em deslocar o "verdadeiro responsável", como os historiadores muitas vezes se matam para conseguir, por exemplo ao dizer que não era Louvois[215] e sim a amante de Louvois, o que estritamente não tem nenhum interesse. Da mesma maneira, eles perguntam: "Mas isso começou quando?" Aqui vou dizer uma maldade contra os historiadores (mas a história é certamente a disciplina na qual me sinto melhor, melhor do que na sociologia): a lei do campo de produção cultural, que, no estado avançado, sempre é de ir além (como se diz "você está além do além"[216], "estou além da vanguarda mais avançada"), leva os historiadores a buscar o "além do além" de trás para a frente [*risos*]; eles buscam o autor do primeiro diário, das primeiras memórias, um diz "foi Rousseau!", outro diz "não, foi Montaigne!", recuam até o século IV antes de Cristo e... quem estiver mais longe ganha [*risos na sala*]! Uma parte enorme do

---

produção da matéria. O termo passou a ter uma conotação de "inclinação, tendência", utilizada por P. Bourdieu nesta instância [N.T.].

214. Alusão a G. Bachelard, *A formação do espírito científico*, *op. cit.*

215. François Michel Le Tellier (1639-1691), Marquês de Louvois, foi ministro e conselheiro do monarca francês Luís XIV [N.T.].

216. P. Bourdieu indica em outras ocasiões que essa frase irônica ("além do além") vem da história em quadrinhos *Achille Talon*, criada pelo cartunista Greg [Michel Régnier] na década de 1960.

trabalho histórico (eu poderia citar bibliografias) não tem outro princípio que não isso que acabo de descrever. Vejam: a sociologia é libertadora (quando se diz que ela é determinista, isso é falso) porque enxergamos imediatamente que há armadilhas nas quais não se deve cair.

Para terminar com a noção de campo: a empresa é, portanto, um campo de forças no qual há posições. Por exemplo, nas empresas francesas teremos competências e poderemos dizer, como fez o autor da pergunta, que vamos ter os vendedores, as pessoas da produção, os pesquisadores etc. Mas há também o princípio de posição: há competências garantidas estatutariamente, quer dizer, os títulos das *Grandes Écoles* e os clãs ligados a esses títulos (politécnicos etc.). Essas diferentes formas de capital, ou seja, de poder no campo e sobre o campo, vão se enfrentar a respeito de toda decisão, mas quase sempre (nem sempre, é preciso prestar atenção) haverá um autor aparente da decisão. É por isso que as armadilhas sociais são, de qualquer forma, especialmente sutis. Eu acho que as ações sociais quase sempre têm como sujeito os campos.

Retomemos um outro exemplo diferente: a família. Isso é um campo e os cabilas sabem muito bem que uma decisão matrimonial importante só pode ter o homem como sujeito, e todo o trabalho da mulher, que muitas vezes foi quem decidiu tudo, é fazer acreditar que foi o marido que decidiu, senão isso não é mais uma decisão[217]. Essa lei importante estende o que eu disse na última aula sobre a necessidade de "se pôr em regra". É por isso que a armadilha para historiadores funciona tão bem: o sujeito pode ser um coletivo, desde que se entenda que é o patrão que decide e que é fundamental que num certo momento alguém pareça ter tomado a decisão. Isso não quer dizer que essa aparência não seja nada – nunca é simples. Às vezes, dizemos que o sujeito aparente não passa de um sujeito aparente, que o sujeito é uma rede ou um campo e que é ridículo procurar uma eminência parda, ou ainda se interessar por amantes, mas o campo literário, por exemplo, sofre influências de campo a campo muito importantes, e se sabemos que através dos salões e das mulheres é a influência do campo do poder que se exerce sobre o campo literário, entendemos algo importante. Dizer que se interessar pelos problemas da história anedótica não faz sentido, portanto, também é uma besteira... Os campos são sujeitos reais, mas, em muitas circunstâncias, faz diferença que a decisão, em sua manifestação oficial, apareça como a decisão de um homem. Esse

217. Pierre Bourdieu, "La parenté comme représentation et comme volonté", *art. cit.*

último ponto, aliás, é controlado socialmente e varia dependendo dos momentos, das sociedades etc.: uma propriedade dos campos que é preciso interrogar é o grau em que o campo designa, ou designa a si mesmo, a autogestão, ou em que ele estabelece uma pessoa [para tomar] a aparência da decisão. E qual é o efeito específico dessa concentração aparente da decisão? Se refletirmos sobre essas questões, esse é, por exemplo, o problema do carisma ou do gaullismo[218].

Paro por aqui. Gastamos a hora inteira, mas acho que este desvio foi justificado porque me permitiu estender certas análises que eu tinha sugerido a respeito da lista de vencedores, e, ao falar de uma realidade mais distante e abstrata, pude dizer coisas que não tinha dito decentemente sobre um universo do qual vocês e eu fazemos parte.

Segunda hora (seminário): *O processo*, de Kafka (1)

A ideia central da minha proposta, se quiserem, é que em *O processo*[219] Kafka propõe uma espécie de modelo – que obviamente não é constituído enquanto tal, o que cria problemas – do mundo social. Direi logo de partida que Kafka funciona, e continua a funcionar, como um teste projetivo, e aqueles que se aventuram a falar sobre Kafka devem saber que se arriscam a expor muito mais sobre si mesmos do que sobre ele. Aliás, seria muito interessante analisar desse ponto de vista as "leituras" (como se diz...) de Kafka. Com efeito, acho que apesar de nem todos os textos desempenharem esse papel de teste projetivo, os textos mais obscuros certamente funcionam melhor do que os outros. Assim, uma história das leituras dos pré-socráticos seria apaixonante. Trata-se de textos ao mesmo tempo muito antigos e muito obscuros: temos milênios de testes projetivos. Seria uma belíssima história das estruturas mentais... (Creio que a expressão "teste projetivo" seja bem-fundamentada: como as estruturas mentais socialmente constituídas tendem a se projetar, os textos obscuros e antigos receberam toda uma série de leituras sobrepostas. Eu acho que cada época deve expor suas estruturas coletivas ou pelo menos sua forma acadêmica – ainda que os pré-socráticos não tenham sido lidos somente pelos universitários, isso começou bem antes.)

---

218. Corrente política inspirada pelas ideias e pela pessoa de Charles de Gaulle, principal líder militar e político francês das décadas de 1940 a 1960 [N.T.].

219. Franz Kafka, *O processo*. Trad. de M. Carone. São Paulo: Companhia das Letras, 1997 [*Der Prozess*, 1925].

Kafka é divertido nesse ponto. Uma espécie de doxografia poderia tomar como objeto não os textos, mas o que foi dito, postulando que aquilo que foi dito sobre os textos não é nada aleatório e sim expressa estruturas mentais, constitui um documento ou, melhor, uma experimentação social historicamente constituída. Aqui dissipo mais uma vez essa ideia superada segundo a qual "não existe experimentação nas ciências sociais". Na verdade, o mundo social está cheio de experimentações, é preciso apenas constituí-las e analisá-las como tais. Foi isso que fiz na aula passada a respeito da parada de sucessos: eu peguei algo que foi feito e tentei construí-lo de tal maneira que pudéssemos tratá-lo como experimentação, com a única diferença que a experimentação já foi feita por pessoas que não seguiram um protocolo, que não sabem completamente o que fizeram. Várias coisas podem ser constituídas assim.

Kafka contribuiu bastante para a projeção da representação do escritor como *vates* [adivinho, profeta], como profeta ou como precursor (trata-se de uma representação histórica do escritor inventada socialmente – ela não existe em todas as épocas nem em todas as sociedades): enxergou-se em Kafka uma espécie de leitor profético dos totalitarismos, e o adjetivo "kafkiano" tornou-se a designação comum de um certo número de fenômenos. Também se enxergou nele o profeta da burocracia. A leitura que me parece a mais divertida, porque ela é mais provável tendo em vista as chances sociais de se chegar à leitura de Kafka, é aquela que consiste em ver em Kafka o porta-voz de uma espécie de revolta da pessoa, do homem livre etc., contra todas as formas de repressão burocrática. Recebi muito recentemente um texto que me pareceu formular ingenuamente uma das leituras mais comuns, ou seja, a indignação moral das pessoas que se sentem importantes, que são consagradas socialmente como personalidades, diante dos poderes de tipo burocrático exercidos por pessoas sem qualidade. Eu nunca tinha pensado nisso, mas me parece muito divertido e interessante: a indignação da personalidade detida por um policial qualquer. A autoanálise é interessante: [os defensores] dessa leitura assinalam que, em Kafka, os detentores do poder são anônimos, mas sobretudo indignos e grosseiros: o pintor ama as menininhas, o juiz lê romances pornográficos escondidos no Código Civil etc. Essa espécie de revolta, no fundo, é a do intelectual que faz seu serviço militar; é o suboficial etc. Eu a apresento então como um dos testes projetivos, um efeito de projeção divertido. É claro que saber disso nos torna prudentes: passamos a prestar atenção no que dizemos porque sabemos que dizemos muito sobre nós mesmos nesse tipo de discursos sobre a literatura que podem ser vividos como muito brilhantes.

"Kafka profeta" permite dizer uma coisa importante que eu diria se precisasse fazer uma apresentação longa sobre "sociologia e literatura". Essa é uma questão que se coloca com muita frequência. Na década de 1960 havia muitas dissertações sobre as relações entre filosofia e literatura: O escritor é um filósofo? O filósofo é um escritor? Será que ele pode escrever para expressar uma filosofia? Hoje em dia alguns se interrogam sobre as relações entre a sociologia da vida cotidiana e a literatura. Eu acho que esse é um assunto bom. Sobre a escrita, notei esse problema ano passado em relação ao estilo quando disse que os filósofos constituíram a especificidade de seu estilo e, portanto, de seu capital específico de filósofos no campo da produção cultural ao produzir uma certa feiura estilística que era a garantia da profundidade kantiana[220]. É claro que o sociólogo tem esse problema: se ele faz bonito [ou seja, se escreve com estilo], dizem que ele não é científico; se ele faz feio [ou seja, se escreve de maneira pesada], é criticado, e além disso precisa escrever com as restrições internas específicas de criação de conceitos etc.

Essa é uma maneira de formular a pergunta. Uma outra maneira é dizer, como eu disse de passagem na última aula, que a literatura pode produzir um efeito capital que a frieza da análise não produz: ela pode dramatizar um modelo. No fundo, é para isso que vou me servir de Kafka. Eu não reivindico de modo algum ser um especialista em Kafka, eu me sirvo de Kafka como pretexto para dizer algo sobre Kafka que me parece, apesar de tudo, estar em Kafka, e tentarei mostrar também que há uma relação entre a leitura que faço e a própria existência de Kafka: portanto, de qualquer forma farei sociologia da literatura. Permanecerei na lógica do discurso científico, ou seja, com pretensão de validação, de confirmação ou de refutação, mas afirmo que essa leitura de Kafka pode ser produtiva. Kafka propõe um modelo, mas esse modelo é dramático. Ao mesmo tempo, não é um modelo de verdade e a virtude pedagógica desse modelo se deve ao fato de ele não estar completamente objetivado e de alguma maneira não poder ser assinado por um sociólogo digno desse nome à medida que, por exemplo, um motor da produção desse modelo é, acho, uma forma de indignação moral próxima daquela que se expressa na leitura que mencionei há pouco: enquanto judeu culto numa sociedade muito fortemente marcada pelo antissemitismo, Kafka certamente devia ex-

220. Ver a aula de 30 de novembro de 1982, *Sociologia geral volume 2, op. cit.*, p. 217 [435].

perimentar com uma intensidade particular essa experiência muito comum para os intelectuais que sentem sua pessoa como algo irredutível a seu personagem quando se deparam com autoridades burocráticas que a reduzem à sua verdade social: "você é uma pessoa como as outras". Portanto, acho que há no princípio da produção do modelo de Kafka uma forma de indignação que pode estar no princípio de um certo número de detalhes. Por outro lado, o modelo kafkiano se mantém coeso por meio de uma espécie de adesão à experiência particular de Kafka que se manifesta pelo tom, pela indignação.

Entre outras coisas, o sociólogo deve dominar, ou pelo menos objetivar, essas relações de não indiferença que o unem a seu objeto e que são o princípio da adesão que impede a objetivação complexa. Daí o preceito que formulei mais de uma vez este ano: é preciso sempre objetivar o sujeito da objetivação para ter alguma chance de saber o que fazemos quando objetivamos. Em particular, é preciso objetivar o prazer particular que temos ao objetivarmos certos objetos particulares, porque é claro que a objetivação também é praticada nas polêmicas (sempre somos objetivistas para os outros: "você não passa de um..."). Há, portanto, um prazer um tanto lascivo na prática da sociologia: o prazer de objetivar com as garantias e as aparências de cientificidade. Se não sabemos disso e se não objetivamos a objetivação e temos prazer ao objetivar, corremos um enorme risco de objetivar mal, de fazer uma objetivação parcial, ou seja, de ignorar e esquecer de objetivar o local a partir do qual objetivamos. É o que acontece no caso de Kafka. Se seu modelo é dramático, é com certeza porque nele há talento, escrita e invenção, e porque o modelo é uma história. O sociólogo não pode fazer isso. Ao contrário do sociólogo, o romancista tem como profissão contar histórias: ele cria um suspense, uma expectativa, entramos [na obra], nos identificamos com ela, mas através desse viés o modelo permanece ligado a seu motor e não passa de um "modelo" entre aspas (se digo isso, não é simplesmente para marcar a distância da ciência, porque todos os modelos que produzimos a propósito do mundo social são "modelos" entre aspas [...]).

O processo e a busca da identidade

Kafka descreveu um jogo cujo objetivo é a resposta para a pergunta "Quem sou eu?", ou, mais exatamente: "Será que eu sou?" O processo é um *processus* [sequência de eventos], uma maquininha que se estabelece passo a passo. O personagem principal entra nela desde a primeira frase: "Ele certamente foi caluniado"[221]. Assim, antes do começo da obra, há um juízo simbólico, uma acusação, um ato de categorização, *categorestein*: ele foi acusado publicamente... A calúnia é uma forma de acusação muito especial. Seria preciso ver o que a separa de uma acusação pública pronunciada por um juiz ou um tribunal, e a questão é saber quem tem o direito de julgar. A calúnia é uma acusação subterrânea pronunciada sob formas não oficiais. Ela está para o veredito de um tribunal como a feitiçaria está para a religião, segundo Durkheim – Durkheim dizia que a feitiçaria está do lado das sombras, da noite, fora do espaço oficial, enquanto a religião é pública, oficial[222], diante de todos e com o consenso *omnium*: para poder se mostrar para todo mundo é preciso ser reconhecido e conhecido por todos. Temos no começo um veredito que é como o pecado original, mas isso começou antes: ele foi caluniado e carrega essa espécie de placa nas costas. O elo com a identidade judaica, que todos os comentadores enxergaram, é tão evidente que não vale a pena insistir nisso.

Depois dessa coisa começar, o herói está preso no jogo: ele não pode mais zombar dele, e para ele a questão se torna: "Sou acusado justa ou injustamente?", "Quem me dirá se sou acusado justa ou injustamente?", "Quem me dirá se sou mesmo acusado?", portanto "Quem me dirá o que sou, ou seja, inocente ou culpado?" e, num grau superior, "Quem me dirá quem sou?" Através desse modelo dramatizado de um jogo que tem como objetivo saber o que e quem sou, Kafka oferece uma visão unilateral – Weber chamaria de tipo ideal – na qual acentuo um perfil, uma realidade... Weber fala de *Vielseitigkeit*, uma pluralidade de aspectos: o mundo social tem uma pluralidade de aspectos, eu observo um perfil e vou privilegiá-lo e acentuá-lo – isso é um tipo ideal[223]. Kafka propõe uma visão ideal-tí-

221. "Alguém certamente havia caluniado Josef K. pois uma manhã ele foi detido sem ter feito mal algum" (Franz Kafka, *O processo*, *op. cit.*, p. 9).

222. É. Durkheim, *As formas elementares da vida religiosa*, *op. cit.*, p. 27-30 [60-63].

223. "Obtém-se um tipo ideal mediante a *acentuação* unilateral de *um ou vários* pontos de vista, e mediante o encadeamento de grande quantidade de fenômenos *isoladamente* dados, difusos e discretos, que podem ocorrer em maior ou menor número ou mesmo nunca, e que se ordenam segundo pontos de vista unilateralmente acentuados, formando um quadro homogêneo *de pensamento*. Torna-se impossível encontrar empiricamente na realidade esse quadro, na sua pureza conceitual, pois trata-se de uma *utopia*. A atividade *historiográfica* defronta-se com a tarefa de determinar, em cada *caso particular*, a proximidade ou o afastamento entre a realidade e o quadro ideal [...]" (Max Weber, *A "objetividade" do conhecimento nas ciências sociais*. Trad. de G. Cohn. São Paulo: Ática, 2006, p. 73 ["Die 'Objektivität' Sozialwissenschaftlicher und sozialpolitischer Erkenntnis", 1904]).

pica do mundo social como mundo no qual aquilo que está em jogo é saber o que eu sou e mesmo se sou. Será que alguém a quem o mundo social sequer diz quem é pode existir? Será que posso existir se as instâncias encarregadas de me dizerem o que eu sou e se sou não me dizem, se não sei onde elas estão, se não sei encontrá-las? Assim, a máquina está em movimento e *O processo* é o *processus* desse caminho para encontrar o verdadeiro tribunal com um movimento permanente para sair do jogo e dizer: "Eu só sou elegível para esse julgamento enquanto corro atrás dele". Se digo "estou me lixando", eu saio, isso não me domina mais. O herói fala várias vezes: "Mas, no fundo, sou livre". Isso é muito importante: isso lembra a fundamentação na *illusio* de todos os jogos sociais. No limite, poderíamos citar Hegel e a dialética do senhor e do escravo... (Eu emprego esses termos metafísicos com um tom desencantado e irônico porque eles costumam ser usados com um tom que me irrita, mas isso não quer dizer que isto não seja verdade: é muito complicado, sou obrigado a dizer isso, senão crio efeitos de persuasão clandestina que não correspondem ao efeito que quero produzir; posso criar um efeito de persuasão clandestina, mas apenas quando ele está de acordo com minhas intenções.)

A palavra-chave de um jogo cujo objetivo é saber quem sou, e ao mesmo tempo saber quem me dirá verdadeiramente quem sou, é a palavra "veredito", que quer dizer *veridictum*, "aquilo que é verdadeiramente dito": Quem pode dizer verdadeiramente quem sou? E quem julgará a legitimidade do juiz? Quem será o juiz do direito de julgar? É claro que esse jogo é um modelo da existência humana. Um dos objetivos da existência humana é o objetivo do capital simbólico que é no fundo a identidade que é aquilo que os outros dizem sobre o que sou. Dizer "você é nulo e inválido" é dizer que você não existe. Há uma maneira de o mundo social escotomizar, como dizem os psicanalistas, ou seja, anular: "Eu nem sequer percebo você", "Você não é perceptível para mim, você passa despercebido". A excomunhão é assim uma maneira de mandar para as trevas exteriores, de colocar fora do jogo: "Você nem sequer existe nesse jogo, você não tem lugar". É o pária. Seria preciso fazer uma sociologia comparada das estratégias empregadas pelas diferentes sociedades para anular simbolicamente as pessoas que não se conformam às representações dominantes do que é preciso ser para existir de maneira legítima. A questão é a da existência legítima: é a oficialidade, o direito de existir oficialmente, de ser conhecido e reconhecido. Em outras palavras, é um modelo do jogo social como jogo da verdade, um modelo do jogo social como jogo no qual minha verdade está em jogo.

Se a sociologia exaspera, sobretudo aquela desenvolvida há uns 20 anos com todo um trabalho coletivo do qual tento apresentar uma forma sintética (o trabalho objetivo dos sociólogos interacionistas americanos, dos etnometodólogos, de um certo número de sociolinguistas e de filósofos da linguagem etc.), é porque ela faz aparecer que aquilo que está em jogo no mundo social não é simplesmente o poder, nem o capital econômico nem a dominação econômica. Todas essas pessoas que chamaram a atenção para o papel determinante do simbólico nas trocas sociais revelam um objetivo em última instância muito mais vital, que trata da própria existência dos agentes sociais. Como resultado, essa sociologia irrita particularmente as pessoas ligadas a uma filosofia personalista do sujeito. Um certo tipo de exasperação que meu discurso provoca é muito justificado para alguém que esteja numa visão personalista do mundo, que deseje absolutamente existir enquanto "eu". Não há nada mais terrível. Aliás, essas pessoas estão entre os leitores mais assíduos de Kafka – eles obviamente não enxergam isso que descrevo… O objetivo é exatamente existir enquanto pessoa, e é o mundo social que diz para nós se somos uma pessoa no sentido positivo ou negativo: "Será que você existe?" A resposta mais absoluta está nas mãos do mundo social.

Vou agora passar para coisas mais precisas, mas acho que disse o essencial no começo. Uma passagem típica do que acabo de dizer é uma conversa com o comerciante Block – que todos os comentadores notaram ser judeu. Block está instalado permanentemente na casa do advogado que também é o advogado de K. Para K., as oscilações da *illusio* se manifestam nas suas relações muito complicadas com seu advogado: quando ele entra no jogo, corteja o advogado, mas quando se cansa, diz: "vou sair" e esquece o advogado. Já Block é o alienado permanente. É a *illusio* permanente, a *illusio* transformada em homem: ele acredita, ele dorme na casa do advogado, o que é muito simbólico. É a citação de Hegel agora há pouco: ele se entrega inteiro ao jogo. Dia e noite, ele está na justiça, ele se deita aos pés do advogado, que toca um sininho quando chega. É o limite da alienação, pois isso que descrevo é uma forma de alienação; o jogo da *illusio* também quer dizer alienação. Block está preso no jogo. K. começa desprezando-o completamente, em parte por estar preso em sua alienação, mas depois, num certo momento, passa a consultar esse alienado perfeito que sabe muita coisa. Pouco a pouco, o estatuto de Block muda: à medida que K. cai no jogo, ele passa a enxergar um "ancião" – é como no exército, os veteranos são muito importantes. Isso que digo é um modelo, não é uma análise desvairada. Poderíamos fazer muitas analogias com o mundo militar. Goffman diz que o asilo exerce um "efeito de asilização": essas instituições totalitárias onde é muito duro viver produzem um efeito sobre as pessoas que assimilam por meio do qual os agentes se assimilam à instituição, se identificam com ela e acabam como peixes n'água dentro dela[224]. Block é um "asilizado" do asilo jurídico, ele está completamente identificado. K., que ainda é um novato, é o *bizut*[225] – os ritos de instituição, os ritos de entrada nas *Grandes Écoles* e as turmas preparatórias são ritos de asilização. Ele vai continuar sua "*taupe*", é o primeiro semestre e ele se relaciona com um "*bica*", um asilizado. Ele o despreza um pouco porque obviamente enxerga a asilização, que tem sinais exteriores e se manifesta por uma espécie de resignação aos caprichos da instituição. As instituições mais totais exigem a submissão absoluta do eu à instituição. O novato, o neófito, para usar a analogia com a instituição religiosa, enxerga bem esses sinais de asilização e os despreza um pouco, mas à medida que ele é tomado pelo jogo, Block torna-se o informante importante: conhece todos os hábitos da instituição, ele sabe que é possível pular a cerca por volta das 4 horas etc. Resumindo, quanto mais K. se asiliza, mais Block cresce. Mas isso é uma digressão.

Num certo momento, acho que K. diz que o mestre (esqueci o nome dele[226]) é um grande advogado, e então Block o coloca em seu lugar: "*Bizut*, você não sabe do que está falando; há toda uma série de advogados – há os grandes, os médios, os pequenos, os rábulas etc." Block diz: "[...] evidentemente qualquer um pode se chamar de 'grande' se quiser, mas neste caso é só a praxe do tribunal que decide"[227]. Para mim, esse é o resumo da tese toda: cada um se dá uma identidade ou se atribui uma pessoa, e o veredito sobre os veredítos individuais é o tribunal

224. Erving Goffman diz retomar uma expressão utilizada a respeito de certos reclusos em hospitais psiquiátricos, onde alguns pacientes são chamados de "asilizados" que sofreriam de "*hospitalitis*". Para Goffman, a asilização, junto com a tática do "afastamento da situação" e da "intransigência", é uma das estratégias com as quais o indivíduo pode tentar se adaptar a uma instituição totalitária: "[a amostra] do mundo externo [oferecida] pelo estabelecimento é considerad[a] pelo internado como o todo, e uma existência estável, relativamente [contente], é construída [a partir do] máximo de satisfações possíveis na instituição" (E. Goffman, *Manicômios, prisões e conventos*, *op. cit.*, p. 60 [62], tradução modificada).

225. Antes da [segunda] guerra, nas turmas preparatórias científicas, o termo "*bizut*" designava um aluno de primeiro ano. P. Bourdieu continua a analogia nas linhas seguintes: um "*bica*" era um aluno que repetia o segundo ano, o ano da "*taupe*" [literalmente, "toupeira", gíria escolar utilizada para se referir a alunos preparando-se para entrar na Escola Politécnica – N.T.].

226. O advogado se chama Doutor Huld.

227. F. Kafka, *O processo*, *op. cit.*, p. 218.

supremo, é a última instância[228]. O problema é, portanto, saber quem terá a última palavra quando se trata de dizer quem sou: Quem será o juiz da hierarquia de juízes? Esse é o mito da última instância. É por isso, como sugeri na última aula, que a sociologia e a teologia se parecem bastante. Não é por acaso que podemos fazer ao mesmo tempo uma leitura teológica de Kafka e uma leitura sociológica do tipo que proponho (e que é proposta muito raramente porque a imagem que temos de Kafka e de toda a literatura é de que não podemos lê-lo sociologicamente). Eu acho que as leituras sociológica e teológica podem se sobrepor perfeitamente na medida em que há em nossa relação com o mundo social uma questão fundamentalmente teológica: a de saber quem me dirá realmente quem sou. Podemos dizer que será Deus, mas também podemos dizer, como Durkheim, que "Deus é a sociedade"[229]. É ela que tem o poder de nomeação – o termo "nomeação" é importante. É ela que tem o poder de dizer: "É um escritor", "é um grande sociólogo", "é um grande teólogo". E esse poder é tal que posso dizer: "Não sou eu quem digo, não sou eu que me consagro". Como eu disse na última aula, Napoleão representa o grau zero da legitimação quando coloca sozinho a coroa na sua cabeça: quando alguém diz que é o maior, somos particularmente levados a suspeitar da objetividade do juízo; ele tem um interesse grande demais nisso para que não suspeitemos que seu juízo seja interessado. Quanto mais distantes os vereditos, mais legítimos eles são. No campo literário, todo mundo sabe que há trocas de resenhas, mas os circuitos curtos (X escreve sobre Y, depois Y escreve sobre X) têm pouca legitimidade; os circuitos de grande legitimação são os mais longos. A instância suprema seria uma espécie de instância anônima e coletiva, que seria o consenso *omnium*: o veredito absoluto é o *consensus omnium*, essa espécie de encarnação de Deus no mundo como detentor da verdade absoluta sem nada além disso. Assim, a leitura teológica e a sociológica não são antagônicas, e sim absolutamente passíveis de sobreposição.

228. Esse é o título que P. Bourdieu dará a seu artigo sobre Kafka ("La dernière instance", *art. cit.*).

229. "[...] se existe uma moral, um sistema de deveres e obrigações, é preciso que a sociedade seja uma entidade moral qualitativamente distinta das individualidades que ela engloba e de cuja síntese resulta. Pode-se observar a analogia que existe entre esse raciocínio e aquele pelo qual Kant demonstra a existência de Deus. Kant postula Deus porque, sem essa hipótese, a moral seria ininteligível. [...] Entre Deus e a sociedade, é preciso escolher. [...] Acrescento que, de meu ponto de vista, tal escolha me deixa bem indiferente, pois não vejo na divindade mais do que a sociedade transfigurada e concebida simbolicamente" (É. Durkheim, *Sociologia e filosofia*, *op. cit.*, p. 64-65 [74-75]).

Agora, mais concretamente sobre esse jogo de identidade que tratei de modo muito abstrato, voltemos ao jogo dos escritores que descrevi na última aula: Quem pode dizer que sou escritor? Quem pode dizer que sou o melhor escritor? Será que sou o mais bem posicionado para dizer que sou o melhor escritor? De modo mais amplo, na vida cotidiana, quem tem o direito de dizer quem sou? Quem tem o direito de dizer sobre os outros que eles são verdadeiramente o que são? Esse é o problema da injúria que abordei há três anos[230]. Quando eu digo para alguém "Você não passa disso ou daquilo", eu só engajo a mim mesmo; e ele pode retrucar "Você também". Isso pode ser devolvido ou, como dizia Heráclito[231], *idios logos*, quer dizer, um discurso singular, sem força social, em oposição ao discurso legítimo que é *koinos*, comum, ou seja, sancionado pela comunidade e que, por ser comum, pode se exibir na coletividade, pode se dizer publicamente com a sanção do grupo. Trata-se então da oposição entre a calúnia singular e o tribunal que profere um julgamento diante de todos, da oposição entre os juízos singulares e os juízos de pretensão universal, entre a maldição – ou a maledicência – e a nomeação oficial.

Quero insistir um pouco nas palavras "maldição" ["*malédiction*"] e "maledicência" ["*médisance*"]. Às vezes é importante jogar com as palavras. Em "maldizer" ["*médire*"] podemos sentir "amaldiçoar" ["*maudire*"] e, entretanto, não enxergamos a conexão. Na verdade, eu acho que a maldição não passa do limite da maledicência. A maldição é a bênção que invertemos. Nos dois casos, são tentativas de agir através do verbo – segundo a definição do performativo em Austin, são tentativas de fazer coisas com palavras, exercer forças por meio das palavras[232]. A maledicência é uma forma rotinizada e laicizada da maldição. Quando alguém diz: "O livrinho do fulano é um lixo, não vale nada etc.", isso é uma forma de maldição. Há uma espécie de vontade de ferir, de destruir, de atacar seu capital simbólico, de desacreditá-lo (em "desacreditar", existe "crédito"), ou seja, de matá-lo simbolicamente. A maldição é o limite do uso mágico das palavras para matar. Ela está

230. Ver a primeira aula de 1981-1982, P. Bourdieu, *Sociologia geral volume 1*, *op. cit.*, especialmente p. 28-40 [26-41].

231. Isso pode se tratar de uma referência ao seguinte fragmento: "Por isso, é preciso seguir o-que-é-com, isto é, o comum; pois o comum é o-que-é-com. Mas, o *logos* sendo o-que-é-com, vivem os homens como se tivessem uma inteligência particular" (Heráclito, citado segundo Sexto Empírico. *In*: *Os pensadores*, vol. I. Trad. de J.C. Souza. São Paulo: Abril Cultural, 1973, p. 85).

232. John L. Austin, *Quando dizer é fazer*. Trad. de D.M. Souza Filho. Porto Alegre: Artes Médicas, 1990 [*How to do things with words*. Oxford: Clarendon Press, 1962].

separada da maledicência por meio da lógica do espaço no qual ela se produz: ela ainda depende de um universo onde se acredita na magia, onde as ações de tipo mágico são reconhecidas socialmente como legítimas, e até quase publicáveis – ainda que a magia sempre seja feita um pouco escondida. A maldição está ligada às sociedades nas quais as ações de violência simbólica contra outras pessoas podem ser exibidas. Nas sociedades laicizadas, teremos a maledicência. Eu acho que é importante constituir a classe maldição/maledicência para compreender melhor a maledicência e não passar rápido demais sobre o que é a calúnia, a fofoca, o boato: são ações sociais pelas quais os agentes trabalham para manipular sua identidade ao manipular a identidade dos outros, para se valorizar enquanto desvalorizam os outros, para criar a desconfiança – os cabilas não param de falar sobre o problema da desconfiança: o homem de honra é aquele que está protegido de toda desconfiança, que mata a desconfiança antes mesmo que ela possa ser formulada, que atira a desconfiança para aquilo que deixa as sociedades masculinas vulneráveis, ou seja, as mulheres etc. A desconfiança, a fofoca, os boatos são pequenos assassinatos. É a forma infinitesimal daquilo que a maldição é a forma acumulada e ostentada. De toda uma série de trabalhos, em particular sob direção de Mary Douglas, uma antropóloga inglesa, sobre o problema da feitiçaria e de um conjunto de livros de encontros entre especialistas de sociedades diferentes[233], parece surgir uma lei geral segundo a qual o recurso à maldição e às técnicas de tipo mágico, de feitiçaria, é mais difundido nas sociedades em que a insegurança e a concorrência são máximas. Essas sociedades de alta concorrência e de jogos pouco objetivados são, em outros termos, universos nos quais a competição pelos costumes e pelos valores é muito forte, e as garantias objetivas do sucesso dessa competição não estão claras; não há um tribunal instituído para dizer quem ganhou e quem perdeu, não há uma classificação objetivada.

O reconhecimento nos campos fracamente objetivados

Vejam aonde quero chegar: isso se parece muito com o campo intelectual tal como eu o descrevi. O campo intelectual é um universo de alta competição por objetivos absolutamente vitais: "Quem sou eu?", "O que sou eu?", "Eu sou um escritor?", "Tenho o direito de me chamar de escritor ou será que não sou nada?"

233. Especialmente Mary Douglas (org.), *Witchcraft: confessions and accusations* [*Bruxaria: confissões e acusações*]. Nova York: Tavistock, 1970.

Esses são universos de tudo ou nada. Por outro lado, a competição neles é muito forte por objetivos muito vitais, mais vitais do que a vida, como se diz, já que se pode morrer por sua obra (vejam as hagiografias). Faz parte das propriedades objetivas desses universos propor objetivos tão vitais que podemos morrer para atingi-los. Ao mesmo tempo, o grau de sucesso da luta para alcançar esses objetivos é absolutamente incerto e os agentes sociais são largados na incerteza total sobre seu sucesso. Voltemos ao universo de *O processo*: tudo nele é feito para que o herói K. jamais saiba onde está. Portanto, são universos onde se jogam coisas vitais: K. será executado no final, ele nunca sabe onde está e ninguém pode dizer isso para ele. Há uma espécie de incerteza objetiva: chegamos a uma definição do jogo patética e trágica. Esse é um estado particular dos campos: estes são jogos nos quais jogamos com coisas vitais, definitivas, numa competição muito forte e com uma incerteza quase absoluta. É claro que entendemos que as pessoas tenham sido capazes de ler o campo de concentração em Kafka, mas a imagem do campo de concentração desviou o olhar e fez esquecer que isso está na vida cotidiana de um monte de jogos de alto risco, de alta incerteza, de objetivos vitais e com vereditos de institucionalização muito fraca.

Sobre a lista de vencedores, eu disse antes que o que é extraordinário é que ela seja a única lista. Por exemplo, quando trabalhei com os professores de ensino superior, procurei uma classificação objetiva que não pudesse ser contestada, que fosse pública, do que é bom e ruim num universo onde todo mundo luta para saber quem é bom e quem é ruim, quem existe e quem não existe[234]. Mas ela não existe, e isso é um fato social. Meu primeiro movimento foi substituir o mundo social por mim enquanto sociólogo: "Eu vou criar uma classificação o mais objetiva possível usando os relatórios do CNRS[235], as citações nas revistas internacionais. Vou fazer o *veredictum*, vou, enquanto cientista, acertar as contas – não no sentido econômico –, vou dizer o que é". Graças a Deus, depois eu pensei: "Mas com que direito vou substituir o mundo social por mim enquanto pesquisador?" Se isso é interessante cientificamente, eu acho que é preciso fazer a classificação, mas sabendo que o que é importante é que, na objetividade, ela não existe. Em outras palavras, eu posso instituir essa classificação e tratá-la como princípio explicativo.

234. Ver P. Bourdieu, *Homo academicus, op. cit.*, p. 35ss. [26ss.].

235. Centro Nacional de Pesquisa Científica, a principal organização estatal de pesquisa científica da França [N.T.].

De fato, essa classificação que todo mundo conhece, mas que não existe – já falei bastante sobre isso na última aula – é o princípio explicativo de muitas práticas. É o verdadeiro princípio justificativo das práticas, do grau de garantia – essa é uma palavra fundamental: garantia sobre o futuro, garantia objetiva, garantia subjetiva etc. Mas também é importante saber que ele não existe objetivamente e que uma parte dos fenômenos mais característicos do universo resulta disso, como a angústia ou a propensão particularmente marcada à maldição. Eu me lembro de um homem de negócios que me disse que não havia ninguém mais maldoso do que os intelectuais. Esse é um juízo muito ingênuo, mas está na lógica do que eu dizia esta manhã e contém uma parte de verdade: esses são universos nos quais jogamos com nossa identidade e, portanto, com a identidade das outras pessoas. É um jogo pela vida e pela morte simbólica. Uma parte enorme das coisas que se trocam sob a forma de resenhas críticas (lembro vocês do que eu disse esta manhã) são assassinatos simbólicos; estamos todos rodeados de criminosos simbólicos.

Eu acho que o que é preciso que vocês lembrem é que esses são jogos de risco muito alto e de incerteza muito alta. Vocês vão dizer que aqui sou eu que estou me projetando e me perguntar com que direito proponho essa leitura projetiva e enviesada de Kafka. Vou resolver a situação muito facilmente graças ao livro de Unseld[236]. Eu acho que esse livro é muito importante porque ele rompe pela primeira vez com um aspecto central da mitologia a respeito de Kafka: Kafka teria ordenado a seu amigo Max Brod que queimasse seus manuscritos. Unseld mostra muito bem que Kafka deu essa ordem para alguém que já tinha jurado cem vezes que não o faria. Isso que digo parece polêmico, na vida as coisas não são assim… Mas é uma espécie de mito muito interessante, que deve ser compreendido enquanto tal, que devemos entender de forma não ingênua. Por serem pessoas de culto, as pessoas que escrevem sobre a literatura celebram essa espécie de ingenuidade que denuncio quando digo um pouco maldosamente "pela vida e pela morte". Essa ingenuidade dos celebrantes os impede de enxergar o que essa frase realmente contém… Não é qualquer coisa: nem todos os autores pedem para os executores de seu testamento queimarem seus livros, e isso é até relativamente raro. Mas isso não quer dizer que devemos tomar essa afirmação literalmente. Todo escritor se coloca a pergunta de saber quem é, se ele existe como escritor, mas essa questão

236. Joachim Unseld, *Franz Kafka – Ein Schriftstellerleben* [*Franz Kafka: uma vida de escritor*]. Munique: Fischer, 1982.

se colocava particularmente para Kafka e todo o livro de Unseld tende a dizer que a existência enquanto escritor ("Será que sou escritor? E quem me dirá se sou escritor?") foi a obsessão da vida de Kafka. Unseld descreve, por exemplo, esses movimentos pendulares da existência de Kafka com o movimento permanente, que se repete várias vezes entre os períodos que correspondem a uma dúvida sobre a questão de saber se ele é escritor – são os períodos em que ele noivou, se casou, se identificou com a expectativa objetiva de sua família, de sua mãe que queria que ele fosse um homem sério e casado – e os períodos opostos de exaltação literária, de escrita e de produção.

A explicação por meio da relação de Kafka com o campo literário não é explicativa de tudo, mas a existência literária de Kafka está de qualquer forma em relação direta com essa espécie de modelo que ela nos propõe. Em última instância, o que está em jogo é a relação de Kafka com seu editor. No fundo, o tribunal supremo, na experiência do escritor, corresponde à experiência com um editor que o publica, que o faz passar da virtualidade para a existência[237], que tem o poder de consagrá-lo como escritor, especialmente quanto mais ele mesmo for consagrado enquanto editor pelo fato de ter publicado grandes escritores. O editor concede um *imprimatur*[238]; ao colocar "Éditions de Minuit" sob o título, ele consagra o autor como um escritor e, nesse sentido, ele é Godot, é a última instância. Ora, as relações pendulares de Kafka coincidem com suas relações com os editores. Kafka viveu sua relação com o meio literário como algo dramático, uma espécie de busca teológica do reconhecimento enquanto escritor: "Quem me dirá que sou realmente um escritor?" Por exemplo, e isso é muito interessante, seus amigos lhe diziam: "Isso é bom, isso que você faz é formidável", mas ele sempre desconfiava da validade desse juízo. Isso é absolutamente o oposto dos clubes de admiração mútua da *Nouvel Obs*... Ele entendia: "Meu amigo me diz isso porque é gentil e não porque isso é verdade". Era preciso, portanto, uma instância o mais distante possível dele, com interesses objetivos e materializáveis sob forma de custos. Esse ponto é muito importante porque um editor que publica assume um risco financeiro, ou seja, sério, no sentido de que ele se engaja, arrisca seu pescoço, assume

237. P. Bourdieu fará dessa observação o ponto de partida de sua análise da edição em 1999: "O editor é aquele que tem o extraordinário poder de assegurar a *publicação*, ou seja, de fazer com que um texto e um autor tenham acesso à existência *pública* (Öffentlichkeit), conhecida e reconhecida" (P. Bourdieu, "Uma revolução conservadora na edição", *art. cit.*, p. 199 [3]).

238. Referência à permissão de impressão concedida pela Igreja Católica [N.T.].

um risco. Era essa espécie de veredito que Kafka perseguia de maneira patética. No fundo, está em jogo o problema da garantia: "Quem vai me garantir que sou certamente um escritor?", "Quem vai me dizer que sou um autor publicável?", "Quem vai publicar que sou publicável?", "Quem vai dizer publicamente com uma autoridade reconhecida publicamente que Kafka é um escritor?"

É evidente que esse é um problema que se coloca particularmente na situação dos escritores de vanguarda: não é por acaso que as vanguardas sempre funcionam como clubes de admiração mútua[239]. Seus adversários enxergam bem esse lado circular, mas elas precisam funcionar dessa maneira quase por definição, o que não quer dizer que não tenham a nostalgia patética do reconhecimento por aqueles que denunciam. Eu já entrevistei artistas de vanguarda o suficiente para saber que se busca a *coincidentia oppositorum*[240], essa espécie de fantasma da reconciliação que consistiria em pertencer ao mesmo tempo à vanguarda e à Academia. É claro que essa estrutura antagônica é particularmente forte quando estamos predispostos a viver a relação com o mundo social enquanto um judeu segundo esse modelo. Há, portanto, uma sobreposição... Eu acho que isso é muito importante para aqueles que têm visões da causalidade simples e para quem é ou isto ou aquilo: existe uma estrutura disposicional preexistente à entrada no campo literário que explica a maneira de entrar no campo literário e que é reforçada pela estrutura da relação com o campo literário. Em última instância, essa relação patética e trágica com a instância literária suprema, como relação totalmente contraditória, é a reativação de uma relação originária, a relação com o pai – existe a *Carta ao pai*, de Kafka[241] – que será a relação enquanto judeu com a sociedade dominante, à qual se pede a exclusão e a inclusão, e um tipo de inclusão que aqueles que claramente estão inclusos não pedem. Isso leva a uma espécie de anticonformismo que coincide com um conformismo e pode aparecer como con-

---

239. Baseando-se especialmente nas análises de Levin Ludwig Schücking, um especialista em literatura britânica, P. Bourdieu insistira sobre a importância das "sociedades de admiração mútua" nas vanguardas em "Campo intelectual e projeto criador". *In*: *Problemas do estruturalismo*, J. Pouillon *et al.* (orgs.). Trad. de R.M.R. Silva. Rio de Janeiro: Zahar, 1968, p. 105-145 ["Champ intellectuel et projet créateur", *Les Temps modernes*, n. 246, 1966, p. 865-906].

240. "Coincidência dos opostos", ideia associada ao pensamento de Pitágoras de que elementos opostos se complementam em harmonia [N.T.].

241. A *Carta ao pai* é um texto que Franz Kafka escreveu para seu pai, sem enviá-lo, em 1919. Ela foi publicada na década de 1950 (ver Franz Kafka, *Carta ao pai*. Trad. de M. Carone. São Paulo: Companhia das Letras, 1997 [*Brief an den Vater*, 1919]).

formismo para aqueles para quem a questão do conformismo não se coloca. Isso é complicado, mas acho que é o caso.

Para terminar, eu queria dizer simplesmente isto para vocês: se é verdade que a teoria dos campos tem alguma coisa de verdade, então entendemos que alguém que descreva sua experiência de um campo muito particular e literária possa descrever algo de muito universal à medida que, em última instância, sob o ponto de vista que Kafka adotou no começo, ele nos dá uma visão de algo que está em jogo, em graus diferentes, em todos os campos, em todos os momentos. Em última instância, não era necessário enxergar os campos de concentração, a burocracia, Mussolini etc. para escrever seus romances: bastava que ele descrevesse o campo intelectual. O que é muito interessante é que Kafka praticamente só é lido por intelectuais e universitários, mas, no fundo, ninguém antes de mim [*risos*] e do Professor Unseld enxergou que se tratava dos intelectuais. É quase isso que é essencialmente divertido: isso faz refletir sobre o que significa ser intelectual...

Aula de 29 de março de 1984

Primeira hora (aula): o modelo do jogador. – Tendências imanentes à reprodução do mundo social. – A comparação entre sociedades e a continuidade do mundo social. – Diferenciação dos campos e objetivação do capital. – A violência e sua eufemização. – Segunda hora (seminário): *O processo*, de Kafka (2). – A manipulação da illusio e das chances. – O poder e o tempo.

Primeira hora (aula): o modelo do jogador

Tenho diante de mim uma pergunta que na verdade é uma sugestão de resposta. Disseram-me que eu poderia ter invocado a etimologia em favor da análise que propus sobre o interesse. Efetivamente eu tinha pensado nisso, mas não o fiz porque penso que o abuso das referências à etimologia – que não têm nenhum valor de prova – pode levar a excessos que se praticam com frequência. Dito isso, é verdade que a noção de interesse, tal como a etimologia a sugere, é próxima ao que tento dizer: "interessado" é "estar dentro", "estar nisso", "participar disso" e, ao mesmo tempo, "se importar", no sentido de "querer estar nisso" e "estar tomado por aquilo em que participamos"[242]. Nesse sentido, a etimologia reforça a interpretação que ofereci da noção: estar interessado, em latim, é participar de um universo, aderir a ele o bastante para ser tomado por ele; é essa espécie de relação de pertencimento na qual aquele que pertence quer muito aquilo através do qual ele se liga. Essa é exatamente a definição à qual cheguei. Eu poderia ter invocado a etimologia, mas isso não teria adicionado nada à análise. Isso poderia até criar

242. "Interesse" [*intérêt* em francês] vem do latim *interest*, forma impessoal de *interesse*: "estar em", "estar no intervalo", "estar entre", "estar presente", "tomar parte".

uma desconfiança na mente de vocês. Há tantas análises que não têm nenhum fundamento que não seja uma etimologia muitas vezes aproximativa que evito recorrer a ela, exceto quando ela parece se impor, por exemplo, para fundamentar um campo semântico: quando introduzo a noção de *illusio*, invoco a etimologia - nesse caso explicitamente fictícia e imaginária[243] - porque ela permite dar coerência a um sistema conceitual. Da mesma forma, quando constituo a rede de palavras criadas a partir de *doxa* (ortodoxia, heterodoxia, paradoxo, *allodoxia* etc.), creio fazer um uso legítimo da etimologia como suporte de uma rede de relações entre os conceitos. Isso lembra que os conceitos funcionam como sistema e não no estado isolado: quando se propõe um conceito para vocês, sabendo ou não se propõe um sistema de conceitos cuja coerência está no estado de sistema. A definição só existe no estado de sistema. Eis uma justificação.

Como, na última aula, sucumbi à tentação de responder a perguntas muito longamente (dediquei a hora inteira a isso), vou imediatamente passar para a sequência do curso. Senão o curso vai ficar completamente descontínuo em suas mentes e não poderei mais pressupor um mínimo de continuidade entre uma sessão e outra, algo que sou obrigado a pressupor para que minhas aulas tenham uma coerência.

Recordo rapidamente onde paramos há 15 dias: eu tentei mostrar que uma questão que se coloca à ciência social é a da continuidade do mundo social: Como acontece de haver uma ordem, e não desordem? Como acontece de essa ordem inteligível ser durável? Por que há ordem e não anarquia? Essa é uma pergunta que não é autoevidente e às vezes é creditada a Vico, outras a Hegel[244], que teriam feito essa espécie de descoberta histórica da necessidade do mundo histórico: isso a partir do fato de ele não estar abandonado ao acaso, mas ter em si mesmo uma coerência e uma durabilidade, portar em si mesmo simultaneamente o princípio de sua necessidade e de sua duração. É isso que resumi por meio de duas palavras leibnizianas: o mundo social é depositário de uma *lex insita*, de uma lei imanente que é ao mesmo tempo uma *vis insita*, uma força imanente. É disso que quero dar conta, e na última aula falei sobre a oposição que podemos fazer entre uma visão do mundo social que poderíamos caracterizar de modo geral como cartesiana - o

243. Ver *supra*, p. 160, nota 4, sobre *Homo ludens*.

244. Giambattista Vico, *A ciência nova*. Trad. de J.V. de Carvalho. Lisboa: Calouste Gulbenkian, 2005 [*Principi di scienza nuova*, 1744]; para Hegel, ver a aula de 8 de março de 1984, p. 77, sobre o ateísmo do mundo moral.

mundo social é o local de uma espécie de descontinuidade radical, tudo acontecendo como se recomeçasse a cada instante, como se pudéssemos recomeçar do zero de alguma forma – e a definição que poderíamos chamar de leibniziana, segundo a qual o mundo social tem em si mesmo o princípio regular e regrado de sua própria continuação.

Para ilustrar a definição cartesiana, poderíamos descrever os jogos sociais a partir do modelo da roleta e mencionar a visão de mundo do jogador. Penso no livro de Dostoiévski que tem esse título, *O jogador*, e no qual temos uma espécie de personagem rebaixado[245]. Eu acho que nem todos nós estamos igualmente predispostos a viver o mundo sob o modo do jogo – esse será um dos desenvolvimentos que farei daqui a pouco – e que nossa visão do mundo social, e em particular nossa visão de sua continuidade ou de sua descontinuidade, de sua capacidade de durar ou de se transformar a todo instante, depende profundamente de nossa posição nesse mundo. Uma visão de jogador tem boas chances de ser encontrada mais entre os aristocratas rebaixados, que talvez sejam também revolucionários como Bakunin, ou entre subproletários aquém do limite a partir do qual o mundo pode aparecer como tendo alguma razão. A visão do jogador que poderíamos chamar de cartesiana é muito bem-encarnada pela roleta, esse jogo no qual não há nenhuma ligação entre as jogadas sucessivas; em qualquer jogada podemos ganhar ou perder tudo. Da mesma forma, podemos ser chocados pelo valor metafórico do romance. Por meio da descrição de uma relação com um jogo particular, Dostoiévski descreve uma relação com o mundo social segundo a qual poderíamos, num instante, mudar completamente de posição no mundo social; podemos ganhar uma fortuna instantaneamente no cassino e passar do estado de proletário, de aristocrata empobrecido ao estado de pessoa inserida no mundo social.

Essa espécie de visão mágica, "instantaneísta" e descontínua do mundo social me parece uma boa ilustração de uma visão possível do mundo social. Dito isso, a roleta é uma imagem ruim do jogo social: há pouquíssimos jogos sociais e pouquíssimas situações sociais que têm a forma da roleta. São as situações revolucionárias que mais se aproximam da roleta porque, nesses momentos de crise,

---

245. Fiódor Dostoiévski, *Um jogador*. São Paulo: Editora 34, 2004. Tradução de B. Schnaiderman [Игрокъ, 1866]. Escrito em 1866, o livro põe em cena personagens ricos ou empobrecidos no quadro de uma cidade balneária chamada "Roletemburgo". O narrador, que começa o livro como preceptor, acumula por um tempo seus ganhos no cassino antes de acabar como empregado doméstico.

as potencialidades objetivas inscritas no mundo normal são suspensas. É isso que significa a frase "todo soldado carrega um bastão de marechal em sua cartucheira"[246]. Numa configuração de igualdade de chances, não há indução nem inferência possível a partir do estado do mundo social no instante *t* em relação ao estado do mundo no instante *t* + 1. Esse estado de descontinuidade radical, esse estado crítico em que o futuro do mundo está suspenso, em que todos os possíveis tornam-se equiprováveis, é muito excepcional. Ele é ao mesmo tempo raro e breve, e em grande parte ilusório porque a ilusão de equiprobabilidade é desmentida muito rapidamente pelo retorno avassalador de princípios que garantem a boa continuação da ordem social.

É importante elaborar, como tento fazer, essa visão descontínua para utilizá-la como uma espécie de variação imaginária que permite pensar melhor o que é a ordem linear: é um dos casos possíveis da configuração do mundo social. Através de sua possibilidade, esse caso figurado pode exercer uma sedução imaginária formidável: eu acho que o mito – é bom chamá-lo por seu nome – da revolução e da revolução permanente se enraíza na ideia de que o mundo poderia ser uma roleta em que, em qualquer jogada, recomeçaríamos do zero e em que os ganhos das jogadas anteriores seriam suspensos completamente e não teriam nenhuma influência sobre a jogada seguinte. Sobre essa espécie de visão que podemos chamar de cartesiana ou sartreana, remeto vocês a *O senso prático*. Nesse livro desenvolvi longamente o que me parece ser o princípio da antropologia sartreana tal como ela se apresenta em *O ser e o nada* e sobretudo na *Crítica da razão dialética*[247]: Sartre me parece desenvolver de maneira ultraconsequente, como sempre faz, ou seja, de uma maneira muito falsa e muito interessante, a visão subjetivista e descontínua na qual o mundo social é a cada instante suspenso diante das decisões dos agentes sociais. Essa visão descontínua só vale como um limite para esses casos-limite de descontinuidade radical que se observam em algumas situações críticas.

Tendências imanentes à reprodução do mundo social

Mas a ordem ordinária dos campos sociais e do campo social como campo dos campos é a continuidade fundamentada na existência daquilo que podemos

---

246. Frase utilizada no exército francês a partir do século XIX para expressar a possibilidade que todo soldado teria de ascensão na carreira.

247. P. Bourdieu, *O senso prático*, *op. cit.*, p. 70-77 [71-78].

chamar, com uma palavra que foi banalizada – mas não vejo outra –, de "capital" como conjunto das energias acumuladas pelo trabalho histórico e passíveis de serem reinvestidas a cada momento na ordem social com efeitos sociais determinantes. Em outras palavras, do ponto de vista no qual me coloco aqui – isso não é de jeito nenhum uma definição –, o capital, essa espécie de memória histórica, de inércia histórica, é precisamente essa *vis insita*, mais ou menos concentrada nas mãos de um pequeno número de pessoas, que será a *lex insita* do mundo na medida em que, por exemplo, o capital vai para o capital, ele tende a se concentrar. Se é preciso falar de capital, é porque o mundo social tem uma memória. Como dizia Leibniz, "o presente está prenhe do futuro"[248]. Se o presente está prenhe do futuro, é porque a cada momento no presente as pessoas detêm os meios de moldar o futuro, e o capital é essa espécie de ponte entre o presente e o futuro – as definições mais clássicas dos economistas aludem a essa propriedade. É uma espécie de antecipação, de direito de adiantamento sobre o futuro e é claro que, muitas vezes, sobre o futuro das outras pessoas.

Entre a visão espontaneísta e descontínua de tipo cartesiano/sartreano e a visão continuísta segundo a qual o mundo social obedece a tendências imanentes, acho então que o estado [do mundo social (?)] está constituído na noção de capital. O mundo social tem uma ordem, ele é contínuo, ele obedece a tendências imanentes. Todos os sociólogos nomearam esse fenômeno em linguagens diferentes. Na linguagem durkheimiana, são as "coerções". Durkheim insistiu no fato de que o mundo social era o lugar da coerção e identificou o social com a coerção[249]: não podemos fazer o que quisermos a qualquer instante, imaginar qualquer futuro como possível, nem tudo é possível, e aqueles que fazem qualquer coisa são sancionados negativamente pelo mundo social. A linguagem comum diz que eles fazem loucuras: agem como se o mundo social não tivesse leis, ou como se estivessem além das leis da sanção econômica. Há uma belíssima página de Max Weber sobre o que acontece com aqueles que não têm o que chamarei de *habitus* econômico adaptado: se eles são empresários, são levados à ruína; se são simples traba-

---

248. Leibniz emprega essa frase em várias ocasiões. Por exemplo: "É uma das regras do meu sistema de harmonia geral que *o presente está prenhe do futuro*; e que aquele que tudo vê, vê naquilo que é aquilo que será" (G.W. Leibniz, *Ensaios de teodiceia sobre a bondade de Deus, a liberdade do homem e a origem do mal, op. cit.* § 360, p. 380).

249. Ver o primeiro capítulo das *Regras do método sociológico, op. cit.*, em que Durkheim define o "fato social" por seu "poder de coerção", p. 1-13 [3-14].

lhadores sem capital, são condenados antecipadamente ao desemprego etc.[250]. Por ser o local de tendências imanentes, o mundo social exige que os agentes sociais contem com essas tendências imanentes (eu acho que a expressão "contar com" é importante), que são coisas com as quais podemos contar e com as quais é preciso contar, e o futuro objetivo do mundo social é precisamente alguma coisa com a qual podemos contar: o mundo é previsível, não vai acontecer qualquer coisa. Se temos um título acadêmico, temos chances, tirando acidentes, de obter o cargo garantido por esse título, e isso vale de alguma forma para todos os títulos: os títulos de propriedade, os títulos escolares e os títulos financeiros são cartas sobre o futuro, são descontos, coisas que permitem que nos conduzamos com uma certa garantia, com a garantia de que as garantias subjetivas encontrarão confirmação nas garantias objetivas.

A ciência social, portanto, é inseparável da probabilidade: estamos nos universos do provável, onde jamais estamos nos dois casos extremos que a teoria das probabilidades descreve. Nunca temos uma probabilidade nula (P = 0) e nunca temos uma probabilidade absoluta (P = 1), sempre estamos no universo das chances intermediárias. No fundo, a ordem social não é outra coisa senão essa espécie de tendência imanente a produzir frequências estáveis, regularidades (hesito em empregar essa palavra porque ela muitas vezes tem uma conotação política: falar de "ordem social" costuma implicitamente significar ser a favor ou ser contra. Eu sempre repito isso, mas a condição triste da sociologia é ser obrigada, para comunicar o que faz, a falar a linguagem ordinariamente utilizada para julgar o que existe: o uso mais neutro de uma expressão como "ordem social" deve levar em conta o fato de que os receptores entendem "isso é bom" ou "isso não é bom"). Essa força, esse dinamismo, esse motor que está inscrito nos diferentes campos produz ao mesmo tempo o movimento nesse campo – a luta pelo monopólio da manipulação legítima dos bens de salvação se tratamos do campo religioso, ou o monopólio do juízo legítimo se tratamos do campo intelectual – e também os limites dentro dos quais essa luta pode se situar. Ela fornece simultaneamente os

250. P. Bourdieu pensa possivelmente nesta passagem: "Ao indivíduo, enquanto este esteja implicado no contexto do mercado, [a ordem econômica capitalista] impõe as normas do seu agir econômico. O fabricante que a todo tempo infringe essas normas será eliminado economicamente, isso de modo tão infalível como o trabalhador que não pode ou não quer se adaptar a elas há de ser posto à rua como desempregado" (M. Weber, *A ética protestante e o espírito do capitalismo*, *op. cit.*, p. 44).

princípios que permitem prever e produzir condutas adaptadas, quer dizer, ajustadas às chances objetivas de sucesso.

Eis então onde eu estava. Eu formulei esse problema da continuidade e da descontinuidade para introduzir o que farei na próxima aula, a saber, uma teoria das espécies de capital, das diferentes formas que o capital pode assumir, pressupondo que vocês já têm o princípio dessa teoria: eu disse para vocês, este ano e ano passado, que há tantas espécies de capital quanto de campos, ou seja, de lugares dentro dos quais pode funcionar um recurso, uma propriedade, em todos os sentidos do termo, e que ela só pode funcionar como capital em relação com um espaço dentro do qual é válida, é eficaz. Portanto, haverá tantas espécies de capital quanto de campos e subcampos, o que não impede considerarmos um certo número (dois ou três) como grandes espécies de capital e as outras como formas específicas.

A comparação entre sociedades e a continuidade do mundo social

Antes de chegar nisso, queria insistir nessa propriedade do mundo social e tentar lembrar – porque esse é um problema que todos nós temos em mente de forma mais ou menos confusa – como essa visão do mundo social permite compreender de maneira muito rigorosa as diferenças entre as diferentes formas de sociedade. As oposições entre as sociedades tradicionais e as sociedades modernas, as sociedades pré-capitalistas e as sociedades capitalistas são muito ingenuamente destrutivas. Enumeramos uma série de diferenças e com muita frequência as inserimos numa filosofia da história em geral linear ou unilinear que pode assumir formas mais ou menos secularizadas: a filosofia de tipo marxista, a filosofia de tipo weberiano com a teoria da racionalização e todas suas formas amolecidas que hoje chamamos de "teorias da modernização"[251]. Há um debate sobre essas questões. Vocês podem legitimamente não o conhecer, mas certamente têm opiniões mesmo se não o conhecerem, porque, quando dizem para vocês "nós saímos da lâmpada a óleo e do barco a vela", estão fazendo filosofia da história. Assim, os políticos fazem filosofia da história todos os dias, por exemplo quando comparam o antes e o depois. Quando eles se servem do antes para nomear o de-

251. Ver Pierre Bourdieu, "Structures sociales et structures de perception du monde social" ["Estruturas sociais e estruturas de percepção do mundo social"], *Actes de la recherche en sciences sociales*, n. 2, 1975, p. 18-20.

pois, fazem filosofia da história, fazem efeitos de previsão e de predição prospectiva ou retrospectiva que têm como função fazer enxergar o presente de uma certa maneira[252], já que um dos objetivos fundamentais da luta política, como lembrei na última aula, é impor o princípio de visão do mundo social. É por essa razão que acho importante não tentar resolver esse problema da comparação entre as sociedades, mas dar alguns princípios de comparação que me parecem fundamentais. Devo avisar que isso que direi não terá uma clareza e coerência perfeitas porque pensei sobre isso e não tenho absoluta certeza sobre o que direi, mas acho que isso ainda assim é melhor do que a maioria das coisas que se diz sobre esse tema e, por causa disso, sinto-me autorizado a enunciar algumas incertezas e até algumas contradições.

Há, portanto, tendências imanentes que podem encontrar seu princípio de dois lados: por um lado, na objetividade, quer dizer, nas coisas; por outro lado, na subjetividade, nos cérebros, nos corpos. Se vocês se lembram do que eu disse no passado, há dois princípios que fazem com que o mundo dure e manifeste constâncias: por um lado, os mecanismos imanentes constitutivos dos campos; por outro lado, as disposições incorporadas constitutivas do *habitus*. No fundo, se um campo dura, tende a perseverar no ser, se ele tem um *conatus*, essa espécie de tendência a perseverar no ser, é porque ele propõe mecanismos que tendem à sua própria perpetuação através de agentes predispostos a agir conformemente às potencialidades imanentes a esses mecanismos. A maioria dos campos funciona assim: temos agentes predispostos a agir, a antecipar a necessidade das estruturas, em grande parte porque suas disposições são o produto dessa necessidade, e temos campos que tendem a se perpetuar, a agir. Isso não quer dizer – é uma crítica que recebo com frequência – que os sistemas sociais seriam reproduções circulares, o que não faz sentido: há uma tendência a perseverar no ser que não é de jeito nenhum uma necessidade de reprodução perfeita (não voltarei a esse tema, seria longo demais).

Esses dois princípios da continuidade do mundo social podem ser expressos na linguagem do capital. Poderemos dizer que um primeiro princípio de continuidade é o capital no estado incorporado, ou seja, o *habitus*. Aqui eu acho que a etimologia cumpre sua função[253]: o *habitus* é um "tendo-sido-adquirido", é uma

252. Ver P. Bourdieu & L. Boltanski, "La production de l'idéologie dominante", *art. cit.*

253. Em latim, *habitus* é o infinitivo perfeito passivo do verbo *habere* (ter).

forma de capital que existe no estado incorporado, como o conhecimento de uma língua ou aquilo que normalmente chamamos de cultura; enxergamos bem, por exemplo, que ele morre com seu portador: o capital cultural, diferente do capital econômico, está tão fortemente ligado ao porte de seu portador que desaparece com ele, ao menos em sua forma incorporada – o capital cultural pode com efeito também existir no estado objetivado, por exemplo nas máquinas de agricultores. Esse capital incorporado, o *habitus*, é um passado que sobrevive no presente e que está prenhe do futuro, que implica um futuro: dizer que temos *habitus* quer dizer que somos capazes de engendrar; o *habitus* não é de jeito nenhum algo passivo – é por isso que emprego essa palavra e não "hábito" –, um monte de ações possíveis não estão inscritas no estímulo ao qual o *habitus* responde, e o exemplo por excelência é a improvisação. O *habitus* permite engendrar um monte de coisas possíveis, mas dentro de certos limites. Como diz Marx em algum lugar, "o pequeno-burguês não pode ultrapassar os limites de seu cérebro"[254]. Eu acho que ele manipula intuitivamente a noção de *habitus*. Uma das propriedades do *habitus* consiste, como as categorias kantianas, em tornar possível uma percepção organizada do mundo, mas ao mesmo tempo dentro de certos limites: eu só posso ter um mundo coerente dentro dos limites de meu princípio de coerência; e só posso ter uma visão de mundo dentro dos limites de um ponto de vista. Disso resulta que não podemos prever exatamente o que fará a pessoa caracterizada por um *habitus*, mas podemos saber muito bem o que ela não fará, quer dizer, os limites dessa improvisação regrada. O capital pode, portanto, existir no estado incorporado sob a forma de *habitus*. Ele pode também existir no estado objetivado nos mecanismos, por exemplo sob a forma do sistema escolar ou do sistema bancário, e esses mecanismos podem eles próprios existir de duas maneiras: no estado não institucionalizado e no estado instituído sob forma de regras como as regras jurídicas ou, em outros universos, os códigos de deontologia. Voltarei na sequência a esse ponto.

---

254. "Tampouco se deve imaginar que os representantes democratas eram todos *shopkeepers* [lojistas] ou os seus defensores entusiásticos. Por sua formação e situação individual, mundos podem estar separando os dois. O que os transforma em representantes do pequeno-burguês é o fato de não conseguirem transpor em suas cabeças os limites que este não consegue ultrapassar na vida real e, em consequência, serem impelidos teoricamente para as mesmas tarefas e soluções para as quais ele é impelido na prática pelo interesse material e pela condição social" (Karl Marx, *O 18 de brumário de Luís Bonaparte*. Trad. de N. Schneider. São Paulo: Boitempo, 2011, p. 63-64 [*Der achtzehnte Brumaire des Louis Bonaparte*, 1852]).

Diferenciação dos campos e objetivação do capital

Dito isso, acho que um dos grandes princípios de distinção entre as diferentes formas de sociedade reside no grau de diferenciação do capital e, simultaneamente, no grau de diferenciação dos espaços sociais. Durkheim já disse muito claramente que as sociedades arcaicas são fundamentalmente indiferenciadas e que as coisas que distinguimos como a religião e a economia, o direito e a religião, a vida intelectual e a vida artística eram totalmente indiferenciadas nas sociedades arcaicas[255]; ele tendia a descrever o processo que chamamos de evolução, ou seja, de história, como um processo de diferenciação progressiva. Na minha linguagem, uma das dimensões do processo de mudança histórica – utilizo voluntariamente o vocabulário mais vago porque é melhor do que um vocabulário que transmite uma filosofia da história que não podemos controlar – é a constituição de campos e de subcampos relativamente autônomos. Um exemplo entre mil outros: podemos descrever o processo de autonomização e de constituição do próprio campo econômico. Por exemplo, a economia antiga na Grécia criou um certo número de invenções que permitiu a ela começar a funcionar enquanto campo – há um belíssimo livro de Moses Finley sobre o assunto[256]. Esse campo econômico não estava completamente constituído porque, de certa forma, ele não tinha inventado um certo número de instituições que lhe teriam permitido funcionar enquanto campo (podemos compreender sua ausência, percebê-la retrospectivamente, a partir de um estado mais avançado do campo segundo a frase de Marx, "é preciso partir

---

255. "O estado inicial é uma multiplicidade de germes, de modalidades, de diferentes atividades, não só amalgamadas, mas também, por assim dizer, perdidas umas [nas] outras, de tal forma que é extremamente difícil separá-las já que são *indistintas* entre si. [...] Na vida social, esse estado primitivo de indivisão é ainda muito mais chocante. A *vida religiosa*, por exemplo, é fértil em formas de pensamento, em atividades de toda a espécie. No âmbito do pensamento, ela engloba: 1º os mitos e as crenças religiosas; 2º uma ciência nascente; 3º uma certa poesia. No âmbito da ação vamos encontrar: 1º os ritos; 2º uma moral e um direito; 3º artes, elementos estéticos, cantares e música [em particular]. Todos esses elementos se encontram amalgamados num todo, e parece bastante difícil separá-los: ciência e arte, mito e poesia, moral, direito e religião, tudo isso se encontra confundido, ou melhor, fundido entre si. O mesmo poderíamos dizer quanto à *família* primitiva. Ela é simultaneamente agregado social, religioso, político, jurídico etc." (Émile Durkheim, *Sociologia, pragmatismo e filosofia*. Trad. de E. Santos. Porto: Rés, 1988, p. 159 [*Pragmatisme et sociologie*. Paris: Vrin, 1955, p. 191-192], tradução modificada). Ver também É. Durkheim, *Da divisão do trabalho social*, *op. cit.*; *As formas elementares da vida religiosa*, *op. cit.*

256. Moses Finley, *The ancient economy* [*A economia antiga*]. Berkeley: University of California Press, 1973. A tradução francesa desse livro foi publicada em 1975 na coleção "Le sens commun" editada por P. Bourdieu.

do ser humano para compreender o macaco"[257]; é verdade que só compreendemos um estado de um campo a partir do estado seguinte). Poderíamos fazer a mesma coisa a respeito do campo artístico e, mais do que se perguntar se o artista aparece em ruptura com o artesão no século XII, XIII, XIV, XV, XVI ou XVII, podemos nos perguntar a partir de qual momento algo como um campo passa a funcionar, já que a existência desse campo é a verdadeira condição objetiva da aparição de alguma coisa parecida com a que chamamos de artista.

Eu acho que um dos grandes princípios de diferença entre as sociedades é o grau de diferenciação dos campos sociais e, ao mesmo tempo, o grau de diferenciação do capital. No fundo, quanto mais um universo é indiferenciado, mais as espécies diferentes do capital são confundidas: quanto mais podemos obter de dinheiro com a honra, mais podemos obter das relações sociais com uma garota bela, mais podemos obter a conversão de uma espécie de capital em outra etc. Em nossas sociedades, a convertibilidade de uma espécie de capital em outra coloca um monte de problemas, em particular – voltarei a isso – porque ela leva tempo: transformar o dinheiro em prestígio universitário, entrar na Academia Francesa com o dinheiro exige muito tempo e um trabalho de eufemização, e às vezes é completamente impossível. Enquanto todas as espécies de capital são indiferenciadas, esses problemas de conversão se colocam muito menos, o que não quer dizer que a vida seja mais simples. Assim, o grau de diferenciação dos campos constitui uma primeira propriedade.

Uma segunda diferença que creio ser extremamente importante é o grau de objetivação do capital, tanto no estado prático, sob a forma de mecanismos ou de instituições, quanto no estado codificado, sob a forma de normas ou de regras explícitas. Para dizer as coisas de maneira muito simples: quanto mais vamos para as sociedades arcaicas, mais o (ou os) princípio(s) de continuidade do mundo social repousa(m) sobre os *habitus* dos agentes e, como consequência, menos uma visão de tipo estruturalista se justifica, o que é um paradoxo porque o estruturalismo foi aplicado particularmente pelos etnólogos a sociedades nas quais o princípio da continuação reside muito mais nas disposições dos agentes, em suas maneiras permanentes de ser, do que nas estruturas objetivas.

---

257. "A anatomia do ser humano é uma chave para a anatomia do macaco" (uma das conclusões que Marx tira desse aforismo é exatamente que "a economia burguesa fornece a chave da economia antiga"). Karl Marx, *Grundrisse*. Trad. de M. Duayer & N. Schneider. São Paulo: Boitempo, 2011, p. 58 [*Karl Marx Ökonomische Manuskripte 1857/1858*. Berlim: Dietz, 1976].

Aqui, vou me referir a um texto de Marx que invoco porque talvez seja um dos menos marxistas e porque me parece resumir de maneira muito notável o processo que quero descrever: "Quanto menos força social possui o meio de troca, quanto mais está ainda ligado à natureza do produto imediato do trabalho e às necessidades imediatas dos trocadores, maior deve ser a força da comunidade que liga os indivíduos uns aos outros, relação patriarcal, comunidade antiga, feudalismo e sistema corporativo. [...] Cada indivíduo possui o poder social sob a forma de uma coisa. Retire da coisa esse poder social e terá de dar tal poder a pessoas sobre pessoas. Relações de dependência pessoal (de início, inteiramente espontâneas e naturais) são as primeiras formas sociais nas quais a produtividade humana se desenvolve de maneira limitada e em pontos isolados. Independência pessoal fundada sobre uma dependência *coisal* é a segunda grande forma na qual se constitui pela primeira vez um sistema de metabolismo social universal, de relações universais, de necessidades múltiplas e de capacidades universais"[258]. Esse não é um texto transparente numa primeira leitura, mas acho que ele quer dizer claramente isto aqui: quanto menos as regularidades econômicas são objetivadas, quanto menos elas são inscritas nas instituições, nos mecanismos geradores de tendências como os mecanismos bancários ou os mecanismos de mercado, mais as relações sociais dependem das relações pessoais. Há, portanto, duas frases que poderíamos resumir assim: as relações de dependência pessoal mais tendem a ser o fundamento principal da duração das relações sociais quanto menos existirem relações de dependência que Marx chama de "coisais". Em outras palavras, é isso que eu mencionei na última aula: quanto menos mecanismos de dominação existem – para ir rápido –, mais as dominações devem ser pessoais, de pessoa a pessoa.

A violência e sua eufemização

Aqui, acho que reencontramos um paradoxo nas teorias da evolução. Eu já mencionei a teoria de Norbert Elias segundo a qual a evolução histórica irá no sentido de uma tendência à monopolização da violência pelas instituições estatais e, portanto, de um declínio do exercício físico e direto da violência. Essa teoria tem muitas aparências a seu favor e, no fundo, Elias especifica e aplica a domínios muito diferentes – o esporte, a civilidade, a cortesia, as relações inter-

258. Karl Marx, *Grundrisse, op. cit.*, p. 105-106.

pessoais[259] etc. – a tese weberiana sobre o Estado: o Estado que, segundo a frase de Weber, é o detentor do monopólio da violência legítima, concentra o exercício da violência (é o problema que se coloca quando falamos de autodefesa ou de defesa pessoal) e, ao concentrar a violência ao garantir para si o monopólio de seu exercício legítimo (seja ela corporal ou de outro tipo), precisa reduzir o recurso direto à violência – como o talião, por exemplo[260]. Essa tese weberiana, ligada a uma definição de Estado que, aliás, Weber inseriu no esquema evolucionista que mencionei há pouco (ele considerava o Estado racional como o resultado de um processo de concentração do poder e de exercício da violência), me parece parcialmente verdadeira, mas ela me parece se basear na ignorância da complexidade desse processo de objetivação que invoco.

Na verdade, poderíamos dizer que a concentração da violência nas mãos do Estado é uma dimensão do processo histórico (isso se vê particularmente no caso do direito) por meio do qual o Estado concentra o poder objetivado e instituído cuja forma por excelência é o direito. E ele concentra tudo aquilo que mencionei nas aulas anteriores: o poder de nomeação... No fundo, estendendo a definição weberiana, podemos dizer que o Estado é o detentor do monopólio da violência simbólica legítima. Vocês se lembram das análises que fiz sobre a oposição entre a nomeação oficial e o insulto[261]: o Estado tem o poder de dizer a alguém o que ele é com uma autoridade relativamente indiscutível. Ele concentra, portanto, o poder sobre o aspecto objetivado e instituído do capital. Dito isso, um outro aspecto da objetivação é a objetivação nos mecanismos econômicos, nas leis ima-

---

259. Ver Norbert Elias, *O processo civilizador*, 2v. Trad. de R. Jungmann. Rio de Janeiro: Jorge Zahar, 1994 [Über den Prozess der Zivilisation: soziogenetische und psychogenetische Untersuchungen, 1939]. Ver também *A sociedade de corte*. Trad. de P. Süssekind. Rio de Janeiro: Jorge Zahar, 2001 [*Die höfische Gesellschaft*, Frankfurt: Suhrkamp, 1969]. Sobre o esporte, ver Norbert Elias, "Sport et violence" ["Esporte e violência"], *Actes de la recherche en sciences sociales* n. 6, 1976, p. 2-21 (publicação posterior ao curso: Norbert Elias & Eric Dunning, *A busca da excitação*. Trad. de M.M. Almeida e Silva. Lisboa: Difel, 1992 [*Quest for excitement: sport and leisure in the civilizing process*. Londres: Wiley, 1986]).

260. "No passado, as mais diversas associações – a começar pelo clã – conheceram a violência física como algo bastante normal. Hoje, contudo, precisamos dizer: o Estado é a única comunidade humana que, no interior de um determinado território – e esse elemento 'território' lhe pertence de modo característico –, requer para si (com sucesso) o *monopólio da violência física legítima*. Pois o que é específico do presente é atribuir a todas as outras associações ou indivíduos o direito da violência física somente o tanto quanto a elas, de suas partes, o Estado permite: é ele que vigora como fonte única do 'direito' de violência" (Max Weber, *Política como vocação e ofício*. Trad. de G. Philipson. Petrópolis: Vozes, 2020, p. 9-10 [*Politik als Beruf*, 1919]).

261. Ver o primeiro ano do curso: *Sociologia geral volume 1, op. cit.*

nentes de todos os jogos sociais. Esse poder não está necessariamente concentrado nem mesmo controlado pelo Estado, e está no princípio das regularidades sociais. Poderíamos dizer que se a violência direta e física diminui, é porque o Estado concentra a violência instituída, mas talvez também seja porque a violência se exerce pelo intermédio daquilo que Sartre chamava de a violência inerte dos mecanismos[262], já que uma dimensão do processo histórico é exatamente essa tendência a transformar as violências diretas – o patrão que tem o direito de cortar a mão de seu empregado – numa violência que pode se exercer pela mediação do Estado – pode-se demiti-lo pagando uma indenização – ou pelo intermédio de mecanismos objetivos que excluem a necessidade de recorrer a essa violência elementar, ou fazendo com que essa violência elementar não tenha que ser exercida. Como consequência, contrariamente aos esquemas evolucionistas, podemos dizer que as sociedades pré-capitalistas são ao mesmo tempo muito mais violentas e muito mais suaves: se quiséssemos fazer uma curva da evolução a qualquer custo, teríamos mais uma curva em U do que a bela reta que todos temos inconscientemente em nossas cabeças quando pensamos em "progresso".

Como tudo isso não está claro nem objetiva nem subjetivamente, vou me explicar. Para começar, como se produz esse processo de objetivação? Direi muito rapidamente (vejam *O senso prático*[263]): as economias pré-capitalistas se distinguem das economias mais desenvolvidas porque não podem contar com esse conjunto de mecanismos impessoais que funcionam sem que ninguém tenha que controlá-los (o exemplo mais evidente é o mecanismo do mercado: mercado do trabalho, dos bens etc.) e que associam uma série de regulações objetivas (por exemplo, pela mediação de preços). Na falta de mecanismos desse tipo, na falta do mercado do trabalho ou do mercado do capital, os recursos econômicos funcionam como riquezas muito mais do que como capital.

Por exemplo, os cabilas dizem: "somos ricos, mas para dar para os pobres"[264], o que obviamente é uma utilização muito bizarra da riqueza do ponto de vista de uma mente capitalista. Dito isso, o que mais pode se fazer com a riqueza quando

262. P. Bourdieu já havia discutido o tema da "violência inerte das instituições" que Sartre mencionou a respeito do colonialismo ("A violência antiga é reabsorvida pela inerte violência da instituição", *Crítica da razão dialética*, *op. cit.*, p. 672 [679]) em sua aula de novembro de 1982: *Sociologia geral volume 2*, *op. cit.*, p. 230 [452].

263. P. Bourdieu, *O senso prático*, *op. cit.*, em particular p. 203ss. [209ss.].

264. *Ibid.*, p. 210 [216].

não existem instituições que permitem investi-la e conseguir lucros que permitam obter aquilo que obtemos dando as riquezas? Pensem na diferença entre salário e dádiva. Em outras palavras, "somos ricos, mas para dar para os pobres" é uma espécie de imperativo que é necessidade transformada em virtude. As instituições que permitiriam tomar posse de outras pessoas a partir do capital econômico não existem, não são nem sequer pensáveis e, por isso, a única maneira de tomar posse de outras pessoas é tomar posse delas por meio da dádiva, da generosidade (o que não quer dizer que as doações são feitas *tendo em vista* a posse de outras pessoas). Da mesma maneira, essa tendência imanente da ordem econômica pré-capitalista tende a produzir seu próprio reforço: como qualquer outra conduta é impensável, as disposições econômicas que permitiriam realizar a acumulação inicial mal podem se constituir, e se elas se constituem causam um estranhamento; aquele que as manifesta aparece em ruptura com as leis imanentes do mundo que são ao mesmo tempo normas explícitas, moralidades. Enquanto a riqueza não encontra condições objetivas de funcionamento como capital, ela pode funcionar numa lógica diferente: ela pode funcionar como capital simbólico, transformar-se em capital de obrigações, de serviços prestados, de generosidade outorgada e pode, mediante esse viés, constituir relações duráveis. Pode-se então tomar posse das pessoas, mas a partir de uma forma de obrigação que não é de forma alguma a obrigação jurídica ou economicamente garantida, mas uma obrigação que chamaremos de moral, subjetiva, que dependerá das boas disposições – aqui, acho que a palavra se impõe – da pessoa obrigada.

Consequentemente, trata-se de universos nos quais a ausência de mecanismos objetivos, a ausência de violência inerte, de recurso possível à violência, condena às formas mais suaves de violência. Daí a fascinação que essas sociedades exercem sobre os etnólogos, que vêm de sociedades nas quais as relações sociais podem ser o que são em razão dos mecanismos de violência inerte. Para que o garçom do café traga para você o que ele tem que trazer, você não precisa contar sua vida para ele, basta pagar. Se você estiver num bistrô popular, é preciso dizer alguma coisa para anular a relação de serviço, e até para denegá-la, mas se você estiver no Balzar[265], você pode se contentar em pagar, a não ser que você queira se passar por um escritor da moda conhecido pelo garçom: [*reagindo aos risos da*

265. Ver *supra*, p. 89, nota 112.

sala] isso não é um gracejo, é importante para enxergar que não estamos tratando de coisas lineares.

Se falta [a violência das instituições (?)], restam, portanto, apenas as formas suaves de violência. Quanto mais ausentes são os mecanismos objetivos, mais isso é verdade, de modo que em nossas sociedades encontraremos mais formas de violência suave quanto mais formos para campos nos quais as formas de violência inerte são menos presentes, à imagem da economia doméstica. Se, por exemplo, o movimento feminista analisa tão mal os fenômenos que pretende analisar, isso ocorre em grande parte por causa de seu economicismo: ignorando a especificidade do universo relativamente autônomo das relações domésticas, ele tem dificuldade para pensar essas relações domésticas em sua especificidade, quer dizer, como uma economia cuja lei de funcionamento é a denegação da economia, em outras palavras, como uma economia que se parece muito com as economias pré-capitalistas, cujo funcionamento é a negação da economia[266]. Até Lukács entendeu isso; ele dizia que as economias pré-capitalistas são fundadas sobre a negação do solo originário de sua existência[267]. As economias pré-capitalistas funcionam, com efeito, sobre a base de uma recusa da economia, como se a economia fosse algo vergonhoso, censurado, reprimido – eu acho que a analogia é absolutamente legítima –, de maneira que, para exercer uma violência econômica, é preciso sempre suavizá-la de alguma forma [*mettre des formes*].

Esse tema da "suavização das formas" me parece importante. As sociedades pré-capitalistas são universos ligados a um modo de dominação muito particular: só se pode dominar às custas de uma alta eufemização das relações de dominação, já que a violência não pode se exercer pelo viés das necessidades surdas e pesadas – é uma expressão de Marx – do mercado. Por exemplo, na vida cotidiana, podemos dominar as pessoas por meio da mediação do sistema escolar (temos um diploma superior) ou da mediação do sistema bancário. Quando essas mediações não são possíveis, os agentes sociais são de certa forma convocados para agir de homem a homem.

---

266. P. Bourdieu voltará a discutir a economia doméstica em "A economia dos bens simbólicos". *In*: *Razões práticas*. Trad. de M. Corrêa. Campinas: Papirus, 1996, p. 175-181 [*Raisons pratiques*. Paris: Seuil, 1996 (1994), p. 192-198].

267. Georg Lukács, *História e consciência de classe*. Trad. de R. Nascimento. São Paulo: Martins Fontes, 2003, especialmente p. 209ss. [*Geschichte und Klassenbewusstsein*, 1923].

Por serem humanistas (sem isso, eles não fariam etnologia), os etnólogos são fascinados por essas sociedades nas quais as pessoas empregam um verdadeiro gênio para criar relações de homem a homem. Eles retornam encantados dessas sociedades onde viram relações interpessoais encantadas, quer dizer, altamente mistificadas (o que não quer dizer que isso não seja um ideal social... eu não sei, não tomo posição). Eu acho que as relações que consideramos notáveis, as relações amorosas, são relações altamente encantadas ou mistificadas, nas quais há objetivamente problemas de violência, mas que são altamente denegados, às custas de um trabalho considerável de alquimia[268]: no fundo, trata-se de transmutar uma relação [de crédito (?)] objetiva aos olhos do sociólogo numa troca de dádivas (já foi dito que a troca de dádivas era uma questão de crédito; isso é um pouco bobo, mas não é objetivamente falso), em alguma coisa que parece ser o contrário absoluto, ou seja, em dois atos generosos sucessivos: A que dá para B como se isso fosse absolutamente sem retorno, e B que vai dar para A como se jamais houvesse recebido. Isso pressupõe um trabalho considerável, um gênio social às vezes extraordinário, e especialmente uma arte de jogar com o tempo[269]: uma das razões pelas quais jamais devemos retribuir imediatamente é que o tempo, o intervalo interposto, é exatamente essa espécie de tampão de cegueira entre os dois atos sucessivos, enquanto em nossas sociedades diremos "toma lá dá cá", quer dizer, imediatamente (ou, se há intervalo de tempo, esse intervalo de tempo é constituído como base do cálculo econômico e base do cálculo dos juros).

Para voltar ao modelo evolucionista, as sociedades pré-capitalistas são marcadas simultaneamente pela extrema violência (nessas sociedades, a violência do tipo de assassinatos está terrivelmente presente) e pela extrema eufemização da violência. Em outras palavras, ao contrário do que Marx diz na passagem de *O capital* em que descreve a passagem das sociedades pré-capitalistas para as sociedades capitalistas, não partimos de um universo de relações pessoais encantadas e magníficas para chegar nas "águas frias do interesse"[270]. O próprio Marx estava nessa

268. P. Bourdieu retornará ao tema das relações amorosas em "*Post-scriptum* sobre a dominação e o amor". *In*: *A dominação masculina*. Trad. de M.H. Kühner. Rio de Janeiro: Bertrand Brasil, 2002 [*La Domination masculine*. Paris: Seuil, 2002, p. 148-152].

269. Sobre a dádiva, ver *O senso prático*, *op. cit.*, p. 164ss. [167ss.]; P. Bourdieu desenvolveu a questão do tempo na dádiva no ano anterior (ver *Sociologia geral volume 2*, *op. cit.*, p. 82-84 [272-273]).

270. "A burguesia desempenhou na história um papel eminentemente revolucionário. Onde quer que tenha conquistado o poder, a burguesia destruiu as relações feudais, patriarcais e idílicas. Rasgou todos os complexos e variados laços que prendiam o homem feudal a seus 'superiores

mitologia que é um pouco o inconsciente de todos os etnólogos... As "águas frias do interesse", isso é uma bela frase se você deseja causar *frisson*, mas a metáfora descreve essa espécie de mitologia das sociedades pré-capitalistas como universos em que o gênio humanista se aplica em toda sua amplitude, em que os agentes sociais se esforçam para não manipularem uns aos outros, ou a fazê-lo com tamanha suavidade que passa a não ser mais manipulação (as metáforas são sempre o momento em que os sociólogos e os etnólogos desaparecem dentro do objeto...).

Eu desenvolvi o fato de que as sociedades pré-capitalistas não têm os mecanismos do mercado, mas é a mesma coisa para os mecanismos do lado do capital cultural. Uma teoria do sistema escolar em nossas sociedades nos faz enxergar as propriedades das sociedades pré-capitalistas (eis uma aplicação típica do princípio "É a partir do ser humano que pensamos o macaco"). Um dos grandes problemas das sociedades pré-capitalistas é que nelas as únicas formas de acumulação legítimas repousam sobre a acumulação de capital simbólico, já que o capital simbólico é a forma mais denegada do capital (o capital simbólico é o capital que é reconhecido, que é concedido). Apesar de tudo, há um mecanismo presente em todas as sociedades, o mecanismo da alquimia simbólica. Se o rico é "rico para dar aos pobres" é porque existe pelo menos um mercado para transformar o capital econômico em capital simbólico; existe a instituição da dádiva e ela poderia não existir (não devemos esquecer que tudo isso de que falo são invenções sociais). A instituição da dádiva é, por exemplo, um léxico, um vocabulário... Na Cabila, um léxico fantástico descreve todas as formas de dádivas: masculina/feminina, dádiva pequena/grande, dádiva de circunstâncias grandes/pequenas. Trata-se de uma instituição formidável: cada indivíduo começa sua vida com todo um aparelho que lhe permite reparar nas sutilezas, e se existem os nomes é porque podemos repará-las e até devemos repará-las – já que isso é nomeado publicamente, é reconhecido; podemos ter certeza de que seremos bem-vistos se fizermos isso.

O que existe junto com o mecanismo de transmutação dos recursos econômicos em capital simbólico é o processo que descrevi a respeito de Kafka e que podemos descrever a respeito do sistema escolar ou do campo intelectual: esse

naturais', para só deixar subsistir, de homem para homem, o laço do frio interesse, as duras exigências do 'pagamento à vista'. Afogou os fervores sagrados da exaltação religiosa, do entusiasmo cavalheiresco, do sentimentalismo pequeno-burguês nas águas geladas do cálculo egoísta" (Karl Marx & Friedrich Engels, *Manifesto comunista*. Trad. de Á. Pina. São Paulo: Boitempo, 1998, p. 42 [*Manifest der Kommunistischen Partei*, 1848]).

processo de acumulação do capital simbólico, de reputação, de bom renome, ou seja, a alquimia que transforma uma propriedade monopolizada em propriedade reconhecida socialmente e aprovada socialmente e o proprietário dessa propriedade em proprietário legítimo dessa propriedade. Simultaneamente, a acumulação do capital simbólico é uma das formas de acumulação por meio das quais a dominação pode ser exercida. Se, por exemplo, eu tenho muito capital simbólico e não existe uma instituição equivalente ao trabalho assalariado, basta que eu diga no mercado: "Vou fazer a colheita na próxima sexta" [para que], como que por acaso, todo tipo de gente venha trabalhar para mim. Isso se chama auxílio mútuo [*entraide*]. Quando acaba, eu os convido para jantar; mas se disser a eles: "Vou pagar isso para vocês", eles ficam mortalmente ofendidos. Eu jamais os verei novamente e dirão que não sou um homem honrado. Com esse mecanismo, podemos fazer previsões. Ele permite fazer uma sociedade estável, que funciona, com relações de dominação constantes: podemos ter empregados nos períodos de pico e não os alimentar nos períodos que não são de pico.

Dito isso, a acumulação do capital simbólico jamais é garantida enquanto em nossas sociedades existem títulos de propriedade simbólica. Por exemplo, se você for nomeado membro da Academia de Ciências Morais e Políticas, isso se trata de uma nomeação oficial. Você recebe até uma carta tricolor [nas cores da bandeira da França] que pode mostrar se um guarda o detiver. Portanto, você não precisa provar sua honra a cada instante, por exemplo, por meio de um talento extraordinário (que é uma das formas de capital mais importantes nas sociedades de honra). O capital simbólico, o capital de nomeação é garantido juridicamente, e o sistema escolar desempenha um papel, com perdão da palavra, capital em nossas sociedades já que ele é a instituição que garante essa forma particular de capital que podemos chamar de capital cultural e que existe, independentemente do estado de nossos cérebros, sob a forma de um papel que dá direito a um certo número de privilégios. Isso também é mais uma verificação daquilo que eu dizia agora há pouco, uma generalização da lógica de Marx: enquanto não existem mecanismos objetivos, instituições, é preciso a cada momento jogar de homem a homem. Vocês podem reler a oposição feita por Elias, em seu livro magnífico sobre a "sociedade de corte", entre Henrique IV e Luís XIV: enquanto Henrique IV governa de modo pré-capitalista (se ele é ofendido, logo pega a espada, ele duela de maneira um pouco simples, um pouco primária), Luís XIV institui um campo com leis de funcionamento, hierarquias etc.; para governar, basta a ele governar o campo, o que é muito mais econômico do que governar em pessoa. Como sempre é possível que sejamos derrotados por um campeão de esgrima, é mais simples ter um *petit lever*, um *grand lever*[271] etc.

Nas sociedades pré-capitalistas, o modo de dominação é direto, pessoal, e pode ser, por causa disso, muito mais brutal: é preciso combater. Se, por exemplo, é preciso ter muitos filhos, é para combater; ter seis filhos é permitir, como dizem os cabilas, que uma mulher possa passear com uma coroa de ouro na cabeça[272]: nem sequer concebemos a ideia de atacá-la porque existe uma espécie de força potencial [...]. Portanto, a violência está presente e ela é um dos recursos permanentes. Elias diz que nas sociedades como a Grécia antiga, com a violência das lutas em Olímpia, a potencialidade da violência sob todas as suas formas era extremamente grande[273]. No filme *A balada de Narayama*[274], fica claro que essas são sociedades nas quais as relações são de uma violência incrível: quando chegam aos 60 anos, as velhas devem desaparecer, mas sua morte será eufemizada de maneira extraordinária: será uma espécie de peregrinação. Tudo é instituído para que a violência seja ao mesmo tempo terrível e altamente eufemizada. Aliás, eu acho que se compreendemos tão mal as sociedades camponesas, é porque, mesmo há uns 50 anos, elas eram muito mais próximas desse tipo de sociedade do que contamos nos livros: os romancistas muitas vezes exaltavam o camponês [...]. Essa espécie de ambiguidade das sociedades pré-capitalistas, que são ao mesmo tempo altamente violentas e altamente cuidadosas com a eufemização da violência, está presente nas próprias coisas.

---

271. N. Elias, *A sociedade de corte*, *op. cit.*, especialmente o capítulo "O rei prisioneiro da etiqueta e das chances de prestígio", p. 132-159 [O "pequeno despertar" (*petit lever*) era o momento mais privado do ritual matutino do rei, ao qual compareciam apenas seus familiares e pessoas mais importantes, seguido pelo ritual mais público e menos exclusivo do "grande despertar" (*grand lever*) – N.T.].

272. Sobre essa frase, ver P. Bourdieu, *Esquisse d'une théorie de la pratique*, *op. cit.*, p. 43. P. Bourdieu já havia citado essa frase durante uma exposição do capital simbólico (ver *Sociologia geral volume 1*, *op. cit.*, p. 118 [139]).

273. N. Elias, "Sport et violence", *art. cit.*

274. Esse filme do diretor japonês Shōhei Imamura, que ganhou a Palma de Ouro no festival de Cannes, havia estreado em Paris alguns meses antes do curso, em setembro de 1983. Ele se situa numa aldeia pobre do Japão do século XIX. Sua personagem principal, uma mulher de 69 anos, se agarra a um costume segundo o qual os anciãos devem partir para o cume da montanha para morrerem lá quando chegam aos 70 anos de idade e a comunidade passa a considerá-los seres improdutivos que constituem um peso.

Voltando ao esquema evolucionista. Estou simplificando, mas podemos dizer que os diferentes campos se constituem, se autonomizam. O campo econômico se constitui, impõe sua necessidade própria ("negócios são negócios"; "nos negócios, não há sentimentos" etc.). Ele se separa do mundo da família, as leis fraternais não valem mais no terreno do mercado etc. Ele se constitui, sua necessidade se impõe e é na fase do capitalismo inicial que temos o grau mais alto de violência exercida pelos mecanismos. Os mecanismos se exercem com toda sua violência, e realmente não há réplica possível. Os antídotos a essa violência ainda não foram constituídos. Até aqui, o processo poderia com efeito ser resumido nos termos de Marx: temos, no começo, relações de dominação pessoais de homem a homem, de pessoa a pessoa, e, portanto, instáveis e que precisam ser mantidas de forma permanente, e no final, relações brutais exercidas por meio da violência inerte dos mecanismos econômicos e – nunca faz mal juntar Weber com Marx – dos mecanismos jurídicos, a violência institucional etc. Dito isso, se o campo econômico muda e se ele engendra forças, por exemplo, de contestação e de protesto, as formas de violência suave reaparecem, e quanto mais as forças de contestação se desenvolvem, mais as formas de violência suave pré-capitalistas reaparecerão. Assim, temos empresas cuja teoria das relações públicas poderia ter sido feita por um cabila, o que quer dizer que se trata de chegar a formas de relações de dominação altamente eufemizadas nas quais todas as relações sociais serão denegadas; evidentemente, as formas de dominação simbólica, pelo intermédio da cultura etc., desempenharão um papel muito grande nesses mecanismos.

Essa visão linear é muito simplista, mas quero dizer mais uma palavra sobre o papel das formas. Como eu já disse várias vezes, quanto mais a violência deve se exercer diretamente, menos ela pode contar com a mediação anônima e neutra dos mecanismos [...] e, voltarei a isso, mais ela deve se eufemizar, mais é preciso que ela seja polida. Eu disse que uma das dimensões do processo de objetivação é a institucionalização. Poderíamos falar também de "codificação", tomando a palavra código ao mesmo tempo no sentido que tem quando falamos de "código linguístico" e de "código jurídico". Esse processo de objetivação e de codificação das relações sociais é extremamente importante para compreender as diferenças entre as sociedades. É uma das dimensões a partir das quais podemos compreender as diferenças: as relações sociais são, dependendo dos casos, mais ou menos codificadas, não há sempre regras garantidas pelas instâncias dotadas de força. Se as sociedades pré-capitalistas se sustentam muito no *habitus*, isso ocorre também porque nelas as formas e as relações sociais são relativamente pouco codificadas. Temos a sensação de que, para sobreviver e sobretudo para ter sucesso nessas sociedades, é preciso ter uma espécie de gênio daquilo que chamaríamos de "as relações humanas". Essa também é uma das razões pelas quais os etnólogos que, com frequência, não são muito dotados em suas sociedades, ficam fascinados por essas pessoas que são ourives em relação à habilidade social e aos jogos sociais, que conhecem as coisas socialmente nomeadas: eu acho que podemos fazer uma teoria psicossociológica mais elaborada do que a dos psicossociólogos tomando aquilo que as sociedades primitivas dizem sobre o que fazemos em casos semelhantes [...].

Se para sobreviver nessas sociedades é preciso uma competência de gestão das relações interpessoais, como, aliás, vemos a partir do momento em que frequentamos, em nossas sociedades, pessoas que ainda participam desses universos infinitamente mais sofisticados do que todas as etiquetas mundanas, é porque, como nelas a violência sempre está presente no estado de ameaça, o trabalho de decoro é muito importante. Assim, paradoxalmente, numa sociedade como a Cabília, os casamentos distantes eram uma das ocasiões de violência. Como em muitas sociedades, era preciso escolher entre o casamento próximo e certeiro e o casamento distante de altos lucros simbólicos, mas arriscado porque representa uma aliança com gente afastada, portanto, com inimigos. No limite, o casamento mais prestigioso é o casamento com os inimigos mais prestigiosos. Esses casamentos mais prestigiosos, que geram os maiores cortejos, as maiores exibições de acordo simbólico do grupo (desfiles etc.), também são os mais arriscados já que há toda uma série de provas bizarras: há uma competição de tiro ao alvo e os parentes da noiva são obrigados a passar debaixo da albarda de um asno se não conseguirem acertar o alvo, o que é uma injúria considerável[275]. Existe um risco e observamos que, quanto maior for o risco da violência, mais cresce o decoro, mais as coisas são regradas não por códigos jurídicos, mas por uma espécie de deontologia das relações interpessoais.

Como resultado, quando dizemos em contrapartida: "nós estamos em família... estamos à vontade", isso não significa apenas "estamos entre nós, não precisamos ter vergonha, não precisamos nos esconder", mas também "entre nós, podemos confiar nos *habitus*, nas disposições incorporadas, não há muitos riscos". As coisas criam problemas quando estamos com pessoas afastadas. Como não há

275. Ver P. Bourdieu, *O senso prático*, *op. cit.*, p. 398 [401].

guarda, polícia, direito, prisão, resumindo, não há árbitro, um terceiro que possa intervir, é preciso "criar formas", o que quer dizer, aqui, as cortesias, as precedências, os protocolos, os direitos, os deveres. Portanto, vocês veem até que ponto, paradoxalmente, o mecanismo de Elias é terrivelmente falso – eu adoro Elias, mas aqui discordo totalmente dele. Quanto mais a violência é presente e real – isso pode acabar em briga etc. –, mais o decoro, a civilidade, a codificação devem ser refinados. Esse decoro elaborado nas sociedades sem escrita, sob o modo de fórmulas prontas, de conversas inteiramente pré-codificadas (por exemplo, é preciso dizer tal coisa para uma mulher que acaba de dar à luz, ela responderá com outra coisa, e ela dirá mais uma coisa), essa codificação preliminar é a forma elementar dessa objetivação que será uma das grandes mudanças, junto com o direito, já que o direito permite reduzir o caso particular a uma fórmula geral, permite de certa forma "algebrizar" um caso particular.

Esse processo começa com o formalismo, essa polidez refinada que encanta os etnólogos. Os etnólogos são cegados porque não enxergam que essa polidez refinada não é de forma alguma antinômica à violência: ela é o ápice da violência contida. Creio que estamos em universos regidos pela lei geral segundo a qual a eufemização cresce junto com a censura. Essa lei geral que podemos aplicar para compreender, por exemplo, a obra de Heidegger[276], se aplica no caso particular: como a pulsão da violência e o perigo objetivo da violência são muito fortes, e a censura da violência é muito forte, engendramos condutas altamente sofisticadas nas quais a violência está presente, mas totalmente transformada. Elas são de um refinamento extremo e tão erudito, repito, que muitas vezes os etnólogos não enxergam mais esses resíduos ínfimos de violência que só aparecem para alguns iniciados [...].

Agora que terminei essa análise, na próxima aula continuarei diretamente a analisar as diferentes espécies de capital e suas condições de funcionamento.

Segunda hora (seminário): *O processo*, de Kafka (2)

Retomarei minha apresentação sobre Kafka, que nos servirá de transição para aquilo que queria tentar esboçar hoje, ou seja, uma reflexão sobre as relações entre temporalidade e poder.

---

276. Ver *A ontologia política de Martin Heidegger, op. cit.*

Eu já disse que minha análise de *O processo*, de Kafka, é mais uma espécie de discurso sobre Kafka do que uma verdadeira leitura de Kafka... Digamos que fiz abertamente o que sempre fazemos: utilizei Kafka como uma espécie de teste projetivo. Eu queria apenas lembrar os limites do que fiz. Tentei insistir no fato de que Kafka nos oferece uma espécie de modelo da luta simbólica, ou do mundo social como terreno de uma luta simbólica pela identidade. É claro que se existe uma identidade que é objeto de uma relação ansiosa, essa é a identidade de escritor. Num tal modelo, não devemos esquecer que o objetivo é uma profissão absolutamente particular: uma profissão muito pouco profissionalizada e, ao mesmo tempo, muito prestigiosa. Em outras palavras, se o modelo que propus for verdadeiro, ele encontra, digamos, um caso particularmente favorável e bem-sucedido de aplicação no caso do campo de produção cultural, no caso do campo intelectual em que o objetivo é essa identidade vital ("Eu sou ou não sou um escritor?") e onde o jogo é caracterizado por uma grande incerteza.

Aliás, as pesquisas sobre os escritores, ou de modo geral sobre os artistas, são extremamente difíceis porque o atributo "escritor" é extremamente maldefinido. Mesmo a análise positivista mais ingênua é obrigada a se deter nessa questão. Assim, os dicionários ou os anuários de escritores são muito interessantes em relação à sua lei de constituição. Em alguns desses anuários é preciso pagar para estar presente. Nesse caso, o critério não é o grau de legitimidade enquanto escritor, e sim o grau de aspiração à legitimação enquanto escritor. Dependendo do quanto se paga, publica-se ou não uma foto, pode-se publicar um poema ou não... É claro que a probabilidade de aparecer nos anuários dos "verdadeiros" escritores diminui à medida que vamos na direção desse gênero de apoio na medida em que os escritores mais escritores sabem que se desacreditariam enquanto escritores se aparecessem num contexto desse. Mas esses anuários funcionam na medida em que as pessoas que pagam para ser inscritas entre os escritores não sabem que não estariam neles se fossem realmente escritoras [*risos na sala*]. Há muitos universos desse tipo. Junto com o que se chama de "democratização" do universo escolar, quer dizer, a generalização do acesso ao ensino médio, as instituições foram transformadas pelo fato de receberem pessoas que, num outro estado do sistema, não teriam acesso a elas[277]: há, portanto, pessoas que, quando estão nessas instituições,

277. Sobre o fenômeno da desvalorização dos títulos escolares, ver o cap. 2 de *A distinção, op. cit.*, especialmente p. 122-135 [145-159].

não estão totalmente, porque o lugar onde elas estão não é mais o mesmo pelo fato de elas estarem lá. É a mesma coisa para os clubes, como no chiste de Groucho Marx: "Que clube é esse que me aceita como membro?"[278]

Em alguns casos, uma instância ou uma instituição é, portanto, desvalorizada pelo fato de dar acesso a pessoas que destroem aquilo que era o próprio fundamento do valor da instituição, a saber, o fato de excluí-las. Se podemos enxergar facilmente que o Jockey Club funciona dessa maneira, é mais difícil ver que o mesmo vale para muitas instituições. Os estatutos de escritor, artista ou filósofo, por exemplo, não são estatutos como os outros. São conceitos extremamente elásticos de dispersão enorme que, aliás, permitem investimentos. [...] Por exemplo, os futuros objetivos que as diferentes disciplinas propõem são mais ou menos dispersos. A geografia é certamente uma das disciplinas mais restritas no espaço das disciplinas literárias[279]. A geologia também. Mas a filosofia é a dispersão máxima: você pode investir na confusão interessada sobre a definição maximalista (o filósofo é o filósofo) ou sobre a definição minimalista (o professor de Filosofia em Saint-Flour[280]). Esse leque muito grande é um dos lucros específicos que algumas profissões conseguem, e acho que uma de suas funções é permitir a confusão no investimento e também o desinvestimento distinto. Por exemplo, quando saímos de certos meios, ser professor de ensino fundamental representa realmente uma desclassificação; ser professor de ensino médio já é melhor, e psicossociólogo é impecável.

Há, portanto, identidades sociais mais ou menos estritas, mais ou menos fechadas, mais ou menos codificadas no código das profissões. Quando somos sociólogos, e fazemos um código, percebemos isso imediatamente: diante das profissões pouco codificadas na objetividade, o sociólogo tem que escolher entre reproduzir a vaguidade objetiva ou produzir o rigor científico correndo o risco de esquecer que o rigor é produto seu. Pouquíssimos sociólogos sabem que codificam coisas que são codificadas objetivamente de forma muito desigual e esquecem de inserir em seu ato de codificação o grau objetivo de pré-codificação

278. Groucho Marx disse que essa foi sua resposta ao receber um convite para um clube privado de celebridades no final da década de 1940: "Não quero pertencer a nenhum clube que me aceitaria como membro" (Groucho Marx, *Groucho e eu*. Trad. de M.J. Silveira. São Paulo: Marco Zero, 1991 [*Groucho and me*. Nova York: Da Capo, 1959]).

279. Ver P. Bourdieu, *Homo academicus*, *op. cit.*, e também a aula de 23 de novembro de 1982 sobre o espaço das disciplinas, *Sociologia geral volume 2*, *op. cit.*, p. 200ss. [415ss.].

280. Subprefeitura de Cantal, um dos departamentos menos populosos da França.

da coisa que codificam, operando um ato jurídico que ignoram e ignorando que uma das propriedades principais daquilo que codificaram é ser mais ou menos codificado. Essa é uma coisa simples, mas importante. Se você classifica "ceramista na Provença" entre os "artesãos", ignora que uma propriedade importante de "ceramista na Provença" [consiste em escapar] das classificações (acadêmicas e outras)[281]. Assim, é importante ter isso em mente. Não refletimos o bastante sobre o que é um código. Um código traduz as profissões por números – é o beabá da sociologia. Fazer um código é, portanto, fazer um ato jurídico, é pôr em ordem, é objetivar, é criar uma relação formal, permanente e constante entre um conjunto de propriedades. Esse ato jurídico pode ser a reprodução ou a duplicação de um ato jurídico preexistente e não há problema nisso, é preciso apenas saber disso. Mas ele pode ser, ao contrário, a produção *ex nihilo* de um ato jurídico que não existia e, portanto, também é preciso saber disso, porque mediante a codificação anula-se uma propriedade eminente da coisa codificada, a saber, que ela era difícil de codificar.

A profissão de escritor é uma profissão bizarra, de dispersão extrema. Ela é tão dispersa quanto o campo de produção literária. Ela se estende desde aqueles trabalhadores assalariados que escrevem sob encomenda coisas que são contratados para escrever com as restrições de tipo capitalista clássico (eles são pagos por tarefa, pela renda etc.) até as pessoas que escrevem sem mercado, sem público, sem clientes, com um público póstumo antecipado. A profissão tem tamanha dispersão que fica muito difícil prever o sucesso nela. Trata-se, portanto, de um universo de grande insegurança e incerteza. É, ao mesmo tempo, uma profissão de grande investimento, quer dizer, nela se investe tudo. Só se pode ser escritor a partir do momento em que [o artista] se constituiu como um papel social (penso por exemplo que [o pintor florentino Domenico] Ghirlandaio tinha investimentos que eram mais próximos daqueles dos artesãos do *faubourg* Saint-Honoré ou do *faubourg* Saint-Antoine[282] do que dos investimentos de um pintor moderno de vanguarda...). Mas a partir do momento em que a imagem do escritor ou do artista está constituída e quando ela é sustentada e reproduzida pelo sistema escolar que tem discursos ao redor do tema "o ofício de escritor

281. *A distinção, op. cit.*, p. 133 [157].

282. Bairros parisienses conhecidos por sua concentração de artesãos e fabricantes de móveis [N.T.].

merece que se morra por ele", a profissão de escritor se torna algo pelo qual pode-se morrer. Weber diz que uma propriedade da religião é que ela trata das questões de vida ou de morte e isso é muito importante: não existe objetivo mais vital do que a vida. A profissão de escritor é, portanto, uma profissão de grande insegurança e incerteza por um lado, e de alto investimento pelo outro. É essa combinação que gera a grande angústia. O efeito Kafka é essa espécie de relação patética com o futuro do jogo, essa estrutura patética de relação com o futuro, essa estrutura temporal absolutamente particular.

A manipulação da *illusio* e das chances

Eu queria lembrar isso para fazer a transição para aquilo que gostaria de dizer hoje, ou seja, as relações entre temporalidade e poder, e mostrar que podemos fazer uma sociologia disso – se for preciso falar de uma sociologia –, ou melhor, que podemos fazer uma teoria da temporalidade que engloba o fato social. Voltarei a Kafka por alguns segundos. O que é interessante em *O processo* é que, como certos comentadores enxergaram, o processo [*procès*] é um processo [*processus*], quer dizer, uma espécie de máquina infernal: ele se estabelece pouco a pouco e, assim que somos tomados pela engrenagem, estamos presos. É o que diz a noção de interesse: estamos presos no jogo e, quanto mais estamos presos no jogo, mais esperamos com angústia os resultados do jogo, mais ele é vital, mais a tensão e a expectativa crescem. Essa tensão, essa expectativa sem nenhuma grande garantia de satisfação moldam a experiência da angústia como a experiência da equiprobabilidade de todos os possíveis e, em particular, de todos os possíveis aterrorizantes: tudo pode acontecer e o pior é o mais provável. Uma coisa importante na experiência de *O processo* é que à medida que o processo se estabelece como uma espécie de montagem, K. fica cada vez mais preso e tem cada vez mais dificuldade de se retirar. Dito isso, sempre se lembra que o jogo só anda enquanto K. anda; a partir do momento em que ele visualiza se retirar e dizer ao advogado que não precisa mais de seus serviços, o jogo não o prende mais. Isso lembra que os campos exercem uma força em proporção às disposições a investir no jogo, o que está na origem de formulações que acho muito simplistas, como "o poder vem de baixo". Esses tipos modernos de filosofias sobre o tema "os dominados são dominados porque querem" não valem grande coisa, têm apenas o lucro retórico de propor um suposto paradoxo.

O modelo que proponho é muito diferente. Efetivamente, os jogos sociais são feitos de modo a não prenderem a não ser que estejamos presos neles e, de certa maneira, os dominados colaboram com sua dominação [...]. Muitas vezes, a possibilidade de sair do jogo só existe para o observador exterior. Por exemplo, essa é a discussão sobre o senhor e o escravo[283]: é evidente que sempre podemos sair dela, mas a possibilidade dessa possibilidade é distribuída muito desigualmente [...]. Quando o objetivo é, como para os subproletários, a satisfação das necessidades elementares, a liberdade de sair do jogo – que sempre existe como possibilidade pura – é uma possibilidade puramente teórica. Dito isso, é importante lembrar que ao produzir a necessidade, o apetite, a apetência dos objetivos, o jogo produz as condições de seu funcionamento; um jogo que não produzisse jogadores com vontade de ganhar não funcionaria. Quando se instala uma instituição de tipo capitalista numa sociedade pré-capitalista, é preciso simultaneamente, para que um campo econômico funcione, instituições (bancos etc.) *e* agentes sociais dispostos a agir [...]. Isso já foi observado mil vezes. Não é apenas um tema do discurso do racismo colonial, neocolonial ou pós-colonial, mas também um fato social que, em muitas sociedades, quando os agentes econômicos conseguem os meios de satisfazer suas necessidades elementares, eles podem parar de trabalhar. Eles podem, portanto, sair do trabalho a partir do momento em que obtiverem aquilo que consideram necessário para seu sustento; e isso desespera os *homines economici* modernos, que querem agentes sociais regulares, estáveis e prontos para investir para além de suas necessidades.

Quando Weber estuda o nascimento do capitalismo, ele estuda simultaneamente a constituição do campo, as instituições objetivas (o banco, a procuração, a letra de câmbio, todas essas invenções que, ao criarem um sistema, fabricarão o campo econômico) e a produção das disposições econômicas, o que chama de "espírito do capitalismo"[284]. Mas, na gênese histórica, os dois se inventam ao mesmo tempo: aqueles que inventam o banco têm a disposição econômica de calcular e de investir. As situações coloniais representam uma situação experimental

---

283. Alusão à "dialética do senhor e do escravo" desenvolvida por Hegel que mostra que o senhor também é escravo do escravo já que depende dele (Georg Wilhelm Friedrich Hegel, *Fenomenologia do espírito*. Trad. de P. Meneses. Petrópolis: Vozes, 1992, p. 126ss. [*Phänomenologie des Geistes*, 1807]).

284. M. Weber, *A ética protestante e o espírito do capitalismo, op. cit.; Economia e sociedade, op. cit.; Histoire économique. Esquisse d'une histoire universelle de l'économie et de la société* [*História econômica: esboço de uma história universal da economia e da sociedade*]. Paris: Gallimard, 1992.

interessante já que nelas são importadas instituições econômicas prontas (aquilo que Weber chama de "cosmos econômico": um campo, com [...] usinas, bancos, contas correntes, cheques, poupança etc.) para pessoas cujas disposições não foram produzidas pelo campo econômico. A partir desse fato, enxergamos tudo que o campo econômico pressupõe e que esquecemos quando o vemos funcionar com pessoas pré-constituídas para fazê-lo funcionar. Esquecemos, por exemplo, que trabalhar o mês inteiro quando já temos dinheiro suficiente depois de 15 dias não é tão irracional, mas em todo caso isso cria um problema... Constatamos que as disposições econômicas são as condições do funcionamento das instituições econômicas.

No caso de *O processo*, é a mesma coisa. K. desperta, foi acusado, foi caluniado, e vai entrar pouco a pouco no jogo. No começo, ele viaja no fim de semana, ele age como se nada estivesse acontecendo. Depois ele começa a se inquietar, a se preocupar (vejam a preocupação em Heidegger[285] como fundamento da teoria da temporalidade: eu acho que, excepcionalmente, podemos até recuperar Heidegger numa teoria racional da temporalidade), ele começa a se preocupar com o que vai acontecer. Ao mesmo tempo, ele contrata um advogado, ele entra no jogo, ele se deixa prender pelo jogo. O que fazem as pessoas com quem ele lida? O advogado, normalmente, serve para defender; ora, o advogado em *O processo* não faz nada disso, ele manipula as esperanças. Eu acho que os advogados comuns fazem isso também, mas enxergamos menos. O advogado kafkiano é um advogado modelado: uma propriedade mascarada, mas fundamental é posta em primeiro plano. Da mesma maneira, na existência comum, um professor é alguém que prepara para os exames, e o sociólogo descobre que é alguém que manipula as aspirações ("você consegue passar nessa, mas não vai passar naquela"): se você espera demais, ele o rebaixa, se você não espera o bastante, ele o empurra... O que faz o advogado? Quando K. relaxa, quando começa a dizer que está no bolso, que está salvo, que ele vai se defender com sua cultura jurídica, o advogado se inquieta... Ele manipula suas aspirações de forma a fazer com que K. seja preso pelo jogo. Em outras palavras, para ser preso pelo jogo é preciso esperar muito fortemente alguma coisa, ter algo a fazer, estar interessado e não dizer algo como: "não tenho nada a fazer, vou sair de férias". Em *O processo*, a maioria dos agentes manipula

285. Sobre a noção de "preocupação" (*Fürsorge*) em Heidegger, ver P. Bourdieu, *A ontologia política de Martin Heidegger*, *op. cit.*

as aspirações, as expectativas, as esperanças de K. Cito: o advogado que aparentemente tem como função principal defender K. o leva a investir em seu processo "enganando-o com esperanças vagas e atormentando-o com ameaças vagas"[286]. Não sou eu que estou inventando... Vocês podem pensar numa situação análoga: os veteranos que, nas instituições totais ou totalitárias, como diz Goffman (o exército, os asilos, as prisões etc.) manipulam as aspirações dos novatos, os fazem baixar a bola, mas não demais... Vocês podem pensar no papel dos veteranos nas instituições escolares de alto investimento, como as classes preparatórias: é preciso fazer investir, é preciso fazer desinvestir, as primeiras notas são catastróficas, o que aumenta o investimento, mas não se deve aumentá-lo a ponto de desencorajar, de fazer sair do jogo [...].

Um monte de ações sociais são desse tipo e manipulam a propensão a investir nos objetivos que os agentes importam para a instituição; no fundo, elas manipulam a *illusio*. Pode-se manipular a *illusio* de duas maneiras: agindo-se diretamente sobre as esperanças ou agindo-se diretamente sobre as chances objetivas. Essas são as duas formas por excelência do poder – é por isso que o poder está muito fortemente ligado ao tempo: o poder poderá consistir em manipular as probabilidades subjetivas, as esperanças subjetivas, ou em manipular as propriedades objetivas. Tomemos um exemplo próximo da experiência da maioria dos presentes: vocês se preparam para um concurso e, apesar de haver cem inscritos, é anunciado que só há dez vagas. As chances objetivas foram manipuladas e cada um vai fazer o cálculo: aquilo que era uma probabilidade razoável torna-se loucura, inverossímil. Encontramo-nos na lógica do escritor: tornar-se um grande escritor é uma aposta muito arriscada. O que acabo de dizer é um grande princípio para compreender as biografias, as trajetórias individuais com suas inúmeras bifurcações. (Eu não quero passar a impressão de que adoto a teoria da escolha racional que é o inconsciente dos economistas, mas existem bifurcações que percebemos mais ou menos como tais.) Com frequência, escolhemos o caminho antes mesmo de saber que existiam bifurcações na experiência real. Há, portanto, inúmeras bifurcações, e um dos grandes princípios de diferença segundo as classes, quer dizer, segundo as disposições herdadas, é a escolha do caminho arriscado ou do caminho seguro. (Professor de Filosofia ou professor de Geografia? Artista ou professor de

286. "[...] seria retomado tudo aquilo que era conhecido até a saciedade, para de novo enganar K. com esperanças indefinidas e atormentá-lo com ameaças também indefinidas" (F. Kafka, *O processo*, *op. cit.*, p. 231).

Desenho?) Essa espécie de escolha entre futuros objetivos muito desigualmente improváveis será função das disposições ao risco que são elas próprias o produto da interiorização das chances objetivas. Os mais inclinados às escolhas mais arriscadas serão aqueles que, no fundo, menos arriscam, porque estão nos universos de chances altas [...].

Há duas formas muito diferentes de ações de poder sobre os agentes sociais: uma consiste em agir sobre as chances objetivas, a outra em agir sobre a representação dessas chances. Eu acho importante distinguir as duas. Agir sobre as chances objetivas é modificar realmente as chances na objetividade, as tendências imanentes aos campos/chances. O fenômeno do *numerus clausus* é sua forma limite[287]. Se alguém diz, como aconteceu nas universidades em diferentes épocas[288], que "não haverá mais judeus nas universidades", procede-se a uma transformação das chances objetivas que é visível. Ela se opera por decreto e, se somos judeus, temos chances nulas. Mas há formas muito mais sutis de ação, e o mundo social passa seu tempo a estruturar previamente as chances de maneira desigual. Quando o sociólogo calcula as chances de acesso ao ensino superior dos homens, das mulheres etc., ele descreve essa manipulação social das chances objetivas com as quais os agentes individuais terão que contar. Com muita frequência, essas chances objetivas são operantes e eficientes porque como os agentes sociais são fabricados inconscientemente por universos nos quais essas chances agem, eles antecipam a eficácia de suas chances. Eles dizem para si mesmos: "Já que sou menina, não vou fazer matemática, porque a Politécnica não é para garotas..." E as pessoas dizem: "As meninas têm gosto pelas letras". Temos aqui ações sem agentes, que são resultado de mecanismos, e todo um poder social se exerce sobre as chances objetivas [...]. Ter poder sobre uma sociedade é ter poder sobre as chances objetivas. A questão de saber se temos poder sobre essas chances objetivas é importante: por exemplo, será que depende da ação humana a transformação radical das chances de acesso ao ensino superior? Existem fe-

287. Nos dois anos anteriores, P. Bourdieu discutiu o mecanismo do *numerus clausus*. Ver *Sociologia geral volume 1, op. cit.*, p. 114ss. [135ss.]; e *Sociologia geral volume 2, op. cit.*, p. 258 [486].

288. P. Bourdieu sem dúvida tem em mente especialmente os trabalhos de Victor Karady, que citou sobre esse assunto no seu primeiro ano letivo (em particular, Victor Karady & István Kemény, "Antisémitisme universitaire et concurrence de classe: la loi du *numerus clausus* en Hongrie entre les deux guerres" ["Antissemitismo universitário e concorrência de classe: a lei do *numerus clausus* na Hungria entre as duas guerras"], *Actes de la recherche en sciences sociales*, n. 34, 1980, p. 67-97).

nômenos claros de *numerus clausus* e alguém pode dizer, por exemplo: "Pronto, não haverá mais do que *n* médicos!" – o número de pessoas que aspiram a se tornarem médicas continua a aumentar e o número de pessoas que se tornarão médicas permanece o mesmo. As pessoas que aspiram sofrem, portanto, um poder que se exerce sobre elas, suas chances objetivas diminuem.

Uma outra forma de ação é a ação que pode ser exercida sobre a representação das chances. É a ação de tipo político: alguém lhe diz, em nome de seu conhecimento das chances objetivas, ou em nome de uma vontade de transformar essas chances objetivas: "você deve esperar", "todo simples soldado tem um bastão de marechal em sua cartucheira", "as chances objetivas não existem" ou "elas não existem para você", "se você tiver garra, vai conseguir", "com muito trabalho, todo mundo chega na Politécnica". Essa pessoa age como advogada ao manipular sutilmente o investimento e um dos grandes problemas de todos os universos sociais é manter no jogo pessoas que não devem ganhar sem fazê-las ganhar. Como fazer para que elas permaneçam no jogo quando não têm nenhuma chance de ganhar? O sistema escolar não é um mau exemplo desse gênero, mas muitos sistemas sociais são desse tipo.

A ação sobre as representações poderá ir no sentido da conformidade com as chances objetivas. Por exemplo, Block, o cliente que dá aulas a K., lhe diz: "Veja, não existem grandes advogados, apenas o tribunal sabe..."[289] Block representa aquele que está completamente alienado. Eu disse na semana passada que ele está completamente "juridicizado" – Goffman dizia que os velhos veteranos dos asilos tornavam-se "asilizados": eles estão tão adaptados que não conseguem mais sair. Block é o cliente ideal do sistema jurídico, tão adaptado que antecipa as decisões do juiz. O advogado, exasperado por Block, lhe diz: "Não se pode iniciar uma frase sem que você olhe para a gente como se agora viesse a sentença final"[290]. Block é a encarnação perfeita do agente que pressupõe um jogo social de tipo totalitário: ele espera tudo da instituição. Essa relação de dependência absoluta fundamenta o poder absoluto da instituição, e os auxiliares da instituição, o advogado, o juiz, todos os personagens secundários exercem poder sobre K. ao fazer crer que têm poder ou, mais exatamente, que têm conhecimento das leis do poder. Eles fazem crer que

---

289. P. Bourdieu citou a frase exata na aula anterior: "[...] evidentemente qualquer um pode se chamar de 'grande' se quiser, mas neste caso é só a praxe do tribunal que decide" (F. Kafka, *O processo*, *op. cit.*, p. 218).

290. *Ibid.*, p. 241.

sabem como as coisas se passam e se servem da autoridade que lhes dá o conhecimento das leis para causar um reinvestimento. Quando K. diz: "Vou embora, vou desistir", eles fazem com que ele reinvista ao dizer: "Apesar de tudo, você tem uma chance", e quando ele está seguro demais de si, diminuem suas esperanças. Portanto, K. permite enxergar o elo entre poder e temporalidade. Em certa medida, a sala de espera é o símbolo por excelência do poder. O poder tal como Kafka o descreve se baseia numa aspiração fortíssima daqueles que esperam, que poderiam partir e que, entretanto, permanecem, e numa grande incerteza: eles sequer têm certeza do tempo que será preciso esperar. Se eles soubessem que isso durará cinco minutos, poderiam ir beber um café, mas tudo é incerto, incluindo a duração da espera. Essa espécie de incerteza absoluta é a forma mais radical do poder.

O poder e o tempo

Agora vou recapitular isso muito rapidamente. Vimos (cf. a noção de interesse) que para que um jogo funcione, para que as potências características de um jogo, de um mecanismo ou da forma instituída desses mecanismos se exerçam, é preciso efetivamente ter agentes presos pelo jogo e investindo muito fortemente no jogo. Na outra aula, mencionei uma série de sinônimos da noção de interesse. Eu também poderia ter dito "desejo" ou "preocupação" no sentido heideggeriano (é porque me preocupo com o jogo e com o que vai resultar desse jogo que me temporalizo). No fundo, basta que eu diga "esse jogo não me interessa" para que o tempo do jogo não exista mais. É na relação entre minha expectativa, entre o fato de que espero alguma coisa com o jogo e a estrutura do jogo, a estrutura das chances objetivas designadas a alguém como eu, quer dizer, dotado de um capital que possuo, é na relação entre minhas aspirações e minhas chances subjetivas, por um lado, e as chances objetivas, pelo outro, que se criam o poder que o jogo exerce sobre mim e, ao mesmo tempo, o poder que exercem sobre mim aqueles que têm poder sobre o jogo. Aqueles que têm poder sobre o jogo têm poder sobre as probabilidades objetivas – eles podem mudar as regras, eles podem dizer: "escreva uma tese mais curta"[291]. Eles também podem agir sobre as aspirações ao causar investimentos e desinvestimentos.

291. Sobre esse ponto e para o que segue, ver P. Bourdieu, *Homo academicus, op. cit.*, em particular a seção "Tempo e poder", p. 124-142 [120-139].

(Aqui hesito em dar exemplos, mas eles seriam importantes, nem que fosse para enxergar até que ponto a filosofia da temporalidade é algo de abstrato. Pensar que foi possível dar cursos sobre o tempo há gerações diante de classes universitárias sem ter pensado nem um segundo que um dos locais da manipulação da temporalidade é a universidade... Eu digo isso para todas as pessoas que se dizem filósofas para fazer refletir sobre o que é a filosofia. De fato, um dos locais por excelência onde o poder toma a forma de um poder sobre as chances objetivas e sobre a representação subjetiva das chances é a universidade, que é um universo onde somos presos pelo tempo sob forma de tempo.)

É preciso, portanto, investir no jogo e que o jogo tenha uma certa estabilidade, mas quanto mais incerto o jogo for, quanto mais fraca numericamente for a parte dos eleitos, mas também quanto mais indeterminado, imprevisível e arbitrário for o princípio pelo qual os eleitos serão eleitos, mais patéticos serão o investimento e a experiência temporal. Um poder arbitrário é justamente um poder imprevisível, um poder com o qual não podemos contar, nem para o bem nem para o mal. Jamais temos certeza, a probabilidade nunca é 1 nem 0, de que ele fará o bem ou o mal. Tudo é possível, o que significa que o pior não é nem sequer certo e que o melhor não é nem sequer possível. Se as pessoas pensam nas situações dos campos de concentração a propósito de Kafka, é porque o limite das situações que ele evoca é fornecido por essas situações nas quais, por sorteio, por acaso, podemos ser enviados para o forno crematório. Mas essas situações não passam do limite da experiência ordinária de muitos campos. Existem campos nos quais a insegurança, as chances de atingir este ou aquele objetivo são muito fracas e atribuídas segundo princípios absolutamente aleatórios, como se o tirano jogasse dados a todo momento para decidir o que tomará como princípio de escolha. Uma hora ele vai dizer "escolho os olhos azuis", depois dirá "escolho os cabelos compridos", depois "escolho os velhos" e "escolho os jovens". Essa espécie de destino louco decidiria com os dados coisas absolutamente vitais... Nesse momento, o investimento é, portanto, louco, extremo, muito grande, a insegurança é extremamente grande e temos uma situação de angústia absoluta. Essas situações são o limite das situações ordinárias nas quais as chances objetivas são distribuídas segundo princípios relativamente estáveis, muitas vezes inconscientes, ainda que não conheçamos os princípios. Acreditamos que jogamos roleta quando na verdade jogamos pôquer... Um dos grandes mal-entendidos, por exemplo, cometidos pelas pessoas que não estão por dentro, que não nasceram no campo em que investem, é que elas podem acreditar que estão jogando *bridge*, quando na verdade o que se joga é roleta.

Portanto, o poder será em grande parte um poder sobre as aspirações e um poder pelas aspirações, de modo que não será falso dizer que os dominados contribuem para sua própria dominação na medida em que, teoricamente, eles sempre podem sair. Por exemplo, o mundo dos escritores é um jogo que se parece muito com a situação-limite que acabo de mencionar. Nele joga-se algo de muito vital. Nós gostamos de zombar, mas é verdade que é uma questão de vida ou morte para muitos escritores seguir uma verdadeira carreira de escritor. Joga-se, portanto, com coisas muito vitais, com uma aleatoriedade enorme e vemos bem nas biografias e nas memórias dos escritores que um dos fantasmas mais recorrentes, mais normais dessas carreiras é o fantasma da saída do jogo: "eu vou embora". Em particular, os escritores de origem popular e provinciana têm o fantasma de retornar para sua província... Eles o realizam com muita frequência ao se tornarem romancistas regionalistas e ao celebrarem o povo, na medida em que não conseguiram abandoná-lo... Todas as palavras de sabedoria pregam esse fantasma da saída do jogo, do desinvestimento absoluto: "pare de investir e você se destemporalizará". É sua relação com um jogo no qual você investe muito e sem grande garantia de sucesso que faz com que ele tenha tempo para você, ou seja, a espera, ou seja, a ansiedade sobre o futuro, a vontade de ter sucesso, de investir etc.

Aula de 19 de abril de 1984

Primeira hora (aula): campo e espécie de capital. – A relação com o tempo. – As espécies e as formas de capital. – As três formas do capital cultural. – Capital humano e capital cultural. – O capital cultural como capital incorporado. – Parêntese sobre a filosofia e o mundo social. – Segunda hora (seminário): *Esperando Godot* de Samuel Beckett. – A temporalidade daquele que não tem nada a esperar. – O mundo social autoevidente. – Os princípios de continuidade do mundo social nas diferentes sociedades.

Primeira hora (aula): campo e espécie de capital

Depois de ter demonstrado durante as últimas aulas como a evolução histórica tendia a fazer existir os espaços sociais separados que chamo de campos, vou me interrogar sobre as relações entre a noção de campo e a noção de espécie de capital. Para chegar à noção de espécie de capital que desenvolverei hoje, antes disso é preciso mencionar o processo histórico por meio do qual os universos sociais relativamente autônomos, quer dizer, dotados de leis específicas irredutíveis àquelas dos outros espaços, se constituem [...].

Lembro, em primeiro lugar, a interdependência entre a noção de campo e a noção de espécie de capital. Eu indiquei no começo que uma espécie de capital se define em sua relação com um campo particular: só existem capitais específicos. Em termos simples, poderíamos dizer que o capital específico de um campo é aquele que funciona nesse campo. Em termos ainda mais diretos, é "aquilo que vale" dentro de um campo, aquilo que é preciso ter para realmente pertencer a um campo. Com efeito, mesmo que sempre seja possível entrar num campo, introduzir-se nele como um intruso, como se diz, ou como um elefante numa loja de porcelanas, nós só existimos realmente nele quando produzimos efeitos no campo. Eu já mencionei várias vezes o critério empírico que podemos utilizar para determinar os limites de um campo: fazer parte de um campo é produzir efeitos nele.

A maioria das pesquisas se esquiva desse problema que se coloca – ou deveria se colocar – constantemente na pesquisa: as pessoas que estudam professores, artistas, escritores ou qualquer outro objeto sociológico quase sempre se esquecem de colocar a questão dos limites de seu objeto; elas consideram isso resolvido quando em todo campo um dos objetivos é saber quem faz parte dele. Por exemplo, seria suficiente para mim encontrar patrocinadores para fundar amanhã uma revista política, mas minha revista não existirá realmente como objeto político a não ser que produza efeitos no campo da imprensa: é preciso não somente que eu seja citado nas revistas de imprensa, mas também que eu obrigue os outros editores a se referirem, implícita ou explicitamente, a mim; é preciso que eu determine uma reestruturação do espaço das revistas, e eu existirei plenamente nesse espaço se conseguir, por exemplo, fazer com que todo ingressante nesse espaço seja obrigado a se situar em relação a mim. Esse é um dos indicadores mais seguros da dominação específica num campo. Assim, num trabalho sobre Sartre e sua posição [na revista] *Les Temps modernes*, uma socióloga italiana demonstrou que um dos indicadores mais certos da dominação de Sartre era o fato de que, no período de seu apogeu, Sartre, consciente ou inconscientemente, implícita ou explicitamente, impunha a todos os participantes, em realidade ou em pretensão, que se situassem em relação a ele[292]. Por exemplo, é uma estratégia clássica dos novos ingressantes no campo artístico afirmar sua existência através de uma polêmica contra os dominantes, de modo a fazer sua existência ser reconhecida pela réplica do dominante a seu questionamento.

Existir num campo pressupõe o mínimo de capital específico necessário para produzir efeitos e, como eu disse várias vezes, o que é importante na expressão "capital específico" é "específico": não podemos ter sucesso num campo se trazemos a ele um capital que não seja moeda corrente nele, mesmo que possa ser moeda corrente em outro lugar. Um exemplo me vem à mente. Como os grandes cientistas muitas vezes têm uma carreira mais curta que os literatos (os

---

292. Essa pesquisa será publicada em novembro de 1985 na coleção "Le sens commun" editada por P. Bourdieu: Anna Boschetti, *Sartre et "Les temps modernes": une entreprise intellectuelle.* [*Sartre e "Les temps modernes": um empreendimento intelectual*]. Paris: Minuit, 1985.

sociólogos, que calculam tudo, calcularam as idades médias dos indivíduos que fizeram grandes descobertas: entre os matemáticos, eles têm em média 20 anos, entre os físicos, em torno de 25 anos e, como sempre se fala, Kant escreveu suas grandes obras com 50 anos)[293], eles têm tempo livre mais cedo do que os outros e muitas vezes empreendem uma espécie de segunda vida intelectual ao refletirem sobre seus trabalhos, ao fazerem cursos de epistemologia ou de história das ciências. Essa passagem de um capital específico – por exemplo, um capital de grande matemático ou de grande historiador para um capital específico de epistemólogo – é relativamente fácil, mas não é automática: essa transferência, essa conversão de capital pressupõe uma reconversão do trabalho, do tempo, um certo número de condições. *A fortiori*, no caso de um grande colecionador, a transformação de seu capital econômico em capital artístico pode exigir o recurso a serviços pagos de conselheiros artísticos ou pressupor uma esposa versada na arte (há todo tipo de condições secundárias que são extremamente importantes). Portanto, não se passa facilmente de uma forma de capital a uma outra, existem problemas de reconversão. É isso que eu queria lembrar para explicar o elo entre as aulas anteriores e o que vou dizer hoje.

A relação com o tempo

O processo de evolução histórica leva à criação de universos separados e cada um desses jogos tem suas leis de funcionamento próprias que podem ser explicitadas, em certos casos, em regras constituídas, em regras jurídicas, em regras do jogo. Mas, como eu dizia na última aula, o esquema de evolução que propus não é evolucionista no sentido ordinário do termo: pode haver encontros entre o começo e o fim, tipos de retorno, como mostrarei a propósito do problema da violência simbólica. Um segundo ponto com o qual eu gostaria de bagunçar o modelo evolucionista e linear que todos temos em mente é o problema da relação com o tempo nas diferentes sociedades, que está ligado ao problema do capital. Mas acho que vou deixar esse ponto para a segunda hora da próxima vez porque tenho medo de que ele se torne uma espécie de enorme parêntese que cortaria completamente o fio do discurso que quero manter.

---

293. Ver P. Bourdieu, "O campo científico", *art. cit.*, em particular p. 135 [95].

Indico apenas o tema: uma das razões que impedem que fiquemos com um esquema linear simples é que o capital (que pode ser definido grosseiramente como o tempo acumulado, ou pelo próprio indivíduo que detém esse capital ou por outras pessoas que o fizeram por ele em seu lugar) tem uma propriedade extremamente importante que é comum a todas as espécies de capital: quando ele é associado a um investimento de tempo, ele intensifica a produtividade desse tempo. Em outras palavras, uma propriedade do capital é intensificar os lucros específicos. Isso é muito evidente no domínio econômico e não vou argumentar, mas isso também vale para o terreno aparentemente muito distante do capital simbólico que, lembro, é toda espécie de capital quando ela é percebida, conhecida e reconhecida (é mais ou menos o que chamamos de prestígio). Essa forma de capital que se adquire obviamente através do tempo, e em particular pelo investimento de tempo pessoal (insisti bastante nisso na última aula), é muito mais difícil de adquirir por procuração do que as outras. Existem transmissões de capital simbólico, como no caso do nome, mas o capital simbólico é uma das formas de capital que mais exige que se pague pessoalmente. Ele é suscetível à lei que acabo de enunciar: associado ao investimento de tempo, ele intensifica a produtividade desse tempo. Vemos isso, por exemplo, no efeito de assinatura: mantendo todo o resto igual, um pintor conhecido e célebre obterá lucros materiais ou simbólicos infinitamente maiores para um mesmo investimento temporal do que um pintor pouco conhecido. Existem todos os efeitos de ilusão da consagração: a mesma proposta ou o mesmo texto, se for assinado por X ou Y, terá valores simbólicos desiguais. A história e a sociologia das ciências estão cheias de anedotas desse tipo: um mesmo texto enviado a uma sociedade científica que é recusado se for assinado por um autor desconhecido poderá ser aceito se for assinado por um autor célebre. Esse tipo de caso demonstra que o efeito de consagração e o valor simbólico do autor multiplicam formidavelmente os lucros associados ao investimento mensurável em tempo.

Não vou estender isto por muito tempo, mas isso tem consequências que acredito serem muito importantes para compreender a relação com o tempo nas diferentes sociedades. Como notaram todos os observadores, as sociedades camponesas antigas, as sociedades pré-capitalistas ou arcaicas que os etnólogos estudam têm um uso do tempo muito diferente do nosso[294]: as pessoas têm tempo,

294. Ver Pierre Bourdieu, "La société traditionnelle: attitude à l'égard du temps et conduites économiques" ["A sociedade tradicional: atitude em relação ao tempo e às condutas econômicas"], *Sociologie du travail*, n. 1, 1963, p. 24-44. Esse artigo, parcialmente retomado em *O desencan-*

elas são menos estressadas, elas não se apressam. Na próxima aula contarei para vocês reflexões que fiz a respeito de um artigo de Gary Becker sobre o problema do tempo e do investimento no tempo no qual ele coloca a questão da produtividade diferencial do tempo. (Esse economista americano se inscreve numa tradição muito diferente daquela em que me situo, mas eu o considero extremamente inspirador porque a lógica de seus modelos formais, às vezes um pouco gratuitos e um pouco doidos, impulsiona a variação imaginária para bem além do que nós fazemos, mesmo quando acreditamos estar liberados dos pressupostos de nossa tradição.) Em particular, penso que uma grande diferença na relação com o tempo nas sociedades pré-capitalistas e nas sociedades de grande capital objetivado é que nestas o tempo fica de alguma forma cada vez mais lucrativo.

Para começar, à medida que o capital disponível – de qualquer espécie que seja: econômico ou cultural – aumenta, a produtividade do tempo ao qual esse capital está associado aumenta. Em seguida, dado que a produtividade do tempo de trabalho aumenta, a produtividade virtual do tempo de não trabalho que chamamos de tempo de lazer também tende, em consequência, a aumentar. Por exemplo, é extremamente difícil entrevistar um grande médico porque ele tem o hábito de contar seus minutos e valoriza tanto seu tempo que ficamos sem cessar numa espécie de pressão. Como o preço do tempo de trabalho e, por contaminação, do tempo de não trabalho aumentam, os agentes sociais mais ricos em capital das sociedades mais ricas em capital têm uma relação com o tempo inconcebível nas sociedades pré-capitalistas em que temos todo o tempo do mundo, em que podemos levar tempo, em particular para as relações sociais. Existe um ensaio divertido chamado *A classe ociosa*: Como aconteceu de irmos na direção de sociedades nas quais os mais ricos de todos são os mais ansiosos com seu tempo[295]?

Esse problema pode ser descrito no modo do ensaísmo – poderia ser abordado num semanário parisiense –, mas ele pode ser analisado de maneira rigorosa: podemos nos perguntar se não existe um laço entre o capital possuído coletiva e individualmente e a relação com o tempo, elemento da rentabilidade desse capital que varia com a importância do capital. Voltarei a isso, mas acho que muitos dos discursos sobre a arte de viver que comparam o homem moderno e as socieda-

---

tamento do mundo, op. cit. [*Algérie 60. Structures économiques et structures temporelles.* Paris: Minuit, 1977], foi republicado em *Esquisses algériennes, op. cit.*, p. 75-98.

295. Thorstein Veblen, *A teoria da classe do lazer*. Trad. de P. Xavier. Lisboa: Actual, 2018 [*The theory of the leisure class*, 1899].

des pré-capitalistas ou arcaicas – aquilo que às vezes chamo maldosamente de "tristes tópicos" – ficam muito mais claros quando os referimos a essa oposição fundamental no rendimento da atividade. É óbvio que – digo isso depois de refletir esperando que vocês reflitam sobre isso – esse modelo só vale se aceitarmos uma definição implícita da produtividade do tempo que é a própria definição do universo em questão: a produtividade do tempo se mede em lucros essencialmente econômicos (e secundariamente simbólicos, mas que também podem ser reconvertidos em lucros econômicos). Essa aceitação é a aceitação dos valores engajados objetivamente na ordem social em questão.

Depois de fazer essa antecipação, lembro que gostaria de alguma forma de complicar os modelos implícitos que todos temos em mente dos processos de evolução e tentar descrever a gênese social desses universos separados que aceitamos como autoevidentes e que correspondem a jogos diferentes com regras do jogo diferentes e, simultaneamente, espécies de capital diferentes.

As espécies e as formas de capital

Chego agora à descrição das propriedades das grandes espécies de capital. Vou reduzir essas grandes espécies de capital a duas (ou a duas e meia se juntar a noção de capital social que mencionarei rapidamente: ela é útil para as necessidades da compreensão, mas a navalha de Ockham[296] faz com que ela desapareça e ela poderia ser reduzida ao capital cultural). Para começar, vou lembrar as propriedades de duas espécies de capital, o capital cultural e o capital econômico, mais ou menos nos termos em que expus essa distinção num artigo publicado em *Actes de la recherche en sciences sociales* há uns dois anos[297]. Farei isso muito rapidamente porque vocês podem, se quiserem, se dirigir a esse texto que será bem mais rigoroso do que eu consigo dizer aqui. Em seguida, proporei desenvolvimentos mais recentes que me vieram à mente sobre essas duas noções, em particular a de capi-

296. A "navalha de Ockham" (citada particularmente na filosofia analítica) designa o princípio de parcimônia ao qual o franciscano Guilherme de Ockham se referia no século XIV nos debates entre nominalismo e realismo: sem reivindicar sua paternidade, ele afirmava que "desde que bastam as causas existentes na parte intelectiva, em vão se admitem outras causas" (Guilherme de Ockham, "Problemas epistemológicos". *In*: *Os pensadores,* vol. VIII. Trad. de C.L. Mattos. São Paulo: Abril Cultural, 1973, p. 349 [*Ordinatio*, c.1318]).

297. Pierre Bourdieu, "Os três estados do capital cultural". *In*: Maria Alice Nogueira & Afrânio Catani (orgs.), *Escritos de educação*. Trad. de M. Castro. Petrópolis: Vozes, 1998, p. 79-88 ["Les trois états du capital culturel", *Actes de la recherche en sciences sociales,* n. 30, 1979, p. 3-6].

tal cultural: quero propor a vocês uma espécie de generalização da noção ligada a uma mudança de vocabulário, e falarei mais de "capital informacional" ou "capital de informação"[298], que permite retirar propriedades mais gerais que a noção de capital cultural deixava escapar. É isso, mais ou menos, que tentarei seguir.

Em relação ao capital econômico, é evidente que não é minha proposta, nem meu trabalho, nem minha especialidade. É, portanto, uma janela falsa: ela existe, e deixo que vocês preencham o que falta... O capital econômico desempenhará um papel muito importante à medida que será a condição de todas as formas de acumulação de todas as outras espécies de capital possível e, ao mesmo tempo, aquilo no que qualquer outra aquisição poderá ser reconvertida; ele será a medida pela qual qualquer outra forma de acumulação poderá ser avaliada. O capital econômico tem, portanto, um estatuto privilegiado em relação às outras espécies de capital enquanto condição de possibilidade de todas as outras espécies de aquisição – demonstrarei isso a respeito do capital cultural – e também enquanto medida real (não se trata de um juízo de valor) de toda outra forma de aquisição, enquanto medida socialmente constituída na objetividade como medida de todas as medidas.

Eu disse há pouco que existem tantas espécies de capital quanto de campos e subcampos e é verdade que o capital jurídico será uma subespécie do capital cultural que poderíamos especificar: haverá, por exemplo, um capital de jurista especialista em direito romano que não será fácil de reconverter em capital de jurista de direito comercial. Dito isso, acho que podemos reduzir as grandes espécies de capital a duas, ou a duas e meia, na medida em que as subespécies que podemos distinguir em função da pluralidade dos campos têm propriedades comuns muito fundamentais.

As três formas do capital cultural

Hoje vou focar sobretudo o capital cultural. Ele pode existir sob três formas. Para começar, ele pode existir no estado incorporado, quer dizer, sob a forma de disposições duráveis e permanentes do organismo. No limite, ele pode existir sob a forma de *habitus* culto; é o que chamamos de "cultura" no sentido um pouco va-

298. P. Bourdieu voltará de vez em quando a essa noção de capital informacional, especialmente em *Sobre o Estado, op. cit.* e *Meditações pascalianas*. Trad. de S. Miceli. Rio de Janeiro: Bertrand Brasil, 2001, p. 96 [*Méditations pascaliennes*. Paris: Seuil, 2003 (1997), p. 114].

go e ordinário: quando chamamos alguém de culto, nomeamos o capital cultural sob essa forma incorporada. Em seguida, o capital cultural pode existir no estado objetivado, sob a forma de bens culturais: quadros, livros, dicionários, instrumentos, máquinas, computadores, programas de computador etc. Quando falamos de programas de computador ou de fórmulas matemáticas, enxergamos imediatamente os problemas colocados pela noção de capital cultural objetivado: esse estado objetivado do capital cultural é o traço ou a realização de teorias ou de críticas dessas teorias, de problemáticas etc.; em outras palavras, é o produto objetivado do trabalho humano do estado anterior. Por último, o capital cultural pode existir no estado institucionalizado e isso é extremamente importante. Se o capital econômico existe, de alguma forma, no estado bruto, sob a forma de bens, ele também existe, e em geral simultaneamente, sob a forma de títulos de propriedade, quer dizer, de bens garantidos juridicamente. O mesmo acontece com o capital cultural, mesmo que essa propriedade passe quase sempre despercebida, em particular para os teóricos do capital humano, incluindo Gary Becker, que mencionei agora há pouco: o capital cultural pode existir no estado institucionalizado, quer dizer, ao mesmo tempo objetivado e garantido juridicamente, sob a forma de títulos, e a noção de título escolar, sobre a qual é preciso refletir, é para o capital cultural o que o título de propriedade é para o capital econômico. Disso resulta uma série de propriedades: em particular, o capital cultural objetivado pode existir independentemente de seu portador e, dentro de certos limites, ser transmitido. Eis, portanto, as três formas de capital cultural. Agora vou explicitar – relativamente rápido – cada um desses pontos.

Capital humano e capital cultural

Para começar, gostaria de dizer duas palavras sobre a gênese desse conceito de capital cultural. Isso é relativamente útil porque, no momento em que comecei a me servir desse conceito[299], eu ignorava completamente o trabalho de economistas que falavam, mais ou menos na mesma época, de capital humano[300]. É

299. Como explicado um pouco adiante, é nas obras sobre educação que ele desenvolve no começo da década de 1960 que P. Bourdieu começa a utilizar noções próximas à de "capital cultural", como a de "herança cultural" e de classes sociais "favorecidas culturalmente".

300. A noção de capital humano foi desenvolvida a partir do final da década de 1950 por economistas neoclássicos, em particular Jacob Mincer, "Investment in human capital and personal income distribution" ["Investimento em capital humano e distribuição de renda pessoal"], *Journal*

uma invenção simultânea, [mas não reivindico] uma espécie de prioridade. Os dois conceitos respondem a um problema diferente e também têm propriedades diferentes. Mencionarei rapidamente essa diferença, não para estabelecer uma nuança interessada (ainda que eu tenha um interesse evidente em que o conceito de capital cultural seja diferente do conceito de Becker), mas porque há diferenças importantes que não têm a ver apenas com minha subjetividade.

Os teóricos do capital humano queriam responder ao seguinte problema: Por que acontece de as pessoas ganharem mais quanto mais tiverem estudado, como dar conta das desigualdades de renda ligadas às desigualdades escolares? Assim, eles se colocaram o problema da taxa de lucro garantida pelo investimento econômico no terreno educativo e tentaram medir o mais precisamente possível o investimento econômico exigido pela aquisição de um título escolar, buscando uma equivalência em tempo de trabalho do número de anos de estudos, avaliando em termos monetários ao mesmo tempo o investimento educativo correspondente a esses anos de estudo e os lucros dos investimentos educativos ("Você estudou 15 anos, você ganha tanto..."). É o problema que Gary Becker formula em seu livro de 1964, *Capital humano: uma análise teórica e empírica com referência especial à educação*[301]; ele insiste na relação entre os investimentos específicos, considerados em sua dimensão monetária, e os lucros específicos igualmente considerados em sua dimensão monetária.

Do meu lado, os problemas que eu tinha em mente eram muito diferentes. Havia esse dado, aliás estabelecido antes de mim[302], de que existe uma correlação entre a origem social das crianças e seu sucesso escolar: a partir do momento em que passaram a estudar aquilo que se chama o *drop out*, a evasão escolar, os sociólogos da educação observaram uma correlação muito estreita entre a profissão dos pais e o resultado escolar. Essa correlação muitas vezes era interpretada em

---

of Political Economy, vol. 66, n. 4, 1958, p. 281-302; Theodore W. Schultz, "Investment in human capital" ["Investimento em capital humano"], *The American Economic Review*, vol. 51, n. 1, 1961, p. 1-17; um livro importante é a obra de Gary Becker que P. Bourdieu cita mais adiante, cuja primeira edição é de 1964.

301. *Human capital: a theoretical and empirical analysis with special reference to education.* Chicago: University of Chicago Press.

302. P. Bourdieu pensa nos trabalhos realizados no Ined [Instituto Nacional de Estudos Demográficos da França] por Alain Girard, "Enquête nationale sur l'orientation et la sélection des enfants d'âge scolaire" ["Pesquisa nacional sobre a orientação e seleção das crianças em idade escolar"], *Population*, vol. 9, n. 4, 1954, p. 597-634.

termos econômicos ou economicistas: para continuar com os estudos a partir de um certo limite, era preciso ter dinheiro. Pressentia-se bem que os fatores econômicos não eram os únicos determinantes do sucesso ou do fracasso escolar, e que o pertencimento a um meio favorecido estava acompanhado de vantagens sociais (as pessoas têm mais relações, mais informações etc.); um certo número de pessoas até já mencionava a existência de um fator de favorecimento, a saber, aquilo que se transmite de cultura através da família. Mas, aqui também, pensava-se de maneira bem restrita na ajuda no trabalho, na ajuda com os deveres, nas aulas particulares, todas essas coisas que estão muito estreitamente ligadas ao capital econômico. A noção de capital cultural foi produzida para nomear essa transmissão objetivamente (e não intencionalmente) escondida do capital cultural que acontece inevitavelmente, e mesmo fora de qualquer intenção pedagógica expressa, por meio das relações sociais dentro de uma família: a comunicação linguística, a rotina cotidiana. No limite, o essencial do que se transmite numa família talvez seja aquilo que não é transmitido intencionalmente: desde a linguagem até a dimensão que chamaremos de psicológica – as injunções implícitas, as defesas inconscientes etc. Assim, com a noção de capital cultural não se tratava simplesmente de dar conta da desigualdade de rendas monetárias associadas a um diploma; tratava-se de dar conta das chances desiguais de sucesso num mercado muito particular, o mercado escolar, que por sua vez designa títulos que receberão valores desiguais no mercado econômico.

Raciocinar nesses termos é enxergar imediatamente que o investimento educativo que é preciso levar em consideração para dar conta das desigualdades econômicas não se reduz ao investimento monetário, assim como o lucro do investimento cultural inicial não se reduz ao lucro monetário. Se vocês medirem os lucros da posse de um título escolar pelo salário, encontrarão um monte de esquisitices. Por exemplo, entre os professores universitários, quando vamos das faculdades de ciências para as faculdades de medicina, os índices de capital econômico crescem enquanto os índices de capital escolar adquirido antes de entrar nas faculdades diminuem[303]. Da mesma maneira, no nível da classe dirigente, os mais ricos em capital cultural tendem a ser os menos ricos em capital econômico, e vice-versa[304]. Nós não compreendemos essas esquisitices se medimos o

303. Ver *Homo academicus, op. cit.*, em particular p. 109-114 [105-112].

304. Ver *A distinção, op. cit.*, p. 241-297 [293-364].

rendimento do capital cultural como apenas lucro econômico. É porque o capital cultural tem claramente lucros em outros mercados: basta, por exemplo, refletir sobre o mercado matrimonial para enxergarmos imediatamente que há lucros... Essa lógica economicista pode chocar, mas é preciso entender "lucro" num sentido muito amplo, e pensar que esses lucros podem ser obtidos sem serem buscados como tais. Pelo contrário, não somos obrigados a postular uma intenção econômica expressa e cínica para dar conta da existência de um lucro (essas são coisas que sou obrigado a repetir porque, como a Hidra [de Lerna], elas renascem eternamente no discurso...)[305], e existem mercados nos quais o desinteresse é a condição da obtenção do lucro.

Contrariamente ao que fazem os economistas como Becker – seus epígonos franceses fazem ainda pior –, para avaliar o rendimento de um investimento educativo devemos levar em conta os lucros irredutíveis à medida feita pela escala monetária, ou seja, o salário obtido num dado momento. Mas, e o que é ainda mais importante, não podemos, como disse há pouco, medir a importância de um investimento educativo a partir de seu equivalente monetário: uma simples equação que permita transformar a duração dos estudos num salário teórico não pode dar conta do capital cultural que é o objeto de uma transmissão oculta dentro do sistema doméstico, e é essa transmissão oculta e preliminar que é a condição de sucesso diferencial do investimento educativo de tipo escolar.

Podemos ver a ingenuidade dos economistas. (Eu falo de "ingenuidade", mas eu os respeito muito[306]: existem adversários que respeitamos muito e, neste caso, o adversário obriga a explicitar coisas que tenderíamos a aceitar como autoevidentes. Os economistas, em sua ingenuidade sociológica, são extremamente úteis porque formalizam de maneira precipitada e prematura. Ao recortar a complexidade em sistemas de fatores, eles obrigam a tornar explícitas coisas que uma sensibilidade maior à complexidade dos fatores poderia deixar um pouco no vazio.) A ingenuidade dos teóricos do capital humano leva a formular a questão da relação entre a aptidão (*ability*) aos estudos e o investimento nos estudos: se eles enxer-

---

305. Essa defesa não se aplica apenas ao conceito de lucro em Bourdieu, mas também aos de "estratégia", "distinção", "interesse" e outros conceitos que devem ser entendidos para Bourdieu em seu sentido objetivo sem necessariamente implicar uma intenção subjetiva dos agentes sociais.

306. A palavra "ingenuidade", utilizada com frequência por Bourdieu, tem um significado técnico, e não polêmico, e designa uma atitude e um comportamento não reflexivo, de primeiro grau, que consiste em tomar as coisas como elas se apresentam.

gassem que o capital cultural é transmitido tanto pela família quanto pela escola, e que aquilo que a família transmite é a condição do sucesso na escola, eles não poderiam formular a questão dessa capacidade que, claramente, é natural em suas mentes (é a ideia de dom); eles veriam que esse dom que o sistema escolar consagra como dom é o próprio produto do investimento de capital. Uma equação mais rigorosa deveria então levar em conta, por exemplo, o tempo livre da mãe (que varia dependendo dos meios) e o capital cultural da mãe que é ele próprio o produto ao mesmo tempo de uma herança (é um capital cultural herdado) e de uma aquisição explícita pelo sistema escolar. Se levarmos em conta esses dois fatores em sua relação, podemos dar conta muito bem do sucesso escolar diferencial que por sua vez dá conta muito bem do sucesso econômico e, ainda melhor, do sucesso global medido pelo conjunto de lucros (não apenas econômicos).

Um outro efeito dessa ingenuidade: como não enxergamos o elo entre o investimento escolar e, para dizer as coisas de maneira simples, a estrutura social, ou seja, a distribuição desigual do capital cultural na sociedade, formula-se o problema muito geral, que poderíamos chamar de funcionalista (no sentido da tradição sociológica desse termo), da contribuição do capital humano para a produtividade nacional[307]: ela será – tradução minha – o ganho social da educação enquanto medido por seus efeitos sobre a produtividade nacional; formula-se a questão do rendimento social dos investimentos em capital cultural, mas para o Todo. Por exemplo, comparam-se os países[308] e pergunta-se se podemos estabelecer uma correlação entre o que poderíamos chamar (por analogia com o capital econômico) de capital cultural nacional e o desenvolvimento tecnológico, por exemplo. Num dado país poderemos também tentar medir a rentabilidade do investimento econômico em função do capital cultural. Os raciocínios desse tipo estão implícitos num monte de discursos que vocês ouvem constantemente hoje em dia. Eu não digo que a questão é absurda, mas formulá-la resulta em esvaziar a questão fundamental da distribuição diferencial do capital cultural numa certa sociedade e, junto com ela, a questão do rendimento diferencial do capital cultural

---

307. Ver, por exemplo, a teoria do crescimento de Theodore Schultz.

308. Sobre esses pontos, ver Pierre Bourdieu & Jean-Claude Passeron, "A comparabilidade dos sistemas de ensino". *In*: José Carlos Garcia Durand (org.), *Educação e hegemonia de classe*. Trad. de M.R.G. Loureiro & J.C.G. Durand. Rio de Janeiro: Zahar, 1979 ["La comparabilité des systèmes d'enseignement". *In*: Robert Castel & Jean-Claude Passeron (orgs.), Éducation, développement et démocratie. Haia: Mouton, 1967, p. 21-33].

e esquecer que esse lucro do capital cultural que pretendemos medir – no fundo, ligando-o em última análise às aptidões – pode, numa parte muito importante, ser resultado da distribuição desigual do capital cultural.

Esse ponto é muito importante e voltarei a ele. Imaginemos uma sociedade – isso seria interessante – em que todos fossem bacharéis[309]: o bacharelado perderia grande parte de seu valor. Para os marginalistas, é muito extraordinário pensar o capital cultural independentemente da estrutura de relações nas quais ele funciona. A noção de capital cultural tal como a concebo não é dissociável da noção de campo cultural, um universo dentro do qual cada portador de capital obterá com seu capital um rendimento diferente dependendo da posição (e, portanto, da raridade) de seu capital na estrutura da distribuição do capital cultural característica do universo no qual ele coloca seu capital cultural. (Talvez tudo isso lhes pareça muito abstrato, mas é uma discussão relativamente importante – e acho que não apenas para as pessoas que fazem parte do debate; com ela se gasta muita tinta, há muita literatura e tento dar a vocês sua substância.)

Há um outro ponto sobre o qual os teóricos do capital humano são, mais uma vez, ingênuos (todas essas ingenuidades obviamente estão ligadas: elas se baseiam numa espécie de ignorância da dimensão social das relações econômicas): eles agem como se a competência garantida socialmente pelo título escolar fosse automaticamente uma competência técnica. Assim, eles ignoram completamente a diferença entre uma capacidade garantida socialmente e uma capacidade real... Por minha parte (voltarei a esse ponto), quando falo de capital cultural no estado institucionalizado, falo de um capital cultural garantido socialmente: é um título garantido pelo Estado, que garante, por exemplo, que todo portador do título supostamente sabe matemática (ou sabe fazer um programa de computador) até certo ponto. Os teóricos do capital humano ignoram completamente esse efeito de codificação – sobre o qual voltarei longamente nas próximas aulas – que consiste em consagrar juridicamente, o que tem efeitos absolutamente extraordinários no mundo social. Esses teóricos tomam as competências sociais em seu valor nominal e passam do nominal ao real sem problemas. Vou deixar de lado essa discussão aparentemente bizantina, mas

309. Em 1984, quando este curso foi dado, o bacharelado era concedido apenas a quase um quarto das gerações jovens. Foi apenas no ano seguinte, 1985, que o ministro da educação nacional determinou o objetivo de "levar [progressivamente] 80% de uma classe etária ao nível do bacharelado" [sobre o bacharelado na França, ver página 91, nota 116 – N.T.].

importante porque ela pode permitir que aqueles que sabem o que é o capital humano evitem alguns equívocos.

O capital cultural como capital incorporado

Depois de fazer essa crítica preliminar, falarei muito mais rapidamente sobre os diferentes estados do capital cultural. A maioria das propriedades do capital cultural pode ser deduzida do fato de ele estar ligado em seu estado fundamental – e é isso que particularmente o distingue do capital econômico – ao corpo de seu portador e dele pressupor a incorporação. Quando falamos de cultura, de *Bildung* [formação, no sentido educacional], de *cultivation* [cultivo, também nesse sentido], dessa cultura que é celebrada pelas escolas, falamos de algo de certa maneira coextensivo a seu portador. Essa coisa vive e morre com ele. Uma das propriedades mais valorizadas da cultura é exatamente essa ligação com a pessoa e todas as teorias da cultura acabam numa forma de personalismo[310]. Se, quando objetivamos a cultura, como tem sido meu trabalho há anos, parece que cometemos um sacrilégio, é porque os atentados contra a cultura aparecem como atentados contra a pessoa: não há nada com o que nos identifiquemos mais do que com a pessoa, e os detentores do capital cultural se sentem especialmente visados porque o capital cultural tem essa propriedade de ter ar natural. De todas as espécies de capital, o capital econômico sempre pode ter um ar malvisto, sempre temos uma desconfiança quanto à violência que está por trás dele. Já o capital cultural – repito coisas conhecidas, mas que, apesar de tudo, não são realmente autoevidentes – por natureza, por sua lógica própria, tem um ar natural.

Por exemplo, quando se trata de cultura, a distinção que os gregos faziam entre *ta patrôa* (τα πατρώα, as propriedades que herdamos do pai) e *ta epiktèta* (τα ἐπίκτητα, as coisas adquiridas para além do que o pai deixou) não é nada evidente na medida em que, como em Becker que acabo de mencionar, a transmissão de capital doméstico é em grande parte escondida, inconsciente etc. Quando, por exemplo, o indivíduo singular surge no mercado escolar ele já está provido de um capital herdado que, anterior a qualquer educação expressa, só pode ser constituí-

---

310. Corrente filosófica de inspiração católica que surgiu no período entreguerras e que coloca a pessoa no centro de uma reflexão religiosa que se pretende progressista. Seu principal teórico, e, aliás, o fundador da revista *Esprit*, foi Emmanuel Mounier (1905-1950).

do pela instituição que o recebe como um dom já que está presente mesmo antes de qualquer educação. É isso que é o dom: aquilo que temos sem ter aprendido nada. O sistema escolar ignora, por definição, tudo aquilo que começou antes dele e, a cada momento, repete-se essa espécie de esquecimento, de amnésia da gênese e do que é preliminar; de certa forma, cada campo parte do zero e abstrai aquilo que foi adquirido antes.

O fato de que a aquisição do capital cultural custa tempo é uma outra propriedade que leva a naturalizar e personalizar o capital cultural. Enquanto o capital econômico pode (dentro de certos limites, quando existe a legitimidade etc.) se transmitir muito rapidamente, de mão para mão, de pessoa a pessoa, o capital cultural só se transmite às custas de um gasto considerável de tempo, e um critério implícito das hierarquias culturais é a duração do tempo de aquisição. Por exemplo, a concorrência entre as *grandes écoles* tende a se traduzir por uma extensão da duração dos estudos cuja necessidade técnica não é nem um pouco certa: geralmente se diz que hoje em dia é preciso saber cada vez mais coisas, mas basta refletir dois segundos para ver que existem também muitas coisas que se tornam obsoletas e não merecem mais ser aprendidas, ou poderiam ser aprendidas muito mais rapidamente. Assim, as justificativas técnicas mascaram um fator de extensão do tempo de estudo: como o valor de um título se mede pela duração da aquisição, um título rápido e abreviado tem menos valor do que um título obtido demoradamente. Da mesma maneira, podemos observar que em matéria de cultura artística, ou, para usar um contexto completamente diferente, de cultura camponesa (por exemplo, saber distinguir um camundongo de uma ratazana), certas competências são altamente valorizadas porque demoram muito para serem adquiridas; elas estão ligadas à velhice, à sabedoria: na avaliação das capacidades culturais, um princípio oculto é a duração do tempo de aquisição e isso está evidentemente ligado ao caráter pessoal, porque apenas a pessoa é capaz de dar tempo a alguma coisa. O tempo não pode ser acumulado, não é fácil dar tempo para outra pessoa nem tomar tempo dela, e tudo aquilo que exige tempo para ser adquirido, do ponto de vista de uma lógica personalista, é uma garantia de cultura, porque é exatamente aquilo que não pode ser adquirido por procuração, não pode ser adquirido por pessoas interpostas: é preciso adquirir isso pessoalmente, e pagar pessoalmente (assim, quando se trata de cultura é preciso pagar com seu próprio tempo, gastar tempo fazendo exposições etc.).

Poderíamos desenvolver por horas o que está contido nisso tudo: a oposição entre o disco e o concerto[311] e um monte de outras distinções vivenciadas como definitivas pelas quais se luta na tribuna dos jornalistas[312] ou nos colóquios do [museu] Beaubourg, sem falar das dissertações, têm relações com essas propriedades do capital cultural; ele está ligado à pessoa, ele é incorporado, a incorporação leva tempo e o tempo deve ser investido pessoalmente. Para que vocês entendam, cito a analogia entre a cultura e o bronzeamento[313] que vai bem longe: aqueles que, por exemplo, compram livros da coleção "J'ai lu"[314] estão para a cultura assim como aqueles que empregam produtos ou lâmpadas para se bronzearem estão para aqueles que realmente se bronzearam. Basicamente, isso é tudo que faz parte da relação com a cultura e que está ligado a propriedades muito simples que podem ser descritas de maneira objetiva.

Uma outra propriedade: como a cultura no estado incorporado está ligada ao corpo, ela está onde seu portador estiver, ela está ligada a seu portador. Isso é uma coisa importante: a acumulação não é infinita, a cultura morre junto com seu portador, fica doente com ele, e essas são coisas que a sociedade trata com muita seriedade. Eu muitas vezes cito o livro de Kantorowicz, *Os dois corpos do rei*[315]: toda sociedade precisa lidar com o problema da existência corporal dos poderosos que, do ponto de vista de sua condição social de funcionamento, deveriam ser eternos. ("O rei está morto, viva o rei!") O rei é um imbecil, no sentido etimológico do termo[316], mas é o rei. Ora, a cultura coloca esses problemas de maneira extremamente forte. Essas análises são evidentemente importantes como preliminares à compreensão dos efeitos de institucionalização (e vocês se lembram que eu men-

---

311. Ver P. Bourdieu, *A distinção*, *op. cit.*, p. 73-75 [81-83].

312. Sem dúvida, trata-se de uma alusão ao programa de rádio "La tribune des critiques des disques" ["A tribuna dos críticos de discos"] da emissora France Musique.

313. "A acumulação de capital cultural exige uma *incorporação* que, enquanto pressupõe um trabalho de inculcação e de assimilação, *custa tempo* que deve ser investido *pessoalmente* pelo investidor (tal como o bronzeamento, essa incorporação não pode efetuar-se *por procuração*)" (P. Bourdieu, "Os três estados do capital cultural", *art. cit.*, p. 82 [3-4]).

314. "J'ai lu" ["Eu li"] foi uma das primeiras coleções de livros de bolso criadas na França (lançada pela Editora Flammarion em 1958).

315. Ernst H. Kantorowicz, *Os dois corpos do rei: um estudo sobre teologia política medieval*. Trad. de C.K. Moreira. São Paulo: Companhia das Letras, 1998 [*The king's two bodies: a study in mediaeval political theology*. Princeton: Princeton University Press, 1957].

316. Segundo uma etimologia (incerta), o "imbecil" é aquele que anda sem bastão (*in-bacillus*) e, portanto, se expõe a cair.

cionei três estados do capital: incorporado, objetivado e institucionalizado). A institucionalização será uma das soluções para o problema da imbecilidade do rei: o título garantido é um título eterno. Quando você passa no concurso de agregação, será agregado por toda sua vida...

Parêntese sobre a filosofia e o mundo social

Eu sofro ao dizer todas essas coisas porque vocês devem ter a impressão de que digo coisas evidentes, um pouco triviais. Na verdade, eu acho que na sociologia, na fase em que estamos, é preciso importar modos de pensar que são muito triviais na filosofia, como essa arte de se surpreender, de ir muito lentamente, de repensar as coisas evidentes, que quase nunca aplicamos às coisas sociais porque a filosofia com muita frequência se constitui contra o mundo social[317]. Eu penso profundamente que fazemos filosofia para não sabermos o que é o mundo social e se, ao dizer isso, eu choco todos vocês que se pensam filósofos, não é para me divertir. Se nós não aplicamos esse modo de pensamento é porque o social é o trivial do qual fugimos quando fazemos filosofia – é o *Teeteto*[318] –, e o social é o infralunar, o que não merece ser pensado, aquilo de que precisamos fugir para podermos pensar. Ao mesmo tempo, o social é aquilo que é mais "subpensado" [*sous-pensé*] e podemos produzir efeitos extraordinários pelo simples fato de transgredir essa proibição entre o distinto e o vulgar – o que não paro de fazer –, de ultrapassar a fronteira e pensar de forma distinta as coisas vulgares. Dou a receita: isso é muito fácil de pensar porque isso foi muito pouco pensado. Isso foi muito pouco pensado, e é preciso pensá-lo dessa maneira lenta, heideggeriana: mas o que é a cultura? O que quer dizer ser culto? É ter um corpo, é o tempo etc. Há muitas coisas a se compreender nessas trivialidades que não pensamos e que merecem ser pensadas.

---

317. Bourdieu desenvolveu esse tema em sua aula de 19 de outubro de 1982, em *Sociologia geral volume 2, op. cit.*, p. 91ss. [282ss.].

318. Alusão (mais explícita em *Meditações pascalianas, op. cit.*, p. 23 [28]) a uma "pilhéria" que Sócrates relata no *Teeteto*: "Foi o caso de Tales [...] quando observava os astros; porque olhava para o céu, caiu num poço. Contam que uma decidida e espirituosa rapariga da Trácia zombou dele, com dizer-lhe que ele procurava conhecer o que se passava no céu, mas não via o que estava junto dos próprios pés. Essa pilhéria se aplica a todos os que vivem para a filosofia" (Platão, *Teeteto, op. cit.*, 174a, p. 46).

O trabalho de aquisição leva tempo e se exerce sobre o portador. Trabalhamos sobre nós mesmos. Quando digo: "eu me cultivo", sou ao mesmo tempo aquele que cultiva e aquele que é cultivado no ato de aquisição cultural, esse ato de autocultivação que pressupõe que paguemos com nossa própria pessoa na medida em que, precisamente, é preciso investir tempo (é preciso tomar tempo de outros investimentos possíveis) e uma forma socialmente constituída de *libido*, a *libido sciendi*. Esse elo entre a cultura e o ascetismo reforça o personalismo, a visão moralista da cultura: alguém que não seja culto será não apenas bárbaro, definido negativamente, mas também desonesto, impuro, sujo, manchado.

Na análise um pouco maldosa, mas que creio rigorosa, que fiz da *Crítica da faculdade de julgar* de Kant, no posfácio de *A distinção*, enxergamos bem que todos os conceitos que conotam e designam o gosto, a cultura, a relação com a cultura são éticos[319]. São juízos sociais. O vulgar é imoral: ele adora as naturezas mortas, ou seja, os quadros que representam aquilo que se come, ele adora os nus, aquilo que se consome em primeiro grau; ele não está no segundo grau, e o gosto puro, como diz Kant, se define contra o gosto dos sentidos, contra o gosto de primeiro grau. Ser distinto é estar em ruptura com esse primeiro grau, e essa ruptura é certamente intelectual, mas também ética. Um fundamento dessa visão ética da cultura pode ser encontrado no fato de que a cultura se adquire com um tempo que retiramos de coisas mais divertidas, do primeiro grau, como diria Kant: o tempo que passamos nos museus observando naturezas mortas poderia ser dedicado a consumir no primeiro grau as coisas correspondentes. Isso corresponde à definição social do trabalho. Se vocês prestarem atenção no texto de Kant, verão que ele só pensa nisso.

Portanto, a aquisição cultural supõe essas renúncias e está ligada a um ascetismo. Ao mesmo tempo, a cultura é valorizada. Obviamente, um problema é medir o capital cultural: Será que ele não seria uma noção irreal? Os especialistas do capital humano propõem medi-lo a partir do lucro monetário e do tempo de aquisição (o número de anos de estudo). O tempo de aquisição é certamente a melhor medida do capital cultural, mas não devemos reduzi-lo ao tempo de escolarização. Dependendo da aquisição familiar, o rendimento da educação escolar será maior ou menor. Por outro lado, reintroduzir o tempo de aquisição familiar

319. Ver "Post-scriptum. Elementos para uma crítica 'vulgar' das críticas 'puras'", *A distinção*, *op. cit.*, p. 448-460 [565-585].

na mensuração do capital cultural é ver que é possível ter aquisições familiares negativas. Entre as desvantagens sociais daqueles que não foram criados num universo próximo do universo escolar estão não apenas as coisas que faltam, mas também as coisas negativas cuja eliminação leva tempo, e o exemplo mais típico é a correção do sotaque. O tempo do trabalho de correção é adicionado negativamente – poderíamos desenvolver esse ponto por muito tempo.

Esse capital incorporado vai funcionar, por todas as razões que mencionei, como uma espécie de natureza. É um ganho que se apresenta como um ser pessoal. Diferente da moeda ou dos títulos de propriedade, ele não pode ser transmitido instantaneamente, ele não pode ser adquirido por compra nem por troca, e um dos grandes problemas enfrentados pelo capital cultural numa utilização econômica é o seguinte: Como comprar o capital cultural de alguém sem comprar a pessoa? (Às vezes fico tentado a dizer as coisas de maneira um pouco brutal para acordar vocês, porque vocês podem escutar isso que digo como evidente quando isso não é nada evidente.) Como comprar o capital cultural de um executivo sem comprar o executivo? Como o capital cultural está tão fortemente ligado à pessoa, um problema é saber como posso colocar a meu serviço coisas tão pessoais como o capital cultural sem comprar a pessoa. O problema do mecenato de Estado poderia ser constituído a partir disso. O que significa comprar os serviços culturais de uma pessoa? Um problema da utilização econômica do capital cultural será a concentração do capital cultural: se quisermos fazer um grande laboratório de indústria química é preciso reunir capital cultural, mas essa reunião não é óbvia, ela pode produzir efeitos sociais que não desejamos – as pessoas podem se sindicalizar, por exemplo[320]. Eis os problemas específicos colocados pelo capital cultural. O capital econômico não os coloca no mesmo grau, ou da mesma forma.

Uma outra propriedade dos usos sociais do capital cultural decorre de sua natureza incorporada: o capital cultural vai aparecer como natural e a distribuição desigual do capital cultural produzirá por si mesma aquilo que chamo de efeitos de distinção. É importante compreender que a distinção não pressupõe a intenção de se distinguir. A distinção é o fato de ser diferente, é aquilo que é produzido quando alguma coisa de diferente é percebida por alguém que a reconhece como

---

320. Ver em *A distinção, op. cit.*, p. 282 [348], o desenvolvimento sobre as relações entre os detentores do poder econômico nas empresas e os detentores, como os engenheiros e os executivos, do capital cultural que permite se apropriar de instrumentos como as máquinas.

boa ou como diferença valorizada. É como na linguística. A partir do momento em que existe um circunflexo, existe um não circunflexo. O sistema social funciona como um sistema de fonemas e, a partir do momento em que há diferenças e que essas diferenças são percebidas, elas passam a funcionar como sinais de distinção; a partir do momento em que existem hierarquias de sinais de distinção, há lucros de distinção. Como o capital cultural é percebido como incorporado e os fundamentos sociais da distribuição desigual do capital cultural e das diferenças não são percebidos, o capital cultural produzirá um lucro absolutamente especial: um lucro de distinção no sentido simples do termo, ou seja, um lucro dotado de um valor diferencial, um lucro de raridade mais um lucro simbólico quase automático. De todas as espécies de capital, o capital cultural é aquela que será mais espontaneamente reconhecida como legítima. Esse capital não precisa justificar sua existência: ele é justificado automaticamente porque está na natureza. Weber disse que os dominantes sempre tendem a produzir aquilo que chama de uma "teodiceia de seus próprios privilégios"[321], mas, no fundo, os privilegiados da cultura não precisam da teodiceia de seus privilégios: devido a todas as razões que mencionei, seu privilégio tende a ser justificado espontaneamente.

É uma pena que eu precise me interromper aqui.

Segunda hora (seminário): *Esperando Godot*, de Samuel Beckett

Na última aula, [...] eu sugeri a respeito de Kafka que a força extrema da tensão corporal que sentimos ao ler seus romances tem a ver com o fato de que ele reconstitui universos de alta incerteza e de investimento muito grande. Acho que essa análise que pode parecer abstrata é importante para compreender um certo

321. "Quem é feliz raramente se contenta com o simples fato de ter felicidade. Além de possuí-la, sente necessidade de *ter direito* a ela. Quer convencer-se de que a 'merece' e principalmente: que a merece em comparação com os demais. Daí querer também poder acreditar que quem é menos feliz que ele, quem não tem uma felicidade comparável à dele, também está, tanto quanto ele, recebendo em troca a parte que lhe cabe. A felicidade quer ser 'legítima'. Quando na expressão genérica 'felicidade' se encerram todos os bens da honra, do poder, da posse e do gozo, eis-nos diante da fórmula mais geral daquele serviço de legitimação – a teodiceia da felicidade – que cabe à religião prestar aos interesses externos e internos de todos os poderosos, todos os proprietários, todos os vitoriosos, todos os sadios, numa palavra, de todos os felizardos" (Max Weber, "Religiões mundiais: uma introdução". *In*: Ética econômica das religiões mundiais. Vol. 1: *Confucionismo e taoismo*. Trad. de A.L. Costa. Petrópolis: Vozes, 2016, p. 25-26 ["Die Wirtschaftsethik der Weltreligionen", 1915]).

número de experiências sociais e em particular as experiências-limite, como a experiência do mundo que pode ser feita pelos subproletários ou os problemas que vemos todos os dias, como o problema da violência dos jovens[322].

As análises aparentemente mais abstratas me parecem, na verdade, ser as condições da compreensão das coisas mais concretas, e a verdadeira análise científica se opõe a uma espécie de discurso médio. Algumas aulas atrás[323] analisei o papel que pode ser desempenhado na vida intelectual por esses tipos de intelectuais-jornalistas ou de jornalistas-intelectuais, esses ensaístas, e ativei imediatamente, assim como minhas capacidades de análise, os interesses ligados a uma certa posição no campo que descrevia e, portanto, uma certa antipatia em relação a essa maneira de se portar na vida intelectual. Posso justificar essa antipatia intelectual em nome de razões científicas: uma das razões do mundo social ser tão difícil de pensar é que o discurso espontâneo sobre o mundo social, além de se basear na ilusão de compreender tudo imediatamente, quase sempre aplica esquemas de pensamento elementares e rudimentares, e ao mesmo tempo não se dá os instrumentos para constituir a particularidade do particular.

Pensar que é preciso mobilizar tudo isso que tento mobilizar para compreender a delinquência juvenil (os garotos nos subúrbios que quebram carros, roubam motos, desafiam a polícia etc.) parece um pouco ridículo, particularmente para aqueles que são inspirados pelas melhores intenções. Gide disse: "Com bons sentimentos, fazemos literatura ruim"[324], mas isso é ainda mais verdade para a sociologia: com bons sentimentos, fazemos sociologia catastrófica. Os raríssimos sociólogos que têm o mérito de ir fazer entrevistas nos subúrbios são sem dúvida os últimos a pensar – por razões muito complicadas que seria preciso analisar e que fazem parte de suas condições sociais de produção – que seria preciso inves-

---

322. Sobre esse ponto, e de modo mais geral sobre o conjunto dessa segunda parte da aula, ver os desenvolvimentos que P. Bourdieu dedicou no ano anterior à análise da juventude dos meios populares em *Sociologia geral volume 1, op. cit.*, p. 124-125 [321-323] e, para um esboço dos temas abordados aqui (especialmente da aproximação entre as personagens de Beckett e certas experiências sociais), Pierre Bourdieu, "Préface" ["Prefácio"]. *In*: Paul Lazarsfeld, Marie Jahoda & Hans Zeisel, *Les Chômeurs de Marienthal*. Paris: Minuit, 1982, p. 7-12, assim como a entrevista (posterior a este curso) intitulada "Ah! Os belos dias" em *A miséria do mundo, op. cit.*, p. 487-504 [925-950].

323. Trata-se principalmente das aulas de 1º e de 8 de março de 1984.

324. "Escrevi, e escreveria novamente, o que me parece uma verdade evidente: 'não é com bons sentimentos que fazemos boa literatura'" (André Gide, *Journal 1939-1949. Souvenirs* [*Diário 1939-1949. Lembranças*]. Paris: Gallimard, 1954, 2 de setembro de 1940, p. 52).

tir numa reflexão sobre o tempo, sobre Kafka etc. para compreender essas coisas aparentemente triviais para não produzir essa espécie de discurso que não é nem uma coisa nem outra, sobre o qual digo, com maldade, que não é nem sequer falso e que está para a ciência como os produtores desses discursos estão para o espaço no qual eles se encontram situados.

Não estou fazendo esse preâmbulo para valorizar minha própria proposta, mas porque essa é a única ocasião para expressar isso: no texto escrito não se pode dizer essas coisas, há tabus que proíbem a autovalorização, ou então é preciso saber fazê-la... Existem até discursos que só dizem até que ponto é importante valorizar o argumento exposto[325]. É, portanto, muito difícil fazer as pessoas compreenderem, comunicar a raridade que creio ser real de certos discursos. Neste caso particular, o que acho que é interessante no que direi é essa espécie de reencontro entre objetos realmente muito triviais e as maneiras de pensar normalmente consideradas distintas.

Na última aula mencionei essa espécie de reencontro e utilizei Kafka. Posso estender minha análise utilizando um exemplo nobre, *Godot*, de Beckett[326]. Antes de mais nada é preciso que vocês tenham em mente os delinquentes dos subúrbios, porque acho que é a mesma coisa. Mais uma vez, uma virtude (entre outras) da literatura é apresentar de uma maneira dramática, ou seja, intensa, aquilo que é neutralizado na exposição escolar, e podemos pensar em analogia com o sacerdotal: o escolar está para o inventivo como o sacerdócio está para a profecia, e um efeito do sacerdócio escolar é a rotinização, como disse Weber, quer dizer, a neutralização do conteúdo transmitido. Aceitamos como escolar alguma coisa sobre a qual não perguntamos a respeito de sua realidade ou falsidade, alguma coisa que está destinada não a mudar a vida, de jeito nenhum, mas a ser entendida, anotada, registrada e reproduzida quando necessário. Essa postura escolar – contra a qual não tenho absolutamente nada – é um obstáculo para a recepção adequada do discurso sociológico, porque o discurso sociológico, na fase atual, só pode ser produzido e reapropriado se neutralizar essa neutralização. Destaco "na fase atual da sociologia" porque em 150 anos a sociologia será muito diferente. O capital acumulado será muito maior, muitas coisas serão descobertas e formalizadas, e as

---

325. Aquele que Bourdieu chama de "discurso de importância". Ver *A economia das trocas linguísticas*, *op. cit.*, p. 159-176 [*Langage et pouvoir symbolique*, *op. cit.*, p. 379-396].

326. Samuel Beckett, *Esperando Godot*, *op. cit.*

pessoas investidas muito menos dramaticamente no que fazem poderão trabalhar com fórmulas, investindo muito menos de suas pessoas. Mas no estado atual da ciência social, essa espécie de dramatização da transmissão e, portanto, da recepção me parece ser uma condição para que ela seja realmente escutada.

A temporalidade daquele que não tem nada a esperar

Assim, quero dizer que as situações sociais nas quais a experiência da temporalidade de tipo kafkiano será extremamente provável são as situações nas quais as chances objetivas de obter aquilo que desejamos são totalmente incertas: elas são nulas ou completamente aleatórias, não há nenhuma possibilidade de previsão. Essas situações são de certa forma transformadas em modelos no *Godot*, de Beckett, que apresenta pessoas que não esperam nada e que, por não terem nada a esperar da vida, do mundo, do futuro, não têm expectativa de nada. Para usar uma imagem da vida real, é aquela de um asilo de idosos empobrecidos[327], pessoas que estão aposentadas do mundo social, que se retiraram do mundo social. O mundo social não exige mais nada delas e, ao mesmo tempo, elas não têm aquela justificativa de existência que o mundo social dá para as pessoas ao exigir algo delas. Essa é uma função das funções [sociais], dar uma razão de ser, uma finalidade, um objetivo de existência, *a fortiori* quando é uma função socialmente reconhecida – dizem: "Você merece existir porque você ainda serve para alguma coisa". E, como digo com frequência, o mundo social – é por isso que a sociologia está perto de se tornar teologia – tem a função que os teólogos atualmente atribuem a Deus, de justificar que as criaturas existam enquanto criaturas; Ele lhes dá uma missão, uma razão de ser[328].

As pessoas sem futuro não têm aspirações ao futuro, o que é uma lei fundamental do mundo social: as esperanças tendem a ser proporcionais às chances. Podemos fazer disso uma espécie de axioma do pensamento sociológico: as esperanças tendem a se proporcionar às chances objetivas. Os agentes sociais têm aspirações grosseiramente proporcionais às suas chances objetivas de realizá-las, em grande parte (não comentarei isso, pois precisaria de horas, mas isso é muito fundamental e terei que voltar a esse tema) porque esse ajuste das esperanças às chan-

---

327. Vladimir e Estragon, os dois personagens principais de *Esperando Godot*, são mendigos.

328. P. Bourdieu desenvolverá esse tema no último capítulo de *Meditações pascalianas*, *op. cit.*, p. 253ss. [299ss.].

ces se constitui por meio de um trabalho de incorporação (que mencionei agora há pouco a propósito da noção de capital cultural): a socialização, o aprendizado, a aquisição social são em grande parte um processo de incorporação das estruturas objetivas; os agentes sociais tendem a transformar a necessidade em virtude, a querer o que podem e a achar que isso é o certo. É a lógica do ressentimento, no sentido nietzscheano do termo[329], que consiste em recusar o impossível e o inacessível ("estão verdes demais..."[330]) ou pelo menos em parar de pensar nisso. De acordo com uma frase de Hume que sempre cito: "tão logo nos damos conta da impossibilidade de satisfazer um desejo, esse mesmo desejo desaparece"[331]. A própria ideia de aspiração desaparece junto com as chances razoáveis de realizar essa aspiração. Essa espécie de sabedoria sinistra, de pequena morte simbólica, essa sabedoria por resignação que leva a recusar o impossível, a nem sequer aspirar a ele, e a aceitar o necessário através de uma espécie de *amor fati* [amor ao destino] é uma das leis fundamentais dos comportamentos sociais. Assim, não surpreende que, quando perguntamos sobre o futuro para alguém que não tem um futuro objetivo (por exemplo, um jovem "que não tem futuro", como se diz), que não tem aspiração ao futuro, digamos então: "ele é apático, não tem vontade".

A lei fundamental dos comportamentos sociais é, portanto, que aqueles que não têm nada a esperar não esperam nada. A lei de todos os campos é que o investimento no jogo, aquilo que chamo de *illusio*, a vontade de jogar, a propensão a investir tempo, esforços, boa vontade, aspirações etc. no jogo, supõe um mínimo de chances no jogo. Quando estão abaixo de um certo limite de chances as pessoas o abandonam e não investem, e, quando não têm mais investimento no jogo, não têm mais *illusio*, elas não se temporalizam mais de acordo com a temporalidade do jogo. Para ter um tempo, para estar tomado pelo tempo do jogo, para esperar alguma coisa do futuro do jogo, é preciso ter um mínimo de chance.

---

329. P. Bourdieu discutiu esses temas por mais tempo no ano anterior, especialmente nas aulas de 30 de novembro de 1982 e 11 de janeiro de 1983, em *Sociologia geral volume 2*, *op. cit.*, p. 236-237 e 335-337 [459-460 e 578-579]. Sobre a "moral do ressentimento" que Nietzsche opõe à "moral nobre", ver em particular Friedrich Nietzsche, *A genealogia da moral*. Trad. de P.C. Souza. São Paulo: Companhia das Letras, 1998 [*Zur Genealogie der Moral*, 1887].

330. "Estão verdes, não prestam, só cães os podem tragar!" (tradução de Bocage): numa fábula de La Fontaine inspirada em Esopo ("A raposa e as uvas"), esse é o argumento de uma raposa quando percebe que os cachos de uva que quer comer estão altos demais para que ela possa alcançá-los.

331. David Hume, *Tratado da natureza humana*. Trad. de D. Danowski. São Paulo: Unesp, 2000, p. 23 [*A treatise of human nature*, 1739-1740].

Beckett nos oferece a realização de um universo no qual, como toda chance de qualquer coisa foi abolida, como nada de qualquer interesse pode acontecer, o tempo desaparece. Não há mais esperança nem angústia, nem nenhuma surpresa possível, nenhum suspense ou expectativa, a única coisa que resta é passar o tempo. O tempo permanece no sentido de tempo que passa, mas não há mais tempo no sentido de tempo que é preciso empregar, de tempo que é preciso economizar porque temos coisas melhores a fazer. Não refletimos o bastante sobre essa frase trivial: "ele não tem nada de melhor a fazer". Para as pessoas que têm todo o seu tempo – voltarei a isso quando falar da comparação entre as sociedades pré-capitalistas e nossas sociedades – não há nada melhor a fazer do que não fazer nada. Quando não há nada a fazer, temos todo o nosso tempo. Quando, pelo contrário, há mil coisas a fazer que dão mais lucros (simbólicos, subjetivos, pessoais, econômicos etc.), o tempo se torna extremamente precioso, então não paramos um segundo. O oposto absoluto do funcionário que trabalha sem parar são os personagens do *Godot* de Beckett. Na peça eles inventam qualquer coisa para matar o tempo, para se ocupar, eles inventam conversas, arrependimentos, acusações, suspensões, eles contam histórias, se xingam [...] etc. Em outros termos, eles buscam criar um substituto para aquilo que é evidente para a pessoal normal – "há alguma coisa a fazer" – e para o universo ordinário descrito pelos fenomenólogos.

(É interessante constatar que os fenomenólogos quase sempre universalizam uma experiência social do mundo; eles descrevem como universal a experiência temporal de alguém que vive num mundo normal em que sabe que amanhã será outro dia e onde há um certo número de garantias em relação ao futuro. A descrição fenomenológica da experiência vivida é verdadeira, mas apenas como descrição de uma experiência vivida de indivíduos inseridos no mundo e obedecendo à lei da boa continuação – voltarei a isso.)

O universo cuja fenomenologia é feita por Beckett é um universo onde só há crises. É por isso que Beckett foi relacionado a Heidegger: num universo em que o tempo está suspenso, os agentes sociais são colocados a cada momento diante da angústia dos possíveis. Heidegger diz que a angústia surge do colapso da rotina ordinária[332], é o momento em que acaba essa espécie de lei da boa continuação em

332. Martin Heidegger, *Ser e tempo*. Trad. de M. Schuback. Petrópolis: Vozes, 2005, § 40, "A disposição fundamental da angústia como abertura privilegiada da pre-sença", p. 247-255 [*Sein und Zeit*. Tubinga: Max Niemeyer, 1927]).

que não me pergunto a cada momento por que faço o que faço, se vou fazer o que vou fazer, porque realmente há coisas a fazer. As coisas a fazer são essas potencialidades objetivas que estão na objetividade, que foram feitas antecipadamente para mim, para as quais fui feito e que não posso deixar de fazer. Quando dizemos que alguém fez o que tinha que fazer, isso quer dizer que ele reconheceu uma espécie de necessidade, que dominou a situação, que fez o que era preciso. Do ponto de vista daqueles que querem escapar da angústia, a situação ideal é que isso se encadeie: o mundo é o mundo, eu sei que hoje preciso ir à aula, depois voltarei para casa sabendo o que tenho que fazer; tudo se encadeia, não vou me encontrar descobrindo que eu poderia não saber de jeito nenhum o que tenho a fazer, que esses "a fazer"/afazeres poderiam me parecer absurdos, desprovidos de sentido ou simplesmente desaparecer porque ninguém mais exigiria nada de mim.

Passo de Beckett para a realidade: essa espécie de experiência do possível enquanto possível, quer dizer, como podendo a cada instante não acontecer, está ligada a um certo tipo de experiência social. No mundo social, no nosso ambiente cotidiano, existem heideggerianos espontâneos: por exemplo, os subproletários. Esse foi um dos primeiros trabalhos que fiz[333]: tentei descrever a visão de mundo dessas pessoas que não sabem se vão trabalhar amanhã, se vão encontrar um trabalho. Elas saem de manhã para procurar um trabalho, não sabem se vão encontrar, param no café ao meio-dia porque não sabem se vão encontrar alguém em casa. Essas pessoas cujo tempo é uma espécie de série descontínua de instantes, que podem ser suspensos a qualquer momento, não têm nenhuma espécie de projeto, ou então são projetos completamente irreais, desconectados com o presente. Essa foi uma das observações que mais me chocou nas entrevistas com esses subproletários: o laço entre a experiência presente e a experiência futura estava completamente cortado; a mesma pessoa era capaz de dizer: "minha filha irá até o bacharelado, ela será médica" e num instante depois, "eu a tirei da escola há dois anos". Essas pessoas estão em universos marcados pela inconsequência objetiva: não há uma estrutura objetiva de expectativa constante, não há uma lei de constância do futuro; o futuro é imprevisível, indefinível, arbitrário. Como re-

---

333. Pierre Bourdieu, "Les sous-prolétaires algériens". *In*: *Les Temps modernes*, n. 199, 1962, p. 1030-1051, reimpresso em Pierre Bourdieu, *Travail et travailleurs en Algérie*. Paris: Raisons d'Agir, 2021 [1963], p. 187-203; e *Esquisses algériennes*, *op. cit.*, p. 193-212. Ver também P. Bourdieu, "La société traditionnelle: attitude à l'égard du temps et conduites économiques", *art. cit.*

sultado, suas estruturas de percepção do futuro são do mesmo tipo: elas fazem projetos fantásticos.

Não estenderei a análise, mas poderíamos compreender por esse viés o elo entre os subproletários e os movimentos milenaristas que os historiadores sempre observaram. Por exemplo, cito para vocês o livro muito conhecido de Norman Cohn, *Na senda do milênio*[334], mas outros depois dele desenvolveram esse tema: os subproletários, ou seja, as pessoas sem futuro, sem inserção num universo garantido socialmente, destinados à instabilidade de emprego e residência, são particularmente vulneráveis à sedução das profecias de tipo milenarista que anunciam tudo imediatamente, que prometem tudo imediatamente: o fim do mundo, a felicidade na terra, o milagre, porque quando nada é possível tudo é possível. A característica dessa relação com o futuro é essa espécie de incerteza absoluta que proíbe os cálculos racionais. Ao mesmo tempo não temos nada a esperar e podemos esperar tudo: tudo pode acontecer, o melhor, o pior...

(Essa estrutura da experiência temporal está ligada a uma estrutura objetiva do mundo e observo que, com muita frequência, a psicologia social e sobretudo a psicologia espontânea dos professores, dos assistentes sociais etc. registram sob a forma de propriedades psicológicas propriedades do mundo no qual são produzidos os sujeitos sociais observados, incorporados. A criança chamada de "instável" talvez tenha simplesmente incorporado a instabilidade objetiva da condição de seus pais, o fato de que seu pai, por exemplo, mudou cinco vezes de emprego e de residência. Essa é uma consequência prática importante do que digo: se uma parte importante das propriedades psicológicas dos agentes sociais está ligada à incorporação das estruturas objetivas, não façamos fetichismo, saibamos que o verdadeiro princípio do que descrevemos não está na pessoa, mas nas condições sociais que a produziram – essa regra elementar me parece importante para compreender a relação pedagógica, a relação entre paciente e médico etc.)

Portanto, os subproletários encarnam essas situações-limite nas quais não temos nada a esperar. Tudo é possível, não há futuro e, como em *Godot*, a única coisa que resta a fazer é matar o tempo, fazer alguma coisa em vez de não fazer nada. Em vez de girar em falso e esperar, é preciso quebrar alguma coisa, criar um evento.

334. Norman Cohn, *Na senda do milénio: milenaristas revolucionários e anarquistas místicos da Idade Média*. Trad. de F. Neves & A. Vasconcelos. Lisboa: Presença, 1981 [*The pursuit of the millennium*. Oxford: Oxford University Press, 1970].

De certa maneira, essa famosa violência é a maneira que os desesperados têm de se temporalizar: quando não há nada a esperar, podemos fazer um evento, criar um incidente, até um acidente – sobre a relação com a motocicleta e os acidentes mortais, o sociólogo inglês [Paul] Willis descreveu essa *motorbike society* [sociedade de motocicletas] numa belíssima análise[335]: as pessoas, para introduzir um vetor na experiência temporal, jogam com a morte. Isso é muito heideggeriano: só resta isso para introduzir a relação autêntica; essas pessoas têm discursos absolutamente heideggerianos sobre o ser-para-a-morte[336], o verdadeiro delinquente [*loubard*] é aquele que é capaz de arriscar sua vida, celebra-se aquele que morre na moto etc.

Eu hesito bastante, é muito difícil dizer essas coisas na situação em que estou... Essa experiência do mundo social como experiência-limite contém uma análise em negativo da experiência ordinária do mundo; ela é o seu inverso. Aqui também podemos usar Heidegger: quando ele descreve a temporalidade inautêntica, a temporalidade do "impessoal" [*das Man*][337], ele descreve uma outra temporalidade, quer dizer, um tempo no qual existem coisas a fazer, um futuro, um tempo no qual nós temos o futuro e nosso universo obedece a uma lei de boa continuação. Uma coisa que foi começada tem chances de ser terminada: é pouco provável, por exemplo, que o professor se interrompa bruscamente e faça sua mala. É pouco provável que coisas anunciadas não se produzam, e quando isso acontece é noticiado pela imprensa.

Numa análise célebre, Alfred Schütz – um fenomenólogo discípulo de Husserl que desenvolveu um aspecto que este deixara um pouco abandonado (em *Ideen II* e *Ideen III*) – fez uma espécie de fenomenologia da experiência ordinária do mundo social. Ele tentou analisar o que é a experiência vivida do mundo social prolongando um certo número de indicações de Husserl sobre a atitude natural, a atitude dóxica, a relação dóxica com o mundo natural etc. Em particular, ele fez uma análise da pessoa que coloca uma carta na caixa de correio[338]: aquele que

---

335. P. Bourdieu pensa em Paul Willis, "The motorbike club within a subcultural group" ["O clube de motocicletas dentro de um grupo subcultural"], *Working papers in cultural studies*, n. 2, 1971, p. 53-70; *Profane culture* [*Cultura profana*]. Londres: Routledge & Kegan Paul, 1978.

336. Ver M. Heidegger, *Ser e tempo*, *op. cit.*, primeiro capítulo da segunda parte: "A possibilidade da pre-sença ser-toda e o ser-para-a-morte, §46-53.

337. *Ibid.*, §75.

338. "Ao colocar uma carta na caixa de correio, espero que pessoas desconhecidas chamadas carteiros agirão de um modo típico, que não é exatamente inteligível para mim, com o resultado de que minha carta chegará ao destinatário num prazo tipicamente razoável" (Alfred Schütz, "Com-

coloca uma carta na caixa de correio tem uma atitude típica, genérica, ele age enquanto "a gente" [*on*], e sua atitude tem um sentido porque existe todo um sistema burocrático. O sistema burocrático é uma espécie de álgebra na qual tudo é feito de fórmulas e de formalidades, no qual os *x* podem ser substituídos por qualquer um, pelo "a gente": coloco minha carta na caixa, mas qualquer um pode fazer o mesmo que eu; minha carta será coletada por alguém que pode ser substituído por qualquer outro, que é definido pelo fato de que deve separar as cartas; se ele não estiver em greve, sei que a carta será enviada etc. O universo ordinário é um universo no qual os futuros coletivo e individual estão garantidos; é um universo regrado no qual as antecipações têm todas as chances de serem realizadas satisfatoriamente. Vocês se lembram das análises heideggerianas e husserlianas sobre o cumprimento das expectativas: o mundo social não vai nos causar surpresas nem armadilhas; se coloco uma carta [na caixa de correio], ela não vai ser devolvida na minha cara, e isso é muito importante.

O universo dos subproletários é obviamente algo totalmente diferente. Por exemplo, as histórias de vida dos subproletários são muito surpreendentes porque não têm pé nem cabeça. Trata-se aqui de algo muito simples: a capacidade de estruturar e de organizar uma narrativa, em particular a narrativa de sua própria vida varia dependendo da posição social[339], e uma propriedade das pessoas que estão num universo imprevisível é que elas mesmas se tornam imprevisíveis de certa maneira. Elas misturam tudo, as horas, as datas, o passado e o futuro... Elas não têm as marcas temporais que estão quase sempre ligadas ao trabalho; "esperam que eu chegue nessa hora", "tenho uma reunião", "tenho uma agenda" – "agenda"[340] é uma palavra extraordinária que resume toda uma filosofia; se você tem uma agenda, você sabe o que estou dizendo... Digo isso porque queria avançar um pouco mais rápido [*risos na sala*]...

---

mon-Sense and Scientific Interpretation of Human Action" ["O senso comum e a interpretação científica da ação humana"]. *In*: *Collected Papers 1*. Haia: Martinus Nijhoff, 1964, p. 17).

339. P. Bourdieu voltará a este ponto nas primeiras aulas de seu curso de 1985-1986, a serem publicadas na sequência desta série, e em "A ilusão biográfica". *In*: J. Amado & M. de M. Ferreira (orgs.), *Usos e abusos da história oral*. Trad. de G. Rodríguez *et al*. Rio de Janeiro: Editora FGV, 2002, p. 183-191 ["L'illusion biographique", *Actes de la recherche en sciences sociales*, n. 62, 1986, p. 69-72].

340. *Agenda*, que é uma forma do verbo latino *agere*, significa literalmente "coisas a fazer". P. Bourdieu já havia observado isso no ano anterior (ver P. Bourdieu, *Sociologia geral volume 2*, *op. cit.*, p. 101 [293]).

A experiência do mundo como mundo ordenado é, portanto, um encadeamento garantido de antecipações bem realizadas, mas esses universos bem-ordenados podem ser interrompidos nas situações de crise que, no sentido forte, são os momentos em que tudo se torna possível. Por exemplo, com a crise do sistema universitário em maio de 68, tudo tornou-se possível e, para compreender o que as pessoas diziam nos anfiteatros e nas assembleias, era preciso ter em mente que, como tudo se tornava possível, tudo podia ser dito para qualquer pessoa, de qualquer forma, e pode-se sonhar como faz o subproletário, mas sabendo que é um sonho, e essa é a diferença entre um subproletário e um estudante [*risos na sala*]... Ao mesmo tempo, há sim uma analogia entre o subproletário e o estudante: penso em Weber que fala dos "intelectuais proletaroides", frase muito divertida e um pouco polêmica para designar as pessoas que muitas vezes se dão muito bem nos movimentos milenaristas[341]. Da mesma forma, Cohn, que mencionei há pouco, demonstra que com muita frequência aquele que se associa, aquele que historicamente se move nos grandes movimentos milenaristas da Idade Média é o subproletário, louco, de futuro incerto, e o padre excomungado, o intelectual proletaroide. Entre os dois existe uma analogia de estrutura, em particular quando se trata da relação com o tempo, e acho que uma analogia profunda entre o mundo da incerteza do subproletariado e o mundo estudantil é o problema do futuro incerto, sobretudo em períodos críticos em que as chances objetivas de fazer um diploma valer no mercado são muito fracas. Mas essa analogia vale dentro de certos limites: é o que queria indicar por meio de uma simples brincadeira.

O mundo social autoevidente

Agora quero ir um pouco mais rápido. Os fenomenólogos sempre falam de variações imaginárias. Isso é um pouco o que fiz, mas tentando usar situações reais. O sociólogo se esforça para "viver todas as vidas"[342], como dizia Flaubert, mas utilizando outra coisa em vez daquilo que os fenomenólogos chamam de a projeção de si em outra pessoa: ele utiliza a análise das condições objetivas, da observação etc. Ele tenta construir não o vivido, mas a lógica da existência e da experiência de pessoas muito diferentes dele. Utilizei o caso extremo do subproletário

---

341. M. Weber, *Economia e sociedade*, vol. 1, *op. cit.*, p. 344.

342. P. Bourdieu menciona esse aspecto do ofício de sociólogo em *Esboço de autoanálise*, *op. cit.*, p. 93ss. [86ss.].

que, a título de limite, faz com que enxerguemos o que não enxergamos no mundo que Schütz descreve porque esse é um mundo autoevidente. Schütz foi quem mais desenvolveu a noção de "isso é autoevidente" ou de *doxa*, que ele toma de Husserl, e ele insiste no fato de que a experiência do mundo ordinário é a experiência do mundo como sendo autoevidente. Simplificando um pouco, ele esquece de tirar as consequências disso e de dizer o que faz com que o mundo ordinário seja autoevidente. Quais são as condições sociais de possibilidade da experiência do mundo ordinário como autoevidente? É preciso estar terrivelmente bem nesse mundo para que ele seja autoevidente. Schütz esqueceu de fazer a *épochè* de sua própria posição social no mundo social, e é isso que critico nos fenomenólogos de maneira um pouco obsessiva: eles fazem a *épochè* de tudo, menos das condições sociais de possibilidade da *épochè*, ou seja, deles mesmos enquanto sujeitos sociais. As variações imaginárias desse tipo têm a virtude de fazer com que enxerguemos em negativo que a *doxa*, a experiência dóxica do mundo, a relação ordinária com o mundo ordinário como mundo ordenado que cumpre minhas expectativas, pressupõe certezas.

Entre as grandes certezas temos, por exemplo, a noção de carreira. Quando se diz que os filósofos de Estado são profissionais, costumamos com isso enfatizar que eles são submetidos ao Estado e que o Estado prussiano lhes fez fazer coisas terríveis. Isso é idiota, porque se os filósofos não fossem espertos o bastante para se protegerem de perigos tão grosseiros, isso seria desesperador... Não é o Estado que afeta seu pensamento, que diz a eles o que pensar; aliás, se os filósofos realmente se protegem contra o Estado, é exatamente porque sabem que lá existe um perigo. O verdadeiro perigo vem de coisas simples: eles têm uma carreira, eles têm um estatuto, sabem que têm uma aposentadoria etc. Não devemos entender isso no sentido econômico, mas como uma pequena parte das condições sociais de possibilidade que fundamentam a experiência ordinária do mundo: o fato de que sabemos que o ônibus passa, que chegará na hora, que podemos usá-lo quando temos uma reunião constitui um mundo ordenado que pressupõe pessoas que pressupõem que o mundo é ordenado, que pressupõem que trabalhar vale a pena e que é melhor do que ficar na cama... (Não me estenderei mais, mas ao mesmo tempo seria preciso: paro por aqui, deixo as coisas em suspenso. Não tenho certeza de que vocês continuarão completamente o que eu teria a dizer, mas os convido a fazê-lo...)

Como os diferentes universos sociais garantem essa continuidade ou, melhor (porque essa formulação tem o defeito que denuncio o tempo todo das frases que tomam a sociedade como sujeito...), como acontece que isso seja autoevidente (para falar como Lacan... por que não? [*risos na sala*]). Como acontece que isso funcione sozinho, que continue, e que as pessoas achem que isso seja autoevidente, que é bom que seja assim? (Na verdade, "é bom que seja assim" já é a ortodoxia, mas aqui estamos lidando com a *doxa* que é anterior à ortodoxia: não preciso nem dizer que é bom, não consigo nem sequer pensar que isso pudesse ser diferente.)

Os princípios de continuidade do mundo social nas diferentes sociedades

É claro que um dos princípios de diferença entre as sociedades reside nos meios de fazer com que isso funcione bem, que aconteça desse jeito, que o cumprimento das expectativas dê certo, que o discurso encontre, como dizem os linguistas, suas condições de felicidade – essa é uma belíssima palavra, essas são as condições que fazem com que um discurso seja bem-sucedido: dou uma ordem e ela é obedecida[343]. A *doxa* é a felicidade absoluta: não temos angústia, não temos problemas. É preciso realmente ser um filósofo heideggeriano para dizer que isso é ruim, que é inautêntico, que não é bom, que é o "a gente" (porque eles não pensam, renunciam à sua liberdade quando seria preciso a cada instante pensar no ser-para-a-morte etc.). Existe toda uma literatura psicológico-heideggeriana, simbolizada para mim por *O medo à liberdade* de Fromm[344], sobre o tema "as pessoas têm medo da liberdade, existe o Grande Inquisidor", mas essa não é de forma alguma a filosofia do mundo social. Todas as sociedades [desejam] que as ordens sociais sejam organizadas de maneira a não existir angústia. Não há um juízo de valor. O mundo social, se pudesse, agiria de modo a fluir, a ser autoevidente, para que não existissem crises, não existissem grandes crises quando todos se perguntam o que vai acontecer, mas também não as pequenas crises do tipo da crise dos

---

343. Especificamente, Austin enumera as "condições de felicidade" que devem ser reunidas para garantir o bom funcionamento de um performativo (J.L. Austin, *Quando dizer é fazer*, *op. cit.*, p. 31). Em 1986, P. Bourdieu publicará em sua revista *Actes de la recherche en sciences sociales* um artigo de Erving Goffman, "La condition de félicité" (n. 64, p. 63-78 e n. 65, p. 87-98 ["Felicity's condition", *American Journal of Sociology*, vol. 89, n. 1, 1983, p. 1-53]).

344. Erich Fromm, *O medo à liberdade*. Trad. de O. Velho. Rio de Janeiro: Zahar, 1972 [*Escape from freedom*. Nova York: Farrar & Rinehart, 1941].

30 anos, ou da meia-idade etc. A crise é o momento em que isso balança, em que dizemos: "Estou refletindo", "Estou julgando", ou – isso é Leibniz[345] – não sabemos do que o momento presente está prenhe...

Há várias soluções para agir de modo que o mundo social seja estável: nas sociedades pré-capitalistas é a socialização, tudo se baseia no *habitus*. As pessoas são socializadas de maneira a serem muito responsáveis, o que quer dizer que elas responderão como previsto, elas serão imediatamente *responsible* (em inglês, isso é ainda mais sensível), previsíveis, farão o que se espera delas, o que se deve fazer: o homem honrado é aquele que age como homem honrado, ele faz o que se deve fazer no momento oportuno, ele sabe o que se faz ("Isso é feito") e sobre ele os outros dirão: "Ele é realmente um homem excelente" (Aristóteles etc.). Além do *habitus*, há todo um trabalho coletivo para matar as crises na raiz. O ritual, em particular, é uma espécie de formalização do mundo destinada a evitar os acidentes: em todas as circunstâncias sabemos o que é preciso dizer, qual pessoa tem que responder e o que ela responde. Há, portanto, uma espécie de programação estimulada o máximo possível das situações potencialmente críticas. Um exemplo é o que chamamos de calendário agrícola[346], que não é um calendário no sentido que entendemos o termo, mas que pode ser descrito como um calendário: é uma espécie de estruturação muito rigorosa da sucessão que faz com que cada um saiba a cada momento o que se deve fazer, e nele pode até constar que entre o meio-dia e as 14 horas, esse é o momento de os homens fazerem a sesta, de as mulheres fazerem isso, cada um está no seu lugar e no seu tempo. Em Hesíodo, há coisas belíssimas sobre isso[347]: a ordem social é uma ordem cronológica, não é acidente que o primeiro trabalho de enquadramento seja o enquadramento do tempo.

Em nossas sociedades existe uma série de coisas para limitar os riscos do aparecimento da crise individual ou coletiva. Entre os fatores dessa espécie de regulação antecipada do acaso, estão o direito e o *habitus*... agora irei imediatamente para o essencial porque o tempo é limitado. O que está em jogo é produzir um espaço social que seja dotado da maior previsibilidade objetiva possível. Ele deve ser previsível, portanto, calculável teoricamente – podemos fazer cálculos

---

345. Alusão à frase de Leibniz, "O presente está prenhe do futuro", que P. Bourdieu citou na aula anterior.

346. Ver o capítulo "O demônio da analogia" em *O senso prático*, *op. cit.*, p. 329-436 [333-439].

347. Hesíodo, *Os trabalhos e os dias*. Trad. de M. Lafer. São Paulo: Iluminuras, 1996.

trigonométricos – ou praticamente – no modo do senso do jogo –, o que implica, quando se trata de ações coletivas, o máximo de sincronização e de orquestração das práticas.

Estou apenas sugerindo a imagem da orquestra, que poderia gerar uma longa reflexão. Há um belíssimo texto de Schütz, "Fazendo música juntos"[348]. Esse texto está numa lógica fenomenológica muito diferente da lógica que adoto aqui, mas ele pode ser repensado. No fundo, ele formula o problema da orquestração, que é aquilo que garante que todos os membros do grupo fazem o que têm que fazer no momento em que devem fazê-lo. Numa orquestra de flautas, todos devem fazer a mesma coisa no mesmo momento. Numa orquestra moderna de solidariedade orgânica (e não mais mecânica, para aqueles que conhecem a distinção[349]), com uma divisão do trabalho mais avançada, eles devem fazer coisas diferentes em lugares diferentes para que isso seja uma música. O sonho dos universos sociais seria fazer partituras para que cada um tivesse a sua. Com muita frequência, e sem saber disso, a sociologia tem em mente a metáfora da partitura, ou, com o mesmo resultado, a metáfora do teatro (dizem, por exemplo, "os papéis sociais" e o termo entrou na linguagem, mas vocês podem ficar horas procurando [nos meus escritos], jamais empreguei esse termo porque ele implica uma filosofia absolutamente falsa do mundo social[350]). Imagina-se então que se isso funciona, se isso cola, se isso se ajusta, se isso flui, é porque há uma espécie de grande compositor, de grande maestro, com os agentes sendo músicos cada um com uma partitura. Mas no mundo social não é assim que as coisas acontecem: existe uma parte de partitura, de coisas entregues à regra, ao direito – que, segundo Weber, está encarregado de garantir a calculabilidade, a previsibilidade, essa é uma das funções principais do direito racional[351] [...] –, e uma parte que está abandonada à orquestração espontânea do *habitus*. Por serem o produto de condições diferentes e estarem ajustadas a condições diferentes, as pessoas agem de maneira ajustada a suas condições e de maneira orquestrada entre elas porque reproduzem em suas condutas as diferenças das quais são o produto. Estou indo muito rápido, mas me pa-

---

348. Alfred Schütz, "Making music together: a study in social relationship" ["Fazendo música juntos: um estudo de relação social"]. *In*: *Collected Papers 2*. Haia: Martinus Nijhoff, 1976, p. 159-178.

349. É. Durkheim, *Da divisão do trabalho social, op. cit.*

350. Sobre este ponto, ver a aula de 19 de outubro de 1982 em *Sociologia geral volume 2, op. cit.*, p. 96 [288].

351. Ver M. Weber, *Economia e sociedade*, vol. 1, p. 209ss.

rece que o mundo social é o produto de dois modos de regulação: as regulações de tipo jurídico e as regulações fundamentadas no *habitus*, que podem ser reunificadas negativamente.

Volto a isso por um segundo para terminar e fazer o elo com o que disse no começo: as situações críticas mais trágicas e que muitas vezes mencionamos a respeito de Kafka, ou seja, o campo de concentração, têm essa propriedade de criar - mas realmente no limite dos limites, bem além de *Godot* e dos subproletários - universos em que realmente tudo se torna possível, onde não há mais nada que seja impossível. Elas correspondem a universos em que tudo pode acontecer. No artigo "As palavras que matam", publicado em *Actes de la recherche* em 1982[352], Michael Pollak cita o ano de 1935, em que o estatuto dos judeus foi codificado juridicamente e, portanto, colocou-se no direito o arbitrário e a discriminação - e o que surpreende é que parece que o arbitrário objetivo já era tamanho, a violência já era tamanha, que os juristas alemães acharam que essa codificação do arbitrário traria um mínimo de segurança. É, portanto, nesses casos-limite e paradoxais que enxergamos realmente a função do direito: um direito injusto é melhor que o arbitrário puro e, contra esse direito que codificava a discriminação, os nazistas mais puros, muito heideggerianos - é preciso dizer as coisas como elas são –, defendiam o arbitrário absoluto do *Führer* que decide em todo momento e em toda a liberdade o que deseja (isso está na página 36 do artigo). Em outras palavras, a codificação do arbitrário é um limite ao arbitrário sem limite que abandonava os judeus ao terrorismo individual, à violência. A injustiça oficializada e garantida, de certa forma, já é uma limitação.

Podemos em seguida chegar aos campos de concentração - sugiro que vocês leiam a entrevista de uma sobrevivente que Michael Pollak analisa no mesmo número[353]. Aqueles que fazem a aproximação entre Kafka e os campos de concentração não são tão absurdos quanto parecem, eles sentem mesmo alguma coisa: o campo de concentração é a realização total de um universo no qual tudo é possível, não há mais nenhum limite, nenhuma previsão possível, nenhuma antecipação possível. Ao mesmo tempo, isso é certamente a experiência mais autêntica do tempo.

---

352. Michael Pollak, "Des mots qui tuent", *Actes de la recherche en sciences sociales*, n. 41, 1982, p. 29-45.

353. Gerhard Botz & Michael Pollak, "Survivre dans un camp de concentration. Entretien avec Margareta Glas-Larsson" ["Sobreviver num campo de concentração: entrevista com Margareta Glas-Larsson"], *ibid.*, p. 3-28.

Aula de 26 de abril de 1984

Primeira hora (aula): espaço e formas escolares. – A distribuição do capital e os lucros de distinção. – O capital cultural objetivado e sua apropriação. – Meios de produção e capital cultural. – A apropriação legítima das obras culturais. – Segunda hora (seminário): tempo e poder. – A ação sobre as estruturas e a ação sobre as representações. – A ação simbólica. – O papel de tranquilização da regra. – O tempo e o exercício do poder.

Primeira hora (aula): espaço e formas escolares

Eu gostaria de fazer um preâmbulo sobre a forma que dou a estas aulas e que pode surpreender alguns de vocês. Parece-me que, como toda relação social, a relação pedagógica tende a formas mais ou menos objetivadas que existem na objetividade sob a forma de códigos mais ou menos elaborados e também nos cérebros no estado de esquemas de pensamento que orientam as práticas e as percepções. Quando ouvimos alguém que se encontra na situação em que estou, temos expectativas moldadas em suas estruturas por esses esquemas de percepção e de associação. O esquema da conferência, por exemplo, implica a eloquência e espera-se uma espécie de deleite intelectual. A forma do curso pede uma outra atitude: estamos sentados, temos uma folha de papel, tomamos notas, estamos aqui para aprender e para reter coisas que devem ser conservadas e que são preparadas antecipadamente de maneira a serem conservadas. Não podemos levar análises como esta longe demais (elas sempre têm algo um tanto cirúrgico, um pouquinho sádico), mas é importante explicitar essas coisas porque elas manipulam ao mesmo tempo o locutor e os receptores. O fato de explicitá-las pode ajudar a dissipar certos mal-entendidos.

Fica claro que não me situo em nenhuma das duas lógicas que mencionei brevemente: nem na lógica da conferência nem na lógica do curso. Como essa recusa dupla pode resultar em frustrações, gostaria de justificá-la: quando se trata de transmitir algo da natureza disso que quero transmitir, muitas vezes é preciso romper com as formas, e particularmente com as formas estabelecidas. Com muita frequência, quando nos pedem, como diz a linguagem comum, para "sermos formais" – seguindo as formas de polidez, de respeito, de expressão em geral etc. –, exercemos uma certa censura.

Ainda que seja óbvio que nenhum discurso pode estar totalmente liberado de todas as censuras, acho que muitas vezes é importante romper com as estruturas mais evidentes para transmitir algo novo. Cito um exemplo muito simples de minha própria experiência: quando começamos a fazer a revista *Actes de la recherche en sciences sociales*[354], percebemos muito rapidamente que pelo simples fato de buscar um modo de expressão apropriado para nos permitir expressar o que queríamos expressar, fomos levados a romper com as coerções sociais que a maioria das revistas se impõe mesmo sem saber. Por exemplo, praticamente nenhuma revista de ciências sociais, exceto em antropologia, utiliza a fotografia como meio de comunicação. Há uma exceção, mas é uma revista americana que foi concebida desde o começo como uma revista de vulgarização, o que é significativo de uma representação hierarquizada das linguagens. Ora, eu já enunciei com frequência a tendência dos sociólogos de criar um discurso que se situa num registro meio concreto e meio abstrato: é preciso saber no que eles pensam para compreender o que dizem, é preciso uma referência ao concreto, mas esse concreto nunca é nomeado. O discurso sociológico passeia em algum lugar entre o conceito realmente construído e autossuficiente e o concreto pura e simplesmente mostrado, mas seu estatuto *metaxu*[355], que não é nem uma coisa nem outra, que não aparece, se revela a partir do momento em que uma outra linguagem justapõe o construído ao concreto e, ao mesmo tempo, transmite uma relação com o objeto totalmente diferente.

---

354. Sobre a ruptura que a revista *Actes de la recherche en sciences sociales* realiza quanto à apresentação dos resultados de pesquisa, ver o texto que abre o primeiro número: Pierre Bourdieu, "Método científico e hierarquia social dos objetos". *In*: *Escritos de educação*, *op. cit.* Trad. de D.B. Catani & A.M. Catani, p. 37-41 ["Méthode scientifique et hiérarchie sociale des objets", *Actes de la recherche en sciences sociales,* n. 1, 1975, p. 4-6].

355. Ver *supra*, p. 45, nota 47.

Essa análise que não quero prolongar demais tem implicações sociais muito grandes. As instituições, em particular as instituições de discurso legítimo, são ajustadas de maneira a convocar um certo tipo de formas. Um espaço social como este aqui [ou seja, a sala onde o curso acontece] – há muitas pessoas, uma cadeira, microfones, uma tradição, estruturas mentais etc. – convoca implicitamente uma certa linguagem, uma retórica mais oratória. Eu acho que uma das maneiras mais simples de viver um espaço retórico consiste em se insinuar nesse espaço, em entrar nas formas que são convocadas pela forma social do espaço à medida que ela comanda a forma social da relação e o conteúdo social do discurso. Isso é relativamente importante e voltarei ao tema na parte formal do meu discurso porque, mesmo que eu não goste muito das formulações um pouco gratuitas, as formas são, como a língua de Esopo, a melhor ou a pior das coisas[356]. De certa maneira, como indiquei um pouco na última aula, as formas são garantias contra a violência, contra a selvageria: ser formal é frear por antecipação a irrupção brutal do natural e o que isso pode implicar de violência descontrolada. Ao mesmo tempo, as formas, quando se tornam formalismos, por exemplo lógicos ou matemáticos, também têm essa virtude extraordinária de serem autocontroladas: podemos, em certa medida, nos deixar levar pelo automatismo da forma com uma certa garantia de segurança lógica.

Posso resumir essa espécie de ambiguidade numa palavra: as formas cumprem quase sempre duas funções, uma lógica e outra social, e uma das formas por excelência da violência simbólica que trabalho para analisar há muito tempo consiste em fazer formas sociais passarem por formas lógicas, por exemplo, um sotaque passar por inteligência. Se refletirmos sobre isso, essa observação tem muitas implicações. Vocês podem fazer um tal exercício retórico passar por um ato de comunicação científica. Há, portanto, o exemplo-limite da forma puramente social (uma forma de polidez, uma forma de retórica etc.) e o outro extremo é a forma lógica. Um dos casos mais perversos da violência simbólica é o caso em que as formas lógicas servem como formas sociais: assim, nas ciências sociais, há utilizações puramente retóricas da matemática (ou, de modo

---

356. Alusão a uma reflexão de Esopo que Jean de la Fontaine menciona da seguinte maneira em "A vida de Esopo, o Frígio" (*Œuvres complètes*, vol. I. Paris: Gallimard, 1991): a língua é a "melhor das coisas" por ser "o elo da vida civil, a chave das ciências, o órgão da verdade e da razão" e a pior por ser simultaneamente "a mãe de todos os debates, a babá dos processos, a fonte das divisões e das guerras, [o órgão] do erro e do que é pior, da calúnia".

mais geral, dos sinais exteriores da lógica) e enxergamos nisso a ambiguidade da forma em toda sua força. Assim, uma coisa que tento introduzir (como sempre, não somos nem totalmente inconscientes nem totalmente livres...) é uma espécie de distância das formas que é uma distância social, consciente, desejada em relação a essas duas situações sociais: a conferência mundana – se é que isso ainda existe – e o curso acadêmico.

Vou me estender um pouco porque isso pode ser útil para alguns de vocês para integrarem sua recepção em diferentes formas de recepção social. Na verdade, se analisamos o espaço dos locais de expressão legítima, vemos, mesmo que ainda se trate de uma esquematização, que o espaço do propriamente escolar (por exemplo, as *grandes écoles*, certas instituições acadêmicas etc.) é solidário de formas de comunicação que poderíamos chamar de autoritárias. O característico do escolar é o amor pela definição: o acadêmico dá definições, faz classificações, coloca etiquetas, delimita classes, põe em ordem, transmite essencialmente a ordem e quer pôr os cérebros em ordem, respondendo a uma expectativa inconsciente de segurança que está englobada pela definição do curso que mencionei agora há pouco. Aquilo que chamamos de "curso bom" é um curso que apresenta uma garantia de segurança, um curso no qual as frases começam e terminam, no qual as definições são coerentes; poderíamos até falar de socratismo, que é seu cúmulo. É preciso saber (isso não é um juízo de valor) que existem lugares onde o escolar é funcional. Há momentos e situações de urgência em que ele é funcional da mesma forma que a disciplina militar é útil em tempos de guerra.

Dito isso, uma propriedade da instituição em que temos a chance de nos encontrarmos neste momento [ou seja, o Collège de France] é exatamente que ele tem isenções em relação a essas definições escolares [...], mesmo que a liberdade em relação ao escolar obviamente jamais seja total e jamais chegue na isenção absoluta. Quero apenas dizer que a instituição escolar está ligada a definições explícitas: ela transmite um saber pré-digerido, pré-construído, ela está de mãos dadas com os dicionários, que são instrumentos de poder e que fixam um certo sentido para as palavras (quando na verdade as palavras são sempre objetivos de luta mais ou menos importantes), ela diz: "existe uma, e apenas uma definição", "'Ideologia': vou dizer o que é isso". Obviamente, o escolar se estende para domínios onde não pensávamos encontrá-lo. É preciso abrir os olhos: as pessoas com definições são muitas vezes pessoas com poder intelectual, que querem impor uma visão legítima. A pesquisa, por definição, não está tranquila nesses espaços porque ela muitas vezes está em ruptura com as formas, ela perturba as definições, as restringe, as generaliza, as toma sempre como provisórias.

Essas observações têm claramente uma função apologética e vocês podem com razão enxergar nelas uma justificação interessada dos limites do meu ensino, mas ao mesmo tempo eu acredito nisso que digo.

A distribuição do capital e os lucros de distinção

Volto agora para o que dizia na última aula. Eu distingui três estados do capital cultural: o estado incorporado – que descrevi rapidamente –, o estado objetivado e o estado institucionalizado ou codificado. Recupero rapidamente o que era pertinente do ponto de vista do que direi agora: o capital incorporado funciona com um valor distintivo na medida em que está distribuído desigualmente. Para que vocês compreendam de forma simples, basta pensar no estatuto particular dos letrados nas sociedades em que a maioria é analfabeta. O letrado – que não é o intelectual – é essencialmente aquele que sabe escrever numa sociedade em que a maioria das pessoas não sabe. Essa é uma definição trivial, mas se a desenvolvermos e explicitarmos, encontramos um monte de propriedades: o letrado, por exemplo, será aquele que escreve (ou, muitas vezes, finge que escreve) amuletos, que coloca sinais que parecem árabe ou um versículo do Corão, e o valor distintivo de sua capacidade reconhecida de escrever se manifesta pelo fato de receber um poder com o qual poderá obter lucros: ele será respeitado, será tratado com consideração, receberá presentes no Eid etc. Portanto, ele terá lucros dessa diferença que será a marca de sua prática.

Em nossas sociedades, o corte é evidentemente em outro lugar. Para começar, não há um corte principal, mas uma série de cortes dependendo dos diferentes níveis de instrução, até os cortes intelectuais/não intelectuais ou eruditos/profanos. Nem todos esses cortes são necessariamente claros, e o título escolar tem a particularidade de criar cortes claros quando, na ausência de títulos escolares, temos *continuums*. A cada corte corresponde uma separação, uma distinção entre aqueles que têm e que não têm, e os primeiros obtêm lucros de distinção. Poderíamos raciocinar como os sociólogos que, para medir a "mobilidade social" – noção absolutamente discutível cientificamente[357] – numa população determinada se refe-

357. P. Bourdieu pensa nos trabalhos que foram feitos depois da Segunda Guerra Mundial e que se baseiam na análise estatística de tabelas de mobilidade comparando a posição social das pessoas

rem à hipótese de independência absoluta entre a profissão do pai e a profissão do filho. Muitas vezes se procede dessa forma na estatística: compara-se uma frequência constatada a uma frequência teórica na hipótese da ausência de relação entre as duas variáveis em questão. Essa hipótese teórica é no fundo a hipótese da igualdade das chances. É uma hipótese teórica interessante – ela não implica de jeito nenhum uma filosofia igualitarista – para medir os efeitos da desigualdade de uma distribuição. Toda vez que temos uma distribuição desigual, o fato de compará-la a uma distribuição igual permite enxergar o efeito da distribuição desigual: no caso do título escolar, por exemplo, a desigualdade da distribuição do conhecimento de Mozart ou de Joyce tem por si mesma um efeito de distinção e resulta em lucros de distinção. É isso que faz com que a utopia de uma sociedade em que todos teriam lido Joyce permita enxergar o que acontece numa sociedade em que nem todo mundo o leu. Esse é um raciocínio simples mas importante para compreender um dos efeitos mais importantes da distribuição do capital cultural.

Imaginem que nem vocês nem eu tivéssemos a escrita à nossa disposição e que jamais tivéssemos tido: tudo isso que fazemos seria praticamente impossível[358]. Numa sociedade sem escrita em que a acumulação do capital cultural sob forma objetivada não é possível e em que o capital só existe no estado incorporado, existem desigualdades da distribuição do capital cultural porque sempre há os poetas ou aqueles que falam melhor do que outros na assembleia. Mas as desigualdades de capital são muito menos marcadas do que em nossa sociedade. A cultura (o conhecimento dos ritos, tradições, calendário agrícola, provérbios, ditados etc.) é difundida e distribuída muito mais igualmente e, no limite, ela não funciona tão fortemente como capital[359]. [...] Isso que eu disse abstratamente (o capital só existe em relação com um campo, um mercado etc.) se enxerga muito

---

à de seus pais. *A distinção* tem várias passagens críticas a essa tradição de pesquisa (ver especialmente p. 122-123 [145-146]).

358. P. Bourdieu, que refletira, no quadro de suas pesquisas sobre a Argélia, sobre os efeitos da passagem do oral ao escrito (ver em particular *Esquisse d'une théorie de la pratique*, *op. cit.*, p. 311-313), também publicou em 1979, em sua coleção "Le sens commun", a tradução francesa de um livro importante sobre a questão [versão brasileira: Jack Goody, *A domesticação da mente selvagem*. Trad. de V. Joscelyne. Petrópolis: Vozes, 2012 (*The domestication of the savage mind*. Cambridge: Cambridge University Press, 1977)].

359. Alguns anos antes desse curso foi publicada em "Le sens commun" a tradução de um livro que tratava da distribuição da competência musical nas sociedades africanas e europeias: John Blacking, *How musical is man?* [*O quão musical é o homem?*]. Seattle: University of Washington Press, 1974.

bem nesse caso: uma competência cultural só funciona como capital sobre a base de uma desigualdade de distribuição. Como resultado, vemos que o valor simbólico, polêmico, prático de uma competência dependerá da estrutura da distribuição dessa competência: [...] a partir do momento em que uma capacidade é difundida universalmente (por exemplo, o fato de andar de bicicleta), ela perde suas faculdades de distinção, e "distinção" não implica "intenção de distinção" – eu posso não ter nenhuma intenção de distinção e ser percebido como distinto pelo simples fato de a competência que manifesto não ser comum...

De passagem, é preciso chamar a atenção para o universo dos adjetivos: se vocês quiserem se divertir, procurem num dicionário os verbetes "único" e "comum" e descobrirão, indo de um para o outro, seu inconsciente social. É como a ciência dos sonhos. Essas duas entradas sem dúvida são as melhores para compreender a filosofia social implícita que respiramos: o único e o comum (ou o vulgar etc.) é sempre a oposição entre o um e o múltiplo, entre o raro e o corriqueiro. Ela encontra seu princípio nas estruturas objetivas que acabo de descrever, no fato de que um certo número de propriedades é distribuído desigualmente e recebe seu valor da desigualdade de sua distribuição: essas oposições funcionam na objetividade e tornam-se as estruturas de nosso cérebro por meio das quais percebemos as condutas das outras pessoas e em virtude das quais designamos espontaneamente valor para as coisas raras.

Tudo isso pode parecer proposições verbais; como sempre, quando o princípio é explicitado, ele parece trivial. Mas bastaria aplicá-lo para engendrar, mediante uma espécie de definição construtiva, o que de qualquer forma é um teste fundamental, toda a retórica: a retórica pode ser engendrada a partir do que acabo de dizer sobre o comum e o raro, e o trabalho retórico sempre consiste em se afastar do mais frequente. Assim como ocorre com o belo, também não existe uma definição substancial da retórica: estamos sempre em estruturas relacionais na medida em que o princípio gerador de todas as classificações sociais, das quais as classificações estéticas são uma dimensão, é essa oposição entre o raro e o comum, entre o único e o frequente. O capital cultural, como todas as outras espécies de capital, de certa maneira vale por sua relação com os outros; cada lote de capital vale por sua relação com os outros lotes.

É um erro descrever a relação de apropriação cultural na linguagem do comunismo cultural: o visitante de um museu que observa um quadro, o ouvinte de música que escuta uma peça, o leitor que lê um livro... Toda uma parte dos discursos sobre as obras de arte na verdade faz pensar naquilo que Espinosa escreveu sobre o *amor intellectualis Dei* [amor intelectual de Deus]: não há um monopólio de Deus, todo mundo pode tê-lo sem privar ninguém[360]. Muitas coisas que se escrevem sobre a cultura são desse tipo. Se existe um terreno no qual a ilusão comunista espontânea se difundiu, é a propósito das coisas culturais e particularmente da língua; todas as definições saussureanas são desse tipo: "a língua, tesouro comum"[361]. Na verdade, esse "tesouro comum" não é tão comum na medida em que as estruturas que permitem se apropriar da língua, e por exemplo aquela que está objetivada nos dicionários ou nas obras clássicas, são distribuídas muito desigualmente; toda relação com o "tesouro comum", em outras palavras, entre um agente singular e os recursos acumulados historicamente pela humanidade (bibliotecas etc.), é mediada pela relação de concorrência com os outros detentores dos meios de apropriação.

Aqui também se trata de observações aparentemente triviais, mas que, se desenvolvidas, resultam num monte de consequências. Por exemplo, acho que essas perguntas sobre as quais dissertamos alegremente nas escolas ("O que é ler?", "O que é a leitura?" etc.[362]) nascem de uma representação mitificada ou (a palavra "mitificada" parece pejorativa...) equivocada da relação real do sujeito detentor de uma competência cultural com o objeto cultural ao qual ele a aplica. De certa maneira, a relação com o objeto cultural nunca é direta: essa relação vivenciada como aquilo que constitui o "pessoal" por excelência é sempre uma relação impessoal na medida em que, por um lado, a competência cultural que é preciso ter para

---

360. Essa expressão (que evoca aquilo que os economistas falam sobre os "bens não rivais") não é encontrada dessa maneira em Espinosa. Uma aproximação feita em *A distinção* (*op. cit.*, p. 213 [251]) entre o "amor pela arte" e o "amor intelectual de Deus" sugere que P. Bourdieu tem em mente a seguinte passagem: "Esse amor para com Deus não pode ser maculado nem pelo afeto da inveja, nem pelo afeto do ciúme; em vez disso, é tanto mais reforçado quanto maior é o número de homens que imaginamos estar unidos a Deus pelo mesmo vínculo de amor" (Espinosa, *Ética*. Trad. de T. Tadeu. Belo Horizonte: Autêntica, 2009, parte V, proposição 20 [*Ethica*, 1677]).

361. Por exemplo, Saussure enxerga na língua um "tesouro depositado pela prática da fala em todos os indivíduos pertencentes à mesma comunidade, um sistema gramatical que existe virtualmente em cada cérebro ou, mais exatamente, nos cérebros dum conjunto de indivíduos, pois a língua não está completa em nenhum, e só na massa ela existe de modo completo" (*Curso de linguística geral.* Trad. de A. Chelini *et al.* São Paulo: Cultrix, 1969, p. 21 [*Cours de linguistique générale.* Paris: Payot, 1964, p. 30]). Sobre a "ilusão do comunismo linguístico", ver P. Bourdieu, *A economia das trocas linguísticas, op. cit.*, especialmente p. 29-30 [*Langage et pouvoir symbolique, op. cit.*, p. 67-68].

362. P. Bourdieu mencionará novamente essa discussão sobre a leitura na introdução de *As regras da arte, op. cit.*, p. 11-16 [9-16].

decifrá-la é adquirida socialmente e, pelo outro lado – hoje sabemos disso, mas isso não era evidente há 15 anos[363] –, a relação com o objeto oculta uma relação com outras pessoas, as não leitoras e as "co-leitoras". Isso fica evidente no caso das "leituras" (quando dizemos "ler *O capital*"[364], "ler a *Ilíada*" ou "ler Mallarmé"), que a leitura é sempre uma releitura, uma contraleitura, ou seja, uma relação social. Nada ilustraria melhor a noção de lucro de distinção que mencionei do que essa noção de "leitura": de certa maneira, "ler Marx" é se garantir lucros em relação ao capital e é importante saber disso porque a busca desses lucros sobre o capital pode levar a *Ler O Capital*... Saber que não existe leitura pura, leitura solitária, que a leitura está sempre num espaço de leitores é muito importante do ponto de vista epistemológico (essa é uma de minhas antífonas; vocês já a ouviram bastante, mas eu acho que ela merece ser repetida a cada caso, toda vez): saber que, quando eu leio um texto, eu "co-leio" com outras pessoas, contra outras pessoas etc., é um instrumento epistemológico de controle de minha leitura e de meus prováveis erros de leitura. Talvez se eu me perguntasse, a cada vez que leio, se aquilo que encontro quando leio não seria o produto de minha relação oculta entre os "co--leitores" que quero refutar, desmentir, superar, replicar, impressionar, a leitura fosse mais garantida cientificamente. Muitas vezes não tenho tempo para expor todas as implicações das minhas proposições e nem sempre é fácil encontrar o exemplo no momento adequado, mas essas proposições triviais rapidamente se tornam corrosivas e desagradáveis quando as aplicamos até o ponto que é preciso, ou seja, até nosso próprio trabalho.

Vou dizer as coisas de maneira mais formal – aqui, tenho o texto escrito diante de meus olhos, portanto posso criar efeitos escolares: a estrutura do campo, ou seja, a distribuição desigual do capital, está no princípio dos efeitos específicos do capital, a saber, a apropriação dos lucros e do poder de impor as leis de funcionamento do campo que sejam mais favoráveis para o capital e para sua reprodução.

---

363. Provável alusão às obras que P. Bourdieu dedicou à cultura na década de 1960 e às resistências que elas encontraram.

364. Alusão à obra coletiva organizada por Louis Althusser, *Ler O Capital*. Trad. de N.C. Caixeiro. Rio de Janeiro: Zahar, 1979 [*Lire Le Capital*. Paris: Maspero, 1965]. Em 1975, P. Bourdieu publicou "La lecture de Marx ou quelques remarques critiques à propos de 'Quelques remarques critiques à propos de *Lire Le Capital*'" ["A leitura de Marx ou algumas observações críticas sobre 'Algumas observações críticas sobre *Ler O Capital*'"], *Actes de la recherche en sciences sociales*, n. 5, 1975, p. 65-79; republicado com o título "O discurso de importância". *In*: *A economia das trocas linguísticas*, *op. cit.*, p. 159-176 [*Langage et pouvoir symbolique*, *op. cit.*, p. 379-396].

Eu acho que vocês não devem ter entendido nada do que eu disse agora e isso não importa porque eu já havia dito isso de outra forma! Não fiz isso de propósito, mas isso ajuda a enxergar o efeito de um discurso de forma escolar, que não necessariamente supõe que sejamos compreendidos e, aliás, não busca ser compreendido. Isso não é uma brincadeira, é uma verdade validada cientificamente. Há muito tempo, para medir por meio de uma experiência empírica a recepção do discurso professoral – essa foi uma primeira intervenção no terreno pedagógico –, inventamos uma espécie de teste destinado a medir os diferentes níveis e formas de compreensão[365]: havia, por exemplo, um texto imaginário, mas verossímil, que um professor recitava no qual um certo número de palavras era empregado de maneira não apropriada. A ideia me foi sugerida por Éric Weil, professor de Filosofia bem conhecido e leitor de [Richard] Sheridan, que me contou: "Sheridan criou uma personagem chamada Sra. Malaprop que sempre emprega as palavras do jeito errado"[366]; isso me fez pular, eu disse: "Que formidável!" Tínhamos então um texto no qual havia um contexto e umas dez linhas nas quais um certo número de palavras era empregado erroneamente, mas não dizíamos quais, dizíamos: "localizem as palavras inadequadas". Nós tínhamos dois tipos de armadilhas: palavras completamente apropriadas podiam ser designadas como empregadas inadequadamente e vice-versa. Um outro teste consistia em pedir definições[367].

A conclusão que resultava era absolutamente conforme à ideologia professoral sobre a comunicação, segundo a qual "eles não entendem nada do que dizemos, isso não funciona". Essa conclusão de primeiro grau não teria grande interesse, em grande parte porque ela contém muitos preconceitos professorais. Mas há uma segunda conclusão: se os professores sabem muito bem disso, se eles deplo-

365. Ver Pierre Bourdieu, Jean-Claude Passeron & Monique de Saint Martin, "Les étudiants et la langue d'enseignement" ["Os estudantes e a língua do ensino"]. *In*: *Rapport pédagogique et communication*. Paris: Mouton, 1965, p. 37-69.

366. P. Bourdieu evoca aqui trabalhos realizados no período em que lecionava dois dias por semana na Faculdade de Letras de Lille (ele ocupou esse cargo em Lille de 1961 a 1964 e tinha como colega o filósofo Éric Weil). A Sra. Malaprop é uma personagem da peça *The rivals* [*Os rivais*] (1775), do dramaturgo e político irlandês Richard Brinsley Sheridan, que originou o neologismo *malapropismo* – "abuso de linguagem".

367. O primeiro teste propunha uma série de frases; pedia-se para "sublinhar as palavras que parecem empregadas de maneira incorreta [...]. Algumas frases podem não conter nenhum termo empregado inadequadamente. [...] Eis um exemplo: 'a ciência moderna prova que os fenômenos estão submetidos a um determinismo aleatório'. [...] A palavra 'aleatório' não convém aqui". O segundo teste foi apresentado da seguinte maneira: "Defina, o mais rigorosamente possível, os seguintes termos: antinomia; cadastro; epistemologia; extensão (de um conceito); maniqueísmo".

ram isso tão solenemente e se eles continuam a falar assim, é porque alguma coisa não se encaixa, é porque eles conseguem algum lucro com isso. Ao levar a interrogação ao extremo é preciso se perguntar como é que tantas situações de comunicação podem continuar a funcionar quando nada acontece em termos de comunicação (a missa, por exemplo...). Com frequência se diz que a linguagem é um instrumento de comunicação, mas que instrumento extraordinário é esse que, apesar de não cumprir sua função, continua a ser aceito por todos, e quais são as condições sociais necessárias para que isso aconteça dessa forma? A noção de autoridade pedagógica[368] (ela consiste, para todo professor, em dizer sem saber disso: "sou digno de ser ouvido" – e "ouvido" não significa "compreendido") nasce por exemplo da constatação de que, quando emitimos uma mensagem, há 80% de ruído, de desperdício. Dito isso, como nas ciências da natureza, os fatos empíricos não explicam nada. Não basta mencionar a constatação do desperdício. É preciso se perguntar por que e sob quais condições as coisas continuam a funcionar. Como acontece de ninguém dizer: "Mas eu não entendi nada?" (Jamais se deve dizer isso que estou dizendo numa situação pedagógica porque a gente se expõe...) Eis, portanto, o que estava subjacente às coisas que eu disse esta manhã. Se vocês tiverem interesse, isso está num texto publicado em 1965 pela Editora Mouton, *A relação pedagógica e a comunicação*, nele há o resumo desse teste e também análises de dissertações e diferentes coisas relacionadas à comunicação entre professor e aluno na situação pedagógica.

A linguagem, o capital ou qualquer competência cultural que seja (pode se tratar de um sotaque bonito, da posse de uma cultura musical ou do conhecimento do cálculo matricial) começam então a funcionar como capital numa certa estrutura de distribuição em relação a um campo; se supusermos que todo mundo possui [essa competência], ela perderia todo o valor e ficaria como a escrita. Esse foi um primeiro ponto que indiquei. Indiquei também que um dos fatores que contribuem para favorecer os efeitos simbólicos da posse do capital é o fato de que a transmissão desse capital acontece, em grande parte, despercebida. Sem me demorar nesse ponto, vou especificar uma pequena propriedade: eu mencionei, entre as desigualdades ocultas, a desigualdade do tempo de exposição à cultura legítima e o fato de que, para as crianças cuja cultura familiar é a mais próxima do

368. Essa noção é utilizada especialmente em Pierre Bourdieu & Jean-Claude Passeron, *A reprodução*. Trad. de R. Bairão. Petrópolis: Vozes, 2011 [*La Reproduction*. Paris: Minuit, 1970].

meio escolar, o tempo de exposição à cultura exigido pela escola é de alguma forma aumentado por todos os anos que precedem a entrada na escola. Essa espécie de parte escondida da aquisição obtém, além de uma vantagem real, também uma vantagem ideológica na medida em que essa aquisição oculta é percebida como baseada na natureza.

Não voltarei a isso, indico apenas que uma das mediações importantes entre o capital econômico e o capital cultural é obviamente o tempo: se for preciso buscar uma espécie de equivalente universal para justificar as reconversões – como transformamos o capital econômico em capital cultural ou o capital cultural em capital econômico? –, um dos critérios possíveis seria o tempo. Neste caso em particular, o laço entre o capital econômico e o capital cultural se estabelece através do tempo que a reconversão exige. Os especialistas do capital humano enxergaram bem isso – e [Gary] Becker tem o mérito de ter indicado –, mas me parece que eles perderam o lucro teórico do que obtiveram ao transformar, no fundo, essa equivalência numa simples ferramenta de avaliação monetária do capital cultural. Se é verdade que o capital cultural vai depender do número de anos de estudo, vamos medir o valor do capital cultural pelo número de anos letivos necessários para adquiri-lo, partindo da ideia de que o tempo pelo qual um indivíduo pode prolongar a empreitada de aquisição depende do tempo pelo qual sua família pode garantir que ele tenha tempo livre; ao mesmo tempo, podemos calcular de alguma forma como salários perdidos o equivalente dos anos de estudos suplementares. Não voltarei a isso, eu queria fazer mais uma observação e um complemento.

O capital cultural objetivado e sua apropriação

Eu comecei a falar um pouco do estado objetivado, e vou apenas adicionar coisas novas. Como eu disse há pouco, o estado objetivado é as bibliotecas, o computador, uma cidade como Florença etc. Podemos fazer uma economia do capital cultural: podemos medi-lo a partir de indicadores objetivos – quantos quadros, livros, documentos etc.? –, mas também podemos medir os lucros estudando o número de visitantes etc. Poderíamos dizer que Lourdes[369] é o capital religioso objetivado e mensurável pelo número de peregrinos, de altares etc. Aqui também estou dizendo coisas um pouco simples, mas se eu as desenvolvesse (mas isso me levaria para

369. Cidade francesa que se tornou centro de peregrinação católica dedicada a Nossa Senhora de Lourdes a partir do século XIX [N.T.].

longe da lógica do meu discurso, que não quero perder completamente) descobriríamos coisas muito importantes sobre o problema da acumulação inicial do capital ou sobre a peregrinação como forma primitiva de acumulação de capital em muitas sociedades. Só isso já seria um mundo de pesquisas e de trabalhos que poderiam ser realizados ou retomados a partir dessa ideia, mas não vou desenvolvê-la.

Uma coisa importante: se, diferente do capital incorporado, o capital objetivado é transmissível em sua propriedade jurídica ou em sua realidade material (podemos transmitir quadros, bibliotecas etc.), ele não é autossuficiente. Com efeito, podemos transmitir um quadro sem transmitir a cultura que normalmente o acompanha e que é a condição de sua apropriação que chamaríamos de verdadeira. Aqui, ao dizer "normalmente", introduzimos um juízo de valor: isso vai corresponder ao corte entre os burgueses que são ricos em capital econômico e aqueles que são ricos em capital cultural. Esse corte absolutamente fundamental está na base de lutas sociais permanentes; muitos *cartuns* humorísticos ou redações na volta das férias tratam do fato de que há pessoas que possuem as coisas sem possuírem a maneira legítima de se apropriar das coisas.

Para dar um exemplo entre mil outros possíveis, um documento muito interessante é o discurso de [Pierre] Daninos sobre os pequeno-burgueses que penduram uma câmera fotográfica no pescoço e que não olham para as coisas, mas as fotografam porque não são capazes de se apropriar delas da maneira verdadeira, aquela que convém[370]. Como a maioria das coisas que dizemos sobre as outras pessoas, esse discurso é obviamente um racismo de classe. Ao mesmo tempo, ele contém uma parte de verdade sociológica: uma função social da fotografia é provavelmente dar àqueles que têm vontade de se apropriar das coisas e que têm um sentimento confuso de não ter os instrumentos de apropriação legítimos – sabe-se que estatisticamente a fotografia é pequeno-burguesa – um meio indireto de se apropriar delas apesar de tudo, através de uma apropriação que seria, digamos, uma apropriação cultural mecanizada[371]. Aliás, a câmera fotográfica é um belo exemplo de capital cultural objetivado. Poderíamos lem-

---

370. Essas observações sobre os romances de Pierre Daninos são desenvolvidas em Pierre Bourdieu (org.), *Un art moyen. Essai sur les usages sociaux de la photographie* [*Uma arte média: ensaio sobre os usos sociais da fotografia*]. Paris: Minuit, 1965, p. 100-101; e em "Différences et distinctions" ["Diferenças e distinções"]. *In*: Darras, *Le partage des bénéfices*. Paris: Minuit, 1966, p. 124-125.

371. Ver P. Bourdieu, *Un art moyen*, *op. cit.*

brar tudo que Bachelard disse sobre o instrumento científico, que é a ciência reificada[372]: a máquina fotográfica é a ciência reificada e, quando utilizada para fotografar monumentos, por exemplo, ela é uma maneira de obter o substituto da apropriação legítima que consiste em saber observar o friso do Partenão, decifrá-lo, ter uma tipologia etc.

Assim, o capital cultural objetivado faz surgir a questão do modo de apropriação legítima: podemos possuir um quadro, pendurá-lo na parede, ter sua propriedade jurídica sem ter a propriedade simbólica legítima. Há uma espécie de dissociação dos dois modos de apropriação[373]. Por exemplo, dentro da classe dominante há aqueles que vão às galerias, mas não podem comprar nada, e aqueles que não vão às galerias, mas poderiam comprar. Essa é uma divisão a partir da qual se engendram muitos discursos. Em muitos lugares culturais há livros em que as pessoas escrevem suas reflexões e encontramos neles textos extraordinários, absolutamente flaubertianos, em que se expressam da maneira mais inocente possível os produtos ideológicos da cultura que acabo de rapidamente descrever com discrição porque seria insuportável se eu levasse isso mais longe.

Essa oposição entre artistas e burgueses, entre os detentores do capital cultural e, portanto, dos instrumentos legítimos de apropriação das obras culturais e os detentores dos instrumentos econômicos não acompanhados do capital cultural encontra assim sua raiz nessa propriedade do capital cultural objetivado: a posse cultural não está necessariamente acompanhada da posse econômica. A partir disso, seria preciso fazer um desenvolvimento importante do ponto de vista da história social da arte e da literatura: todo objeto cultural, tanto uma estátua dogom quanto um computador, é portador de uma espécie de expectativa implícita da recepção legítima[374]. Em outras palavras, o objeto cultural chama um *habitus* conforme, quer dizer, alguém que esteja disposto a reconhecer esse objeto pelo que ele é. No [museu de arte moderna] Beaubourg, se vocês veem um monte de

---

372. "Os instrumentos não são outra coisa senão teorias materializadas" (Gaston Bachelard, *O novo espírito científico*. *In*: *Os pensadores,* vol. XXXVIII. Trad. de R. Kuhnen. São Paulo: Abril Cultural, 1974, p. 254 [*Le Nouvel esprit scientifique*. Paris: PUF, 1975 (1934), p. 16].

373. Sobre a oposição entre apropriação material e apropriação simbólica, ver *A distinção, op. cit.*, especialmente o capítulo "O senso da distinção" (em que os modos de apropriação simbólica desenvolvidos pelas frações ricas sobretudo em capital cultural aparecem, pelo menos sob certos aspectos, como um substituto da apropriação material permitida pelo capital econômico).

374. P. Bourdieu desenvolveu análises nesse sentido no ano anterior (ver *Sociologia geral volume 2, op. cit.*, aula de 12 de outubro de 1982, p. 46ss. [230ss.]).

areia [que na verdade é a obra de um artista contemporâneo] e uma criança vai brincar nele – isso já aconteceu –, há um mal-entendido, o objeto cultural não foi reconhecido no sentido duplo do termo: ele não foi reconhecido como objeto cultural e, ao mesmo tempo, como objeto cultural que chama a atitude conforme, ou seja, o respeito. O objeto cultural não deve ser tocado, essa é uma definição do sagrado: temos muita vontade de tocá-lo, mas não tocamos. Se você não reconhece o objeto cultural em sua dignidade de objeto cultural, você comete um contrassenso e o desvia de seu sentido.

Os pintores modernos, que são muito refinados, brincam bastante com isso – preparam armadilhas, eles nos dizem: "Toquem!" Eu acho que os objetos culturais mais avançados, como a arte conceitual, realizam a integração de um metadiscurso sobre o objeto cultural do tipo deste que estou fazendo. Os pintores não passam necessariamente por esse metadiscurso, mas dominam na prática uma teoria da pintura como algo que é sagrado, que não deve ser tocado (eles colocam [como Marcel Duchamp] um bigode na Mona Lisa etc.), eles brincam na prática, e com um grau de refinamento avançado, com as visões do objeto cultural. Isso pressupõe um campo muito autônomo, o que remete a uma propriedade dos campos: quanto mais os campos se tornam autônomos, mais se joga com o jogo, mais a obra se torna um metadiscurso sobre o metadiscurso... Não estou desvalorizando de forma alguma esse jogo que formula a questão da relação entre o metadiscurso científico e o metadiscurso prático: existem momentos em que certos campos, pela lei própria de suas crenças, de seu funcionamento, produzem sobre si mesmos um discurso tangencial àquele que a ciência diria, com a diferença de que a ciência o formula de fora enquanto os produtores de metadiscursos nativos os formulam de dentro, com os lucros relacionados. Na filosofia vocês encontram exemplos na contemporaneidade[375] e, quando falamos de dentro com os lucros relacionados, jamais falamos tudo, senão nos colocaríamos do lado de fora: ficamos nas margens, já que a margem de um campo é o lugar onde podemos ter ao mesmo tempo os lucros de estar do lado de dentro e de fora. Eu acho que se vocês estiverem atualizados sobre esse tema, devem ter entendido...

---

375. Essas alusões evocam as observações que P. Bourdieu formula em *A distinção* sobre as análises de Jacques Derrida (*A distinção, op. cit.*, "*Parerga* e *paralipomena*", p. 455-459 [578-583]), que sem dúvida é um dos filósofos que ele tem em mente aqui.

(Eu não digo mais porque é muito difícil analisar os contemporâneos, o que remete a um problema permanente para o sociólogo: o historiador pode dizer tudo e ser celebrado por coisas que fariam o sociólogo ser enforcado. Por exemplo, um artigo magnífico [na revista] *Annales*, "O lobby Colbert", propõe uma descrição formidável da rede de relações meio familiares, meio de amizade que estão na base do poder do "lobby Colbert"[376]. Mas se fizermos a mesma coisa sobre o *lobby* X, Y ou Z – com nomes próprios de hoje em dia –, uma análise das genealogias, das relações, das ligações etc., isso seria monstruoso. Isso é ainda mais estúpido porque seria bem mais fácil conhecer as relações e as ligações das pessoas de hoje em dia, mas não podemos publicar genealogias, isso causa problemas. Se vocês refletirem, isso diz muitas coisas sobre o que são a história e a sociologia e sobre o que muitas vezes se fala sobre a sociologia – que ela não seria científica –, mas não me estenderei mais.)

Meios de produção e capital cultural

Podemos tirar um monte de consequências da lacuna entre a propriedade jurídica e a propriedade simbólica, legítima. Eu já indiquei algumas do lado da apropriação cultural das obras culturais, por exemplo das obras de arte, mas existe um terreno no qual sem dúvida ficaríamos mais surpresos de ver os desenvolvimentos dessa noção, que é o exemplo da máquina e, portanto, daquilo que a tradição marxista chama de capital constante[377]. Um dos problemas colocados pela análise que acabo de fazer é que a própria máquina pode ser submetida ao mesmo tipo de análise que o quadro: à medida que a história avança e que as máquinas e os objetos técnicos incorporam energia (eles incorporam energia, eles a produzem, eles a transformam) – é o que diferencia, por exemplo, a máquina de

376. Daniel Dessert & Jean-Louis Journet, "Le lobby Colbert: un royaume ou une affaire de famille? " ["O lobby Colbert: um reino ou um negócio de família?"], *Annales*, vol. 30, n. 6, 1975, p. 1303-1336. [Jean-Baptiste Colbert (1619-1683) foi ministro e principal conselheiro do Rei Luís XIV da França, e teve tanta influência que é considerado por alguns historiadores como uma eminência parda, o verdadeiro poder por trás do trono – N.T.]

377. O "capital constante" designa em Marx "a parte do capital que se converte em meios de produção, isto é, em matérias-primas, matérias auxiliares e meios de trabalho, [e que] não altera sua grandeza de valor no processo de produção". Já o "capital variável" corresponde "[à] parte do capital constituída de força de trabalho [que] modifica seu valor no processo de produção. Ela não só reproduz o equivalente de seu próprio valor, como produz um excedente, um mais-valor, que pode variar, sendo maior ou menor de acordo com as circunstâncias" (Karl Marx, *O capital livro I*. Trad. de R. Enderle. São Paulo: Boitempo, 2013, p. 286 [*Das Kapital*, 1890]).

um computador –, mas também aquilo que poderíamos chamar de energia informacional e de capital cultural, as máquinas entram na classe da obra de arte no sentido de que sua apropriação socialmente legítima, mas também tecnicamente legítima, pressupõe um capital cultural incorporado apropriado da parte da pessoa que deseja se servir delas.

Poderíamos assim desenvolver toda uma teoria materialista, no sentido ampliado[378], dos executivos: os executivos – categoria incompreensível para a tradição marxiana tradicional cuja definição de capital não tem espaço para o capital cultural, ou na qual ele só intervém de forma marginal e superficial porque ela não sabe o que fazer com ele – têm um estatuto ambíguo porque enfatiza-se o fato de que eles não são os proprietários, no sentido estritamente econômico, dos instrumentos de produção que eles utilizam e aos quais servem, e também pelo fato de que eles obtêm lucro de seu capital cultural ao venderem os serviços que lhes dá sua capacidade de fazer funcionar adequadamente o capital econômico objetivado nas máquinas. Ainda que o estatuto ambíguo esteja nessa relação, eu acho que as estratégias ambíguas dos detentores da propriedade jurídica e econômica das máquinas, dos meios de produção, também se explicam pela ambiguidade da propriedade puramente econômica quando saímos da geração dos inventores proprietários: nas empresas em que o proprietário precisa reunir os serviços dos detentores do capital específico adequado, e sobretudo dos serviços agrupados – numa empresa coletiva de pesquisa etc. –, existe manifestamente uma contradição, uma tensão, e conflitos de um tipo absolutamente particular entre os detentores do capital econômico e os detentores do capital cultural, que é a condição de funcionamento do capital econômico com componente cultural objetivado. O problema da concentração do capital cultural necessário para o funcionamento do espaço, de um escritório de estudos etc., pode ser descrito a partir dessa espécie de dualidade da posse dos instrumentos econômicos.

Poderíamos aqui nos arriscar a propor uma pequena lei tendencial, mesmo que eu seja sempre muito prudente a esse respeito: podemos pensar que à medida que o capital cultural incorporado cresce no aparato e nas estruturas econômicas, aquilo que Arrow chama de investimento informacional[379] – retomarei essa

---

378. P. Bourdieu já havia mencionado este ponto (que ele também trata em *A distinção, op. cit.*, p. 282 [348]) na aula de 19 de abril.

379. A alusão trata talvez daquilo que Kenneth Arrow chama simplesmente de "conhecimento" no artigo em que formula o princípio de *learning by doing* [aprender fazendo] ("The economic

linguagem na próxima aula –, a força coletiva dos detentores do capital cultural necessário para o funcionamento do capital econômico objetivado, tende a crescer. É claro que essa tendência será sem dúvida muito mais forte se o detentor do capital econômico não tiver os meios de colocar os detentores do capital cultural em concorrência, e se esses últimos, como resultado das condições nas quais são moldados – a lógica do concurso etc. –, não estivessem predispostos a entrar em concorrência e, portanto, a se neutralizar nessa competição.

A apropriação legítima das obras culturais

Vou parar aqui, mas agora há pouco abri um caminho que não segui até o final ao indicar em relação à máscara dogom que toda obra cultural contém uma espécie de definição implícita da apropriação legítima. Uma obra cultural diz: "Eu sou o que sou e exijo ser observada de tal maneira, portanto, exijo ser reconhecida como obra cultural", e isso tem consequências para o espectador em matéria de postura – "Não vou me mexer, não vou fazer barulho, vou acertar o tom, vou falar em voz baixa" e também "Preciso ter o código adequado". Com efeito, o produtor da obra investiu em sua obra um código implícito, sem o saber, sem que isso fique explícito – voltarei a esse ponto –, e esse código é invocado tacitamente pela obra[380]. Isso sugere a questão da cifra legítima.

Falando de maneira simples, a obra cultural exige ao mesmo tempo uma forma de crença, de adesão, de reconhecimento e uma forma de saber específico. Os mal-entendidos na percepção histórica das obras culturais se devem ao fato de que elas muitas vezes sobrevivem mais tempo do que os *habitus* para os quais foram produzidas sem, entretanto, deixarem de ser reverenciadas e reconhecidas às custas de um contrassenso[381]. Isso é uma banalidade, mas aqui também vocês certamente se surpreenderiam se eu a desenvolvesse completamente.

---

implications of learning by doing" ["As implicações econômicas de aprender fazendo"], *The Review of Economic Studies*, vol. 29, n. 3, 1962, p. 155-173), e que P. Bourdieu cita em outras ocasiões (*O senso prático*, *op. cit.*, p. 127 [130], "Os três estados do capital cultural", *art. cit.*, p. 84 [4]). Em particular, nesse artigo Arrow insiste no fato de que o conhecimento cresce com o tempo e destaca o papel da experiência no crescimento do conhecimento e da produtividade.

380. Sobre esses pontos, ver a segunda parte de P. Bourdieu, A. Darbel & D. Schnapper, *O amor pela arte*, *op. cit.*, p. 69-111 [67-109].

381. Sobre esses pontos, ver a aula de 12 de outubro de 1982 em *Sociologia geral volume 2*, *op. cit.*, p. 65ss. [252ss.], e o artigo posterior ao curso, "Piété religieuse et dévotion artistique" ["Piedade religiosa e devoção artística"], *Actes de la recherche en sciences sociales*, n. 105, 1994, p. 71-74.

Em todo caso, acho que parte do trabalho de história literária, por exemplo, seria submetida a um monte de questões: as obras culturais, da Bíblia a Mallarmé, passando pelos códigos de Hamurabi, têm a propriedade de sobreviver não apenas a seus produtores, mas também a seus receptores/destinatários implicitamente legítimos. Ao mesmo tempo, elas sobrevivem em sua existência cultural, quer dizer, enquanto obras reapropriadas, percebidas, compreendidas, às custas de um contrassenso permanente, de uma releitura permanente. É o que Weber diz a respeito da Bíblia: os primeiros protestantes leram a Bíblia pelas lentes de toda sua atitude, de todo o seu *habitus*[382], o que fez com que eles trouxessem um monte de coisas para ela. Todo mundo sabe disso, mas não tiramos as consequências, nem que seja se interrogar, por um lado, sobre a leitura originária e historicamente validada, a leitura que a obra invoca, e, por outro lado, sobre as condições históricas dessa forma de releitura.

Por exemplo, os pré-socráticos são um imenso contrassenso histórico, uma sedimentação histórica de contrassensos e podemos nos perguntar se a história da filosofia não seria a história de enormes contrassensos sedimentados e sobrepostos, o que não quer dizer que ela não seja interessante. Mas isso talvez queira dizer que a doxografia das leituras é a condição preliminar de qualquer leitura. "Ler Marx" seria antes de mais nada ler os leitores de Marx, não para superá-los, mas para pensar o que esses leitores foram capazes de constituir como categorias de percepção que orientam minha leitura e sua pretensão de superação. Eu garanto para vocês que isso não é trivial: toda uma forma de celebração literária ou filosófica perderia suas fundamentações.

Segunda hora (seminário): tempo e poder

O que eu disse no começo se aplica completamente a esses ensaios provisórios, essas reflexões sobre assuntos arriscados que proponho na segunda hora. Como meus assuntos de pesquisa são muitas vezes assuntos de alto risco e altos lucros, às vezes eles levam a fracassos ou malogros. Portanto, vocês não devem ouvir o que digo como se fossem palavras do Evangelho, e sim como propostas

382. M. Weber, *A ética protestante e o espírito do capitalismo*, *op. cit.*, contém muitos desenvolvimentos (p. ex., sobre a noção de *Beruf* [vocação], que Max Weber descreve como um "produto da Reforma" "[que] provém das *traduções da Bíblia*", p. 63-64) e anotações ("Lutero leu a Bíblia pelas lentes de sua índole geral de momento", p. 95) sobre esses pontos.

sugestivas que devem incitar a refletir, desencadear prolongamentos etc. Isso vale especialmente para esta segunda hora.

Na última aula insisti sobre a relação que pode ser sustentada com o tempo pelas pessoas que, devido à sua posição no mundo social, à sua pobreza, são as que têm menos poder. O que eu disse poderia ser resumido em duas palavras: tempo e impotência. Qual experiência de tempo pode ser vivida pelas pessoas que não têm nenhum poder sobre o mundo social? Eu analisei um certo número de situações-limite, em particular a situação do subproletário[383] e a situação das pessoas que se encontram em instituições totalitárias como os campos de concentração, que são o limite de uma série de instituições – a caserna, o convento etc. – nas quais tudo pode acontecer.

O que acabo de dizer exige uma correção. Eu destaquei um dos grandes livros da sociologia, *Manicômios, prisões e conventos*, em que Goffman tenta encontrar as invariáveis das instituições (o asilo, o convento, o internato, o campo de concentração, talvez eu esteja esquecendo alguma coisa[384]) que chama de instituições totais ou totalitárias. Essas instituições são caracterizadas pelo fato de que as pessoas que entram nelas devem de certa forma abdicar de sua personalidade anterior, já que a entrada nessas instituições muitas vezes é simbolizada por certas formas de ritos de passagem, de aculturação, de "anonimização" – por exemplo, o cabelo raspado dos militares –, destinados a provocar uma espécie de *metanoia*, para empregar o termo dos místicos[385]. A *metanoia* é a mudança da alma e do corpo, e uma das maneiras mais garantidas de provocar uma mudança da alma é mudar os corpos, a aparência dos corpos, as técnicas dos corpos, os ritmos corporais etc. Essa espécie de manipulação total da pessoa social visa produzir aquilo que se revela ser o efeito da internação no asilo. Essas instituições que podem parecer horríveis em diferentes graus paradoxalmente acabam produzindo, em seus veteranos, uma espécie de acostumação que chega até a se tornar uma simpatia pela instituição, o que Goffman chama de "asilização": num asilo de alienados – esse é

383. Ver P. Bourdieu, "La société traditionnelle: attitude à l'égard du temps et conduites économiques", *art. cit.*

384. Erving Goffman, que propõe uma tipologia das instituições totais, também cita as casas de repouso, orfanatos, hospitais psiquiátricos, estabelecimentos penitenciários, navios, fortes coloniais etc. (E. Goffman, *Manicômios, prisões e conventos*, *op. cit.*, p. 16-17).

385. Em grego, a palavra "metanoia" (μετάνοια) designa uma mudança de sentimento. P. Bourdieu a emprega em referência às utilizações religiosas do termo, associadas à ideia de conversão.

o principal exemplo de Goffman –, os veteranos estão tão acostumados, como se diz, ao asilo que percebem que seria um erro sair dele.

Esse processo de "asilização" é um efeito comum a essas instituições, mas quando falei das características comuns dessas instituições achei que havia uma diferença. O convento e a prisão têm regras em comum, e se vocês leram a *Regra de São Bento*[386], esse é um documento muito interessante: as instituições totais regem os menores detalhes da prática de maneira a instituir uma sincronização perfeita de todas as condutas dos indivíduos. Uma propriedade da socialização é sincronizar. Na última aula comentei a descrição que Schütz propõe da experiência temporal do mundo normal, essa espécie de universo submetido à lei da boa continuação e à previsibilidade perfeita; a condição dessa previsibilidade é a sincronização das práticas, que não é necessariamente a submissão a um tempo perfeitamente homogêneo. A divisão do trabalho modula essas coisas. A sincronização é um dos meios empregados pelos grupos para criar essa espécie de uniformidade, de anonimato.

Eu pensei isso mentalmente, mas na série de Goffman os campos de concentração são uma exceção: ainda que tenham um certo número de propriedades da instituição total (o encarceramento e a privação levados ao limite), e que eles tenham um certo número das propriedades do mundo da clausura (a regularidade, os ritos etc.), eles introduzem uma diferença radical, a saber, a imprevisibilidade absoluta sobre as coisas mais essenciais, as questões de vida ou morte. Por exemplo, Pollak escreveu sobre os campos que as estratégias objetivas inscritas na instituição pareciam orientadas a dois fins: por um lado, destruir qualquer esperança, quer dizer, proibir qualquer estrutura de antecipação do futuro, quebrar as leis da boa continuação inscritas ao mesmo tempo em nossos *habitus* e na objetividade ordinária e, por outro lado, proibir qualquer antecipação racional através, por assim dizer, da instituição da imprevisibilidade[387]. Em outras palavras, a maneira mais radical de desestruturar, de destruir as estruturas da expectativa, como dizem os fenomenólogos, é decepcioná-las constantemente. Eu não quero demorar muito, mas enxergamos bem isso no caso da caserna (é difícil empregar uma linguagem que não esteja carregada de valores e de conotações pejorativas para

386. Esse texto do século VI pretende definir a organização da vida monástica. Até hoje é muito difundido. Erving Goffman se refere a ele em algumas ocasiões quando analisa o "universo do recluso" em *Manicômios, prisões e conventos*, *op. cit.*

387. M. Pollak, "Des mots qui tuent", *art. cit.*

falar sobre isso[388]) e de seu funcionamento enquanto instituição total e totalitária. A caserna tem procedimentos que fazem pensar no que acabo de dizer. Ela cria a imprevisibilidade permanente: o tempo do soldado que cumpre seu serviço militar é um tempo sempre aberto, sempre livre, que se parece muito com o tempo do subproletário, e ao mesmo tempo sempre ocupado porque qualquer coisa pode acontecer a qualquer momento. Essa espécie de arbitrário instituído tem como efeito produzir esse tipo de destruição das antecipações que deixa a pessoa disponível para todas as injunções. O casernizado (a "casernização" é o equivalente da "asilização") está disponível para tudo, sempre, com o mesmo desencantamento e a mesma submissão, e a própria revolta faz parte de uma forma de submissão a um universo no qual tudo é possível.

Essas situações-limite nas quais o arbitrário é instituído como poder absoluto de decretar qualquer coisa a qualquer momento funcionam como analisadoras de tudo aquilo que está implícito nas situações normais nas quais tacitamente se admite que um monte de coisas não pode acontecer, que um monte de coisas são impossíveis, sem que nós sequer precisemos formulá-las como excluídas ou impossíveis. Os nazistas fizeram a teoria do poder absoluto e absolutamente arbitrário – eu indiquei isso sempre me referindo ao artigo de Pollak – ao definirem o *Führer* como o produtor carismático do direito legítimo que não está submetido a nenhuma coerção externa de tipo jurídico ou contratual. Essa espécie de teorização do arbitrário puro, daquilo que Weber teria chamado de criação jurídica carismática, que não precisa prestar contas a ninguém, a não ser ao próprio produtor, essa espécie de direito do não direito, de deslegitimação ou de recusa de qualquer coerção jurídica, faz com que enxerguemos ao mesmo tempo o que seria, em termos de temporalidade vivida, um espaço desse tipo e quais são as condições sociais de possibilidade de nossa experiência ordinária da temporalidade. Isso é mais ou menos o que eu queria dizer. No fundo, analisei a experiência do tempo nas situações de impotência total e, ao mesmo tempo, as relações entre uma forma de poder e um certo tipo de experiência temporal.

---

388. Na época em que esse curso aconteceu, a experiência da caserna era familiar para uma grande parte da população masculina, já que o serviço militar foi obrigatório na França até 1997 (no começo da década de 1980, o governo socialista propôs, mas não implementou, reduzi-lo pela metade, para uma duração de seis meses).

A ação sobre as estruturas e a ação sobre as representações

Eu queria agora analisar as duas formas de poder que me parecem decorrer de uma análise das relações entre o tempo e o poder. O poder que observamos nas situações-limite como os campos de concentração se exerce sobre as chances objetivas, sobre as probabilidades objetivas, sobre as chances disso ou daquilo acontecer ou não. Em outras palavras, ele se exerce sobre o próprio jogo. O poder absoluto é o poder de mudar a regra em todas as jogadas: "Cara, eu ganho; coroa, você perde" – é o poder arbitrário que, por ter a liberdade de mudar a regra a qualquer momento, ganha todas as jogadas. "A razão do mais forte é sempre a melhor": o poder absoluto pode a cada instante decretar a regra mais favorável a suas expectativas, a seus desejos. É claro que a forma-limite só se realiza muito raramente: é nos contos de fada, é na magia que se busca o poder absoluto, que é um poder mágico, o poder de ter tudo instantaneamente. A magia mais ordinária, a magia maléfica, aquela que consiste em enfiar uma agulha no coração de um boneco com a efígie do inimigo, é, como sempre dizemos, uma ação a distância, mas é sobretudo uma ação que anula o tempo: a magia se pretende instantânea, ela não espera, e a busca de um poder absoluto é a busca de poder obter tudo imediatamente.

Poderíamos aproximar isso às obras conhecidas sobre a psicologia infantil ou à psicanálise: a instantaneidade do desejo pressupõe, para se realizar, um poder absolutamente arbitrário. Na existência social ordinária, as situações desse gênero são – eu quase disse graças a Deus – pouco prováveis, pouco observáveis, mas elas são o limite das situações ordinárias nas quais os agentes sociais podem manipular as chances objetivas. Assim, um ministro pode decretar que não teremos mais 30 [professores] agregados, e sim 60, ou o contrário. Cito um exemplo muito simples e muito conhecido em nossa experiência, mas há um monte de ações de poder que consistem em transformar as probabilidades objetivas, como diz [o matemático Antoine-Augustin] Cournot, as chances objetivas inscritas na objetividade de uma coisa acontecer ou não.

A segunda forma de poder consiste em agir não mais sobre as probabilidades objetivas, mas sobre aquilo que Cournot chama de probabilidades subjetivas[389],

389. Cournot chama a atenção para "o sentido duplo da palavra 'probabilidade', que ou se refere a uma certa medida de nossos conhecimentos, ou se refere a uma medida da possibilidade das coisas, independentemente do conhecimento que temos delas. [...] Eu emprestei, sem escrúpulos, os dois epítetos *objetivo* e *subjetivo* da língua dos metafísicos [...] para distinguir radicalmente as

que podemos também chamar de epistêmicas, ou as antecipações vivenciadas. Ela pode, portanto, transformar as aspirações. Vemos imediatamente que esses dois tipos de poder são profundamente diferenciados. Para dizer rapidamente, e de modo provisório, há, por um lado, o poder político real eficaz que transforma as estruturas objetivamente e, por outro, o poder de tipo simbólico exercido pelos poderes culturais (o poder sacerdotal, o poder intelectual etc.) que, por não ser capaz de transformar as chances objetivas, pode transformar as relações com essas chances objetivas. Exemplos de ações simbólicas típicas que manipulam centralmente as representações subjetivas são o "Sejam realistas, exijam o impossível" que ouvíamos em maio de 1968 ou, pelo contrário, as exortações ao realismo. Esse é o problema clássico das organizações sindicais, elevar as aspirações ("É preciso participar!") enquanto as freia: um problema das organizações sindicais é jogar nessa margem muito estreita entre o sociologismo e o utopismo das duas possibilidades; trata-se de incitar os dominados cujas esperanças subjetivas tendem a estar objetivamente ajustadas às chances objetivas a elevar suas aspirações até um ponto que, se superado, elas se tornariam loucas, perigosas, utópicas, milenaristas, suicidas. Um líder que exerce um poder simbólico terá, portanto, estratégias de manipulação dessa relação entre as chances e as esperanças.

O poder de tipo 1 que se exerce sobre as estruturas objetivas de aspiração pode desconcertar realmente as expectativas, como vemos com algumas medidas políticas. Diminuir a idade da aposentadoria[390], por exemplo, é uma ação que muda muito profundamente as estruturas de esperanças e, ao mesmo tempo, as representações dos cortes entre jovens e velhos[391]. Portanto, há manipulações das

duas acepções do termo '*probabilidade*'" (Antoine-Augustin Cournot, *Exposition de la théorie des chances et des probabilités* [*Exposição da teoria das chances e das probabilidades*]. Paris: Vrin, 1984 [1843], p. 4-5). Ele fala também da "distinção fundamental entre as probabilidades que têm uma existência objetiva, que dão a medida da probabilidade das coisas, e as probabilidades subjetivas, em parte relativas a nosso conhecimento, em parte à nossa ignorância, variáveis de uma inteligência para outra dependendo de suas capacidades e dos dados que lhe são fornecidos" (*ibid.*, p. 106), e menciona que a probabilidade subjetiva "cessará de expressar uma relação que subsiste real e objetivamente entre as coisas; ela assumirá um caráter puramente subjetivo, e estará suscetível a variar de um indivíduo a outro dependendo da medida de seus conhecimentos" (*ibid.*, p. 288). Sobre a noção de probabilidade, P. Bourdieu publicará mais tarde em sua coleção "Liber" a tradução francesa de Ian Hacking, *The emergence of probability* [*O surgimento da probabilidade*]. Cambridge: Cambridge University Press, 1975.

390. A idade legal da aposentadoria [na França] foi reduzida para 60 anos em 1982. Essa foi uma das reformas sociais do governo socialista que chegou ao poder em 1981.

391. Sobre essa questão, ver Pierre Bourdieu, "A 'juventude' é apenas uma palavra". *In*: *Questões*

chances objetivas que têm, por extensão, efeitos sociais muito amplamente superiores a seu efeito aparente, por exemplo porque manipulam limites de idade: o acesso ao direito de voto e à maioridade aos 18 anos[392]. Vamos supor que se decretem leis sobre a idade normal para o casamento: você pode transformar todos os sonhos dos jovens.

Eu disse isso de maneira implícita: aquele que tem o poder de agir sobre as estruturas objetivas também age sobre as estruturas subjetivas incorporadas na medida em que as estruturas incorporadas tendem a se ajustar, com atrasos, às chances objetivas. Em outras palavras, aquele que age sobre as estruturas objetivas age, como um bônus, sobre as estruturas incorporadas e transforma as representações ao transformar as estruturas em relação às quais essas representações se constituem. O inverso é menos verdadeiro e vemos imediatamente que o poder simbólico que age sobre as representações é um poder dominado no sentido em que é possível dizer para as pessoas, como faziam os estoicos: "Ajustem suas aspirações a suas chances" – *amor fati*. *Fatum* diz respeito às chances objetivas: aquilo que nos define socialmente. É uma série de chances ligadas ao nosso nascimento, e nosso local de nascimento socialmente definido pode ser descrito por uma série de probabilidades. Medidas políticas podem mudar isso ("Há um bastão de marechal em sua cartucheira"[393]), e de maneira real se, por exemplo, decretam-se cotas como aquelas que consistem, nos países da Europa Oriental, em tomar em todos os contingentes uma porcentagem *x* de filhos de operários. Pode-se, portanto, ao transformar as estruturas de chances objetivas, tocar indiretamente nas representações, enquanto inversamente – e é isso que faz com que o poder simbólico permaneça um poder dominado – transformar as aspirações só pode levar a transformar realmente as estruturas à medida que a representação transformada das chances leva a uma ação transformada em relação às estruturas. O poder simbólico só pode transformar realmente as estruturas por meio da mobilização que produz ao tornar pensáveis ações tacitamente excluídas como impensáveis, ou seja, mais do que impossíveis. Assim já captamos uma diferença importante entre as duas formas de poder.

---

de sociologia, *op. cit.*, p. 137-147 [143-154].

392. A maioridade civil e o direito de voto foram reduzidos na França para 18 anos em 1974.

393. Ver *supra*, p. 177, nota 246.

Isto posto, o poder de tipo 1 que age sobre as estruturas objetivas demonstra sua superioridade e sua força particular porque pode criar as condições favoráveis para o sucesso do poder de tipo 2. A coisa mais perversa nas situações como o campo de concentração é que a desorganização total das estruturas objetivas sobre as quais as expectativas podem se basear engendra uma espécie de desmoralização, em todos os sentidos do termo, que cria o terreno mais favorável para todas as manipulações exercidas pelo poder de tipo 2. Eu disse isso implicitamente na última aula em relação ao elo particular entre os subproletários e os movimentos de tipo milenarista que são movimentos de tipo mágico: quando nada é possível, tudo é possível, e a desestruturação de todas as expectativas, de todas as estruturas objetivas do tempo, fornece uma base quase sem limite para as manipulações.

Podemos nos perguntar, por exemplo, sobre certos movimentos do passado ou do presente que perturbam o racionalismo político ao qual estamos acostumados porque nascemos com movimentos sociais de um tipo muito particular, e penso num belíssimo livro de Tilly sobre o período 1830-1930 que se chama *O século rebelde*[394]. Tilly demonstra que um fenômeno histórico importante que muitas vezes passa despercebido é a codificação e racionalização do movimento de rebelião. Ele opõe, seguindo Hobsbawm e Thompson[395], as revoltas de tipo pré-capitalista que em geral surgem brutalmente de um efeito econômico imediatamente sensível, como o aumento do preço do pão (anuncia-se um aumento do preço do pão e acontece uma revolta) ou a chegada de coletores de impostos, às formas de manifestação e de revolta que se constituem pouco a pouco no século XIX com a invenção de aparelhos nacionais profissionais capazes de organizar os movimentos em escala nacional e detentores de técnicas racionais de mobilização. As bandeirolas, as faixas e os *slogans* constituem uma série de invenções históricas que contribuem para o enquadramento da manifestação, para o controle de seus limites. A estratégia sindical sobre a qual eu falava agora há pouco de elevar as aspirações, mas não até o ponto em que elas se tornariam irrazoáveis e destruiriam

---

394. Charles Tilly; Louise Tilly & Richard Tilly, *The rebellious century: 1830-1930*. Cambridge, MA: Harvard University Press, 1975.

395. Eric Hobsbawm, especialmente *Rebeldes primitivos*. Trad. de N. Rissone. Rio de Janeiro: Zahar, 1970 [*Primitive rebels*. Nova York: W.W. Norton, 1965], e *A era das revoluções: 1789-1848*. Trad. de M.T. Teixeira & M. Penchel. São Paulo: Paz e Terra, 1977 [*The age of revolution: Europe 1789-1848*. Londres: Weidenfeld & Nicolson, 1962]; E.P. Thompson, *A formação da classe operária inglesa*. Trad. de D. Bottmann. São Paulo: Paz e Terra, 1987 [*The making of the English working class*. Londres: Victor Gollancz, 1963].

seu próprio fim, se encarnou na instituição do *service d'ordre* da CGT[396], coisa que não se inventou num dia. Essas invenções históricas exibem a ambiguidade da manifestação de tipo moderno. A visão espontaneísta, ou seja, mágica, que se desenvolveu no movimento esquerdista de 1968 esqueceu que o controle de tipo estoico ("Não peçam o impossível") desses movimentos de tipo moderno é o produto de uma genealogia histórica.

Voltando a minha proposta, vemos que a política de certa forma racional que se desenvolve a partir de movimentos organizados se tornou natural – não nos surpreendemos mais, por exemplo, com uma manifestação sendo anunciada para uma data determinada, mas imaginem um protesto da fome anunciado para 14 de julho[397]: a própria desordem é previsível; ela é, como se diz, "canalizada", controlada, é preciso evitar os transbordamentos. Isso pressupõe universos sociais do tipo que descrevi, ou seja, universos sociais normais, com expectativas, com chances objetivas relativamente constantes, probabilidades. Podemos avaliar antecipadamente o número de manifestantes e a estatística mede o antes e o depois. O papel da estatística é muito importante: ela se torna uma arma política, ela está constantemente presente. Quando observamos os protestos iranianos[398], por exemplo, é verdade que não compreendemos, e acho que um certo número de coisas e de diferenças radicais entre as manifestações contemporâneas tem a ver com o que acabei de dizer: os universos em que, por razões econômicas ou políticas, as estruturas objetivas de expectativas são perturbadas, em que tudo se torna possível, são terrenos muito favoráveis a uma forma de manipulação do poder de tipo 2 que pode se exercer praticamente sem limites. Essas são coisas que o senso comum sabe: as estratégias do desespero são as estratégias das pessoas que não têm mais nada a perder, que estão além de perder ou ganhar. E ao mesmo tempo tudo se torna possível; a própria vida pode deixar de ser um objetivo supremo.

---

396. *Confédération générale du travail* [Confederação Geral do Trabalho], a maior central sindical francesa. O *service d'ordre*, "ajudantes de ordem", é um grupo encarregado de garantir que as manifestações da CGT não saiam do controle, e chegam a portar cassetetes e capacetes para cumprir suas ordens [N.T.].

397. O dia 14 de julho é o principal feriado nacional da França, que celebra o dia 14 de julho de 1789, data da tomada da prisão da Bastilha – um dos principais marcos da Revolução Francesa – e também o dia 14 de julho de 1790, a Festa da Federação, em que o governo revolucionário proclamou a união nacional da França [N.T.].

398. P. Bourdieu sem dúvida tem em mente os protestos e as manifestações que ocorreram no Irã em 1978 e que levaram à queda do xá e à tomada do poder pelo aiatolá Khomeini.

Essas coisas me parecem importantes para compreender certos fatos históricos. O poder de tipo simbólico manipula a representação das chances e diz para as pessoas: "Vocês têm mais chances do que imaginam", "Sejam razoáveis, não exijam o impossível", "Se vocês pedirem isso, não vão conseguir", ou então "Se vocês estenderem a greve por tempo demais..." Essas estratégias de manipulação também são exercidas no sistema escolar: "Seria melhor você tentar um IUT[399], a faculdade de ciências seria mirar alto demais". É claro que essas estratégias de manipulação da representação das chances contribuem para a lógica objetiva das chances: como eu sempre falo, as estruturas jamais determinam mecanicamente as condutas, elas só agem por meio da mediação da representação que os agentes têm dessas estruturas, e manipular a representação das estruturas, ou seja, neste caso a representação das chances, é dar uma pequena chance de escapar das estruturas. Se existe uma parte de liberdade em relação ao efeito das estruturas, é na medida em que a representação das estruturas é, dentro de certos limites, manipulável, com os efeitos correspondentes (aquilo que se chama de "tomada de consciência"[400], termo atroz que fez a sociologia científica das representações sociais desperdiçar cem anos), porque uma margem de liberdade é deixada para os detentores do poder simbólico.

A ação simbólica

Esse poder simbólico se exerce pelo discurso, mas também por ações de um certo tipo. Por exemplo, aquilo que chamamos de "ações de provocação" mostra que certos limites que não são considerados passíveis de transgressão são passíveis de transgressão pelo fato de que alguém os transgride. Uma das ações mais típicas do maio de 1968 foi, portanto, a transgressão de limites despercebidos, como o caso do estudante se dirigindo ao professor dizendo "você" em vez de "o senhor" [*en le tutoyant*]: uma parte das fronteiras mais poderosas, as fronteiras cuja transgressão é impensável, que não são nem sequer percebidas como fronteiras, se revelou enquanto tal pelo fato da transgressão simbólica. A passagem simbólica de uma fronteira é o ato sacrílego por excelência. De modo geral, ela é

399. Sigla de "Instituto Universitário de Tecnologia", instituições do ensino superior francês que buscam preparar seus estudantes para carreiras técnicas e aplicadas, e não acadêmicas [N.T.].

400. A problemática da "tomada da consciência" e sua crítica foram desenvolvidas em anos anteriores (ver *Sociologia geral volume 1, op. cit.*, p. 92-94 e p. 129 [107-110, 151]).

reservada ao sacerdócio que, em termos durkheimianos[401], é o detentor do monopólio de travessia da fronteira entre o sagrado e o profano. O sacrilégio provocador tem uma função libertadora porque ele faz enxergar a fronteira e depois a possibilidade prática de transgredi-la: "Ele chamou o professor de 'você', mas ele não está morto, não o mataram, ele não foi fuzilado". Se é preciso insistir nesse poder simbólico e na liberdade que é essa espécie de efeito de análise – que não tem nada a ver com a tomada de consciência –, também é preciso ver seus limites.

Uma ação simbólica, por exemplo de transgressão dos limites, só é pensável para aquele que a realiza e exemplar para aqueles que a observam se certas condições objetivas estiverem presentes, já que a mesma transgressão pode levar ao manicômio ou ao Panteão[402]. Para que uma conduta que perturba as probabilidades objetivas possa ter uma chance objetiva de ser reconhecida como legítima, razoável, de ser aplaudida, é preciso que as estruturas objetivas estejam num estado de incerteza objetiva que favoreça a possibilidade de uma incerteza subjetiva sobre essas estruturas. Max Weber insiste no fato de que o profeta é aquele que fala quando os outros não têm mais nada a dizer, porque todos estão mudos diante do mundo, de seu absurdo, de sua inconsequência, de sua catástrofe, de seus cataclismos, da fome etc. Já o profeta, o herói carismático, ainda tem algo a dizer: "Nós atravessamos os desertos, nós encontraremos uma solução". Essa capacidade logoterapêutica do profeta foi testemunhada pelos trabalhos dos etnólogos, mas é apenas no momento em que o sacerdócio desmoronou passo a passo que o sujeito esfarrapado com um bastão na mão chega e fala.

Nós vimos isso em maio de 1968: nós nos entretemos fazendo as estatísticas das pessoas que tomavam a palavra oficialmente [no jornal] *Le Monde*. Durante todo o período efervescente, vimos os nomes de desconhecidos e, à medida que a ordem retornou, os nomes conhecidos retornaram para dizer que nada tinha acontecido[403]. Esse é o papel do sacerdote, restabelecer a ordem simbólica e dizer: "Vejam, houve um momento de loucura coletiva, um

---

401. Referência à importância que as análises durkheimianas da religião concedem à oposição entre o sagrado e o profano (É. Durkheim, *As formas elementares da vida religiosa*, *op. cit.*).

402. Mausoléu em Paris em que são enterrados, ou comemorados, os cidadãos franceses mais ilustres [N.T.].

403. Sobre a análise de maio de 1968, ver P. Bourdieu, *Homo academicus*, *op. cit.*, capítulo "O momento crítico", p. 207-248 [207-250].

psicodrama[404], mas as estruturas objetivas foram restabelecidas e tudo está em ordem novamente, sou eu quem digo isso para vocês". Se, como eu dizia na última aula, podemos sempre ter a impressão de que o trabalho simbólico não serve para nada, é porque as condições de sucesso do poder 2 estão tão inscritas no poder 1 que podemos dizer: "Mas então o que é que eles estão fazendo? Estão ensinando os peixes a nadar", uma observação que vale tanto no caso da palavra de desordem quanto no caso da palavra de ordem. No período de desordem objetiva em que as estruturas objetivas são perturbadas, não escutamos mais a palavra de ordem. Ela imediatamente não consegue mais falar, é assassinada pela indignação. Em seguida, mesmo que ela grite, não conseguirá ser ouvida. E vice-versa.

Entretanto, não é verdade dizer que anunciar em palavras aquilo que pode ser ouvido e que a objetividade diz ser o contrário é não fazer nada. A criação de discurso que é característica do poder de tipo 2 é de certa maneira a realização completa, a efetivação social daquilo que acontece objetivamente no social. Uma situação de crise – é a metáfora do bastão de marechal nas cartucheiras – pode ser descrita como uma transformação das estruturas de chances objetivas: durante um momento tudo se torna possível, ou pelo menos o impossível deixa de ser tão impossível como de costume. Nas situações de tipo "revolucionário", enquanto as transformações das chances objetivas não são realizadas num discurso que diz: "Cidadãos, o povo etc.", esses possíveis são menos possíveis do que é o caso quando se diz que eles são possíveis. Pelo contrário, a restauração da ordem não precisa ser dita: na ordem social normal descrita por Schütz, quando coloco minha carta na caixa de correio, pressuponho que um carteiro a recolherá e que outro a entregará amanhã para seu destinatário[405].

Eu não formulo todas essas hipóteses nem sequer como hipóteses. Sou eu enquanto cientista que as constitui, porque uma propriedade dessas hipóteses, da *doxa*, é que elas nem sequer precisam se constituir: tenho certeza de uma certeza que está além da certeza porque ela não precisa nem sequer ser dita. Mas a partir do momento em que há uma crise e que existiu a possibilidade de uma carta não ser entregue amanhã, é importante que alguém diga que o correio se restabeleceu. Isso

404. Raymond Aron empregou o termo "psicodrama" em seus artigos em *Le Figaro* em maio e junho de 1968 (artigos reimpressos em *La Révolution introuvable* [*A revolução inencontrável*]. Paris: Fayard, 1968).

405. Ver *supra*, p. 236-237.

não é redundante: como diz Mallarmé, isso não é um pleonasmo com o mundo[406]. O simbólico é essa espécie de falso pleonasmo que contribui para a efetivação.

O papel de tranquilização da regra

Para estender, eu tinha vontade de voltar um segundo a Kafka porque ele está inteiro nessas questões. Em duas palavras: o que é bizarro e que foi notado por um dos comentadores, Doležel[407], é que Kafka produz uma espécie de mundo às avessas. Se vocês se lembrarem do que eu disse sobre o direito no nazismo e o que Weber diz sobre o direito como sendo aquilo que garante a previsibilidade, deveríamos esperar que o tribunal fosse o lugar de previsibilidade máxima, o lugar em que as estruturas objetivas de expectativas são fechadas, estabelecidas. Ora, em Kafka o tribunal é completamente imprevisível. Ele acontece quando quer, ele faz o que quer, enquanto o banco, pelo contrário, é o lugar da racionalidade, do previsível, do bem-organizado[408]. O mesmo comentador observa que todos os nomes associados ao tribunal são tabus, como se tudo aquilo fosse inominável: os juízes não têm nomes, e o fato de o retrato do juiz ser pintado, mas que não saibamos quem é contribui para essa impressão de imprevisibilidade[409].

Vemos aqui o papel de tranquilização da previsibilidade. O mundo social não funciona somente segundo a regularidade objetiva, mas segundo a regra, mesmo quando a regra diz apenas o que aconteceria se não houvesse regras. Acho que há muitas regras que não passam de *flatus vocis*[410], que repetem uma regularidade que aconteceria de qualquer maneira. Eu acho que é um grande erro dos etnólogos acreditarem que a regra age. Segundo uma magnífica frase de Weber (eu me

---

406. Essa frase atribuída a Mallarmé (aqui por Bourdieu, e também por outros autores), não aparece nem na obra do poeta nem em sua *Correspondência*. Trata-se sem dúvida de uma expressão relatada ou emprestada e que circulou bastante a esse respeito.

407. Lubomir Doležel, "Proper names, definite descriptions and the intensional structure of Kafka's 'The trial'" ["Nomes próprios, descrições definidas e a estrutura intensional de *O processo* de Kafka"], *Poetics*, vol. 12, n. 6, 1983, p. 511-526.

408. *Ibid.*, p. 523.

409. "Quando Joseph K. pergunta a Titorelli o nome do juiz cujo retrato foi pintado pelo artista, Titorelli responde: '*Das darf ich nicht sagen*' ['Não estou autorizado para te dizer']. Essa resposta indica que os nomes próprios dos juízes são *tabus*. [Isso ocorre porque] a Corte em *O processo* é um mundo alienado, separado, desconhecido e inacessível" (*Ibid.*, p. 523).

410. Literalmente, "o sopro da voz". Expressão utilizada pelo filósofo medieval Roscelino de Compiègne, um dos fundadores do nominalismo filosófico, para criticar o conceito de "universais", que seriam *flatus vocis*, meras palavras sem correspondência na realidade, palavras ao vento [N.T.].

lembro de pronunciá-la num seminário em Princeton[411], e como eu não disse que era de Weber, meus colegas enxergaram nela um caso de materialismo avançado), só obedecemos às regras quando o interesse em obedecê-la supera o interesse em desobedecê-la[412]. Essa proposição não é completamente verdadeira, mas é importante tê-la em mente para formular a questão. Com efeito, é muito frequente que ao encontrarem uma regra os etnólogos pensem que têm uma explicação: "A regra quer que...", "Entre os cabilas, as pessoas não se casam às terças-feiras" etc. Na verdade, pode acontecer de o princípio não estar de forma alguma na regra ou, pelo menos, de o efeito da regra ser do tipo daquele que disse que a regra repete uma regularidade. Lembro a vocês a distinção que fiz entre a regularidade ("O trem chega regularmente atrasado") e a regra ("É uma regra que o trem chegue atrasado")[413]. Se a regra agiu na medida em que existe uma regularidade que é o fundamento de sua eficácia, é melhor saber disso para não interromper a análise quando encontramos a regra, por exemplo, quando se trata de regras de parentesco. Em segundo lugar, quando encontramos aquilo que acreditamos ser o princípio objetivo da regularidade, também não devemos parar e dizer: "A regra é a ideologia" – isso não é simples para a sociologia, sobretudo nos tempos atuais em que vivemos com dualismos do tipo materialismo/idealismo.

Assim, a regra pode ter como efeito contribuir para a eficácia da regularidade ao anunciar a regularidade; daí as condutas que mencionei na última aula: as condutas que consistem em se pôr em regra são a ilustração típica da distinção entre a regra e a regularidade. Todos nós sabemos disso na prática e os sociólogos passam anos para descobrir coisas que sabem na prática desde sua primeira infância (o que não quer dizer que isso não serve para nada, porque aquilo que sabemos na prática é muito difícil de explicitar). Quando dizemos: "Isso não custa nada, siga a regra", ou mesmo "Escreva uma palavrinha para sua prima", fazemos funcionar

---

411. Essa lembrança se refere certamente ao ano universitário de 1972-1973 que P. Bourdieu passou no Instituto de Estudos Avançados da Princeton University como professor visitante.

412. Talvez P. Bourdieu pense nas ocasiões em que Max Weber insiste no fato de que as regularidades sociais se baseiam menos na obediência a normas ou costumes do que no fato dos participantes as considerarem como seus "interesses normais": "Desta maneira, *quanto mais rigorosa* a racionalidade referente a fins em suas ações, tanto maior a semelhança de suas reações perante determinadas situações. Disso decorrem homogeneidades, regularidades e continuidades na atitude e na ação, às vezes muito mais estáveis do que as que existem quando a ação se orienta por normas e deveres considerados de fato 'obrigatórios' por determinado círculo de pessoas" (*Economia e sociedade*, *op. cit.*, vol. 1, p. 18).

413. Ver a aula de 15 de março de 1984, p. 104.

algo desse tipo – "É preciso fazer isso de qualquer maneira, isso não custa nada", mas esse pequeno nada que não custa nada transforma completamente o sentido da ação. Ele não é o princípio da ação, mas é a verdade da ação. No mundo social a vida cotidiana está cheia de coisas assim.

Encontramos então o problema do direito: se obedecemos a regra à medida que temos interesse em obedecê-la, será que isso significa que o direito não serve para nada? De jeito nenhum. Para começar, é absurdo tomar o direito como princípio explicativo das práticas. Quando comecei a fazer sociologia, eu chamava de "juridismo" (acho que os etnólogos anglo-saxões falavam de "legalismo") essa tendência a tomar o direito, a regra escrita, como um princípio explicativo das práticas[414]. Mas se é preciso tomar cuidado para não enxergar o princípio das ações na regra explícita, também não podemos cair no erro simétrico e oposto que consiste em dizer que o direito não serve para nada, que ele é pura ideologia, uma superestrutura – todas essas asneiras que costumamos ouvir. Na verdade, essa superestrutura age precisamente através do fato de transformar a natureza da realidade, de transformar a experiência e bloquear as representações: se eu acho que essa é a regra, darei muito menos ouvidos a alguém que venha me dizer: "Sabe, sua irmã, se ela realmente lhe agrada... etc." [*risos na sala*]. Isso é muito importante: uma função capital da regra é designar limites para a manipulação das representações das chances objetivas, e quando afrontamos uma lei propriamente constituída, estamos lidando com algo mais forte do que quando afrontamos alguém que tem apenas seu senso ético. É mais fácil discutir com Sancho Pança, com a *Kadijustiz*, como diz Weber, porque podemos sempre colocar os dois sentidos da justiça em contradição: "Você diz que é preciso cortar [o objeto disputado por duas pessoas] no meio, mas se for uma criança, o que você vai fazer?"[415]. Enquanto o direito é, como diz Weber, a racionalização, ou seja, dois milênios de trabalho jurídico acumulado, de precedentes. Todas as jogadas estão previstas e, ao mesmo tempo, a ação carismática, perturbadora, profética, negativa, se depara com resistências

414. Ver P. Bourdieu, *Esquisse d'une théorie de la pratique*, *op. cit.*, especialmente p. 314-319.

415. Referências à justiça que Sancho Pança [personagem do *Dom Quixote*, de Cervantes] aplica a sua ilha, ao julgamento de Salomão e, provavelmente, de modo geral, a uma frase de Max Weber que P. Bourdieu sem dúvida conhecia da edição alemã ou inglesa de *Economia e sociedade* ("O ideal dessa justiça racional é a 'justiça de cádi' dos juízos 'salomônicos', tais como os pronuncia o herói dessa lenda – e Sancho Pança como governador", Max Weber, *Economia e sociedade*, *op. cit.*, vol. 2, p. 121). P. Bourdieu voltará a discutir em maiores detalhes a justiça de cádi, Sancho Pança e Salomão na aula de 10 de maio de 1984, p. 325-329.

muito duras, sobretudo quando o direito se tornou uma estrutura incorporada e passa a existir um espírito jurídico.

O tempo e o exercício do poder

Termino com um último tema que vou simplesmente mencionar: o problema da relação entre o tempo e o poder. Eu indiquei duas formas de poder, mas deixei em aberto a questão fundamental do tempo que o exercício do poder requer. Eu acho que essa é uma questão absolutamente fundamental em termos teóricos. Eu obtive o ponto de partida da reflexão que deixarei para vocês com uma observação de Max Weber – acho que é a propósito dos problemas do poder político –, segundo a qual o problema da acumulação inicial do poder político seria o problema do tempo: os membros honorários só surgem quando há um pouquinho de excedente e as pessoas têm tempo para se distraírem de seus negócios pessoais, e Weber aproxima isso da situação do reitor que interrompe suas pesquisas[416]. Essa espécie de aproximação, pouco frequente na literatura sociológica (porque muitos sociólogos são reitores ou poderiam sê-lo), é muito importante porque faz com que percebamos que um problema para qualquer poder é que a gestão do poder leva tempo.

Podemos formular a pergunta, por exemplo, para os dois poderes que distingui: Qual gestão é mais longa, a do poder 1 ou a do poder 2? Serei rápido porque vocês são capazes de retraduzir as coisas que eu disse antes: quanto menos o poder é institucionalizado, mais é preciso exercê-lo na primeira pessoa, mais é preciso pagar com sua pessoa[417]. Eu contrapus o poder de tipo pessoal, pré-capitalista, ao poder da pessoa delegada, e uma das soluções do problema da gestão temporal do poder é a delegação, que permite o dom da ubiquidade: exerço o poder por procuração e posso estar ao mesmo tempo aqui e ali se tiver um plenipotenciário que me concede a "onitemporalidade". Eu disse que o poder absoluto é o poder mágico, é Deus. Em suma, fiz um grande comentário sobre a velha frase [do fi-

416. A passagem citada por P. Bourdieu é sem dúvida aquela sobre "a administração dos membros honorários" (*Economia e sociedade*, *op. cit.*, vol. 1, p. 191-192): nela Weber explica que os membros honorários "podem viver *para* a política sem precisar viver *dela*", e faz um paralelo com "a situação dos reitores universitários [...] que, como cargo acessório, administram assuntos acadêmicos".

417. P. Bourdieu desenvolveu esse ponto em *O senso prático*, *op. cit.*, no capítulo sobre os modos de dominação (p. 203-225 [209-232]).

lósofo Jules] Lagneau: "o tempo é a marca de minha impotência"[418]. Eu não sei se ele queria dizer tudo isso (especifico não para me valorizar, mas para dizer que ele certamente não pensava nesse tipo de coisas).

O poder dá a delegação, os delegados, os substitutos e, portanto, a ubiquidade, esse velho sonho que, segundo Feuerbach, projetamos em Deus[419]. Ele dá a "onitemporalidade" já que posso estar aqui e ali. Isto posto, nem todos os poderes servem para isso da mesma maneira, e vemos que o poder de tipo "capital cultural", pela simples razão de o capital cultural ser incorporado, é difícil de delegar: é muito difícil para o profeta delegar seu poder, ou então alguém o trai, foi Pedro[420] etc. O profeta, quando não é traído (porque alguém diz: "Mas por que não eu?"), por ser o autor da mensagem legítima, vê, o que é pior, sua mensagem rotinizada – o que Weber chama de "rotinização do carisma"[421]. O poder de tipo burocrático é mais fácil de delegar.

Último ponto: a gestão do poder leva um tempo desigual, dependendo do tipo de poder e do tipo de objetivação do poder: a inscrição nas estruturas objetivas, a delegação etc. Por exemplo, se a antinomia do reitor veio à mente de Weber, é porque o mundo universitário repousa em grande parte sobre o capital cultural, que é um capital incorporado e conserva uma dimensão pessoal mesmo quando é fortemente burocratizado, quando se inscreve nos programas, dicionários,

---

418. "A extensão e o tempo não são separáveis. Mas o que é o tempo em nossa percepção? Quando nós nos representamos a extensão nas coisas, nós nos representamos nossa potência sobre as coisas, ou seja, o poder que temos de esperar sensações que efetivamente nos faltam, e isso passando por certos meios ou intermediários. É, portanto, minha possibilidade de movimento que não é representada pela extensão. A extensão é a marca de minha potência. O tempo é a marca de minha impotência. Ele expressa a necessidade que liga esses meus movimentos a todos os outros movimentos do universo" (Jules Lagneau, "Cours sur la perception" ["Curso sobre a percepção"]. *In*: *Célèbres leçons*. Paris: PUF, 1964, p. 175-176).

419. "Deus é e tem tudo que o homem tem, mas em proporção infinitamente maior. A essência de Deus é a essência da fantasia objetivada. Deus é um ser sensorial, mas abstraído das limitações da sensorialidade – o ser sensorial ilimitado. Mas o que é a fantasia? – a sensorialidade infinita, ilimitada. Deus é a existência eterna, i.e., a existência sempre existente em todos os tempos; Deus é a existência onipresente, i.e., a existência em todos os lugares; Deus é o ser onisciente, i.e., o ser para o qual é objeto todo particular, tudo que é sensorial sem distinção, sem tempo e sem delimitação local" (Ludwig Feuerbach, *A essência do cristianismo*. Trad. de J.S. Brandão. Petrópolis: Vozes, 2007, p. 218 [*Das Wesen des Christentums*, 1841]).

420. Alusão a um episódio bíblico em que o Apóstolo Pedro renega Jesus. Ver especialmente o Evangelho de Lucas 12,54-62.

421. M. Weber, *Economia e sociedade*, *op. cit.*, vol. 1, p. 161-167.

obrigações escolares etc.[422] Assim, as antinomias do tempo são particularmente sentidas nesse universo.

Uma pequena observação final. Eu não sei se consigo formulá-la em duas frases... Hesito porque isso será tão simplista que será quase falso... Digamos que uma das antinomias do poder é que, como seu exercício leva tempo, os mais poderosos tendem de qualquer forma a ter menos tempo que os outros. Depois, podemos nuançar isso... Porque uma propriedade evidente que jamais é dita é que o tempo não pode ser acumulado. Eu precisaria ter dito isso desde o começo; é um axioma.

---

422. Sobre o poder e a gestão do tempo no mundo universitário, ver P. Bourdieu, *Homo academicus, op. cit.*

Aula de 3 de maio de 1984

Primeira hora (aula): Sartre e o "pensamento em conserva". – Pensar o trivial. – A reapropriação do capital cultural. – Alienação genérica e alienação específica. – O estado institucionalizado do capital cultural. – Segunda hora (seminário): a delegação e a representação (1). – A relação de delegação. – A relação de representação. – A fábula da Sociedade dos Agregados.

Primeira hora (aula): Sartre e o "pensamento em conserva"

[Na última aula] eu parei no momento em que descrevia um certo número de propriedades do capital cultural no estado objetivado e retirava disso um certo número de problemas colocados pela utilização individual ou coletiva desse capital cultural objetivado. E indicava que uma propriedade desse estado do capital é que o capital cultural objetivado só pode funcionar sob a condição de ser de alguma forma reativado pelos detentores de um capital cultural incorporado. Essa subordinação, se é que podemos dizer isso, do capital cultural objetivado a uma reapropriação foi discutida e até explorada. O discurso sobre o tema de "A letra mata, o espírito vivifica"[423] resume esse ponto de vista, mas ele ocultou as propriedades importantes do capital cultural objetivado que desenvolvi. Como acontece com muita frequência, a explicitação das propriedades de uma coisa social é dificultada por obstáculos sociais e, nesse caso, pelos interesses particulares que têm os produtores do discurso sobre o mundo social – aqui, sobre o capital cultural – em desenvolver esta ou aquela visão do mundo social e do capital cultural.

423. Segunda Epístola aos Coríntios 3,6. P. Bourdieu já havia utilizado rapidamente essa frase no ano anterior (*Sociologia geral volume 2, op. cit.*, p. 346 [591]).

Por exemplo, Sartre desenvolve longamente, nas páginas 47-50 do terceiro volume de *O idiota da família*[424], este tema "A letra mata, o espírito vivifica", quer dizer, os estereótipos intelectuais sobre os efeitos da objetivação do capital cultural. Nesse texto, que não é o que escreveu de mais original, Sartre insiste no lado morto, de certa forma, desse conjunto muito vago que chama, seguindo Hegel, de "espírito objetivo". Por exemplo, ele descreve esse espírito objetivo tornado coisa, tornado realidade objetiva, como "pensamento mineralizado"[425] (p. 47): é a recaída, de alguma forma, do eu transcendente irredutível a suas objetivações, é a recaída do para-si no discurso linear, na materialidade. Uma outra frase muito sartreana e muito falsa: "pensamento em conserva"[426] (p. 49).

Sartre toca em algo importante: o capital objetivado se conserva e, de certa maneira, não é falso dizer que a escrita, por exemplo, é o pensamento posto em conserva, mas é absolutamente diferente dizer isso como eu digo e dizê-lo como Sartre disse, denunciando em vez de enunciando – e muitas vezes basta esse fonema, quer dizer, denunciar em vez de enunciar, para não enxergarmos aquilo que denunciamos. Mais uma vez, uma dificuldade da sociologia é que muitas coisas, mesmo verdadeiras, que foram ditas o foram sob o modo da denúncia e não do enunciado, o que é uma maneira de dizê-las sem dizê-las, sem saber que as dizemos e sem saber o que dizemos. A expressão "pensamento em conserva" estigmatiza, já que a analogia com "lata de conserva" funciona imediatamente no nível das conotações inconscientes: "pensamento em conserva" evoca "*mass-media*" [mídia de massa], midiatização, "*mass mediatisation*" [midiatização de massa], resumindo, todo um discurso que existia no universo intelectual na década de 1950 e que consistia em dizer que a massificação do pensamento passava por essa espécie de "pensamento em conserva", esse pensamento muito fabricado, enlatado – e enlatado pelos meios de comunicação modernos[427].

---

424. Jean-Paul Sartre, *O idiota da família: Gustave Flaubert de 1821 a 1857*. Vol. 3. Trad. de I. Benedetti (não localizada). Porto Alegre: L&PM, 2014 [*L'Idiot de la famille. Gustave Flaubert de 1821 à 1857*. Vol. 3. Paris: Gallimard, 1972].

425. "As palavras escritas são pedras. Aprendê-las, interiorizar suas montagens, é introduzir em si um pensamento mineralizado que subsistirá em nós por virtude de sua própria mineralidade, enquanto um trabalho material, exercido sobre ele de fora, não venha nos limpar" (*Ibid.*, p. 47).

426. "Nós a trancamos [a compreensão múltipla e contraditória de nossa espécie] na escrita, ela se tornou pensamento em conserva" (*Ibid.*, p. 49).

427. Sobre esse ponto, ver Pierre Bourdieu & Jean-Claude Passeron, "Sociologues des mythologies et mythologies de sociologues", *Les Temps modernes*, n. 211, 1963, p. 998-1021 ["Sociólogos das mitologias e mitologias de sociólogos"].

Essa denúncia do "pensamento em conserva" esconde uma coisa muito importante que tentarei explicitar mais tarde: a escrita, que é a forma elementar de objetivação, é historicamente a condição de toda capitalização intelectual. Enquanto não podemos objetivar, quer dizer, conservar, pôr em conserva, há um monte de coisas que não podemos fazer com o pensamento. Basta mudar as palavras, encontrar uma expressão não pejorativa, para que esse "pensamento em conserva" apareça sob uma perspectiva favorável: é um pensamento conservado, um pensamento reservado, um pensamento acumulado, um tesouro que só é acumulável se existirem técnicas simples de conservação. Não haveria então nenhum escândalo em dizer que a escrita está para o pensamento assim como a refrigeração moderna está para os bens de consumo. É verdade que podemos conservar quase eternamente bens que até então eram perecíveis e não transmissíveis, ou transmissíveis com essa deformação que se introduz a partir do momento em que o relator de um discurso, por exemplo, torna-se portador desse discurso (essa seria a crítica do testemunho, que poderemos assim retomar num outro contexto).

Estou me antecipando um pouco ao que direi depois: a crítica de Platão à poesia[428] sempre foi muito mal-lida. Infelizmente, esse é um caso particular de um contrassenso generalizado sobre os pensamentos antigos: ao ler a palavra "poesia" como se ela remetesse a Mallarmé (ou melhor, se vocês pensarem em leitores de Platão, a François Coppée[429]), pensamos sempre a condenação da poesia como uma condenação do discurso poético. Segundo Havelock, um historiador americano do pensamento que escreveu um livro muito importante sobre Platão[430], a denúncia platônica da poesia não se endereça a essa poesia que conhecemos, mas à poesia do poeta arcaico. Este, no fundo, era um narrador improvisador que ao incorporar, de certa maneira, o que dizia, não tinha como saber o que dizia. Ele não tem pensamento em conserva, ele não tem a escrita, ele não tem diante dele esse texto que podemos criticar, para o qual podemos voltar, que podemos reler e reler e que dá a possibilidade de encontrar contradições, de tornar simultâneas

---

428. A crítica de Platão à poesia é desenvolvida em *República* (especialmente nos livros III e X), mas encontra-se também em outros diálogos (*Íon*, 533d-534b; *Apologia de Sócrates*, 22a-c; *Fedro*, 245a etc.).

429. François Coppée (1842-1908) foi um poeta inicialmente ligado ao movimento parnasiano que depois passou a desenvolver uma poesia mais sentimental e intimista que o tornou muito popular no século XIX [N.T.].

430. Eric Havelock, *Prefácio a Platão*. Trad. de E. Dobránzsky. Campinas: Papirus, 1996 [*Preface to Plato*. Cambridge, MA: Harvard University Press, 1963].

as coisas que são ditas sucessivamente. Se nós conseguimos nos safar tão bem das contradições da vida cotidiana, é porque não fazemos as coisas contraditórias no mesmo momento. A escrita deixa o exercício socrático, que consiste em ter em mente tudo aquilo que foi dito para colocar em contradição os momentos sucessivos do discurso, ao alcance do primeiro que chegar porque ela permite retomar ("Ele disse isso e agora disse aquilo: há uma contradição"). Aquilo que Platão denunciava com o termo "poesia" não é simplesmente aquilo que sempre retemos nessa espécie de leitura moralizante que Platão com muita frequência autorizou, a saber, o fato de que o poeta diz o que quiser, que ele não é moral. Segundo as obras de Havelock, que acredito serem muito bem-fundamentadas, aquilo que Platão condenava historicamente é o fato de que, na tradição das poesias orais, o poeta é um mímico.

A noção de *mimesis* (μίμησις) [em Platão e Aristóteles] deveria, da mesma maneira, ser repensada como a noção de *poiesis* (ποίησις); se entendermos *mimesis* como significando não "imitação", mas "mímica", ou o "fato de fazer mímica", pensamos no mímico como alguém que imita – essas são as problemáticas do século XVII. Se pensarmos a *mimesis* como maneira quase corporal de jogar com o que se está dizendo, enxergamos bem que Platão quer dizer: "Viva o pensamento em conserva!" O pensamento em conserva é o começo da lógica, porque poderemos submeter esse discurso evasivo ao controle de terceiros, mas também do próprio locutor. O próprio poeta está tomado, segundo o tema platônico do entusiasmo[431] que, também aqui, foi comentado de maneira imaginativa quando, na verdade, remete simplesmente ao mímico.

Aristóteles, se o traduzirmos literalmente, enunciou a ideia de que o ser humano é "o mais 'mímico' [*mimeur*] de todos os animais"[432]: é aquele que pode jogar corporalmente *in absentia* da coisa; ele pode fazer com seu corpo (vemos bem que aqui, o que está em jogo é o corpo) alguma coisa que não está presente – por exemplo, a história de Aquiles, a história de Pátroclo – mas, na medida em que seu

431. Por exemplo, sobre o tema do entusiasmo poético, Platão escreveu: "Porque os verdadeiros poetas, os criadores das antigas epopeias, não compuseram seus belos poemas como técnicos, porém como inspirados e possuídos, o mesmo acontecendo com os bons poetas líricos" (Platão, *Íon*. *In*: *Diálogos Volumes I-II*. Trad. de C.A. Nunes. Belém: UFPA, 1980, 533e, p. 228).

432. "O imitar é congênito no homem (e nisso difere dos outros viventes, pois, de todos, é ele o mais imitador, e, por imitação, aprende as primeiras noções), e os homens se comprazem no imitado" (Aristóteles, *Poética*. *In*: *Os pensadores*, vol. IV. Trad. de E. Souza. São Paulo: Abril Cultural, 1973, 1448b, p. 445).

instrumento de expressão é seu corpo (sua boca faz parte de seu corpo), ele não está à distância de sua fala e, ao mesmo tempo, não está à distância do que diz e não sabe o que diz: ele está de alguma forma *possuído* – termo fundamental – em vez de possuir. O que ele diz não é o que realmente produz, no sentido etimológico da palavra "produzir"[433], ele não o produz à luz do dia, diante dele, para poder observá-lo, se deter, voltar. Nas sociedades sem escrita, o poeta é auxiliado por instrumentos musicais, ele canta o que vai dizer antes de começar, ele cria uma espécie de ritual de evocação quase mágico para que a inspiração chegue – mais uma palavra do século XIX que projetamos nas sociedades arcaicas – no sentido de memória, mas também de presença corporal para a coisa sendo contada e ao mesmo tempo para o público que está lá. Para que tudo isso aconteça é preciso um trabalho corporal muito diferente do exercício do lógico, do comentador ou do leitor que analisa os efeitos, comparações, metáforas, encavalgamentos etc.

Essa análise permite que enxerguemos até que ponto, quando não desconfiamos do que dizemos, as palavras falam sozinhas em nosso lugar. Através delas, é uma espécie de *doxa* semicientífica (a inspiração etc.) que o sistema escolar veicula. Para conseguir dizer um pouquinho do que realmente acontece no mundo social, é preciso demolir essa espécie de associação de ideias científicas. Volto a Sartre. Ele diz: "pensamento mineralizado" (p. 47), "pensamento em conserva" (p. 49) ou "opacidade a superar", o que é a retradução sartreana de um lugar-comum: a "capacidade de superar" é o em-si opaco, o para-si transcendente. Podemos ver como sempre é possível vestir [*habiller*] filosoficamente ou, o que é ainda pior, habitar [*habiter*] filosoficamente um lugar-comum. Uma outra frase formidável: "A ideia escrita, quer dizer, coisificada"[434]. "Coisificada" é uma palavra ótima, mas vocês podem ter entendido "reificada" ou "objetivada", o que não é a mesma coisa. Isso não quer dizer – vou formular o problema – que o perigo, a probabilidade ou a possibilidade da reificação não estejam envolvidos em toda objetivação. Ainda assim, é importante pensar de maneira mais complexa e um pouco mais dialética e se perguntar o que está implicado na objetivação, o que a objetivação possibilita. Mas como estamos numa sociedade da objetivação, como nascemos no meio dos livros (sobretudo Sartre – ele teve a boa-fé de dizer isso, é seu maior mé-

---

433. O verbo "produzir" vem de *pro* ("diante", "anteriormente") e *ducere* ("conduzir", "levar").

434. "E isso significa que o pensamento vivo, como superação, é simultaneamente suscitado, servido e freado por essa opacidade a superar, que é exatamente a ideia escrita, ou seja, coisificada" (J.-P. Sartre, *L'Idiot de la famille*, *op. cit.*, p. 49).

rito[435]), a objetivação é autoevidente. A *épochè* do livro, a ideia do que pode ser um mundo sem livros, um mundo em que a memória é estritamente oral, é certamente a mais difícil para alguém que, como Sartre, nasceu nos livros. Ao mesmo tempo, as propriedades da objetivação são ocultadas em benefício das propriedades da coisificação ou da reificação, quer dizer, da alienação do sujeito que fala na coisa dita – é o que significa "a letra mata". Tudo isso se encontra na página 49.

Por fim, o tema de "A letra mata, o espírito vivifica" é um tópico antigo porque Sartre, como todo mundo, passou pela escola dos tópicos e pelos tópicos de escola. "A letra mata, o espírito vivifica" talvez seja um velho tópico sobre o qual ele dissertou em sua adolescência: ele parecia ser alguém que pensava nisso, e percebemos que ele contava essas histórias. Isso pode acontecer com todo mundo – incluindo o sujeito falante que vocês ouvem neste momento –, mas acho que é importante tentar destacar essas propensões do pensamento que se acredita liberado.

Pensar o trivial

Existe uma regra da vigilância, em particular da vigilância epistemológica, que pode ser enunciada de maneira agradável: assim como são apenas os imbecis que tentam se passar por espertos, é sempre quando o pensamento se pensa como muito livre que ele está mais exposto a se mascarar para si mesmo. É, por exemplo, quando fazemos a jogada da dúvida radical que estamos no preconceito filosófico por excelência que consiste em identificar a dúvida radical com o ato filosófico. Assim, nos maravilhamos quando Wittgenstein, no século XX, três séculos depois da jogada cartesiana, ousa dizer: "Mas o que é exatamente essa jogada? Será que não deveríamos duvidar da dúvida?" (Leibniz fez isso antes, mas passou despercebido como muitas das jogadas que ele fez[436]. Há uma belíssima página de

435. Ver Jean-Paul Sartre, *As palavras*. Trad. de J. Guinsburg. Rio de Janeiro: Difel, 1964, p. 26 [*Les Mots*. Paris: Gallimard, 1964, p. 36]: "Comecei minha vida como hei de acabá-la, sem dúvida: no meio dos livros. No escritório de meu avô, havia-os por toda parte".

436. Por exemplo: "Aquilo que Descartes diz sobre a necessidade de duvidar de qualquer coisa sobre a qual exista a menor incerteza teria sido preferível reunir num preceito [...] mais satisfatório e mais preciso. [...] Eu gostaria que ele mesmo tivesse levado em conta seu preceito, ou que pelo menos tivesse compreendido seu verdadeiro alcance. [...] Se Descartes tivesse desejado desenvolver a fundo o que seu preceito tem de melhor, deveria ter se aplicado a demonstrar os princípios das ciências e fazer na filosofia aquilo que Proclo quis fazer para a geometria, onde isso é menos necessário. Mas talvez nosso autor tenha preferido buscar os aplausos em vez da certeza" (G.W. Leibniz, "Remarques sur la partie générale des principes de Descartes" ["Observações sobre a

Wittgenstein sobre essa dúvida radical identificada ao ato filosófico[437]: isso é tão consubstancial ao ato filosófico que, quando estamos imersos na tradição científica da liberdade filosófica, reproduzir essa jogada libertadora é quando nos sentimos mais livres. Mas a armadilha está precisamente numa tradição de disciplina que, como todas as tradições, se faz esquecer enquanto tradição e se impõe com a ilusão da liberdade.

Eu queria dizer isso porque com muita frequência, nas ciências sociais, um resultado científico que exigiu muito trabalho para ser obtido parece evidente quando o formulamos sem dramatizar a coisa e sem especificar aquilo que ele substitui. Assim, quando eu disse nas aulas anteriores que, para se reapropriar do capital objetivado num livro, é preciso um agente dotado de um capital incorporado capaz de se reapropriar do capital objetivado, vocês precisaram admitir isso, ou então disseram: "Será que vale a pena fazer isso parecer tão grande assim? Será que ele não está dizendo simplesmente que é preciso leitores para que os livros funcionem enquanto livros e sejam apropriados de maneira específica?" Isso não é simples assim de jeito nenhum porque podemos imediatamente enfileirar todas as pérolas da ideologia da leitura sobre a qual repousa uma parte importante do ensino literário, e todas essas coisas podem ser feitas na cabeça daquele que escuta ou na cabeça daquele que pensa sem ter pensado. É por isso que é preciso voltar a essas evidências triviais.

Depois de ter dito essas maldades sobre os filósofos, poderíamos dizer que, no fundo, dois dos maiores filósofos da época moderna disseram a mesma coisa: Husserl disse que pensar corretamente é, muitas vezes, repensar as trivialidades[438],

---

parte geral dos princípios de Descartes", 1692]. *In*: *Opuscules philosophiques choisis*. Trad. de P. Schrecker. Paris: Hatier-Boivin, 1954, p. 17-18 [tradução cotejada com "Advertencias a la parte general de los principios de Descartes". *In*: *Escritos filosóficos*. Trad. de T. Zwanck. Buenos Aires: Charcas, 1982, p. 413-415]).

437. Talvez P. Bourdieu pense numa passagem deste tipo: "A pergunta do idealista seria mais ou menos assim: 'Que direito tenho eu de não duvidar da existência das minhas mãos?' (E a resposta para isso não pode ser '*Sei* que existem'.) Mas alguém que faz essa pergunta não está a considerar o fato de que uma dúvida acerca da existência apenas tem cabimento no jogo de linguagem. Daí que tenhamos, primeiro, de perguntar: O que seria uma dúvida dessas? E não a compreendamos imediatamente" (Ludwig Wittgenstein, *Da certeza*. Trad. de M.E. Costa. Lisboa: Edições 70, 1992, § 24, p. 21 [Über Gewissheit, 1969]).

438. "Ele [o filósofo] também deveria saber muito bem que são exatamente os problemas mais difíceis que se dissimulam por trás do 'isso é óbvio', e isso é tão verdade que, paradoxalmente, mas não sem significação profunda, a filosofia poderia ser designada como a ciência das banalidades [*Trivialitäten*]" (Edmund Husserl, *Recherches logiques*, vol. 2, *Deuxième partie* [*Investigações*

e Wittgenstein passou sua vida dizendo que, para pensar as coisas simples, é preciso repensar simplesmente as coisas falsamente complexas. Em sociologia é preciso fazer isso o tempo todo, e se existe um universo em que não devemos ter medo de sermos triviais, é a sociologia. Se a sociologia é tão rara, é porque é socialmente muito trivial pensar verdadeiramente sobre as coisas sociais.

A reapropriação do capital cultural

Depois desse parêntese, volto ao capital objetivado: ele é, de certa maneira, letra morta, ele só pode ser "reativado" - palavra husserliana[439] - se for reapropriado ativamente por um agente social dotado dos instrumentos específicos de reapropriação: para se reapropriar da obra cultural é preciso ter o capital específico que convém. "Reativado" e "reapropriado" são duas palavras diferentes e elas levam a duas pistas: "reativado" nos aproxima de Sartre – "A letra mata, o espírito vivifica" - enquanto "reapropriado" representa um progresso ao lembrar que a leitura, por exemplo, é um ato de apropriação que pressupõe uma propriedade, uma posse específica. Nessa simples palavra nega-se o mito, que mencionei na aula passada, do comunismo linguístico e cultural segundo o qual a cultura é para todo mundo: o capital cultural objetivado é para aqueles que têm os meios de se apropriarem dele e a distribuição da cultura apropriada será proporcional e homóloga à distribuição dos instrumentos de apropriação.

---

lógicas, vol. 2, *Segunda Parte*]. Trad. de H. Élie; A.L. Kelkel & R. Schérer. Paris: PUF, 1972 [1900], p. 137 [*Logische Untersuchungen*, 1901. Tradução cotejada com *Investigaciones lógicas 2*. Trad. de M. Morente & J. Gaos. Madri: Alianza, 1982, p. 469].

439. Por exemplo, os sinais gráficos devem ser objeto de uma "reativação" (*Reaktivierung*): "Os sinais gráficos, considerados em sua corporeidade pura, são objetos de uma experiência simplesmente sensível e se encontram na possibilidade permanente de serem, em comunidade, objetos da experiência intersubjetiva. Mas enquanto signos linguísticos, assim como os vocábulos linguísticos, eles despertam suas significações atuais. Esse despertar é uma passividade e, portanto, a significação despertada é dada passivamente, de maneira parecida com aquela em que toda atividade, até então engolida pela noite, desperta de maneira associativa, surge antes de mais nada de maneira passiva enquanto lembrança mais ou menos clara. Como nesse último caso, na passividade que é nosso problema aqui, aquilo que é despertado passivamente também deve ser, por assim dizer, convertido novamente na atividade correspondente: é a faculdade de reativação, originariamente característica de qualquer pessoa enquanto ser falante" (Edmund Husserl, *L'Origine de la géométrie*. [*A origem da geometria*] Trad. de J. Derrida. Paris: PUF, 1962 [1954], p. 186 [*Der Ursprung der Geometrie als intentional-historiches Problem*, 1936]).

Se estendermos o que acabo de dizer para um dos terrenos em que a ilusão do comunismo é a mais forte, o da língua, fazemos desmoronar paredes inteiras de ideias recebidas, como o tema que mencionei na aula passada em Saussure da "língua como tesouro". Uma propriedade do capital cultural no estado objetivado, que Popper, por exemplo, enxergou bem[440], é que ele se apresenta diante dos agentes sociais com as aparências da realidade objetiva: ele se apresenta como um mundo, uma espécie de universo autônomo e coerente que tende a existir por si mesmo. Ainda que seja o produto da ação histórica, é um mundo que tem sua própria lei, que transcende as vontades individuais. Isso é evidente no caso das ciências: não fazemos qualquer coisa que quisermos com esse mundo; ele tem uma força objetiva que pode ser vivenciada como uma espécie de força intrínseca das ideias verdadeiras, na linguagem de Espinosa[441]. Uma força objetiva desse capital cultural objetivado se impõe a cada um daqueles que o enfrentam nessa cultura, mas também à coletividade. No fundo, a existência de um capital cultural objetivado engendra muito naturalmente uma ideologia da autoprodução ou da autorreprodução da cultura. Frases do tipo "A ciência avança" ou "O progresso científico..." sugerem assim um mundo que tem suas leis, um cosmos análogo ao cosmos econômico do qual fala Weber (o cosmos econômico tem suas leis e, como diz Weber, aquele que deseja transgredir as leis da economia acaba desempregado se for trabalhador e falido se for empresário[442]). O capital cultural objetivado é um mundo desse tipo: é uma espécie de economia das produções culturais que vai *motu proprio*, com sua força própria, automaticamente e que se desenvolve – com efeito, temos todas as metáforas organicistas: ele "se desenvolve", "cresce", "progride" etc. A filosofia espontânea da história das coisas culturais é uma espécie de hegelianismo mole.

---

440. Ver, entre outros, Karl Popper, "Uma epistemologia sem sujeito conhecedor". *In*: *Conhecimento objetivo*. Trad. de M. Amado. São Paulo: Edusp, 1975, p. 108-150, especialmente a seção sobre "a objetividade e a autonomia do terceiro mundo", em que Popper rejeita a ideia segundo a qual "um livro nada é sem um leitor": "embora o terceiro mundo seja um produto humano, uma criação humana, ele cria, por sua vez, como o fazem outros produtos animais, seu próprio *domínio de autonomia*" (p. 117-119) [*Objective Knowledge*. Oxford: Oxford University Press, 1973].

441. Referência a frases de Espinosa como "*verum index sui*", ou "Quem tem uma ideia verdadeira sabe, ao mesmo tempo, que tem uma ideia verdadeira, e não pode duvidar da verdade da coisa" (Espinosa, *Ética*, *op. cit.*, parte II, proposição 43).

442. Para a referência, ver a nota 250, p. 179, da aula de 29 de março de 1984.

Numa conferência que foi publicada num livrinho[443], Gombrich tenta descrever esse sub-hegelianismo que impregna as ciências sociais, e em particular as ciências históricas das obras (especialmente artísticas) e que reduz o hegelianismo a duas dimensões. Temos para começar o tema do *Zeitgeist* [o espírito comum de uma época], quer dizer, a unidade das obras culturais de uma mesma sociedade. Na capa do livro [na edição original inglesa], um círculo está dividido em quartos que representam, cada um deles, uma dimensão dessa cultura (ciência, arte etc.) para objetivar essa representação confusa que temos: tudo está numa época. Gombrich mostra como essa ideia (que já é um erro de alto nível) assombra em particular um tipo de história da arte. Ele mostra que mesmo Panofsky, que é um dos menos suspeitos de confusão intelectual, busca correspondências entre as artes, entre as artes e as ciências, entre a filosofia e a história etc. Essa é a primeira dimensão da filosofia espontânea da história que ligo então à existência do capital cultural objetivado.

A segunda seria a ideia de uma história autotélica, quer dizer, que postula seus próprios fins e se orienta a partir de sua própria dinâmica para seus próprios fins. Essa ilusão segundo a qual o mundo cultural funciona sozinho se encontra em pessoas muito diferentes: em Popper, por exemplo, e também em Althusser. Existiria uma ordem da ciência que conteria seu próprio desenvolvimento, e a palavra "desenvolvimento" pode ser tomada no sentido em que "desenvolvemos uma fórmula matemática", ou no modo da reprodução expandida, no sentido de "crescimento", "superação" etc. Mas essas duas ilusões estão ligadas muito fortemente à existência do capital cultural objetivado e elas compartilham uma espécie de realismo do inteligível, de reificação do inteligível. Poderíamos dizer que essa ilusão está para o capital cultural como o fetichismo da mercadoria está para o capital econômico, se quiséssemos fazer uma analogia – mas vou anular essa comparação logo depois de formulá-la. É a ilusão de uma história das ideias sem agente, de uma história da literatura ou da arte sem artista, sem filósofo, sem agente e sem espaço.

Para mim, essa história das ideias autônoma e automóvel se enraíza na existência das bibliotecas e acabamos numa espécie de visão partenogenética das

443. Conferência de 1967, publicada em 1969: Ernst H. Gombrich, *Para uma história cultural*. Trad. de M. Carvalho. Lisboa: Gradiva, 1994 [*In search of cultural history*. Londres: Oxford University Press, 1969]. P. Bourdieu já mencionara esse livro no ano anterior (*Sociologia geral volume 2, op. cit.*, p. 160 [363]).

ideias que se expressa nas frases do tipo "A arte imita a arte" ou "Compreender um filósofo é compreender o filósofo ao qual ele se opõe", o que evidentemente não é falso: não voltarei a esse ponto que desenvolvi longamente, mas não podemos compreender o movimento das ideias, sobretudo a partir do momento em que o campo é autônomo, sem supor que os produtores de ideias se referem às ideias dos outros produtores de ideias. As ideias são obviamente muito importantes na história das ideias, mas a visão automóvel da história das ideias contém um erro perigoso porque ela esquece aquilo que disse há pouco sobre o modo da trivialidade: ela só tem vida, só tem coisas objetivadas – nesse sentido, "A letra mata, o espírito vivifica" não é falso – se alguém as fizer reviver, reativá-las, mas quem vai reativá-las se não os agentes sociais? As ideias não vão começar a lutar entre elas, elas não farão nada umas contra as outras: elas são reativadas pelos agentes sociais e assim se tornam novamente, ainda que permanecendo ideias, estratégias nas lutas históricas; elas sempre vão funcionar no registro duplo da relação entre as ideias ("A ideia de X contradiz a ideia de Y") e da luta social, da estratégia ("X quer ser mais forte do que Y", "X quer tomar o lugar de Y", ou "X quer refutar, no sentido de anular, Y"). A formulação rasa e trivial que enunciei há pouco ("Para funcionar, o capital cultural objetivado deve estar subordinado a uma reapropriação") escondia, portanto, algo muito importante que leva, de certa forma, a questionar uma maneira de fazer a história da filosofia, da arte e das ciências, sendo essa ilusão particularmente provável no caso da história das ciências.

Agora eu acho que, como sempre, é preciso enxergar as coisas em sua complexidade e que, neste caso particular, a ilusão da partenogênese teórica é bem-fundamentada. (Nas ciências sociais, toda vez que descobrimos uma ilusão – Hegel dizia que "a ilusão não é ilusória"[444] –, é preciso se perguntar por que essa ilusão tão real enquanto ilusão não aparece como ilusão, funciona na realidade como moeda ilusória.) Por meio de suas propriedades, o capital cultural objetivado se apresenta como autônomo. Todos sabem que num certo momento os problemas estão no ar e que os três ou quatro matemáticos que são capazes de encontrar sua

---

444. Talvez P. Bourdieu pense nas análises que Hegel dedica à ilusão na arte: "Por sua vez, a arte arranca a aparência e a ilusão inerentes a este mundo mau e passageiro daquele verdadeiro Conteúdo dos fenômenos e lhe imprime uma efetividade superior, nascida do espírito. Longe de ser, portanto, mera aparência, deve-se atribuir aos fenômenos da arte a realidade superior e a existência verdadeira, que não se pode atribuir à efetividade cotidiana" (Georg Wilhelm Friedrich Hegel, *Cursos de estética volume I*. Trad. de M.A. Werle. São Paulo: Edusp, 1999, p. 33 [*Vorlesungen über die Ästhetik*, 1818]).

solução só conseguem encontrá-la porque o problema não existe para eles enquanto problema e porque a solução está de alguma forma contida no problema. Essa é uma banalidade repetida pelos universitários: uma vez compreendido, o problema já está meio resolvido; nas ciências, saber que existe um problema já é uma informação muito importante.

A hagiografia e a mitologia do cientista ou do artista-criador *ex nihilo* [a partir do nada] explora no mau sentido esses dados objetivos, mas é preciso retomá-las para dar conta da possibilidade dessa exploração ideológica; elas fazem parte das propriedades reais do espaço no qual as ideias são produzidas. Se uma história das ideias sem agente e sem espaço de produção é um fantasma, uma história das ideias que se reduza à história do espaço de produção sem a intervenção do espaço das ideias como espaço que estrutura os possíveis de todos os agentes no espaço de produção também seria estupidez. (Trata-se de uma lei social: se o pensamento dualista é tão frequente em todas as sociedades – não somente entre os bororos[445], mas também nas dissertações –, é porque pensamos através de pares antagônicos. Assim, o par "indivíduo/sociedade" é um dos que mais rende para dizer platitudes, apesar de me parecer que qualquer sociologia digna desse nome começa explodindo essa oposição.)

Diante dessa realidade extremamente complexa, é preciso questionar a ideia de um espaço, de um Espírito objetivo que tenha em si mesmo sua dinâmica e sua lógica, e ao mesmo tempo enxergar que a existência de um espaço cultural objetivado, de bibliotecas, fundamenta a aparência de um espaço objetivo desse tempo e até a realidade do que é a prática desses agentes que é preciso reintroduzir para compreender que o mundo das ideias objetivadas muda. Os agentes sociais não enfrentam bibliotecas, e sim outros agentes sociais que são bibliotecas... (Essa análise demonstra a dificuldade: é preciso resvalar o tempo todo nas trivialidades, depois colocá-las a distância e não estar satisfeito quando descartamos uma trivialidade porque ela contém, por exemplo, o princípio da explicação do erro que vamos combater.)

Desenvolver aquilo que está implicado na ideia de que o capital cultural pode existir no estado objetivado, ou seja, de uma maneira independente dos agentes

---

445. P. Bourdieu alude às obras de Claude Lévi-Strauss, especialmente seu livro *O pensamento selvagem*. Trad. de T. Pellegrini. Campinas: Papirus, 1990 [*La Pensée sauvage*. Paris: Plon, 1962]. Ver *Sociologia geral volume 2*, p. 204, n. 242 [419, n. 3].

sociais e transcendente aos agentes sociais, é descobrir de certa maneira a potencialidade de uma alienação cultural que não é simplesmente a alienação daqueles que, por não possuírem os instrumentos de apropriação, não possuem a possibilidade de se apropriar da cultura objetivada e não possuem sequer a sua despossessão. (Uma propriedade espetacular do capital cultural é que a despossessão não implica a consciência da despossessão, e essa proposição quase pode ser estendida para o capital econômico, ainda que a privação absoluta não possa não ser percebida pelo menos em parte – ainda que o problema dos subproletários que abordei[446] demonstre que as coisas não são tão simples...) Um paradoxo no caso do capital cultural é que a despossessão não é acompanhada da consciência da despossessão.

Isso, mais uma vez, sempre foi mencionado pelas pessoas cultas, mas no modo "É preciso ser estúpido...", ou seja, segundo o tema da estupidez (ver *Bouvard e Pécuchet*[447]: esse desenvolvimento demoraria, mas seria possível fazer uma análise precisa da relação com o sufrágio universal ou com a democracia e do elogio do mandarinato por Flaubert[448], a partir da correspondência entre Flaubert e [Hippolyte] Taine no momento em que Flaubert escrevia *Bouvard e Pécuchet* e Taine seu ensaio sobre a história contemporânea que era uma espécie de denúncia de todas as taras da democracia[449]). A denúncia da incultura ou da despossessão da cultura como estupidez, com tudo isso que a mudança de conotação implica (estupidez, bestialidade, venalidade e todos os vícios que se seguem), é uma constatação que se anula enquanto constatação: é uma maneira de as pessoas cultas dizerem de maneira denegada o fato fundamental da apropriação cultural. Se recorrermos à linguagem adequada que me parece permitir a utilização desse conceito neutro, informe e frio de "capital cultural no estado objetivado", diremos: "Os sa-

---

446. Ver a aula de 19 de abril de 1984.

447. Romance póstumo e inacabado de Gustave Flaubert, publicado em 1881, em que o autor satiriza dois amigos escreventes que, quando um deles herda uma pequena fortuna, passam a se aventurar em todas as áreas do conhecimento erudito, sempre resultando em fracassos. Ver Gustave Flaubert, *Bouvard e Pécuchet*. Trad. de M. Appenzeller. São Paulo: Estação Liberdade, 2007 [N.T.].

448. Por exemplo: "A senhora acredita que se a França, em vez de ser governada, em suma, pela ralé, estivesse em poder dos mandarins, nós estaríamos como estamos? Se, em vez de querer esclarecer as classes baixas, nós nos ocupássemos em instruir as altas..." (Carta de 3 de agosto de 1870 a George Sand. *In*: Gustave Flaubert, *Correspondance*, vol. III. Paris: Gallimard, 1975, p. 389).

449. Gustave Flaubert, *Correspondance*. Paris: Gallimard, 5v, 1971-1975. O livro de Hippolyte Taine é *Les Origines de la France contemporaine* (1875) [*As origens da França contemporânea*].

beres, métodos, sistemas, modos de pensamento, fórmulas matemáticas, fórmulas de polidez, resumindo, tudo aquilo que podemos colocar na cultura, existem no estado objetivado nos livros etc. e só podem ser apropriados por aqueles que têm os instrumentos de apropriação". E – mas deixo esse ponto de lado – é na família, na escola etc. que podemos adquirir esses instrumentos de apropriação.

Alienação genérica e alienação específica

Mas como esses instrumentos de apropriação são distribuídos desigualmente, o acesso a esse capital cultural objetivado será desigual. Ainda assim, não podemos falar da alienação genérica que Sartre descreveu. Quando Sartre diz: "A letra mata, o espírito vivifica", quando ele diz que o pensamento objetivado é um pensamento mineralizado, um pensamento em conserva, ele denuncia uma alienação genérica, descreve uma invariável da humanidade. Na sociologia, as frases que valem para todas as pessoas, com uma espécie de quantificador universal como fator, como as que começam com "O ser humano...", são muito difíceis de escrever. Já a filosofia faz com muita frequência análises de essência e as análises na tradição fenomenológica em que Sartre se situa reivindicam validação universal já que, submetidas à *épochè*, elas não são passíveis de uma relativização histórica, não estão inseridas na história etc. Sartre pensa propor uma descrição do efeito universal antropológico, uma antropologia da objetivação, enquanto uma sociologia da objetivação dissolve essa invariável. A antropologia da objetivação tem um certo interesse. Sem dúvida, essas análises de essência são extremamente perigosas por todas as razões que citei. Mas, quando as enviamos para seu lugar – com toda a maldade que isso implica –, elas permitem enxergar que existe um problema. Aqui, poderíamos não enxergar que há um problema e a análise da essência faz ver que, de certa maneira, o pensamento, quando se objetiva, escapa de seu próprio locutor. Há, portanto, algo de trans-histórico: toda objetivação contém universalmente a potencialidade da alienação; é o que podemos chamar de alienação genérica.

(A tendência a substituir alienações específicas por alienações gerais é um grande mal-entendido simultaneamente político e científico. Faço um pequeno parêntese. Quando opomos as alienações de tipo sexual examinadas pela psicanálise às alienações que a sociologia descreve, saímos do terreno da alienação específica para passar para o terreno da alienação genérica. Essa é uma velha estratégia, a dos versos célebres de Malherbe: "A morte também bate à porta dos reis", "Todos somos mortais"[450]. É a alienação mais genérica – e essa é a própria definição do silogismo, "Sócrates é um homem etc."[451] – que depende do antropológico, do universal. O sociólogo dirá imediatamente que "somos todos mortais, mas não da mesma forma", que não morremos na mesma idade, da mesma maneira, nem nas mesmas ocasiões etc. É por isso que o sociólogo é realmente irritante: no fundo, o antropológico é realmente melhor, realmente mais reconfortante, realmente mais universal – todo mundo adora o universal: acho que essa é uma proposição antropológica que se pode formular...)

Será que é possível fazer uma proposição universal do fato de que, quando dizemos alguma coisa, isso é *verba volant* [palavras ao vento], isso se vai, e quando as coisas são escritas, elas permanecem? Na verdade, isso depende de quem fala – há pessoas cujas palavras são mais duráveis que o bronze – e de quem escreve. Isso não quer dizer que não seja preciso interrogar essas tendências inerentes, mas deve-se interrogá-las tendo em mente aquilo que introduzi: existe na objetivação uma potencialidade universal antropológica (para dar um nome a essas espécies de leis antropológicas...) de reificação no sentido em que a objetivação e a reificação são as duas faces do mesmo fenômeno e em que os lucros da objetivação sempre estão expostos a serem pagos com um custo de reificação – essa é uma bela frase.

Tendo dito isso, podemos nos perguntar em que condições sociais a objetivação funciona. Quais são as condições da reapropriação? Como elas são distribuídas socialmente? Quais são suas condições econômicas e sociais de aquisição? Vemos que essa espécie de potencialidade universal de alienação que está inscrita em qualquer objetivação se transforma numa estrutura diferencial de chances de alienação.

Poderíamos retraduzir isso a propósito da língua, já que a língua é o tipo por excelência de objeto cultural sobre o qual as teorias do desenvolvimento autotélico, automóvel e autodinâmico mais foram desenvolvidas: em Saussure, podemos

---

450. "O pobre em sua cabana, onde a palha lhe cobre, / Está sujeito a suas leis [i.e. às leis da Morte]; / E a guarda que vela nas barreiras do Louvre / Também dela não defende nossos reis" (François de Malherbe, "Consolation à M. Du Périer sur la mort de sa fille" ["Consolação ao Sr. Du Périer pela morte de sua filha"], 1598).

451. Alusão ao silogismo "Todos os homens são mortais; Sócrates é um homem, portanto Sócrates é mortal".

ler uma forma de hegelianismo. Demoraria demais analisar para vocês o *Curso de linguística geral*, ainda que isso não fosse muito inútil porque existe uma estrutura que passa quase sempre despercebida: há uma ordem das razões de Saussure assim como há uma ordem das razões de Descartes, e quando dissociamos os momentos do discurso de Saussure da ordem das razões, é como se tomássemos o Deus de Descartes sem ter passado pela dúvida, e foi isso que fizeram muito durante a década de 1960 com as transliterações automáticas e mecânicas de Saussure (na semiologia, por exemplo).

Saussure se coloca a questão da construção da língua enquanto objeto autônomo. Ele quer constituí-la enquanto tal contra todas as outras formas de construção. A relação entre a língua e a geografia é uma das questões que ele formula: Será que os limites das línguas estão na geografia?[452] Ele também poderia ter se perguntado se eles não estão na história do Estado etc. Assim, ele define – vocês podem consultar o texto – uma extraordinária filosofia da história da língua: para dizer de modo um pouco metafórico, a língua, para ele, é como uma espécie de geleira que avança e interrompe o movimento quando não tem mais energia. De certa maneira, a própria língua define seus limites: não é a geografia que delimita a língua, mas a língua que define sua geografia, sua área. Existe uma filosofia da história: a língua é autônoma, ela funciona sozinha, ela se reproduz, ela existe independentemente dos locutores que de certa forma não passam dos executantes. Eles estão lá porque, se existe o problema da fala, é preciso que a língua seja falada. Aqui, estamos totalmente no sujeito de que trato: só falamos a língua se a conhecemos. Mas ler Saussure não nos diz muito como a conhecemos. A questão não é colocada. Se Saussure realmente agradou, é que ele tem um pensamento totalmente não genético; ora, o pensamento genético desagrada profundamente o pensamento de tipo filosófico. Para Saussure, a língua existe por ela mesma, ela se dá suas próprias leis, seus próprios limites; e suas leis que transcendem as vontades individuais são ao mesmo tempo leis de funcionamento e leis de desenvolvimento. Da mesma maneira, ela é descrita como um universo que existe além e para além dos agentes sociais, e a questão das condições de subsistência e de persistência desse universo não é formulada. (Ainda assim, um problema de mudança aflora um pouquinho: A mudança vem da língua ou da fala? Eu falo de

452. Ver a quarta parte, "Linguística geográfica" (F. de Saussure, *Curso de linguística geral*, *op. cit.*, p. 221-246).

Saussure de uma maneira que pode dar a impressão de ser exterior e arbitrária, ou seja, autoritária, porque isso não é indispensável para o que proponho e exige que seja aceito em confiança, mas eu poderia fazer, com os textos, a demonstração precisa do que digo de maneira um pouco mais simples.)

Colocar o problema da língua nesses termos é reforçar a imagem de um universo autossuficiente e autoengendrado. É excluir a questão das condições do funcionamento da língua e fazer esquecer que os recursos linguísticos no estado objetivado – nos dicionários, gramáticas, literatura etc. – só existem e só subsistem, como capital material e simbolicamente ativo, eficaz, "vivo", à medida que são apropriados por agentes, em função de sua capacidade de apropriação, de seu capital linguístico incorporado e que, ao mesmo tempo, estejam engajados como armas e objetivos nas lutas que ocorrem nos campos de produção cultural ou, simplesmente, nas trocas simbólicas cotidianas. Da mesma maneira, a alienação cultural que está ligada à objetivação não é uma espécie de alienação genérica. Para juntar os dois momentos, poderíamos dizer que a possibilidade genérica da alienação que está inscrita em todo processo de objetivação só existe histórica e socialmente sob a forma de possibilidade específica realizada de alienações diferenciais e diferenciadas segundo a posse de capital cultural no estado incorporado. Essa própria posse está ligada a coisas como a posse de um capital econômico, de tempo livre etc. Eis então a análise que eu queria fazer para demonstrar que a partir de uma proposição trivial e banal, e por meio de uma série de exibições, podemos chegar a coisas menos banais; seria preciso estender isso.

O estado institucionalizado do capital cultural

Chego agora ao terceiro estado do capital cultural, que chamei de institucionalizado. Poderíamos dizer que o estado institucionalizado é uma forma do estado objetivado, mas acho que é melhor distingui-los e enxergar nele uma especificação do estado objetivado. O título acadêmico é o exemplo por excelência da objetivação institucional do capital cultural. Ele representa uma forma objetivada de capital cultural que não devemos meter no mesmo saco de um livro... Ele é uma objetivação, mas num sentido diferente. O capital cultural institucionalizado é o capital incorporado garantido. É uma garantia objetiva da propriedade de um capital cultural incorporado. Isto posto, e isso é importante, essa garantia socialmente válida não implica uma garantia tecnicamente válida. Digamos que isso não é completamente independente, senão a magia social não funcionaria. Este é o sentido do que vou dizer: o título acadêmico é a magia social, é um ato de instituição que age por meio da força do dizer coletivo: "Eu digo que ele é culto e assino para garantir, e se estou autorizado a dizer que ele é culto e a assinar para garantir, minha assinatura atesta isso". A assinatura é um ato de magia social – é como nos amuletos... Ela serve para atestar, dar fé [*fait foi*]. Estamos na ordem da fé e da crença, e os títulos são *credentials*[453] [credenciais] – uma palavra que não existe em francês –, créditos garantidos socialmente. O título acadêmico é uma garantia de capital cultural incorporado. É a forma objetivada do capital cultural incorporado, mas ela não implica necessariamente o capital cultural incorporado, e é por isso que as coisas são difíceis.

Qual interesse social ele apresenta? Aqui também, a análise de tipo antropológico muito geral deve ser especificada. O título explora uma propriedade da escrita que Sartre descreveu: a escrita eterniza, permanece, não se mexe. Uma vez que você pendurou seu diploma na parede, você será bacharel para sempre, a não ser que haja um terremoto, a casa pegue fogo etc. Uma estátua é uma espécie de diploma de bronze: com uma estátua você é para sempre aquele que inventou a química orgânica, você está garantido socialmente para a eternidade, *aere perennius* ("mais durável do que o bronze")[454]. A transformação em estátua é uma forma de objetivação que depende da magia social: você é estatuado como culto.

Essa operação de institucionalização é uma exploração "hábil" (usei a palavra "hábil" – sempre estamos no finalismo quando falamos do mundo social... – repetindo que se trata de atos sem sujeito) dessa propriedade que a objetivação tem de eternizar, de fazer durar – na escrita, no bronze etc. Em outras palavras, a objetivação torna público. Se ninguém se levantar para dizer que você é um idiota, torna-se oficial, de notoriedade pública e, portanto, conhecido coletivamente que você é culto. Na próxima aula desenvolverei as propriedades inscritas na objetivação. O título, de alguma forma, "explora" – mais uma vez, um vocabulário

453. P. Bourdieu também empregou esse termo no primeiro ano de seu curso (ver *Sociologia geral volume 1*, *op. cit.*, p. 46 [49]).

454. Referência a um poema de Horácio (*Odes*, 3,30): "Mais perene que o bronze um monumento / ergui, mais alto e régio que as pirâmides, / nem o roer da chuva nem a fúria / de Áquilo o tocarão, tampouco o tempo / ou a série dos anos" (*In*: Paulo Martins [org.], *Antologia de poetas gregos e latinos*. Trad. de H. Campos. São Paulo: Departamento de Letras Clássicas e Vernáculas, Universidade de São Paulo, 2010, p. 19).

finalista... – essa propriedade antropológica da objetivação que é eternizar, tornar público – há outras que desenvolverei em seguida –, e ele a aplica ao caso particular dessa coisa muito vulnerável que é o capital cultural incorporado.

Eu disse [nas aulas anteriores] que o capital cultural incorporado não tem a liquidez do capital econômico. Ele está ligado ao corpo de seu portador. É o problema que sempre menciono, citando Kantorowicz, da *imbecilitas* do príncipe: quando o príncipe está doente, ainda assim é preciso fazer dele um rei; da mesma maneira, quando o portador do capital cultural está doente, cansado, seu capital cultural está doente e cansado, e o capital cultural morre junto com seu portador. Já o título acadêmico atravessa as épocas. É claro que ele pode, como os títulos monetários, se desvalorizar, mas ainda assim isso é outra coisa e ele terá uma forma de alienação específica: se minha saúde cultural está ligada a um diploma que se desvaloriza, isso aborrece, mas eu não me encontro na situação daquele que é sempre posto à prova, que de certa maneira pode sempre ser desafiado culturalmente, cujo limite é o autodidata que deve a todo instante provar o que sabe.

A análise do autodidata em *A náusea* ainda constitui um belo exemplo de semianálise – pobre Sartre... está começando a parecer... É um dos mais belos exemplos de etnocentrismo do homem culto, muito generoso, exceto nas relações que concernem diretamente ao seu capital específico: o autodidata em *A náusea* é aquele que aprendeu na ordem alfabética[455]: se ele está na letra C, mas aparece algo da letra F, ele cai, enquanto o diplomado se beneficia dos efeitos da garantia acadêmica, já que a pessoa com cultura garantida é exatamente aquela que não será exposta a questões, ou que poderá descartá-las como triviais ou primárias. Já o autodidata, por só ter o capital cultural no estado incorporado, está o tempo todo no banco dos réus. Ao mesmo tempo, ele é alvejado mesmo quando não o alvejamos, e é assim que o reconhecemos. Ele acredita ser obrigado a responder enquanto todo tipo "sabichão" sabe que é preciso ter um sorriso inteligente e um pouco desdenhoso [*pequenos risos na sala*]... Resumindo, poderíamos deduzir

455. "Ele acaba de pegar outro volume da mesma prateleira, cujo título decifro de trás para a frente: *A flecha de Caudebec*, crônica normanda, da Srta. Julie Lavergne. As leituras do Autodidata sempre me desconcertam. De repente, os nomes dos últimos autores cujas obras ele consultou voltam à memória: Lambert, Langlois, Larbalétrier, Lastex, Lavergne. É uma iluminação; compreendi o método do Autodidata: ele se instrui em ordem alfabética" (Jean-Paul Sartre, *La Nausée* [*A náusea*]. Paris: Gallimard, 1972 [1938], p. 51-52).

dessa oposição entre o estado socialmente garantido e o estado não garantido uma série de propriedades supostamente psicológicas.

Isso leva a uma coisa muito importante. Já vou terminar, mas volto apenas um instante para a crítica que fiz das obras dos economistas da Escola de Chicago, e de [Gary] Becker em particular. Eles não sabem que aquilo que chamam de capital humano é academicamente garantido: eles o medem em número de anos de estudos, o que não implica necessariamente que levam em conta sua garantia. Eles esquecem que o capital acadêmico não é simplesmente capital "humano", com tudo que essa palavra tem de vago (já que a palavra designa saberes, *know-how*, técnicas que a escola transmitiria, o que é uma visão muito otimista do sistema escolar); o capital acadêmico é essencialmente a garantia de que tudo isso foi distribuído e adquirido. Consequentemente, a correlação que podemos estabelecer entre os títulos e, por exemplo, a *performance* acadêmica ou o salário não tem a ver com uma espécie de capacidade técnica que existe no estado incorporado no portador do título, mas com um título que pode ser um título de magia social. É a correlação entre um portador de amuleto e suas propriedades. Acho que se trata de uma coisa extremamente importante do ponto de vista da compreensão dos mecanismos econômicos sobre os quais o capital supostamente "humano" intervém. Vou parar aqui, mas voltarei a isso.

Segunda hora (seminário): a delegação e a representação (1)

O que eu gostaria de propor a vocês nesta segunda parte é uma reflexão sobre os problemas de delegação[456]. Normalmente formulamos esses problemas na linguagem da delegação, mas talvez devêssemos formulá-los na linguagem da representação. Vou, portanto, substituir a linguagem da delegação pela questão da democracia representativa, que é uma forma de regime na qual os cidadãos delegam seu poder a representantes ou delegados que agem por eles. Esse processo de delegação e de representação resulta de um processo extremamente obscuro sobre o qual precisarei refletir um pouquinho para tentar extrair dele um certo número de questões triviais. Vou proceder como sempre, partindo de coisas triviais para chegar em coi-

---

456. P. Bourdieu havia tratado do problema da delegação numa conferência para a Associação dos Estudantes Protestantes de Paris em junho de 1983. O texto será publicado em junho de 1984: "La délégation et le fétichisme politique", *Actes de la recherche en sciences sociales*, n. 52-53, 1984, p. 49-55 ["A delegação e o fetichismo político", *art. cit.*].

sas muito surpreendentes – ou, pelo menos, assim espero. Se hesito em desenhar o esquema [abaixo], é porque, como vocês verão, há muitos pontos obscuros.

Ordinariamente, nesse processo de delegação, vemos agentes individuais que pelo voto, por exemplo, delegam seu poder a agentes, ministros, mandatários de alguma forma, pessoas que em seguida exercem uma autoridade sobre aqueles que lhes delegaram. Meu trabalho consistirá em fazer surgir, para além da parte visível da realidade, uma série de processos ocultos que me parecem extremamente importantes.

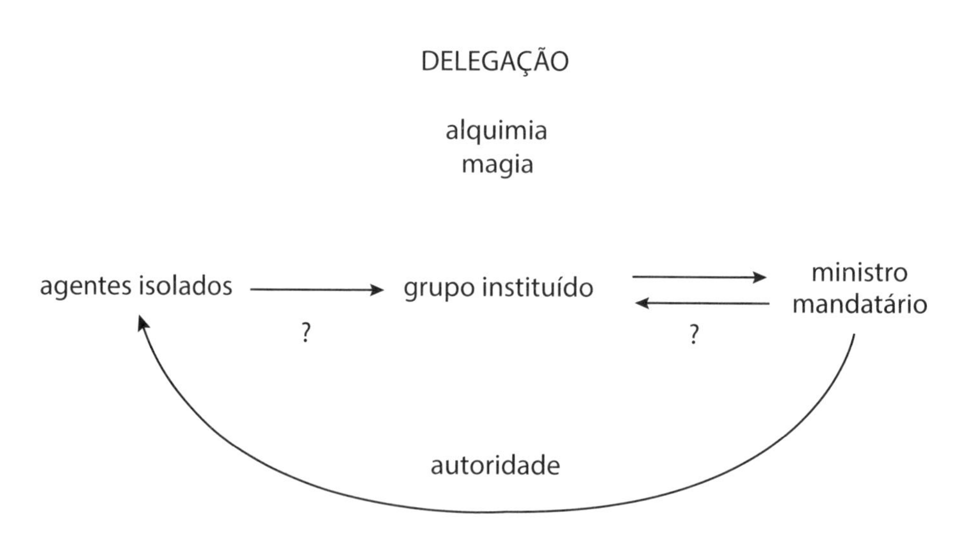

Num primeiro momento, vou tentar reconstituir a representação comum de tipo político que mencionei. Essa visão espontânea do sistema democrático mereceria uma análise empírica que, especialmente por meio de entrevistas, faria aparecer suas variações dependendo do meio social, do sexo etc. Por não ter feito esse trabalho empírico, proponho uma sociologia espontânea da sociologia espontânea da representação – ou seja, não tenho muita certeza do que digo –, mas acho que podemos admitir que existe uma espécie de psicanálise bachelardiana selvagem da representação primária do mecanismo político. Seria preciso refletir sobre uma outra situação em que há delegação: retomando o direito do mandado, os textos jurídicos, seria preciso estudar todas as situações nas quais um agente social dá poder, como se diz, a um outro agente, transfere a ele o poder de agir em seu lugar. É a lógica da procuração.

Para permitir ligações inesperadas, assinalo que um problema importante no pensamento de Heidegger[457] – simultaneamente em seu pensamento filosófico e em seu pensamento político que se mascara por trás de um pensamento puramente filosófico – é o problema da delegação, da procuração ou, poderíamos dizer, da "grande preocupação", da "preocupação no lugar de", de "se preocupar no lugar de". Na visão heideggeriana, esse problema era formulado fortemente em ligação com um questionamento da democracia. Era uma forma de denúncia antecipada do Estado de Bem-estar tão em moda hoje em dia[458]. O que eu acho que sustenta o discurso heideggeriano de "se preocupar com / no lugar de", sobre a procuração como inautenticidade, é a "constatação" de que o Estado de Bem-estar, a previdência social e as licenças pagas – isso estava no ar na década de 1930 – dispensavam os agentes, na linguagem de Heidegger, de se preocuparem na primeira pessoa: *a gente* [*on*] se preocupava com eles, *a gente* se mexia por eles, portanto eles não se preocupavam mais: enquanto *eu* autêntico, eles se liberavam da liberdade de se preocuparem. O problema da procuração foi formulado no pensamento que podemos chamar de revolucionário-conservador ou pré-nazista, e sob a forma de uma espécie de horror da plebe que, em trajes de banho, de maneira muito pouco distinta, vai para as praias sem se preocupar. (Como eu digo o tempo todo, acho que é preciso evocar imagens porque existem fantasmas sociais por trás das teorias.)

O questionamento da delegação e da representação que farei pode parecer se situar num contexto do tipo desse que acabo de mencionar, mas é muito diferente, e é por isso que faço essa espécie de defesa – por causa da confusão que minha proposta pode causar. (Se algumas coisas são muito difíceis de dizer nas ciências sociais, é porque com muita frequência elas já foram ditas por pessoas que tinham péssimas razões para dizê-las. Por exemplo, se é tão difícil fazer uma boa sociologia dos intelectuais – identificados implicitamente aos intelectuais de esquerda –, é porque os intelectuais de direita, que estavam bem colocados para enxergar e

457. Sobre esse ponto e as ideias desenvolvidas neste parágrafo, ver P. Bourdieu, *A ontologia política de Martin Heidegger*, *op. cit.*, e *Sociologia geral volume 1*, *op. cit.*, p. 148-149 [173-174].

458. Ainda que o Estado de Bem-estar sempre tenha sido alvo de denúncias liberais, ele provoca, no começo da década de 1980, uma crítica bem mais ampla que Pierre Rosanvallon pretende sintetizar em *A crise do Estado-providência*. Trad. de J.P. Ulhôa. Goiânia: UFG, 1997 [*La Crise de l'État-providence*. Paris: Seuil, 1981]. O tema da denúncia dos "privilégios" também foi alimentado, por exemplo, pelo ensaio do jornalista François de Closets (*Toujours plus!* [*Sempre mais!*]. Paris: Grasset, 1982), que vendeu mais de um milhão de exemplares.

para terem vontade de dizer o que tinham a dizer, já passaram por ela; e o que muitas vezes protege os intelectuais da objetivação científica é que aquilo que ela diz foi dito por pessoas sobre as quais eles podiam dizer "isso não é verdade" com chances de aceitação[459].)

Esses problemas de delegação e de procuração foram formulados por toda a tradição autoritária, como os filhos de Taine que mencionei agora há pouco. Ao mesmo tempo, há uma espécie de atraso da reflexão que, quase inevitavelmente, pressupõe uma distância crítica porque ela está bloqueada, se depara com essas análises parciais que dizem a verdade pela metade, ou que levantam o problema, mas para destruí-lo imediatamente, de modo que com muita frequência, entre os sistemas de defesa contra o gênero de análise que proponho, existe a contaminação possível por essas problemáticas.

A relação de delegação

Dito isso, acho que posso começar. O problema da delegação é importante porque se trata de saber sob quais condições um agente social pode falar a propósito de um outro. A procuração consiste em se preocupar "no lugar de": alguém se preocupa com meus interesses no meu lugar. Esse "alguém" pode ser um mandatário a quem dei plenos poderes para comprar uma casa em meu lugar. Pode ser um testa de ferro, um político, um bispo, um padre ou um procurador, por exemplo um vigário que faz no lugar do padre o que o padre faz para mim – há procurações em vários graus. São pessoas que fazem para mim coisas que são importantes para mim e que (isso está implícito) administram meus interesses melhor do que eu mesmo – senão eu não delegaria para ninguém...

O problema da delegação remete a esse fato social que a sociologia deve levar em conta e que mencionei agora há pouco: os agentes sociais são encarnados. A sociologia sempre se esquece de que os agentes sociais têm um corpo: o princípio

459. P. Bourdieu cita com frequência *O ópio dos intelectuais* como ilustração da lucidez interessada dos "intelectuais de direita" e o livro de Simone de Beauvoir, *O pensamento de direita, hoje*, como exemplo de resistência dos intelectuais à objetivação. Nisso ele enxerga dois obstáculos a uma "sociologia dos intelectuais". Ver especialmente *Sociologia geral volume 1, op. cit.*, p. 63 [70]. [Raymond Aron, *O ópio dos intelectuais*. Trad. de J. Bastos. São Paulo: Três Estrelas, 2016 (*L'Opium des intellectuels*. Paris: Calmann-Lévy, 1955); Simone de Beauvoir, *O pensamento de direita, hoje*. Trad. de M.S. Barata. São Paulo: Paz & Terra, 1967 ("La Pensée de droite, aujourd'hui"), publicado em duas partes em *Les Temps modernes* em 1955 (n. 112-113, p. 1539-1575 e n. 114-115, p. 2219-2261)].

de individuação resulta nesses seres socializados não coletivos que são os *habitus* através do corpo, e o corpo biológico causa muitos problemas no universo social. Há um monte de coisas que os agentes sociais gostariam de fazer, mas que, por terem um corpo, não podem fazer. Por exemplo, não podemos estar em todo lugar ao mesmo tempo, aqui e ali, na Assembleia Nacional e em sua circunscrição, dando uma aula e escrevendo livros... Há coisas que não se delegam e, entre aquelas que se delegam, algumas são mais fáceis de delegar do que outras. Por ser incorporado, o capital cultural é difícil de delegar, enquanto o capital econômico pode ser delegado sob certas condições jurídicas. Assim, os problemas se colocam antropologicamente e a procuração é uma grande invenção histórica. As obras dos historiadores da economia, por exemplo, enfatizam o fato de que a procuração enquanto ato jurídico é um ato muito novo. Sempre haverá um historiador que demonstrará que é mais antigo, mas digamos que seja uma invenção do Renascimento que se generalizou e que me parece ter se tornado um fenômeno social geral no século XVI. Não nos damos conta de todas as coisas que eram impossíveis enquanto não podíamos delegar, dar um poder representativo.

Se vocês pegarem um dicionário, lerão que "delegar" é dar poder a alguma pessoa. Eu tenho um poder e eu dou meu poder. Eu posso fazer isso sob a forma de um cheque em branco (dou o poder de falar e de agir por mim), mas também posso dar poderes circunscritos (por exemplo, se dou poder a meu advogado no quadro de um assunto específico). Podemos então formular a questão da extensão dos poderes que dou, da consciência que tenho da delegação que faço (por exemplo, quando delego para um deputado, o que é que estou dando...?), e – muito rapidamente – podemos comparar a extensão e o grau de objetivação dos poderes delegados a um bispo, a um governador etc. A procuração é dada para alguém que vai me representar. A palavra "representar" é importante porque podemos dizer que aquele que me representa estará lá em meu lugar. De certa maneira, ele vai me emprestar seu corpo: eu não posso estar lá, mas é como se estivesse; através dele terei o dom da ubiquidade e da "onitemporalidade", e, portanto, realizarei uma espécie de sonho divino ("Deus está em todo lugar em todos os tempos")[460].

Uma pessoa muito poderosa politicamente teria todas as outras como mandatárias, ela estaria em todo lugar. Esses fantasmas imaginários são interessantes como instrumentos de análise da finitude, daqueles que não têm a palavra de

460. Sobre este ponto, ver o final da aula anterior.

ninguém além de si mesmos e que, por exemplo, são capazes de dizer: "Tudo aquilo que posso dizer sou eu". Num trabalho recente, Louis Pinto analisa então a forma retórica "popular", que consiste em dizer: "Sou eu que te digo"[461]. Ele insiste no fato de que essa é a retórica do pobre, daqueles que, por não terem nenhuma garantia além deles mesmos e, no limite, além de seus corpos ("Eu estava lá", "Eu disse isso", "Eu fiz isso"), devem de alguma forma pagar com sua pessoa para garantir aquilo que dizem, por exemplo, por meio da exclamação, da indignação, do furor, daquilo que poderíamos descrever como exibicionismo popular (há toda uma literatura sobre isso). Na realidade, esse é o último recurso daquele que não consegue autentificar: se ele conta uma coisa dramática, ele precisa chorar. Ele só consegue autentificar pagando através dessa coisa que é a garantia por excelência da autenticidade: a emoção, a convicção, a paixão etc. Enquanto isso, quanto mais garantias incorporadas ou objetivadas (os títulos etc.) você tiver, menos você precisa pagar com sua pessoa: os títulos funcionam para todo mundo e você pode se contentar em dizer: "Parece-me que..."; você pode ser relativista ou, pelo contrário, se tiver uma autoridade que os outros chamam de "natural", ou seja, objetivada nas coisas objetivas, você pode num debate se dar ao luxo de estar a distância, de avaliar os prós e os contras etc. Essas observações ajudam a compreender a retórica política, os enfrentamentos etc. É um princípio de compreensão. Eis então uma coisa que será retraduzida na lógica que poderíamos chamar de psicossociológica: os agentes sociais, enquanto portadores de capital mais ou menos objetivado, vão agir diferentemente do ponto de vista daquilo que garantem, quando têm que garantir alguma coisa.

O ato de delegação no quadro da procuração elementar, da procuração jurídica, me leva a dar uma procuração para meu filho, minha esposa, meu tio etc.: assino um papel e ele agirá em meu nome. A procuração começa a se tornar um pouco complexa e a potencialidade – volto a um esquema do mesmo tipo daquele que empreguei agora há pouco – de alienação, que está inscrita em toda delegação como objetivação numa outra pessoa que tem seus próprios interesses específicos, crescerá se eu passar a não delegar mais a alguém que eu conheça, ou em todo caso que seja conhecido e cujas competências – isso também quer dizer os limites – ou circunscrição sejam conhecidas e reconheci-

461. Louis Pinto, "'C'est moi qui te le dis'. Les modalités sociales de la certitude" ["'Sou eu que te digo': as modalidades sociais da certeza"], *Actes de la recherche en sciences sociales*, n. 52, 1984, p. 107-108.

das (assim, a circunscrição de um advogado é definida: ele não vai se misturar com meus negócios pessoais, ele vai tratar do *meu* negócio, mas não dos *meus* negócios). A delegação pode estar circunscrita no tempo, no espaço social e no grupo, mas a partir do momento em que passamos, por exemplo, para as delegações de muitas pessoas para uma única (ou de uma única para muitas), o problema fica complicado.

Se, por exemplo, delego meu poder junto com muitas outras pessoas a alguém que vai acumular todos esses poderes, há uma espécie de efeito de produção da transcendência: o delegado vai se erguer diante de mim em nome de um poder que contribuí para lhe dar ao lhe dar uma pequena parte, e, por exemplo, ele pode me lembrar de que seu poder me transcende porque minha contribuição para seu poder foi de apenas um em mil. Portanto, a delegação pode levar aos processos nos quais a famosa transcendência do social, essa espécie de coerção social[462] de que Durkheim fala, se encontra constituída numa pessoa. (Isso é muito interessante: os durkheimianos dão todos os instrumentos para pensar a política e, na verdade, ela é aquilo que eles menos pensaram, de modo que podemos fazer jogadas teóricas muito interessantes ao repatriarmos para o terreno da política aquilo que eles pensaram para não pensarem a política e, como eles pensaram muito bem aquilo que pensaram – a religião etc. –, eles dão os modos de pensar a política. Ao contrário, Weber, que escreveu *A política como vocação e ofício*, não é necessariamente a melhor fonte quando se trata de pensar a política.)

Durkheim introduziu essa constatação importante de que o social sente algo de transcendente. A coisa interessante é que, no caso da política, essa transcendência se encontrará encarnada numa única pessoa e aparecerá sob a forma "desconhecível" [*méconnaissable*] de uma transcendência social naturalizada. Isso é o carisma, e podemos chamar Weber para ajudar: o carisma é *charisma* (χάρισμα), a graça e, em última instância, o dom. Weber, num texto que, como a maior parte de seus textos, não foi muito lido, diz que, quando usa "carisma", se refere ao que outras pessoas se referem com *mana*[463]. Esses são efeitos de distinção entre contemporâneos: eu

462. Ver especialmente É. Durkheim, *As regras do método sociológico*, *op. cit.*, capítulo "O que é um fato social", p. 1-14 [95-107].

463. "Nem toda pessoa tem a capacidade de ficar em êxtase e produzir, por conseguinte, aqueles efeitos de natureza meteorológica, terapêutica, divinatória ou telepática que, segundo a experiência, só se conseguem desse modo. Não exclusivamente, mas sobretudo, é a essas forças extracotidianas que se atribuem tais nomes específicos – *mana*, *orenda* ou, como fazem os iranianos, *maga*

acho que Weber leu Durkheim (só se falava dele na Europa científica) e é muito útil saber que seu conceito de carisma é sinônimo de *mana* porque duas coisas que pensávamos separadamente passam então a se comunicar e ganhamos muito quando as pensamos em conjunto. Portanto, penso que Weber diz com a palavra "carisma" aquilo que Durkheim entendia como *mana*, quer dizer, uma espécie de poder inefável e incapturável do tipo *baraka*, *mana*, *wakanda*, todas essas coisas inefáveis que os etnólogos vivem relatando e que diante das quais só podemos exclamar – remeto vocês à análise de Lévi-Strauss na "Introdução à obra de Marcel Mauss"[464] –, dar um grito, um assobio de admiração. No fundo, essas são coisas que suscitam a exclamação, são o transcendente, são o luminoso do *hau*, aquilo que é ao mesmo tempo aterrorizante e fascinante e que, no estado ordinário do mundo, está no estado flutuante: é simultaneamente misterioso, extraordinário, não-sei-o-quê, fantástico, formidável, e às vezes, sob certas condições, isso se encarna numa pessoa que será carismática e aparecerá como aquela que concentra o luminoso, aquela que faz as nuvens pararem, que traz a vitória, que salva o país da ruína. O carisma é o luminoso incorporado e, portanto, naturalizado.

É preciso juntar Weber e Durkheim porque o carisma weberiano é sempre um pouco suspeito, já que as fontes de Weber ([Gaetano] Mosca etc.) são bizarras... Não estou fazendo críticas, isso foi muito útil para a ciência social, mas saber de onde as pessoas obtiveram sua inspiração esclarece os limites inconscientes de seus conceitos: em Weber, a noção de carisma permanece muito naturalista; ela não é sociologizada, ainda que Weber tenha insistido tanto quanto Durkheim sobre a necessidade de historicizar os conceitos sociais (ele diz, por exemplo, que *auri sacra fames*[465] não explica nada e que é o próprio amor ao ouro que deve ser explicado socialmente[466]). Assim, também é preciso sociologizar o charme, o carisma – é a mesma palavra – do líder ou do *Führer*[467] mediante o tipo de aná-

(daí a palavra mágico) –, para as quais empregamos aqui de uma vez por todas o nome 'carisma'" (M. Weber, *Economia e sociedade*, vol. 1, *op. cit.*, p. 279-280).

464. Claude Lévi-Strauss, "Introdução à obra de Marcel Mauss", *art. cit.*, especialmente p. 43-44 [xliii-xliv].

465. "Fome execrável do ouro". Virgílio, *Eneida*. Trad. C.A. Nunes. São Paulo: Editora 34, 2014, III, 56-57, p. 197 [N.T.].

466. Ver M. Weber, *A ética protestante e o espírito do capitalismo*, *op. cit.*, p. 46 e, em geral, a seção "O espírito do capitalismo", p. 38-63.

467. Para lembrar, é assim que Max Weber define o carisma: "Denominamos 'carisma' uma qualidade pessoal considerada extracotidiana (na origem, magicamente condicionada, [...]) e em vir-

lise que estou fazendo. Os chefes carismáticos aparecem como dotados pela sua natureza da capacidade de fazer milagres, proezas, coisas extraordinárias, incríveis, impensáveis, que não estão ao alcance das pessoas comuns. É claro que eles fazem essas coisas extraordinárias em condições extraordinárias, no momento mais difícil (no 10 de junho de 1940, ele fala nas sombras[468]) etc. Do ponto de vista daquilo que eu disse, o chefe carismático é aquele que concentra uma espécie de potencialidade da magia, a capacidade de fazer milagres, ele a concentra em sua pessoa. Ele pode dizer: "Eu dou a minha pessoa para a França". O carisma é pessoal e personalista. Em toda delegação, o mandatário de um grupo é constituído como aquele que se impõe como extraordinário.

Minha análise é que isso se trata de um processo de fetichização[469]. No fundo, vou fazer uma análise tipicamente marxista a respeito do carisma – vocês verão como podemos fazer funcionar em conjunto pensamentos supostamente incompatíveis: vou tentar mostrar que o chefe carismático é um fetiche, um "produto do cérebro do homem", como diz Marx[470], que as pessoas adoram na objetividade. No quadro da delegação de várias pessoas a uma pessoa, essa espécie de autoconstituição da transcendência do social numa pessoa, de naturalização do poder que dá o reconhecimento coletivo, unânime, o aplauso coletivo que é a manifestação pública de uma adesão exaltada, o plebiscito prático, essa espécie de consagração

---

tude da qual se atribuem a uma pessoa poderes ou qualidades sobrenaturais, sobre-humanos ou, pelo menos, extracotidianos específicos ou então se a toma como enviada por Deus, como exemplar e, portanto, como 'líder'" (M. Weber, *Economia e sociedade*, vol. I, *op. cit.*, p. 158-159).

468. 10 de junho de 1940 é a data em que o governo francês, diante da derrota militar, abandona Paris. O General De Gaulle lança seu apelo à resistência falando de Londres, com a antena da BBC, em 18 de junho de 1940. Foi no dia anterior que foi retransmitido na rádio francesa o discurso do Marechal Pétain em que ele anuncia a capitulação e "[dá] à França o dom de [sua] pessoa para atenuar sua infelicidade".

469. Referência implícita à análise de Marx sobre "O caráter fetichista da mercadoria e seu segredo" (K. Marx, *O capital, livro I, op. cit.*, p. 146-158).

470. "Já a forma-mercadoria e a relação de valor dos produtos do trabalho em que ela se representa não têm, ao contrário, absolutamente nada a ver com sua natureza física e com as relações materiais [...] que dela resultam. É apenas uma relação social determinada entre os próprios homens que aqui assume, para eles, a forma fantasmagórica de uma relação entre coisas. Desse modo, para encontrarmos uma analogia, temos de nos refugiar na região nebulosa do mundo religioso. Aqui, os produtos do cérebro humano parecem dotados de vida própria, como figuras independentes que travam relação umas com as outras e com os homens. Assim se apresentam, no mundo das mercadorias, os produtos da mão humana. A isso eu chamo de fetichismo, que se cola aos produtos do trabalho tão logo eles são produzidos como mercadorias e que, por isso, é inseparável da produção de mercadorias" (*ibid.*, p. 147-148).

no sentido mágico do termo dota a pessoa consagrada de um poder transcendente que se exerce sobre cada um daqueles que encontram nela a consagração que lhe deram. Temos aqui um primeiro momento.

A relação de representação

Gostaria de imediatamente dar a vocês o esquema global de minha análise, e em seguida voltarei a ele talvez em maiores detalhes. Quando se trata do primeiro momento, no fundo ficamos na lógica da relação da delegação: indivíduos singulares, um a um – destinados àquilo que Sartre chama de serial[471]: suas ações serão puramente aditivas –, vão de alguma forma se reconhecer enquanto um Todo realizado e personificado num chefe carismático capaz de exercer sobre eles uma coerção simbólica ou mesmo política. Esse primeiro momento, essa relação de delegação, ilustra o movimento que vai dos agentes isolados para o ministro [*P. Bourdieu se refere ao esquema que desenhou na lousa*]. O ministro é aquele que age "no lugar de". Mas será que essa relação não esconde uma outra – como muitas vezes acontece –, mais sutil e mais difícil de enxergar? Parece-me que a relação de delegação de um conjunto de pessoas para uma pessoa esconde a relação que poderíamos chamar de representação que faz acreditar que é o grupo que constitui o porta-voz. Podemos analisar e desmistificar de alguma forma a relação de delegação, como acabo de fazer ("Vocês adoram sua própria criatura, um fetiche, um produto do ser humano diante do qual o ser humano se prostra"), mas será que as coisas na realidade não são mais complicadas? Será que a desmistificação ainda está mistificada? Dizer que o grupo faz a pessoa que fala em seu lugar, ou que o grupo faz o porta-voz, talvez seja esquecer que o porta-voz também faz o grupo. Vamos ter essa espécie de mistério da geração espontânea: se é verdade que as pessoas que fazem o porta-voz são na realidade feitas enquanto grupo pelo porta-voz, o porta-voz pode viver e ser vivenciado como *causa sui*, como princípio gerador dessa autoridade que ele exerce sobre o grupo já que o grupo não a exerceria se ele não estivesse lá para exercê-la. Vou repetir as coisas de maneira mais simples...

---

471. Jean-Paul Sartre chama de "serialidade" um "modo de coexistência, no meio prático-inerte, de uma multiplicidade humana da qual cada um dos membros é ao mesmo tempo intercambiável e outro para os Outros e para si mesmo" (*Crítica da razão dialética, op. cit.*, D1, p. 363ss.); ver também *Sociologia geral volume 1, op. cit.*, p. 129 e 154 [151 e 182].

(Este é sempre o problema da exposição: se eu procedo de maneira analítica, lentamente, vocês não enxergarão aonde quero chegar e todas as preliminares serão perdidas, mas se eu dou a chave imediatamente, isso tem um lado arbitrário. Eu cito sempre um romance de [William] Faulkner, *Uma rosa para Emily*[472], que é o paradigma do modelo pedagógico tal como eu o vejo. Esse romance conta a história de uma senhora muito respeitável da aristocracia do sul dos Estados Unidos que mora numa casa muito bela e antiga e não age como todo mundo: ela não quer pagar impostos, ela não quer se adaptar às mudanças apesar de o Sul estar mudando etc., e o município vai exigir que ela aceite jogar o jogo. Existem pequenas coisas bizarras que atribuímos à loucura que muitas vezes associamos ao aristocracismo original, mas no final descobrimos que ela assassinou seu amante e enterrou o corpo dele em sua própria casa, o que faz com que todas as esquisitices que não entendíamos [se expliquem pouco a pouco]... Neste momento seria preciso reler o romance para enxergar tudo aquilo que não tínhamos entendido. Ensinar é comparável: seria preciso poder dizer imediatamente o que diremos no final, mas, nesse caso, acabou o suspense [*risos na sala*] e, ao mesmo, tempo, só compreenderemos se voltarmos ao começo. Daí a dificuldade real do ensino, a não ser, é claro, quando dizemos: "Em primeiro lugar / Em segundo lugar / Em terceiro lugar...", isso seria mais fácil, mas eu não conseguiria...)

É preciso levar a sério a palavra "representante": o fato de mudar a palavra tem efeitos, o representante não é simplesmente um delegado, o ministro não é simplesmente um mandatário, quer dizer, alguém que recebeu um mandado limitado ou ilimitado, preciso ou impreciso. Se não falamos mais de "mandatário", levamos em conta o fato de que o mandatário é um representante, quer dizer, alguém que dá uma representação daquilo que é encarregado de representar. Quando ele diz "Eu sou a classe operária", "Eu sou o povo cristão", ou "Eu entro no avião e é o povo cristão que voa comigo" – todo dia vemos frases assim[473] –, isso não é simplesmente alguém que recebeu o poder de fazer o que faz, ele faz algo muito mais importante: faz acreditar que o grupo em nome do qual ele faz isso existe e que faz aquilo que ele está fazendo. Portanto, ele faz uma das jogadas filosóficas

---

472. P. Bourdieu voltará a tratar da construção da novela *Uma rosa para Emily* (1930) em "Uma teoria em ato da leitura". *In*: *As regras da arte*, *op. cit.*, p. 357-364 [523-533].

473. Esse exemplo, que suscita algumas reações de riso na sala, alude às viagens distantes que o Papa João Paulo II, eleito em 1978, faz com muita frequência em comparação com seus predecessores.

mais extraordinárias, a do argumento ontológico. Nos jornais, a frase "A CGT foi recebida no Eliseu[474]" significa, dependendo da época, que o Sr. Séguy ou o Sr. Krasucki[475], ou seja, uma pessoa, foi recebida no Eliseu. Quando dizemos "A CGT foi recebida no Eliseu e denunciou as manifestações", fazemos várias coisas: afirmamos a equação dos canonistas que expus várias vezes[476] ("O papa é a Igreja" ou "a Igreja é o papa"), a saber, a identidade entre o porta-voz e o grupo do qual ele fala, no lugar de que fala e para que ele fala, mas afirmamos ao mesmo tempo uma coisa muito mais importante: o representado existe já que o representante existe.

A partir do momento em que você diz uma frase na qual Deus é postulado como sujeito, você postula além disso uma tese de existência. Uma espécie de predicação da existência está escondida: "Eu sou o representante do povo, eu dou a representação do povo, eu sou o povo, eu manifesto o povo, portanto o povo existe". À medida que eu consigo fazer essa manifestação ser reconhecida praticamente, posso ter um poder que me permita manifestar até certo ponto aquilo que manifesto: posso organizar manifestações, dizer "Todos para a Bastilha!" Aqui estamos na alquimia social e o que acontece é muito complicado: fala-se de agentes isolados, fala-se no lugar deles, fala-se sobre eles, fala-se por eles, e, enquanto eles não falarem para dizer que não é isso que diriam se falassem, são eles que falam. Alguém diz: "Eu sou aquilo do que falo, eu sou aquilo com que falo, portanto aquilo que falo diria aquilo que digo se falasse, tenho a procuração, mas – o que é muito mais importante, mas não é nada evidente – o que acontece é que aquilo em nome do que falo existe (e existe como o que digo que existe através de minha representação)". Minha representação é sempre dupla: é uma representação puramente material – eu existo, eu sou aquilo do que falo como um corpo e além disso eu falo: é um signo e um signo que fala, e que pode dizer o que diz enquanto signo, que pode fazer acreditar que diz o que diz enquanto signo. O essencial do que ele não diz é seu funcionamento enquanto signo. É isso que está fundamentalmente oculto e que acho que constitui a alquimia política por excelência.

Como não sei se estou me expressando bem, vou ler uma frase escrita que resume o conjunto desse esquema: "É porque o representante existe, porque *repre-*

474. Palácio em Paris onde o presidente da França mora e tem seu gabinete [N.T.].

475. Georges Séguy foi o secretário-geral da CGT de 1967 a 1982. Henri Krazucki o sucedeu em junho de 1982.

476. Sobre esse ponto, ver o primeiro ano letivo de P. Bourdieu no Collège de France (*Sociologia geral volume 1*, *op. cit.*, p. 139-141 e *passim* [163-165]).

senta, que o grupo representado, simbolizado, existe e faz existir, em retorno, seu representante como representante de um grupo"[477]. É claro que isso é circular, mas o círculo vicioso é central nos mecanismos sociais (a alquimia e o fetichismo são círculos viciosos – lembrem-se do que acabei de dizer sobre o carisma) e esse esquema [*que P. Bourdieu desenhou na lousa*] é completamente falso [*risos na sala*] porque criou uma espécie de relação linear. É como as teorias do contrato social: é preciso compreendê-las como um esforço para repensar geneticamente, como uma espécie de gênese teórica... mas se as repensarmos como uma gênese real, elas se tornam absurdas: na realidade não existem indivíduos que dão seu poder para alguma pessoa, as coisas não acontecem assim de jeito nenhum.

A fábula da Sociedade dos Agregados

Um exemplo ajudará a compreensão do que quero dizer. Ao mesmo tempo, ele vai destruir em grande parte tudo aquilo que eu disse [*reagindo às risadinhas na sala*]: não, é verdade, os exemplos são como os esquemas. Isso é uma experiência que fiz durante maio de 1968, como certamente outras pessoas fizeram. Como eu disse na aula passada, esse período de crise permitiu o surgimento de locutores que não eram mandatários, sem mandato. Por exemplo, se um jornal como *Le Monde* aceita publicar um artigo que você enviou, eles perguntam imediatamente quais são seus títulos, e colocam um asterisco indicando "professor agregado": temos uma autenticação do valor de sua proposta – isso ilustra o que contei de manhã; você não é admitido enquanto pessoa (e além disso você é admitido no setor de relativa liberdade chamado "Opiniões Livres"). Alguém que tome a palavra na Praça da Sorbonne para dizer alguma coisa muito interessante, como Ferdinand Lop – talvez ele já tenha morrido[478] –, isso é um fato social: em cada época existe um personagem que fala em seu próprio nome e diz o que é o mundo social, o que ele deve se tornar etc., que é considerado louco, idiota, *idios*, personagem singular, que só fala por ele. É preciso que exista uma autoridade, é preciso que por trás dele existam um escritório, um microfone, ou seja, símbolos de autoridade: ele está num carro, tem um microfone, lê *slogans* que são um discurso coletivo e coletivizado sobre o qual há um acordo, existem

477. P. Bourdieu, "A delegação e o fetichismo político", *art. cit.*, p. 189 [49].

478. O jornalista Ferdinand Lop (1891-1974) era conhecido por suas farsas, especialmente no [bairro] Quartier Latin de Paris.

alvos. Ele tem todo um aparelho – no sentido duplo, no sentido pascaliano e no marxista, que muitas vezes são confundidos[479]. Esse é de fato meu assunto, o aparelho: percebemos bem que o problema é o da representação e um aparelho é essencialmente uma estratégia de representação objetivada. O principal trabalho de um escritório é produzir o aparelho ou se reproduzir enquanto aparelho que produz o aparelho no sentido pascaliano.

Volto a maio de 1968. Diziam que todo mundo falava, que todo mundo tinha a palavra, o que nunca é verdade: mesmo nas situações de abertura máxima, as chances de obter a palavra são distribuídas desigualmente. Por exemplo, entre as condições de acesso à palavra durante maio de 1968 havia um capital político incorporado que era a aptidão das estratégias de pequenos grupos que era adquirido nas pequenas ligas e em todos os microgrupos esquerdistas. Era necessário um aprendizado para obter a palavra. Isto posto, em relação às situações ordinárias, a hierarquia das condições de acesso à palavra estava fortemente perturbada. Se vocês retomarem o *Le Monde* – eu fiz isso – para estudá-lo cientificamente, observarão que, como nas sociedades pré-capitalistas, o profeta tem mais chances de falar do que o padre em situação de crise – mencionei isso na última aula. Essa é uma lei geral: os períodos extraordinários reforçam as chances das pessoas menos providas do equipamento que é preciso ter para falar nas situações ordinárias: é a revanche do profeta contra o padre. Em maio de 1968, portanto, a palavra estava aparentemente dispersa, distribuída ao acaso, mas as condições de acesso ainda eram desiguais e eram particularmente controladas primariamente pelo capital cultural de conteúdo político incorporado – essa é uma implicação do que eu disse na primeira parte – e, secundariamente, pelo capital cultural de dimensão política objetivada nas siglas, nos escritórios. Você ligava para a redação do *Le Monde* e dizia: "Sou o secretário-geral do Snesup [Sindicato Nacional do Ensino Superior]" e era recebido com o ritual da conferência de imprensa "enquanto secretário..."; assim, a palavra legítima era a palavra legitimada pelas instâncias detentoras de legitimidade.

---

479. Na passagem seguinte, Pierre Bourdieu joga com o duplo sentido da palavra "aparelho", que designa os órgãos diretores de uma organização política, mas também é utilizada por Pascal para nomear a "vitrine", quer dizer, os trajes (arminhos e borlas) de que os juízes e médicos, detentores de "ciências imaginárias", precisam para conseguir respeito (Pascal, *Pensamentos*, *op. cit.*, 82, p. 64). Ver P. Bourdieu, *Meditações pascalianas*, *op. cit.*, especialmente p. 204-205 e 208 [242-243, 247].

Um caso interessante que me impressionou nessa época era a palavra, que víamos surgir de vez em quando nos jornais, do escritório que supostamente representava a Sociedade dos Agregados. Vocês vão ver, isso tem valor de fábula, acreditava-se numa fábula. O representante da Sociedade dos Agregados tomava periodicamente a palavra para dizer: "Isso é horrível", "Isso é escandaloso", "Não se pode fazer isso, não se pode dizer aquilo", "É preciso fazer isso, é preciso dizer aquilo"[480] etc. Ora, mesmo na ausência de verificação empírica, as pessoas sabem que a Sociedade dos Agregados é um movimento sem base. E, depois de fazer a verificação, esse é efetivamente um movimento que praticamente não tem base – seria preciso analisá-lo. É um grupo que existe muito pouco, que existe pela força da sigla. É de alguma forma o grupo no estado puro. Quando mencionei agora há pouco o argumento ontológico "Eu digo que o povo existe, portanto o povo existe", há alguma verossimilhança. Mas se digo "Eu falo em nome dos agregados, portanto o grupo dos agregados existe", vemos que aqui isso é um pouco falsificado... A potencialidade de usurpação, portanto, está distribuída desigualmente dependendo das condições em que o porta-voz se constitui, é reconhecido etc. Esse porta-voz dos agregados falava pelos agregados que em sua maioria não compartilhavam, por razões sociológicas inteligíveis, da posição que lhes era designada e o porta-voz causou a revolta de certo número de agregados que quiseram que sua palavra fosse ouvida. O que eles podiam fazer? Eles se encontravam no estado de indivíduos isolados e seriais diante de um porta-voz que deveria falar por eles. Eles estavam diante do porta-voz como estavam diante do mundo social antes do surgimento do porta-voz: voltávamos ao estado pré-contratual, pré-delegação. Ora, o que foi que aconteceu? Um certo número dessas pessoas privadas de sua palavra por alguém que falava em seu lugar, cansadas de outros falarem em seu nome, fabricou um novo grupo, uma outra Sociedade dos Agregados sob um outro nome.

Pensem, por exemplo, no período anterior à eleição presidencial de 1981: houve uma série de petições de pessoas que, apesar de serem membros de partidos, denunciavam seu próprio partido[481]. Essa é uma situação do mesmo tipo: as

480. P. Bourdieu faz duas alusões à Sociedade dos Agregados e às tomadas de posição de seu presidente (Guy Bayet) durante maio de 1968 em *Homo academicus*, *op. cit.*, p. 32 e 245-246 [22, 248].

481. P. Bourdieu provavelmente tem em mente as divisões dentro do Partido Comunista Francês. Em 1978, por exemplo, um "Manifesto dos Trezentos" contesta um relatório do secretário-geral

pessoas são remetidas ao estado serial diante da instância encarregada de retirá--las da serialidade. Em outras palavras, há situações nas quais a lógica mágica da delegação é lembrada, nas quais o porta-voz que supostamente deve produzir o grupo e representá-lo em todos os sentidos do termo se torna, em vez de instrumento de expressão do grupo, o obstáculo da expressão daquilo que não o grupo, mas uma parte do grupo, gostaria de dizer. Mas o que é interessante não são as oposições universais e gerais – sempre é preciso prestar atenção às equações "x = o Gulag" nos tempos atuais –, é uma possibilidade objetiva que pode existir em graus muito diferentes dependendo da natureza do grupo e dos delegados, dependendo da maneira pela qual os delegados estão organizados. Parece-me que toda vez que uma situação desse tipo se produz não conseguimos sair da lógica da petição que permanece numa lógica serial (juntamos mil assinaturas para dizer "Vamos substituir X ou Y", "Fora fulano")... Por exemplo, a petição dos cristãos que diziam não se reconhecer mais naquilo que o papa dizia não conseguia sair da lógica serial a não ser fundando a Igreja Reformada, ou seja, uma nova Igreja que terá um escritório, uma sigla, um aparelho, uma assinatura, resumindo, todas as propriedades de que falei e que reproduzirá um certo número de propriedades do mandatário como a hipocrisia estrutural do mandatário, o jogo duplo etc.

---

do PCF e, em 1981, um manifesto, assinado em particular por antigos membros do comitê central do PCF, questionou sua direção ("Le parti ne peut être confisqué par un groupe restreint de dirigeants" ["O partido não pode ser confiscado por um grupo restrito de dirigentes"], *Le Monde*, 27 de fevereiro de 1981).

Aula de 10 de maio de 1984

Primeira hora (aula): títulos acadêmicos, descontinuidades e burocracia. – O "capital informacional". – Codificação e controle lógico. – O efeito de oficialização da formalização. – A vis formae, força da forma. – Segunda hora (resposta a perguntas e seminário): para uma história das tecnologias do pensamento. – A delegação e a representação (2). – A hipocrisia estrutural do mandatário. – A homologia e a jogada dupla. – Os mandantes e os corpos dos mandatários.

Primeira hora (aula): títulos acadêmicos, descontinuidades e burocracia

Na última aula, parei na análise do estado institucionalizado do capital cultural. Vou simplesmente recordar o que eu havia rapidamente retirado de uma reflexão sobre o autodidata e sobre a oposição entre o capital cultural não garantido, que é o do autodidata, e o capital cultural garantido pelo título acadêmico.

Uma propriedade do capital cultural institucionalizado, cuja forma mais manifesta é o título acadêmico, é sua capacidade de transcender os acidentes individuais, biográficos, biológicos etc. Ele é uma espécie de certificado de saber e de competência cultural que tem uma função de instituição. Indico apenas algumas pistas sobre essa noção ao me referir a uma frase de Merleau-Ponty que dizia em algum lugar[482] que a magia coletiva tem uma espécie de poder criador que devemos compreender observando como os vivos instituem seus mortos por meio dos

482. Talvez em seu curso do Collège de France no ano 1954-1955 sob o título de "A 'instituição' na história pessoal e pública" (transcrito em Maurice Merleau-Ponty, *L'Institution, la passivité. Notes de cours au Collège de France [1954-1955]*. Paris: Belin, 2003, p. 31-154).

ritos de luto. Tomada nesse sentido, acho que a palavra "instituir" é extremamente importante. Com o título acadêmico, estamos na ordem da magia no sentido verdadeiro do termo. Trata-se de uma espécie de ação coletiva que tem todas as aparências de racionalidade: ela é reconhecida e homologada coletivamente, já que de alguma forma existe um consenso sobre seu sentido. Isto posto, ela não perde nada de seu caráter mágico, já que produz estados permanentes, diferenças permanentes. Aqui, o melhor exemplo seria a análise do efeito de concurso e, de modo mais geral, do efeito de fronteira, que é a forma mais típica dessa operação de magia social.

Os sociólogos durkheimianos sempre insistiram no corte entre o sagrado e o profano e no fato de que a magia social é exercida traçando-se limites[483], fronteiras, *templum* (o *templum* é o que obtemos mediante um recorte que produz um lado de dentro e um lado de fora: traçar um retângulo no solo, ou seja, um templo, é produzir um lado de dentro sagrado e um lado de fora profano). Se essa operação social fundamental de recorte que é a operação jurídica por excelência – o direito é o domínio da magia social – se exerce no universo acadêmico de maneira constante (hierarquizamos as seções, os títulos etc.), o caso mais visível é o do concurso que cria diferenças absolutas, permanentes e vitalícias entre pessoas que na verdade estão em linhas contínuas. Essa espécie de "descontinuização" ["*discontinuisation*"] é a característica da operação mágica: entre o último admitido e o primeiro excluído, pode haver uma diferença de um décimo, mas o corte social cria uma diferença absoluta, por toda a vida: aqueles serão nomeados politécnicos, estes não serão nada[484]... Esses cortes, essas descontinuidades brutais introduzidas pela operação social de instituição estão no princípio dessas realidades permanentes que são os títulos acadêmicos.

A operação universalizante da magia social pode ser vista com facilidade nos efeitos sociais da existência do título acadêmico. Max Weber insistiu bastante no laço entre o título acadêmico e a aparição dos sistemas de exames modernos que não são tão antigos. Na maioria das sociedades europeias, os grandes concursos surgiram no século XIX ligados ao desenvolvimento de uma "burocracia racio-

483. É. Durkheim, *As formas elementares da vida religiosa*, *op. cit.*; Marcel Mauss & Henri Hubert, "Esboço de uma teoria geral da magia". *In*: M. Mauss, *Sociologia e antropologia*, *op. cit.*, p. 47-181 [1-141].

484. Ver *supra*, aula de 8 de março de 1984, p. 60, nota 73.

nal", como diz Weber[485]. Isso porque os títulos acadêmicos têm essa função de produzir agentes intercambiáveis, e uma propriedade fundamental da burocracia é precisamente – logo voltarei a isso – tratar os indivíduos como "a gente", ou, poderíamos dizer, como *x*, ou seja, como pessoas que só têm existência no interior de uma fórmula muito geral e que, portanto, devem ser substituíveis[486].

Em sua teoria dos tipos de autoridade[487], Weber destaca em particular que todos os tipos de autoridade são postos à prova no problema da sucessão: cada tipo de autoridade revela sua verdade última no momento de resolver o problema da sucessão[488]. No fundo, é a autoridade de tipo tradicional que menos se preocupa com o problema da sucessão: a sucessão de tipo patrimonial, a sucessão de pai para filho, é relativamente simples. No caso da sucessão carismática, o problema da sucessão, pelo contrário, é colocado de maneira dramática: Quem sucederá De Gaulle? Ou [a estilista Coco] Chanel? Quem será o sucessor deste ou daquele intelectual dominante? A burocracia resolve esse problema da sucessão do personagem carismático em grande parte graças ao título acadêmico, que permite ter indivíduos definidos socialmente como intercambiáveis sob o aspecto de critérios pertinentes do ponto de vista da burocracia[489]. O título acadêmico pretende garantir que os detentores de um mesmo título sejam idênticos, não sob todos os aspectos, mas sob o aspecto de um conjunto de competências, ao mesmo tempo técnicas e sociais, garantidas juridicamente, que a burocracia exige. Vemos, por-

---

485. Ao descrever "o tipo mais puro de dominação legal", que é "aquele que se exerce por meio de um *quadro administrativo burocrático*", Max Weber nota que "no caso mais racional, [os funcionários que compõem a direção têm sua] qualificação verificada mediante prova e certificada por diploma" (*Economia e sociedade*, vol. 1, *op. cit.*, p. 144). Ele destaca que "o grau de qualificação profissional cresce continuamente na burocracia" (*ibid.*, p. 145).

486. A "dominação burocrática" significa em particular "a dominação da *impessoalidade* formalista: *sine ira et studio*, sem ódio e paixão, e, portanto, sem 'amor' e sem 'entusiasmo', sob a pressão de simples conceitos de *dever*, sem considerações pessoais, de modo formalmente igual para 'cada qual', isto é, cada qual dos interessados que *efetivamente* se encontram em situação igual – é assim que o funcionário ideal exerce seu cargo" (*ibid.*, p. 147).

487. Max Weber distingue três tipos de dominação legítima que dependem da validade da legitimidade se basear num "caráter *racional*", num "caráter *tradicional*" ou num "caráter *carismático*" (*ibid.*, p. 141ss.).

488. A "questão da *sucessão*" que surge "quando desaparece a pessoa portadora do carisma" é estudada por Max Weber na seção sobre "A rotinização do carisma", *ibid.*, p. 161-167.

489. "Em caso de racionalidade plena, não há qualquer apropriação do cargo pelo detentor" (*ibid.*, p. 143).

tanto, o laço entre o Estado, a garantia estatal, o fenômeno da nomeação que já discuti várias vezes e o título acadêmico.

Por exemplo, poderíamos fazer uma reflexão sobre a noção de título acadêmico nacional em oposição ao título regional: os debates em torno dos títulos acadêmicos nacionais ou regionais envolvem coisas extremamente importantes e estão ligados aos imperativos objetivos dos mecanismos burocráticos.

O "capital informacional"

Depois de examinar nas aulas anteriores os três estados do capital cultural (o estado incorporado, o estado objetivado e o estado institucionalizado), eu gostaria de proceder, a partir da reflexão que acabo de oferecer a vocês, a uma generalização do conceito que acho que lhe dará toda sua potência.

Como digo com frequência[490], mudar de palavra ou estender as acepções de um conceito muitas vezes produz efeitos teóricos importantes e permite construir a realidade social de outra forma. Uma parte do que vou fazer consiste num jogo de retraduções: a substituição da noção de capital cultural pela de capital informacional ajuda a ver no que essa informação incorporada e objetivada que define o capital cultural também é uma informação ao mesmo tempo estruturante e estruturada. Portanto, direi "capital informacional" em vez de "capital cultural" para designar disposições constitutivas de um *habitus* que são, por um lado, informadas e estruturadas a partir de experiências do mundo social e, por outro, informantes; poderíamos também falar de estruturas estruturadas e estruturas estruturantes. Esse capital de informações estruturadas e estruturantes é de alguma forma armazenado, por um lado, no cérebro, na memória ou nas disposições corporais mais gerais e, por outro, na objetividade, sob a forma de coisas ou de instituições. Essas informações armazenadas e estruturadas terão como propriedade estruturar toda nova informação recebida e, ao mesmo tempo, o capital informacional funcionará como um "código" que pode ser incorporado ou objetivado, tomando essa palavra no sentido jurídico ou linguístico. O que eu gostaria de analisar rapidamente hoje é a noção de codificação ou de formalização.

---

490. Ver, por exemplo, *Sociologia geral volume 1, op. cit.*, p. 103 [121] e *Sociologia geral volume 2, op. cit.*, p. 402 [659].

Quando comecei a trabalhar em ciências sociais, fiquei impressionado pelo fato de que os especialistas em ciências sociais, como aliás um certo número de antropólogos, muitas vezes se contentavam em explicar os fatos sociais por meio da invocação da regra. Os antropólogos ingleses, aliás, muitas vezes denunciavam o "legalismo"[491] – aquilo que em francês eu chamava de "*juridisme*" ["juridismo"] –, quer dizer, a propensão a explicar as condutas dos agentes pelas regras explícitas que os agentes eram capazes de formular como princípios de sua conduta. Contra essa visão, elaborei a noção de *habitus*, que tem como função precisamente dizer que os agentes sociais são capazes de engendrar práticas que são estruturadas e regradas sem ter, no entanto, como princípio de produção dessas práticas uma regra explícita. A noção de *habitus* quer dizer que existe uma espécie de capital informacional, estruturante e estruturado, que funciona como princípio de práticas estruturadas sem que essas estruturas que podemos encontrar nas práticas tenham existido anteriormente à produção das práticas enquanto regras. Daí a oposição entre a noção de esquema [*schème*][492], que emprego constantemente para significar os princípios das práticas como condições das práticas, e as noções de código, diagrama [*schéma*], modelo ou regra que, diferentes do esquema – que está no estado prático, incorporado, parte do corpo da pessoa que o utiliza –, são explícitas e objetivas.

Mas talvez eu tenha ido longe demais em meu esforço para reagir contra o legalismo ou o juridismo e no questionamento da eficácia específica da regra. A questão que desejo propor para vocês hoje tem a ver com este ponto: se é verdade que tendemos a explicar demais as práticas através das regras e se é verdade que Weber tem razão em dizer que os agentes sociais só obedecem à regra quando o interesse em obedecê-la supera o interesse em desobedecê-la – frase absolutamente notável[493] –, isso não significa que a regra não exista como fato social e que não

491. Ver a aula de 26 de abril de 1984 e P. Bourdieu, *Esquisse d'une théorie de la pratique*, *op. cit.*, p. 314.

492. Na filosofia kantiana, o termo "esquema" [*Schema*] refere-se especificamente a um conceito puro que realiza a mediação entre as categorias e as impressões dos sentidos. Ver Immanuel Kant, *Crítica da razão pura*. Trad. de F.C. Mattos. Petrópolis: Vozes, 2012, p. 174-180 [*Kritik der reinen Vernunft*, 1787]. Em português, a palavra "esquema" pode ter tanto essa acepção kantiana específica quanto se referir, como acontece na linguagem cotidiana, a um diagrama, programa, estratégia etc. Em francês, o termo "*schème*" é reservado para a acepção kantiana, enquanto o termo correspondente a "esquema" em seu sentido cotidiano é "*schéma*", que preferi traduzir por "diagrama" para evitar mal-entendidos [N.T.].

493. Ver a aula de 26 de abril de 1984, p. 274-275.

precisemos nos perguntar sobre a eficácia específica que ela pode ter. Sobre essa questão da eficácia específica da regra, podemos encontrar gente muito estranha, como Wittgenstein, que por toda a sua vida se colocou estes problemas: O que é obedecer a uma regra? O que é uma regra? O que é uma regra jurídica, formal, algébrica? Meu problema hoje é destacar que, como demonstram as estratégias que consistem em "se pôr em regra" (e que acho que são muito importantes – falei sobre isso nas duas últimas aulas), o fato de aparecer como conforme à regra obtém um lucro específico suplementar.

Agora eu queria demonstrar o que significa a oposição entre as práticas que têm como princípio esquemas incorporados e práticas que podem ter como princípio esquemas objetivados; e ao mesmo tempo gostaria de me perguntar sobre esse processo de objetivação. Esse retorno ao processo de objetivação é importante: ele está na realidade social que o sociólogo estuda, mas também na própria operação que o sociólogo efetua. Refletir sobre os processos de codificação é, portanto, refletir sobre a diferença entre as condutas que têm como princípio os esquemas e aquelas que têm como princípio as regras, mas também sobre o efeito que o sociólogo produz ao codificar as práticas. A operação de codificação mais elementar, como a produção de um código estatístico, o simples fato de escrever, de transcrever, de produzir um esquema ou qualquer representação objetivada engendra um efeito social que o sociólogo deve tomar como objeto. Sem isso, ele corre o risco de fazer aquilo que analisa sofrer um efeito que também estará na realidade. Em outros termos, ele corre o risco de ser um jurista sem saber disso (reencontramos o problema do legalismo). Podemos, portanto, analisar os efeitos contidos no fato de codificar uma prática. O exemplo mais elementar é a codificação de uma língua: a língua é um conjunto de esquemas linguísticos, mas não é um abuso de linguagem falar de código a respeito de uma língua realmente codificada que foi submetida a esse trabalho de objetivação que os gramáticos realizam. A língua objetivada como gramática apresenta as mesmas propriedades que a lógica, o direito ou o método, e essas são as propriedades gerais de todas essas formas objetivadas dos princípios de produção das práticas que eu gostaria de expor.

Codificação e controle lógico

Primeira propriedade: toda codificação implica um efeito de objetivação. Isso pode parecer trivial, mas não é autoevidente. Para demonstrar isso, gostaria de me referir aos trabalhos realizados pelos etnólogos sobre a passagem das sociedades orais para as sociedades com escrita. Penso no livro de Jack Goody que foi traduzido para o francês com o título de *A razão gráfica*[494]. Goody se situa numa tradição que busca refletir sobre os efeitos sociais do surgimento da escrita; ele considera que parte das propriedades que costumamos atribuir, muitas vezes sem refletir muito, à "mentalidade primitiva" ou às "sociedades arcaicas" poderia ter a ver com o fato de que essas sociedades não dispõem das técnicas de conservação do pensamento que resultam da escrita.

Havelock, num livro sobre Platão em que se debruça particularmente sobre a crítica que Platão dedica à poesia[495], insiste no fato de que a crítica platônica da *mimèsis* – que costuma ser traduzida por "imitação" – na realidade sempre foi malcompreendida: o que Platão tinha em mente era aquela prática poética dos poetas que eram obrigados de certa forma a mimetizar (e não a imitar) com seu corpo aquilo que tinham a dizer para memorizá-lo, para fazer isso retornar, para se reapropriar disso. É claro que é preciso enfatizar que, como todos os cortes, esse corte "sociedade com escrita/sociedade sem escrita" não é um corte absoluto: ainda há em nossas sociedades um monte de coisas, às vezes entre as mais importantes, que são transmitidas fora da escrita, no modo mimético. Esse é o caso, por exemplo, dentro da família. Essa análise da transmissão mimética, portanto, não vale apenas para as sociedades pré-escrita, mas também para toda uma parte dos saberes que se transmite em nossas sociedades.

Essa apropriação mimética do saber pode ser descrita como uma despossessão. Platão diz que o poeta é possuído pelos deuses, que ele é dominado por um saber que não domina. O romantismo retomou os temas da inspiração e da musa, mas essa é uma espécie de ilusão retrospectiva que nos leva a projetar no passado representações muito modernas e nos impede de enxergar que a *mimèsis* pré-socrática é em última instância uma espécie de dança na qual o poeta só consegue reproduzir seu discurso ao colocar seu corpo em jogo. A ausência de técnicas de objetivação faz com que a produção mimética dos saberes seja, de certa forma, sem distância enquanto a objetivação permite esse distanciamento. Platão diz que no fundo os poetas não sabem o que dizem: é um saber que fala atra-

494. J. Goody, *A domesticação da mente selvagem*, *op. cit.*

495. E. Havelock, *Prefácio a Platão*, *op. cit.* P. Bourdieu retoma aqui pontos que ele já havia mencionado com mais detalhes em alguns aspectos na aula de 3 de maio de 1984.

vés deles e que eles descobrem como nós, mas no momento em que o descobrem, eles o perdem porque passam para outra coisa. Já a escrita vai permitir fazer um controle lógico, confrontar momentos diferentes do discurso (o que foi dito no instante t e no instante $t + 1$): a lógica começa com a objetivação.

Aqui eu gostaria de citar uma frase [do filósofo da ciência Jean] Cavaillès (faço uma ponte entre dois espaços teóricos muito distantes, mas acho que isso se fundamenta). Em *Método axiomático e formalismo*, ele escreve: "Um raciocínio escrito não consegue enganar, porque em seu desenho aparecem as figuras excluídas"[496]. Assim, Cavaillès identifica a objetivação escrita com o controle lógico, e no fundo era isso que Platão queria dizer. Os testemunhos dos etnólogos sobre os saberes arcaicos, em particular tudo aquilo que concerne aos sistemas míticos, desse ponto de vista são úteis. Eu me lembro de um texto extraordinário de [*nome inaudível*][497] que analisa a maneira de falar particular das pessoas que recitam os mitos, por exemplo um tom de voz especial, e mostra que, para se colocar no estado de produzir esses saberes que o etnólogo vai transcrever, os agentes sociais devem adotar uma postura corporal, vocal, uma *mimè*, toda uma relação com aquilo que evocam; essa condição é imprescindível para conseguirem fazer esse saber retornar. Ao mesmo tempo (podemos enxergar bem a diferença com o saber objetivado quando podemos ler quando quisermos, quando basta pegar o livro), esse saber vem ou não vem; e quando vem é sob uma forma que não temos certeza de possuir.

O efeito de oficialização da formalização

Uma primeira propriedade da objetivação que podemos perceber na passagem do oral para o escrito é, portanto, o fato do objetivado estar explícito. Ele é comunicável universalmente, podemos apontar o dedo para ele, podemos dizer "Você disse isso", podemos chegar a um acordo – é a palavra *homologein* (*ὁμολόγειν*)[498], para a qual voltarei –, podemos dizer a mesma coisa, podemos

496. Jean Cavaillès, *Méthode axiomatique et formalisme. Essai sur le problème du fondement des mathématiques* [*Método axiomático e formalismo: ensaio sobre o problema da fundamentação da matemática*]. Paris: Hermann, 1938, p. 94.

497. O nome do autor está inaudível. Talvez se trate de uma referência a Lucien Lévy-Bruhl, *L'Expérience mystique et les symboles chez les primitifs* [*A experiência mística e os símbolos para os primitivos*]. Paris: Alcan, 1938.

498. P. Bourdieu já havia feito uma análise sobre essa palavra e essa ideia no seu primeiro ano letivo (ver em particular *Sociologia geral volume 1, op. cit.*, p. 58-59 [65]).

ter certeza, podemos transformar o contrato linguístico (os linguistas às vezes empregam essa expressão[499]) tácito em contrato jurídico sobre o qual podemos estar de acordo. Mas a ambiguidade da noção de objetivação está no fato de que ao passar do implícito para o explícito, do tácito ou do prático ao escrito comunicável, tornamos objetivo e ao mesmo tempo oficial: as operações de objetivação são inseparavelmente operações de oficialização. Portanto, não existe um efeito técnico da objetivação que não seja ao mesmo tempo um efeito social. A escrita, por exemplo, permite um controle lógico, mas inseparável e simultaneamente também todos os efeitos de publicação, oficialização, proclamação pública etc. Essa espécie de ambiguidade da objetivação me parece central para refletir sobre noções igualmente centrais, pelo menos na problemática sociológica, como as de racionalização, do processo de racionalização. Poderíamos dizer que a objetivação é uma condição de racionalização que sempre é ao mesmo tempo uma operação técnica e uma operação social de publicação.

Vou especificar isso um pouco: O que significa "oficializar"? Oficializar, como se diz, é tornar "de notoriedade pública", e um certo número de operações sociais, especialmente de magia social, consiste pura e simplesmente na publicação. O exemplo típico é a publicação das declarações de casamento[500]: podemos dizer que o casamento é uma relação tornada pública, uma relação que pode ser exibida, proclamada, que é lembrada por sinais permanentes como uma aliança no dedo[501]; esse efeito de publicação é um efeito de oficialização que arranca, de alguma forma, o publicado do segredo, do oficioso, do vergonhoso, que o torna conhecido e reconhecido. Reconhecer uma criança é tipicamente uma operação do mesmo tipo: isso consiste apenas em declarar publicamente, de maneira solene, em circunstâncias solenes, algo que até então existia como um fato. Essa espécie de transfiguração propriamente mágica que a oficialização opera sempre está

499. De qualquer maneira, P. Bourdieu empregou essa expressão para designar um "contrato" do tipo: "E se nós usássemos 'você'?", "O senhor não acha que seria mais simples se disséssemos 'você'?" (Pierre Bourdieu, "L'économie des échanges linguistiques", *Langue française*, n. 34, 1977, p. 29 [A nota de rodapé em que a citação acima se encontra foi omitida da tradução brasileira: "A economia das trocas linguísticas". *In*: Renato Ortiz (org.), *Pierre Bourdieu: Sociologia*. Trad. de P. Montero, *op. cit.*, p. 156-183 – N.T.]).

500. O Código Civil francês estabelece que, na véspera de todo casamento, deve-se publicar uma declaração dessa união, para que qualquer desafio ou impedimento a ela possa ser proposto antes de sua oficialização [N.T.].

501. Sobre esse ponto, ver o primeiro ano letivo: *Sociologia geral volume 1, op. cit.*, p. 135-136 [159].

misturada com a transfiguração propriamente lógica sobre a qual eu falei agora há pouco: publicar é sempre simultaneamente motivar, tornar lógico, homologar e, ao mesmo tempo, universalizar.

Seria sem dúvida sobre esse ponto que eu talvez pudesse reunir os dois sentidos ao dizer que toda codificação tende a produzir simultaneamente uma universalização e uma oficialização: aquilo que é publicado, explicitado, constituído como regra em vez de estar no estado prático sob a forma de esquema torna-se algo de universal que pode ser reproduzido por qualquer pessoa. Poderíamos usar o exemplo das tradições artesanais: enquanto elas não forem codificadas, o aprendizado acontece por meio do contato direto entre as gerações. Um efeito de inércia ligado a esse modo de transmissão que vai diretamente do particular ao particular, que permanece no estado implícito, é que à medida que a transmissão do saber não passa pela objetivação, o saber de certa maneira escapa da crítica: ele só se comunica de corpo a corpo (a noção de *mimèsis* seria perfeita para descrever as transmissões de tipo artesanal: "Faça como eu", "Fique ao meu lado me observando" etc.), a verbalização é reduzida ao mínimo. Por causa dessa espécie de transmissão postural, pode-se dizer que o transmitido permanece inconsciente ou pelo menos implícito.

A constituição dos esquemas de pensamento em regras pode engendrar esse fenômeno do academicismo, que consiste em produzir segundo regras de produção explícitas que são as regras da geração anterior[502]. Se a explicitação engendra o academicismo, ela engendra também a ruptura porque a regra explícita pode ser combatida, enquanto a regra implícita tem uma espécie de força de persuasão clandestina. (Eu acho que poderíamos dizer a mesma coisa sobre as inculcações implícitas que acontecem dentro da família. Um certo número de reflexões contemporâneas sobre os efeitos de injunção que se exercem dentro do mundo familiar tende, com efeito, a demonstrar que o essencial daquilo que se comunica entre pais e filhos é de tipo mimético; isso não alcança a verbalização, acontece numa espécie de dança, de acordo corporal. Ao mesmo tempo, a potência dessas coisas é muito maior e os saberes assim adquiridos muito mais difíceis de combater.)

---

502. Sobre essa definição do academicismo, ver também *Manet: une révolution symbolique, op. cit.*, especialmente p. 307 e 372.

A *vis formae*, força da forma

A objetivação oficializa, torna público e oficial, universaliza, mas agora eu queria mostrar como o efeito técnico de formalização contribui para o efeito de oficialização, para o efeito social de imposição simbólica. No fundo, quero explicitar aquela velha expressão latina segundo a qual tal ou tal coisa age *vis formae*, "pela força da forma". O que é essa *vis formae*? Uma injunção ou um preceito adquirem qual força específica quando são formalizados e explicitados sob a forma de fórmulas gerais? As duas formas de formalização mais típicas, a formalização lógica e matemática de um lado e a formalização jurídica do outro, são as mais distantes, mas o que quero dizer é que as formalizações sociais combinam as duas forças. No fundo, aquilo que chamo de violência simbólica é o efeito que se exerce quando uma formalização acumula os efeitos do formalismo lógico, quer dizer, o efeito de generalização (isso será para todo *x*, para todo cidadão), e o efeito simbólico mágico de oficialização.

Assim como a fórmula algébrica é verdadeira para todos os números, para um número qualquer – se seguirmos Weber nos capítulos que ele dedica ao direito em *Economia e sociedade*, a fórmula jurídica é universal[503]: o direito racional, como diz Weber, se opõe ao direito de costumes, o que ele chama de *Kadijustiz*. *Kadi* é o cádi nas sociedades árabes; a justiça do cádi é no fundo a justiça de Sancho Pança em sua ilha[504], é a justiça do bom-senso, do "chute" [*pifomètre*], do instinto,

---

503. M. Weber, *Economia e sociedade*, vol. II, *op. cit.*, p. 213-216. Quanto à concepção do "direito racional" a que P. Bourdieu se refere nas páginas seguintes, ela está expressa, por exemplo, nesta passagem: "O trabalho jurídico atual, pelo menos naquilo em que alcançou o mais alto grau de racionalidade lógico-metódica, isto é, a forma criada pela jurisprudência do direito comum, parte dos seguintes postulados: 1) que toda decisão jurídica concreta seja a 'aplicação' de uma disposição jurídica abstrata a uma 'constelação de fatos' concreta; 2) que para toda constelação de fatos concreta deva ser possível encontrar, com os meios da lógica jurídica, uma decisão a partir das vigentes disposições jurídicas abstratas; 3) que, portanto, o direito objetivo vigente deva constituir um sistema 'sem lacunas' de disposições jurídicas ou conter tal sistema em estado latente, ou pelo menos ser tratado como tal para os fins da aplicação do direito; 4) que aquilo que, do ponto de vista jurídico, não pode ser 'construído' de modo racional também não seja relevante para o direito; 5) que a ação social das pessoas seja sempre interpretada como 'aplicação' ou 'execução' ou, ao contrário, como 'infração' de disposições jurídicas [...]" (*ibid.*, p. 13).

504. Ver a frase de Max Weber citada na aula de 26 de abril, p. 276, nota 415. A referência a *Dom Quixote* remete ao capítulo 45 do segundo volume, chamado "De como o grande Sancho Pança tomou posse de sua ilha e como principiou a governá-la" (Miguel de Cervantes, *Dom Quixote de la Mancha*. Trad. de A. Andrade & M. Amado. Rio de Janeiro: Nova Fronteira, 2017 [*Don Quijote de la Mancha*, 1605-1615]).

do esquema prático que raciocina em todo lugar. Essa justiça diz que, se duas mulheres disputam um objeto, é melhor cortá-lo no meio, mas se elas disputam uma criança[505], o cádi fica muito contrariado. Já o direito exige que se trabalhe de modo que a regra seja aplicada a todos os casos, incluindo quando se trata de uma criança. Essa espécie de generalização que é inerente ao trabalho de codificação consiste em instituir correspondências lógicas e universais de modo que baste aplicar as fórmulas universais aos casos particulares, enquanto o direito tradicional, por exemplo o direito de costumes, sempre vai, como diz Weber, do particular ao particular[506].

O melhor exemplo para ilustrar isso seria a oposição entre um direito de costumes e um direito racional, mesmo que isso seja uma análise longa. O direito de costumes, todo mundo já percebeu isso, é caracterizado pelo fato de não enunciarmos um princípio universal. Encontramos uma análise do direito de costumes em Durkheim (por exemplo, o direito repressivo contra o direito restitutivo)[507]; Weber também propôs análises. O direito de costumes diz: "Se um homem atingir outro com um bastão, pagará recebendo três golpes de bastão; se atingir uma criança, pagará recebendo seis". Há uma série de transgressões particulares acompanhadas de sanções particulares, mas nunca se diz que "Um homem jamais deve carregar um bastão", que "Todos os homens são iguais em direito" ou que "Um homem vale três vezes mais do que uma mulher" etc.; mas vemos que bater num homem custa três vezes mais do que bater numa mulher. Há, portanto, aplicações particulares de regras universais sem que essas regras universais jamais sejam enunciadas. Como diz Weber, vamos sempre do caso particular ao caso particular sem passar pela mediação universal. Já o direito racional explicita o fundamento, ele tem uma espécie de axiomática.

Poderíamos falar sobre o direito aquilo que falamos sobre a formalização axiomática: o direito racional, segundo Weber, enuncia explicitamente as convenções fundamentais; assim como uma axiomática não deixa mais nada no estado implícito, ela tenta absorver todos os postulados num discurso positivo. Da mesma maneira, um direito racional não pode mais deixar ao acaso… Eis uma citação

505. Alusão ao "julgamento de Salomão" que P. Bourdieu retomará mais adiante.

506. "O exercício puramente empírico da prática e do ensino do direito infere sempre do caso isolado a outro caso isolado e nunca chega destes casos a princípios gerais, para então poder deduzir destes últimos a decisão de cada caso" (M. Weber, *Economia e sociedade*, vol. II, *op. cit.*, p. 87).

507. É. Durkheim, *Da divisão do trabalho social, op. cit.*

que trata da axiomática, mas que poderia tratar do direito: "Diante de uma axiomática, nós podemos nos encontrar na situação de dois companheiros que não entram em acordo sobre as regras de um jogo: se eles não tomarem a precaução de enunciá-las uma a uma, isso impede que joguem uma partida juntos; mas se eles as comunicam um para o outro e combinam, por exemplo, de alternar os dois regulamentos, podem então jogar partidas sucessivas sem se acusar de trapaças"[508]. Podemos jogar damas, se um diz "a tomada é obrigatória" e outro diz "a tomada não é obrigatória", jogamos cada vez de um jeito... Essas convenções explícitas são o começo da axiomática, enquanto na lógica prática essas coisas fundamentais são deixadas no estado implícito e resolvidas toda vez, às custas de um trabalho permanente, por uma casuística inspirada.

Uma propriedade da objetivação, digo imediatamente, é deixar a vida mais simples. Enquanto as coisas fundamentais não são explícitas, ficam deixadas à avaliação, ao instinto social, quer dizer, ao *habitus*. Quando analisamos a série de atos de jurisprudência transcritos sob a forma de costumes nesta ou naquela aldeia, como fiz com os costumes cabilas[509], percebemos bem que há uma lógica. Existem princípios, como acabei de dizer: um ato cometido à noite é mais grave do que um ato cometido de dia; um ato cometido dentro de uma casa é mais grave do que um ato cometido ao ar livre; um ato cometido contra um homem é mais grave do que um ato cometido contra uma mulher etc. Mas como esses princípios não estão explicitados, são deixados para o instinto social, sempre podemos achar um motivo para fazer barulho e acusar-nos mutuamente de trapacear. Uma propriedade da formalização é permitir a homologação: nós vamos verificar que dizemos a mesma coisa no mesmo momento. A definição saussureana da língua (aquilo que permite designar o mesmo sentido ao mesmo som e o mesmo som ao mesmo sentido[510]) só se torna completamente verdadeira quando a língua é codificada; na comunicação ordinária jamais temos certeza de associar os mesmos sons aos mesmos sentidos, há uma parte considerável de mal-entendidos. Para ter certeza de associar o mesmo som ao mesmo sentido e o mesmo sentido ao mesmo som é preciso objetivar, codificar, e codificar as próprias regras de codifi-

508. Robert Blanché, *L'Axiomatique*. Paris: PUF, 1955, p. 59-60.

509. P. Bourdieu, *Esquisse d'une théorie de la pratique*, *op. cit.*, em particular p. 301-303.

510. A língua é "[um] sistema de signos onde, de essencial, só existe a união do sentido e da imagem acústica" (F. de Saussure, *Curso de linguística geral*, *op. cit.*, p. 23 [32]).

cação, e a axiomática é essa espécie de metadiscurso sobre os princípios de codificação do discurso que permitem ter certeza de que estamos realmente falando sobre a mesma coisa.

Estranhamente, essa aproximação jamais foi feita, mas esse trabalho de axiomatização é comum à álgebra e ao direito racional. No fundo, o direito racional que convém às burocracias racionais e que deve tornar as regras universais de modo que os agentes sejam intercambiáveis é uma espécie de álgebra dos comportamentos sociais: uma lei vale "para todo *x*". Cito Weber em relação ao direito formal: "Ele leva em conta exclusivamente as características gerais e unívocas do caso em questão". Essa me parece uma ótima frase. Como os casos são necessariamente polissêmicos, podem ser definidos de 30 maneiras diferentes. A construção jurídica seleciona um número finito de aspectos a partir de certas formas de pertinências e, assim que esses aspectos são constituídos e caracterizados de maneira unívoca, o direito pode enunciar regras que valem para todos os casos. Na medida em que o direito leva em conta características gerais unívocas, ele generaliza automaticamente. Enquanto a *Kadijustiz* ia do particular ao particular, o direito racional generaliza mesmo quando vai ao caso particular. Aqui poderíamos voltar a Saussure e ao problema colocado pela noção de caso: eu acho que, quando Saussure caracteriza a passagem da língua para a fala como execução – palavra que aparece o tempo todo, vocês podem conferir o texto –, no *Curso de linguística geral* ele trata o código linguístico como um código jurídico no qual existem princípios racionais explícitos, e o trabalho do juiz, do locutor, consiste em aplicar regras gerais ao caso particular. Portanto, tratamos a língua, que é um sistema de esquemas, como um código objetivado de modo que o ato da fala seja uma aplicação.

Para compreender essa espécie de universalização que a formalização efetua, poderíamos nos referir a uma análise célebre de Schütz sobre o personagem que coloca uma carta na caixa de correio[511]: esse personagem sabe que pode contar com uma ordem social objetivada e formalizada, com pessoas que foram formadas para obedecer a regras, que sabem que será preciso cancelar o selo, separar o correio, fazê-lo partir, que haverá uma sanção se ele não for cancelado o bastante etc. O agente social que coloca uma carta na caixa é um *x* intercambiável possibilitado pelo universo de regras que produzirão os atos intercambiáveis implicados pelo ato

511. P. Bourdieu desenvolveu esse exemplo nas aulas de 19 e 26 de abril de 1984. Ver *supra*, p. 237, 273.

intercambiável que desencadeou o processo. Isso é aquilo que Heidegger descreveu em termos pejorativos como o universo dos atos inautênticos (o "a gente"[512]), mas é um grande progresso dizer "*x*" onde Heidegger diz "a gente", pois um sistema formalizado transforma os agentes sociais em *x* com toda uma série de efeitos.

Eu indiquei um desses efeitos: em relação à *Kadijustiz*, percebemos bem que o direto racional fornece uma economia de gênio – é preciso ser Salomão para resolver o problema da criança que será cortada em duas[513] – e uma das intuições mais fortes de Weber é ter enxergado que o processo de racionalização coloca ao alcance de qualquer pessoa atos que, enquanto estiverem deixados aos esquemas, são acessíveis apenas para alguns. No fundo, é o problema da excelência que Platão coloca no *Menão*: a excelência pode ser ensinada[514]? Enquanto a excelência continuar a ser algo que é adquirido – como o filho de Temístocles, que observa o pai montar a cavalo –, haverá riscos de fracasso na transmissão[515]. Assim que o saber é objetivado, formalizado, transmitido de maneira formal e racional, podemos esperar que os atos que exigiam uma improvisação genial estarão acessíveis ao primeiro que chegar.

É isso que Leibniz dizia muito exatamente sobre o assunto da supervalorização da intuição em Descartes: "Descartes exige que sejamos inteligentes demais; para ele, é preciso ser inteligente o tempo todo"; é melhor confiar na *vis formae*, aquilo que ele [Leibniz] chamava de *evidentia ex terminis*, a evidência que decorre das próprias fórmulas[516]. A álgebra é uma espécie de autômato es-

---

512. Ver M. Heidegger, *Ser e tempo*, *op. cit.*, p. 255-256.

513. Alusão ao "julgamento de Salomão": para decidir entre duas mulheres que diziam ser a mãe do mesmo recém-nascido, Salomão, rei de Israel, propõe que a criança seja cortada em duas metades, de modo a identificar a mãe (que se opõe ao sacrifício da criança). (Primeiro Livro dos Reis 3,16-28).

514. A pergunta do *Menão* – "Saberás dizer-me, Sócrates, se a virtude pode ser ensinada? Ou, no caso de não o ser, se é adquirida pela prática? E não sendo alcançada nem pelo ensino nem pela prática, se se acha naturalmente no homem, e de que modo?" (*Menão*, 70a. *In*: Platão, *Diálogos I-II*. Trad. de C.A. Nunes. Belém: UFPA, 1980, p. 243) – é entendida dessa maneira quando se traduz como "excelência" o termo grego normalmente traduzido como "virtude" (ver *Sociologia geral volume 1*, *op. cit.*, p. 117 [137]).

515. O filho de Temístocles, Cleofanto, aprende "à perfeição" com as "ótimas aulas de equitação" de seu pai, mas em outros aspectos não conseguiu se tornar "sábio e bom naquilo em que seu pai se distinguiu" (*Menão*, 93d-e. *In*: Platão, *Diálogos I-II*, *op. cit.*, p. 275-276).

516. Sobre a crítica de Leibniz a Descartes, ver "Meditações sobre o conhecimento, a verdade e as ideias" ["Meditationes de cognitione, veritate et ideis", 1684] e "Remarques sur la partie générale des principes de Descartes", *art. cit.*

piritual, como Leibniz teria dito[517], que pensa por nós, que controla os erros: as contradições aparecem imediatamente, estamos de certa forma presos na lógica. De certa maneira – eu acho que essa é uma das propriedades extraordinárias da objetivação –, o capital cultural objetivado, quando é formalizado, deixa ao alcance de uma criança de 12 anos operações que já foram geniais. Essa é uma coisa que sempre dizemos, mas sem explicá-la nessa lógica. A objetivação é uma economia de gênio, mas, ao mesmo tempo, tem um efeito de desencantamento: Weber sempre desenvolve essas duas faces[518].

Isto posto, para retomar o que eu dizia há pouco sobre a ambiguidade da objetivação, a objetivação é um ato que vai no sentido da racionalização, mas ao mesmo tempo, na medida em que há a publicação dessa racionalidade, a *vis formae*, a força da forma algébrica ou lógica exerce um efeito de violência simbólica. Na medida em que os efeitos racionais da objetivação são inseparáveis e simultâneos aos efeitos simbólicos da objetivação, a racionalização no sentido de Weber é acompanhada, poderíamos dizer, de uma racionalização mais no sentido de Freud. Mais uma vez, isso se enxerga bem no caso do direito. Os corpos dos juristas têm tendências próprias. Essas são pessoas relativamente autônomas que têm interesses específicos de coerência e de controle lógico. Elas precisam integrar todos os atos anteriores de jurisprudência, fazer as contradições desaparecerem. Seu capital profissional específico é, portanto, um capital de racionalidade e elas andam de mãos dadas com a racionalidade.

Dito isso, o efeito jurídico, o efeito de racionalidade que o direito vai exercer ao ter resposta a tudo vai mascarar os pressupostos, a axiomática implícita de um direito que obviamente não é o produto de uma construção pura da razão: os

---

517. Por exemplo: "Tudo é, então, antecipadamente certo e determinado ao homem, como em qualquer outro lugar; e a alma humana é uma espécie de *autômato espiritual*" (G.W. Leibniz, *Ensaios de teodiceia sobre a bondade de Deus, a liberdade do homem e a origem do mal, op. cit.*, § 50, p. 164). Leibniz retira a frase "autômato espiritual" de Espinosa (*Tratado da emenda do intelecto.* Trad. de C.N. Rezende. Campinas: Unicamp, 2015, § 85 [*Tractatus de Intellectus emendatione*, 1662]).

518. Em relação ao segundo aspecto, é o tema do "desencantamento do mundo": "O destino de nosso tempo, que se caracteriza pela racionalização, pela intelectualização e, sobretudo, pelo 'desencantamento do mundo' levou os homens a banirem da vida pública os valores supremos e mais sublimes. Tais valores encontraram refúgio na transcendência da vida mística ou na fraternidade das relações diretas e recíprocas entre indivíduos isolados" (Max Weber, "Ciência como vocação". *In*: *Ciência e política: duas vocações.* Trad. de L. Hegenberg & O.S. Mota. São Paulo: Cultrix, 1993, p. 51 [*Wissenschaft als Beruf*, 1917]).

axiomas fundamentais de um sistema jurídico são dados ao jurista pelo universo político, são os pressupostos do universo político. O trabalho formal que o jurista vai realizar vai dar àquilo que poderia ter sido uma axiomática, um sistema fundamentado numa axiomática arbitrária, uma vestimenta racional, e o efeito característico dos sistemas simbólicos racionais será produzido por essa combinação do arbitrário com a razão. Eis o que eu queria dizer com *vis formae*: a criação de formas, a formalização no sentido algébrico e jurídico exerce um efeito de razão por meio do qual os efeitos de violência se encontram transfigurados, transformados. Poderíamos demonstrar isso a respeito do capital cultural, escolar, ou de um monte de coisas que eu disse, mas termino aqui a primeira parte da aula.

Segunda hora (respostas a perguntas e seminário): para uma história das tecnologias do pensamento

Muitos me perguntam se as formas modernas de conservação do pensamento, em particular a gravação em fitas magnéticas ou outros instrumentos – poderíamos pensar no computador etc. –, não desempenhariam naturalmente um papel comparável ao da escrita. O que eu acho é que, de modo geral, nós somos inconscientes demais sobre a infraestrutura do trabalho intelectual, e seria preciso fazer uma espécie de história materialista do trabalho intelectual no estado dos instrumentos de produção, de conservação e de transmissão do saber. Nós esquecemos, por exemplo, que o ensino e a escola, longe de serem autoevidentes, são invenções históricas. Os sofistas, por exemplo, são as pessoas que inventaram o sistema escolar e parte do debate entre Platão e os sofistas pode ser lido como uma discussão sobre as tecnologias sociais adequadas e razoáveis e, ao mesmo tempo, sobre as maneiras convenientes de pensar e refletir. Há o debate sobre a escrita e o poeta [mencionado anteriormente], mas também o debate sobre o saber mercenário: Devemos aceitar pagamento quando ensinamos[519]? Esses debates estão ligados a mudanças tecnológicas.

Existem balizas para essa história social das tecnologias do trabalho intelectual: o livro de Havelock [*Prefácio a Platão*] do qual eu falei, por exemplo. Um outro livro contribui bastante para a compreensão das formas literárias e daquilo

519. Platão, através de Sócrates, criticava os sofistas (que, ao contrário dele, não vinham da aristocracia ateniense) por aceitarem pagamento pelo seu ensino. Ver, p. ex., *Hípias Maior*.

que pode (ou não pode) ser pensado: *A arte da memória*, de Frances A. Yates[520]. Acho que esse livro extraordinário resume muito bem o que digo aqui. Ele demonstra, de certa forma, a história de uma tecnologia da memória que surgiu na Grécia e que depois foi desenvolvida e elaborada, codificada, pelos oradores romanos – Cícero e sobretudo Quintiliano. Isso é uma verdadeira tecnologia no mesmo sentido em que falamos de tecnologia na indústria. O problema que aparecia para os oradores era ter uma espécie de plano para memorizar seus discursos. Eles aprendiam a associar cada parte de seu discurso a uma parte de uma casa ("No átrio, coloco a introdução, no quarto, coloco...") e o discurso era um percurso espacial que lhes permitia memorizar. No Renascimento, essa tecnologia ganhou outros sentidos mais esotéricos, mas, no começo, trata-se de algo que está situado mesmo nas sociedades com escrita.

Aqui chamo a atenção para uma outra ideia falsa: sempre imaginamos que assim que a escrita aparece o oral desaparece, mas na Grécia, por exemplo, a escrita e o oral coexistiram por muito tempo e as pessoas, em espécies de corporações de poetas, ainda transmitiam seus saberes de maneira completamente oral: elas deviam decorar quilômetros de versos e reproduzi-los com ferramentas mnemotécnicas. Há belíssimas obras de Lord e Parry[521] que tratam essencialmente das técnicas de semi-improvisação dos poetas arcaicos e que trabalharam sobre os bardos (especialmente) iugoslavos que tinham técnicas que se acredita serem semelhantes às utilizadas pelos poetas homéricos para ao mesmo tempo memorizar e improvisar, com sistemas de esquemas, fórmulas etc. Essas técnicas de invenção e de memorização são muito importantes porque engendram formas de pensamento absolutamente diferentes.

De certa maneira, a luta contra o poeta já é um efeito de campo. De fato, podemos pensar que já no século V antes de Cristo existe algo como um campo intelectual, com profissionais do ensino, os sofistas que querem racionalizar a

---

520. Frances A. Yates, *A arte da memória*. Trad. de F. Bancher. Campinas: Unicamp, 2007 [*The art of memory*. Londres: Routledge & Kegan Paul, 1966].

521. Milman Parry, *L'Épithète traditionnelle dans Homère. Essai sur un problème de style homérique* [*O epíteto tradicional em Homero: ensaio sobre um problema de estilo homérico*]. Paris: Les Belles Lettres, 1928; *The making of Homeric verse: the collected papers of Milman Parry* [*A formação do verso homérico: artigos reunidos de Milman Parry*]. Oxford: Oxford University Press, 1979. Albert Lord, que foi assistente de Milman Parry, publicou um estudo sobre os bardos do sul da Iugoslávia: *The singer of tales* [*O cantor de histórias*]. Cambridge, MA: Harvard University Press, 1960.

transmissão, que dizem que tudo pode ser ensinado (é a ENA[522]), que podemos transmitir a arte de chegar à política, ao poder, à eloquência. Pode-se ensinar não apenas a falar bem, mas a falar com propriedade: não basta ter a forma, é preciso também ter a forma que dá a ocasião pertinente de aplicar a forma, o que é o grande problema de todo ensino e saber formalizado: temos fórmulas matemáticas, mas é preciso também encontrar o objeto ao qual podemos aplicá-las, o que não é nada simples. Enquanto os sofistas tentam ensinar e formalizar, temos do outro lado pessoas que ensinam ainda de maneira muito tradicional um saber total transmitido de maneira mimética, muito pouco explicitado, muito pouco codificado, com efeitos de concorrência. E, numa posição intermediária, havia um certo tipo de profetas, os famosos pré-socráticos, que diziam "Sou eu quem digo". Poderíamos, portanto, fazer uma espécie de sociologia da produção cultural ligando as formas dos produtos aos modos de produção cultural.

Eu acho que nesses modos de produção há a intervenção muito forte das técnicas disponíveis. Acho que hoje em dia o gravador pode ser uma técnica de produção. Basicamente, existem efeitos de histerese, como muitas vezes acontece. Por exemplo, acho que por muito tempo – encontraríamos isso em Platão –, apesar de a escrita ter sido inventada, as pessoas não fizeram nada com ela, elas não enxergavam o que podiam obter com ela, elas continuavam a se servir da escrita como um instrumento de transcrição de produtos vindos de outros modos de produção, e o trabalho de tipo socrático que consiste em dizer: "Eu o critico, eu o controlo ao memorizar tudo o que você disse como se tivesse sido escrito" foi desenvolvido aos poucos. De certa forma, foi preciso inventar a lógica para ser possível aproveitar completamente as possibilidades criadas pela escrita. Da mesma forma, hoje em dia há um monte de instrumentos que levarão a transformações profundas dos modos de produção intelectual, mas que ainda não utilizamos porque as disposições dos agentes que dispõem dessas ferramentas fazem com que utilizemos o gravador[523] como se fosse um ditado. Ainda não sabemos nos aproveitar dele, mas haveria coisas interessantes a fazer quanto à utilização da fotografia pelas ciências

522. Abreviação da École nationale d'administration [Escola Nacional de Administração]. Bourdieu a menciona ironicamente enquanto escola onde se ensina a arte de chegar à política, já que muitos alunos formados por essa escola entram diretamente nos gabinetes ministeriais.

523. O gravador em fita magnética se difundiu na França entre o "grande público", especialmente entre os sociólogos, a partir da década de 1950.

sociais[524]: uma técnica tão extraordinária como a fotografia praticamente não foi utilizada em sua especificidade.

Tudo isso para dizer que acho que uma história social dos instrumentos seria muito importante, já que os instrumentos também envolvem as formas de organização. O seminário foi uma invenção histórica. A palestra foi uma transposição do sermão sacerdotal. O seminário é uma invenção dos filólogos alemães do século XIX: as pessoas se sentavam à mesma mesa, num círculo, e tinham lido anteriormente um certo número de textos; é uma invenção que acaba transformando profundamente a produção, as relações de produção (para empregar a analogia com a economia), os conteúdos, o pensável e o impensável. Para aqueles entre vocês que trabalham com esses assuntos, o projeto de uma história social do pensamento em suas relações com os instrumentos disponíveis me parece ser uma pista muito interessante.

Poderíamos pensar em todos os debates sobre a oposição entre o trabalho individual e o trabalho coletivo: Será que o trabalho coletivo não destrói a própria ideia do trabalho intelectual? Não foi por acaso que esse tipo de debate apareceu em maio de 1968, através de problemas de hierarquia: há muito mais do que isso. Existe, de maneira inconsciente, toda uma representação do trabalho intelectual. Para compreender as vocações artísticas ou intelectuais seria preciso analisar essas imagens mais ou menos fantasmagóricas que os recém-chegados ao ofício têm da profissão, por exemplo, a tradição da entrevista de artistas: "Como você trabalha? – Trabalho de noite, bebendo café". Muitos entram no trabalho intelectual a partir desses fantasmas. É exatamente um fator de inércia: se achamos que ser escritor é ter uma caneta e um estilo, isso exclui um monte de utilizações possíveis de instrumentos. Nesses debates individuais/coletivos, existe a oposição entre o literário (que é singular) e o científico (que é coletivo): é possível coletivizar (com todas as conotações políticas...) a produção intelectual sem a destruir?

---

524. Sobre este ponto, ver a entrevista de P. Bourdieu com Franz Schultheis sobre as fotografias tiradas em suas pesquisas na Argélia entre 1958 e 1961: "Photographies d'Algérie" ["Fotografias da Argélia"]. *In*: *Images d'Algérie. Une affinité élective.* Arles: Actes Sud, 2003, p. 17-45. Ver também o número 150 de *Actes de la recherche en sciences sociales*, de dezembro de 2003, dedicado a "A antropologia de Pierre Bourdieu", que dá grande destaque para a fotografia na etnografia. Também podemos mencionar o uso da fotografia feito por Bourdieu nessa mesma revista ou em *A distinção*.

O livro de Antoine Compagnon que acaba de ser publicado sobre a Terceira República[525] descreve muito bem os debates em torno do lansonismo[526], a luta em torno da reforma da universidade, que opôs os modernistas e a ciência social ([Charles] Seignobos, Lanson, Durkheim etc.) aos tradicionalistas, especialmente historiadores da literatura, professores de Francês etc. Essa luta, bastante parecida com as lutas atuais[527], muitas vezes envolve tecnologias sociais que implicam uma imagem de si, uma espécie de mitologia pessoal dos intelectuais.

Um outro exemplo: os Salões são uma invenção histórica surpreendente; é uma forma social em que se misturam homens e mulheres, artistas e burgueses. Da mesma maneira, as galerias, os museus, todas essas coisas às quais estamos acostumados são invenções históricas. Eu acho que a teoria kantiana do belo não pode ser compreendida se não soubermos que mais ou menos no mesmo momento apareciam em Dresden[528] e num certo número de cidades galerias em que as obras eram penduradas, destinadas a serem observadas independentemente do contexto e da função, não se enxergava mais que um retábulo era uma obra que cumpria uma função religiosa[529]. A cultura propriamente estética que consiste em observar a obra em si mesma e para ela mesma, se não foi o produto, pelo menos foi reforçada pela existência das galerias e dos museus... De fato, há uma simultaneidade na invenção da postura e da objetivação da postura estética (começam a pendurar obras no museu – isso não aconteceu de um dia para o outro, existem galerias desde o século XV). Mas o museu de tipo moderno como objetivação do olhar puro, estético, é outra dessas invenções técnicas/estéticas.

---

525. Antoine Compagnon, *La Troisième République des Lettres* [*A Terceira República das letras*]. Paris: Seuil, 1983.

526. Gustave Lanson (1857-1934), que foi diretor da École Normale Supérieure, é uma figura fundamental da reforma da universidade e da crítica literária. Levando em conta as influências sociais, ele se opôs a Taine, que representa a corrente tradicionalista. Ele também se interessou, no plano pedagógico, pela dissertação e explicação de textos.

527. Ver em *Homo academicus*, *op. cit.*, que propõe uma análise do mundo universitário nas décadas de 1960 e 1970, as referências ao combate da "nova Sorbonne" (especialmente p. 65, 157 [57, 155]).

528. Sobre esse tema, P. Bourdieu citará as obras de Francis Haskell numa aula posterior (30 de maio de 1985, a ser publicada no volume 4 desta série).

529. Ver P. Bourdieu; A. Darbel & D. Schnapper, *O amor pela arte*, *op. cit.*; Pierre Bourdieu, "Piété religieuse et dévotion artistique. Fidèles et amateurs d'art à Santa Maria Novella" ["Piedade religiosa e devoção artística: fiéis e amantes da arte em Santa Maria Novella"], *Actes de la recherche en sciences sociales* 105, 1994, p. 71-74.

Acontece a mesma coisa com os livros. Os franceses não fazem índices remissivos, ou fazem apenas raramente: O que é que isso quer dizer? O índice remissivo é uma invenção técnica que cria uma relação muito especial com o livro. Da mesma maneira, o sumário não é uma coisa autoevidente, também é uma invenção. Podemos associar muitas dessas coisas que nos parecem coextensivas com a arte de pensar. O plano em três pontos é uma invenção (vejam o livro de Panofsky, *Arquitetura gótica e pensamento escolástico*, esse é um dos grandes livros da humanidade...), é aquilo que Santo Tomás chama de princípio de clarificação[530]: a ideia de que é preciso dizer as coisas de modo que elas se autoexplicitem o máximo possível, que enunciem sua própria organização. Vocês verão na edição francesa de Panosky: estão lado a lado as fac-símiles de manuscritos do século XII e do século XIV[531]; no manuscrito pré-clarificação, todo enrolado, não há títulos nem capítulos, enquanto o manuscrito clarificado se torna organizado, em três pontos, como uma catedral gótica. Poderíamos encontrar muitos outros exemplos.

Saber que tratamos de invenções históricas dá uma liberdade em relação a essas coisas que muitas vezes o sistema de ensino transmite como exigências eternas da mente, eternizando-as assim para além de sua utilidade social. [...] O debate do plano em três pontos ou em duas partes[532] é muito importante [...], existem coisas que não somos capazes de pensar em dois pontos. O olhar historicista é o mais recusado: não digo isso por maldade, mas os intelectuais têm horror das análises historicistas sobre as coisas intelectuais. Eles se pensam como pensadores universais; no entanto, para se ter uma pequena chance de ser universal é preciso saber historicizar: quanto mais eu sei que as ferramentas que emprego são históricas – a maneira de falar, os esquemas de pensamento são a incorporação de um monte de invenções históricas sucessivas mais ou menos codificadas, transmitidas, institucionais –, mais chances eu tenho de me "des-historicizar", ou

---

530. Erwin Panofsky, *Arquitetura gótica e pensamento escolástico*. Trad. de W. Hörnke. São Paulo: Martins Fontes, 1991, p. 18-24 [*Gotische Architektur und Scholastik*, 1951].

531. P. Bourdieu tem em mente uma página inserida no posfácio que escreveu para a edição francesa, E. Panofsky, *Architecture gothique et pensée scolastique*, *op. cit.*, p. 155 (o comentário de E. Panofsky sobre a divisão em capítulos encontra-se na página 23 da edição brasileira).

532. Na França, os estudantes de ensino médio aprendem técnicas de organização de textos, incluindo o texto "em duas partes", ou dicotômico, e o "plano em três pontos", que apresenta os dois lados de um assunto e termina propondo um caminho intermediário. Em outra ocasião, P. Bourdieu chama o plano em três pontos de "forma degradada da dialética hegeliana", já que não propõe uma síntese e sim um compromisso. Ver P. Bourdieu & L. Boltanski, "La production de l'idéologie dominante", *art. cit.*, p. 56 [N.T.].

pelo menos de colocar em suspenso as heranças históricas mais arbitrárias. Essa história das tecnologias do pensamento também teria, portanto, uma função epistemológica fundamental. Aqui, vocês encontrarão um monte de elementos em Bachelard, que tinha muita sensibilidade a esse tipo de coisa: ele constantemente fazia surgir o caráter inesperado, surpreendente e histórico de coisas que se tornaram triviais no pensamento científico[533].

A delegação e a representação (2)

Volto muito rápido ao que dizia na última aula, de maneira não muito ordenada, sobre a delegação e vou tentar acentuar um certo número de consequências das proposições que elaborei. Eu tentei mostrar que essa espécie de processo de delegação que se impõe a nós – parece-me que desde Rousseau –, segundo o qual um indivíduo autoriza outro indivíduo a falar em seu lugar, oculta um outro processo mais poderoso e perigoso: o da representação, por meio do qual um certo número de pessoas se reconhece em alguém que, ao representá-las no sentido teatral, faz com que elas existam como grupo.

Estranhamente, vou começar por esse efeito de representação, de teatro, que sempre foi visto e ao mesmo tempo não visto, acho que por causa dessa espécie de ligação ao modelo da delegação. Lerei um texto de Hobbes no *Leviatã* que me parece importante para que vocês entendam: "Uma multidão de homens é transformada em *uma* pessoa quando é representada por um só homem ou pessoa, de maneira a que tal seja feito com o consentimento de cada um dos que constituem essa multidão. Porque é a *unidade* do representante, e não a *unidade* do representado, que faz com que a pessoa seja *una*"[534]. Esse texto é muito interessante porque mistura as duas formas, temos simultaneamente a delegação e a representação: "Uma multidão de homens é transformada em *uma* pessoa quando é representada por um só homem ou pessoa ["representada" no sentido de simbólico – P.B.], de maneira a que tal seja feito com o consentimento de cada um [aqui é a visão da delegação: eu delego através de um ato deliberado e livre etc. – P.B.]. Porque é a *unidade* do representante, e não a *unidade* do representado, que faz com que a pessoa

---

533. G. Bachelard, *A formação do espírito científico*, *op. cit.*

534. Thomas Hobbes, *Leviatã*. *In*: *Os pensadores*, vol. XIV. Trad. de J.P. Monteiro & M.B.N. Silva. São Paulo: Abril Cultural, 1973, cap. XVI, p. 102 [*Leviathan*, 1651].

seja *una* [o representado é único porque o representante é único: é a unidade daquele que representa, e não dos representados, que faz a pessoa ser una – P.B.]".

Em outras palavras, temos a formulação mais resumida daquilo que eu disse na última aula: Será que o efeito político fundamental não reside nessa capacidade de unificar que é dada ao representante enquanto ser único? Se eu sou o único representante de uma coletividade, minha unicidade é uma espécie de manifestação ou de exibição da unidade do grupo. Para Hobbes, esse efeito simbólico, esse efeito de representação unificante, a eficácia unificadora da representação, por assim dizer, é exercido ao máximo quando [aqueles que são representados] não existem antes da representação. Há uma espécie de começo absoluto: é quando o representante se afirma como representante que, exatamente por isso, ele faz o grupo representado existir. Eu acho que esse efeito de unificação por meio da representação se exerce ao máximo quando menos tem a palavra o grupo que o porta-voz faz existir ao manifestá-lo. Assim, o paradoxo de Hobbes atinge seu máximo quando pensamos nos representantes dos grupos dominados: essa teoria hobbesiana da representação criadora e unificadora nunca é mais válida do que quando se trata de pessoas que, por razões econômicas e sociais, pelo efeito de mecanismos ligados ao capital cultural, têm menos acesso à palavra e estão de fato num estado de submissão de si em relação ao porta-voz que os faz existir ao representá-los. A análise de Hobbes que muitas vezes é vista como uma antecipação das formas modernas da teoria do contrato e da delegação é na verdade mais medieval do que moderna.

Cito duas referências para vocês: Gaines Post, *Estudos sobre o pensamento legal medieval: O direito público e o Estado, 1100-1322*[535]; e Pierre Michaud-Quantin, *Universitas: expressões do movimento comunitário na Idade Média latina*[536]. Esse segundo livro trata da noção de *universitas*, quer dizer, um grupo que precisamente existe como único por meio de sua representação unitária. A *universitas* é o grupo por excelência, a corporação que é constituída pelo fato de ter porta-vozes legítimos, dotados dos atributos legítimos da representação. Um dos atributos mais importantes é aquele que Post chama de *sigillum authenticum*: no limite, a *universitas* é um selo, o selo do reitor responsável pelo corpo que, de certa manei-

535. *Studies in medieval legal thought: public law and the State, 1100-1322*. Princeton: Princeton University Press, 1964.

536. *Universitas. Expressions du mouvement communautaire dans le Moyen Âge latin*. Paris: Vrin, 1970.

ra, encarna o corpo coletivo; o reitor é um corpo biológico que encarna o corpo social e que, ao encarná-lo, faz com que ele exista. Ele está dotado dos atributos simbólicos de sua representatividade, sob a forma do *sigillum*, o selo que vai legitimar sua assinatura, que vai certificar conforme sua assinatura.

Poderíamos mencionar o *skeptron*, o bastão sobre o qual Benveniste diz ser dado ao orador para manifestar o fato de que ele tinha direito à palavra[537], que ele tinha legitimidade para falar porque era ele quem tinha o cetro. Esse é um dos objetos simbólicos que são a encarnação, a materialização e a objetivação do grupo em sua unidade. Post e essa tradição de pesquisadores também refletiram sobre a noção de coroa: falamos dos "bens da coroa", a coroa é um objeto que manifesta[538] que aquele que a porta é o rei... E se podemos dizer "o rei está morto, viva o rei", é porque os bens da coroa, como o cetro, sobrevivem ao rei; haverá rei enquanto houver coroas, enquanto pudermos passar apropriadamente a coroa de um rei para o outro, e o rei no limite é aquele que recebeu a coroa apropriadamente. Esses problemas da representação foram elaborados na tradição medieval a partir da preocupação de definir o que é um grupo legítimo. Um grupo que existe de verdade, uma *universitas*, é um conjunto de pessoas que se reconhecem no mesmo porta-voz. É claro que estamos no domínio da magia pura, como vemos com a coroa.

Segundo uma leitura um pouco ingênua, esses atributos simbólicos seriam um pouco como o relógio pascaliano, o aparelho pascaliano[539]: como as cerimônias da Igreja, a exibição simbólica teria por objetivo impressionar, atingir os espíritos etc. Mas é mais complicado do que isso. Esses atributos simbólicos são uma encarnação do grupo. Um selo não é nada de extraordinário; mas, simplesmente, o selo é o grupo. Aquele que tem o selo, ou o cetro, é o grupo. Isso não quer dizer simplesmente que o cetro decora, aumenta, impressiona... Eu acho que, por analogia, podemos pensar no ritual do microfone nas assembleias contemporâneas:

537. "Esse *skêptron* é em Homero o atributo do rei, dos arautos, dos mensageiros, dos juízes, todos eles figuras que, por natureza e por ocasião, estão revestidas de autoridade. Passa-se o *skêptron* ao orador antes que ele comece seu discurso e para lhe permitir falar com autoridade." (É. Benveniste, *O vocabulário das instituições indo-europeias*, vol. II, *op. cit.*, p. 30 [30].)

538. Em seu primeiro ano letivo, Bourdieu já havia falado sobre a coroa baseando-se no livro de Percy Ernst Schramm, *A history of the English coronation* [*Uma história da coroação inglesa*]. Trad. de L.G.W. Legg. Oxford: Clarendon Press, 1937. Ver a aula de 9 de junho de 1982 (*Sociologia geral volume 1*, *op. cit.*, p. 144 [169]).

539. Ver a passagem sobre o "aparelho" no fragmento "A razão dos efeitos": Pascal, *Pensamentos*, *op. cit.*, 82, p. 62.

passar o microfone para o orador é uma forma transposta da tecnologia do cetro [e do *skeptron*], uma maneira de dizer: "Você está acreditado com a palavra legítima". Em nossas sociedades, mecanismos do mesmo tipo operam porque a palavra só pode ser tomada sem violência pelas pessoas com o mandato para tomá-la, cujo mandato é visto sob a forma de selo, cetro etc. Falando de forma simples: o selo é o mandato reificado, o mandato feito coisa, é o que atesta, o que autentifica o mandatário como mandatário legítimo.

A hipocrisia estrutural do mandatário

Agora eu gostaria de tentar ver, dentro dessa análise do que é a gênese social de um grupo e dos mecanismos simbólicos de produção dos grupos, as propriedades dos mandatários. Com muita frequência, descreve-se na linguagem da psicologia e da moral (e muitas vezes da alienação moral) as propriedades dos agentes sociais que podem de alguma forma ser deduzidas de sua posição na estrutura, mas eu acho que o fino do fino da sociologia muitas vezes é demonstrar que as coisas que descrevemos como traços individuais, de caráter, estão inscritas na posição social do clérigo. Vou tentar fazer isso utilizando textos muito diferentes, textos de Nietzsche contra alguns padres que vocês certamente conhecem e textos de Kant. Esses textos denunciam um certo número de propriedades do clérigo como mandatário, como *x* que fala em lugar do grupo. Mas essas propriedades não são de modo algum propriedades da pessoa que poderíamos descrever em termos de hipocrisia (Nietzsche diz que os clérigos são hipócritas).

O que quero demonstrar é que o detentor de um *sigillum* está destinado à hipocrisia estrutural, e uma propriedade dos mandatários é que, por serem o grupo, eles precisam lembrá-lo o tempo todo, mas para ter o direito de dizer que são o grupo eles devem dizer que são *apenas* o grupo e que só existem através do grupo. Em outras palavras, o discurso do líder sindical, do líder político, do mandatário em geral comporta uma espécie de modéstia imposta: eu só posso ser tudo, quer dizer, o grupo, se disser que sou apenas o grupo. Por causa desse fato, as análises da má-fé dos mandatários que em geral são aplicadas aos padres (como mandatários por excelência) me parecem se aplicar de maneira muito geral. Elas estão inscritas nessa posição e não têm nada a ver com as disposições éticas e psicológicas dos mandatários.

O problema do mandatário que é consagrado, que detém o cetro, é se autoconsagrar como consagrado. E ele vai se autoconsagrar ao dizer que só existe por causa do sagrado. Citarei aqui um texto de Kant em *A religião nos limites da simples razão*[540]. Kant diz que "uma Igreja fundada [sobre a fé incondicional e não sobre uma fé racional não teria] *servidores* (*ministri*), [...] mas altos *funcionários* (*officiales*) que mandam". Com muita frequência, quando falamos desses problemas, voltamos através do latim a essa tradição medieval muito elaborada, já que a Igreja é sem dúvida a primeira invenção histórica de uma grande burocracia: uma quantidade enorme de trabalhos foi dedicada a essa espécie de gênese inconsciente de uma grande burocracia, com esse fenômeno da delegação, a invenção do ministro como aquele que não existe em si mesmo, que é apenas o mandatário, o vigário do grupo ou de um corpo. "[Esses *officiales*], embora (como numa Igreja protestante [que é uma espécie de Igreja eufemizada – P.B.]) não apareçam no brilho da hierarquia [...] e até protestem contra tal por palavras [Kant quer dizer que é uma hipocrisia de segundo grau – P.B.], de fato, porém, desejam saber-se considerados como os únicos intérpretes autorizados de uma Escritura Sagrada [...]. Transformam assim o *serviço* da Igreja (*ministerium*) numa *dominação* sobre os seus membros (*imperium*), embora, para ocultar tal imprudência, se sirvam do modesto título de servidores".

Eu acho que tudo está nesse texto. É um texto complicado, mas podemos relê-lo de forma bastante simples: há uma espécie de jogo duplo entre *ministri* ("ministro", o que quer dizer, no sentido etimológico[541], um mandatário, um delegado que só vale "para", "no lugar de") e *officialis* (ou seja, o mandatário que deixa de ser o mandatário para ser autônomo, ele é autoconstituído). Como transformar um poder delegado em um poder que se faz esquecer como delegado? Como transformar o ministério em *officialis*, o *ministerium* em *imperium*? Como transformar o secretário-geral no general na chefia? Kant diz que há uma espécie de usurpação: o serviço do grupo se torna um serviço de si pelo grupo, a usurpação estaria inclusa nesse deslizamento: eles se servem "do modesto título de servidores". Em outras palavras, a estratégia da modéstia é estrutural: eu só posso me tornar im-

540. Immanuel Kant, *A religião nos limites da simples razão*. Trad. de A. Morão. Lisboa: Edições 70, 2008, p. 167 [*Die Religion innerhalb der Grenzen der blossen Vernunft*, 1793].

541. A palavra *minister* em latim significa "servidor", "empregado doméstico", "aquele que serve, que ajuda". Ela é formada a partir de *minus* ("menos"), enquanto *magis* ("mais") formou a palavra *magister* ("aquele que comanda", o "mestre").

perioso ao abdicar de alguma forma, ao me apagar diante do direito. Essa espécie de *habitus* apagado que é tipicamente sacerdotal é uma espécie de descrição do *habitus* clerical em toda sua generalidade.

Kant nos diz que os ministros tentam obter o monopólio das Sagradas Escrituras: eles são sagrados por meio das Escrituras que vão consagrar. Eles vão dizer: "É preciso reler Marx – o Jovem Marx e o Velho Marx"[542], "É preciso reler o Velho Testamento e o Novo Testamento", "É preciso fazer cortes", "Existe o texto bom e o texto ruim", "É preciso ler Marx melhor do que Marx" etc. Para se constituírem como sagrados, eles devem se constituir como detentores do monopólio da definição daquilo que os consagra. Portanto, eles precisam deter o monopólio da exegese quando o princípio de consagração é um livro – o que muitas vezes é o caso para as tradições fundamentadas no capital cultural objetivado. Nietzsche diz isso muito bem em *O anticristo* (texto absolutamente formidável, poderíamos citar páginas e páginas...): "Esses evangelhos não podem ser lidos com suficiente cautela; por trás de cada palavra existem dificuldades"[543].

Uma questão obviamente muito interessante do ponto de vista da análise: Como é possível utilizar textos filosóficos desse tipo numa análise sociológica? O que fazemos acontecer com esses textos quando os estudamos? Na verdade, esses textos são quase sempre escritos no modo da indignação e da condenação, e ainda que a indignação seja um dos princípios da lucidez (enxergamos bem aquilo que detestamos), ela impede ao mesmo tempo que enxerguemos o princípio daquilo que detestamos. Um sociólogo pode ser atraído por esta ou aquela coisa que o indigna, mas ele só será sociólogo se superar sua indignação e descobrir os princípios que fazem com que a coisa exista; isso não o impede de se indignar, mas ele tem que fundamentar essa coisa. Obviamente, em Nietzsche o tom da indignação profética é permanente, mas ele toca em mecanismos reais muito importantes e muito gerais: "Esses evangelhos não podem ser lidos com suficiente cautela; por trás de cada palavra existem dificuldades". Ao dizer que os Evangelhos são difíceis, o exegeta se dá o monopólio da leitura. Muitos textos, em certa medida, são tornados difíceis pelos exegetas que buscam constituir o monopólio da exegese.

---

542. Alusão às numerosas "releituras" de Marx na década de 1970 sobre as quais P. Bourdieu dedicou um artigo: "La lecture de Marx ou quelques remarques critiques à propos de 'Quelques remarques critiques à propos de *Lire Le Capital*'", *art. cit.*

543. Friedrich Nietzsche, *O anticristo e ditirambos de Dionísio*. Trad. de P.C. Souza. São Paulo: Companhia das Letras, 2012, § 44 [*Der Antichrist*, 1895].

Essa proposição pode ser ilustrada facilmente com um monte de exemplos: o hermeneuta é hermético para justificar a hermenêutica [*risos*].

Um outro exemplo de Nietzsche: ele diz que o mandatário deve realizar "a transformação de si em sagrado"[544]. Para realizar a transformação de si em sagrado ele precisa se consagrar como o único capaz de constituir o sagrado. Entre as estratégias pelas quais o mandatário se autoconsagra, existe a estratégia da devoção impessoal: "Nada arruína mais profundamente, mais intimamente do que todo dever 'impessoal', todo sacrifício ante o Moloch da abstração"[545]. Eis uma outra propriedade do mandatário: ele diz "o Povo", "as massas", ele fala de maneira abstrata, geral, e isso é uma estratégia... Outra citação, o mandatário sempre se designa tarefas sagradas: "Em quase todos os povos o filósofo [para Nietzsche, o filósofo e o clérigo são a mesma coisa – P.B.] é apenas o prosseguimento do tipo sacerdotal [o que é verdade – P.B.], já não surpreende esse legado do sacerdote, a *falsificação da moeda para si mesmo.* Quando a pessoa tem tarefas sagradas, como melhorar, salvar, redimir os homens [...] já está mesmo santificada por essa tarefa"[546]. Essa belíssima frase é a própria fórmula do fetichismo: eu salvo, sou salvador, portanto devo ser considerado como salvo. Essa espécie de transfiguração, de inversão das causas e dos efeitos realizada pela alquimia da consagração, é o que Nietzsche chama de "mentira sagrada" através da qual o padre se consagra. O sacerdote é aquele que "[chama] 'Deus' sua própria vontade"[547]. Prova-se facilmente que o mandatário é aquele que chama "a Nação", "o Povo" sua própria vontade.

Outra citação: "A 'Lei', a 'vontade de Deus', o 'livro sagrado', a 'inspiração' – tudo apenas palavras para as condições *sob* as quais o sacerdote chega ao poder, *com* as quais ele sustenta seu poder – esses conceitos se acham na base de todas as organizações sacerdotais, de todas as formações sacerdotais ou filosófico-sacerdotais de domínio"[548]. Nietzsche continua: os delegados trazem para si os valores universais, "a moral é arrestada por essa gente"[549]. Essa é uma palavra sublime; assim, eles açambarcam Deus, a Verdade, a Sabedoria, o Povo, a Mensagem, a

544. "A dissimulação de si mesmo como 'sagrado'", *ibid.*

545. *Ibid.*, § 11.

546. *Ibid.*, § 12.

547. *Ibid.*, § 47.

548. *Ibid.*, § 55.

549. *Ibid.*, § 44.

Liberdade de maneira a poder dizer: "Eu sou a Verdade", "Eu sou o Povo" e de forma, como Nietzsche ainda diz, de se tornarem "a medida de todo o resto". Essa estratégia não é autoevidente, ela é uma jogada difícil: é sempre preciso parecer pequeno, perdedor, modesto e humilde para poder ser [triunfante (?)] e dominar.

A forma por excelência dessa "transformação de si em sagrado" é aquela que podemos chamar de *efeito de oráculo* – que Nietzsche enunciou numa das citações: o sacerdote é aquele que chama sua própria vontade de Deus, e o efeito do oráculo consiste no porta-voz dizendo que aquele que fala através dele é o Povo. Há muitos trabalhos etnológicos e etnográficos sobre os grandes oráculos da Antiguidade e sobre as estratégias que eram empregadas pelos sacerdotes. Nós temos efeitos de oráculo na política de todos os dias; o porta-voz dá respostas e enuncia o discurso de um povo em nome do qual ele fala, legitimando-se a falar em nome da palavra que ele produz, no lugar daquilo que o legitima a falar. Faz-se falar aquilo em nome do que se fala, aqueles em nome de quem se tem o direito de falar e faz-se com que eles digam aquilo que legitima aquele que fala a falar. Esse efeito "em nome de..." é capital: os porta-vozes são pessoas que falam "em nome de" alguma coisa, eles falam em nome do Senhor... Eles são como os vigários, estão aqui *para* alguma coisa e *em nome de*...

Isso é muito importante: os durkheimianos sempre se colocavam a questão de saber como poderíamos passar de uma ciência dos costumes, ou seja, de uma ciência constativa daquilo que é o mundo social para uma moral[550]. Como se pode passar do positivo ao normativo (algo que ciência nenhuma jamais fez...)? Eles invocavam para o sociólogo o direito de ser o enunciador daquilo que está implícito no mundo social, suas coerções, seus imperativos coletivos. Há em Durkheim textos absolutamente extraordinários. É uma tentação à qual o sociólogo está forçosamente exposto. Como eu digo com frequência (e maldade), a sociologia é para muitos sociólogos uma maneira de perseguir a política por outros meios: colocamo-nos como os exegetas da verdade imanente do mundo social e, em nome dessa verdade imanente ou dessas leis tendenciais (por exemplo, a oposição entre o normal e o patológico em Durkheim[551]), enunciamos normas e falamos não

---

550. Ver, em particular, Lucien Lévy-Bruhl, *La Morale et la science des mœurs* [*A moral e a ciência dos costumes*]. Paris: Alcan, 1903; Émile Durkheim, "Introduction à la morale" ["Introdução à moral"]. *In*: *Textes II: Religion, morale, anomie.* Paris: Minuit, 1975, p. 313-331.

551. Ver, em particular, É. Durkheim, *As regras do método sociológico*, *op. cit.*, cap. 3, "Regras relativas à distinção entre normal e patológico", p. 49-76 [140-168].

somente do que é, o que já não é fácil, mas também do que deve ser. Esse passe de mágica é central. Ele permite passar do constativo ao performativo... No fundo, os durkheimianos tinham entendido muito bem que, como a transcendência era o grupo, conseguir falar em nome do grupo é se dar o monopólio da expressão da transcendência e exercer sobre cada um dos membros do grupo a coerção inscrita no coletivo. Mas se é verdade que em grande parte é a expressão do coletivo que faz o coletivo existir, produz-se essa coerção no próprio ato pelo qual a exercemos.

O efeito de oráculo sobre o qual eu falava há pouco consiste, portanto, em explorar a transcendência do grupo em relação ao indivíduo. Essa transcendência, que se exerce sob a forma de coerção, permite a um indivíduo que pode se fazer passar pelo grupo explorar a transcendência do grupo sobre os indivíduos. É, portanto, uma maneira de monopolizar a verdade coletiva ao se autorizar do grupo que autoriza para exercer a autoridade sobre o grupo. Se eu sou um porta-voz, a partir do momento que me autorizo do grupo que me autoriza, posso exercer a autoridade sobre o grupo. Eu acho que esse é o passe de mágica fundamental do mundo social. É possível que o grupo se reconheça nessa coerção, a liberdade não é total. Essa é uma velha regra ("só se prega para os convertidos"): quanto mais o porta-voz expressa as expectativas latentes e confusas do grupo e explicita essas expectativas latentes, maiores as chances de ele ser reconhecido na coerção que exerce sobre o grupo. Isto posto, [o passe de mágica subsiste porque] há uma margem de liberdade que está inscrita no fato da delegação.

Para terminar esse primeiro ponto, eu poderia dizer que a modéstia e a hipocrisia são propriedades sociais estruturais, de aparência psicológica, do mandatário. Poderíamos reler Robespierre e Saint-Just[552] a esse respeito: essa espécie de identificação aterrorizante em nome da qual se terroriza...

A homologia e a jogada dupla

Agora, em duas palavras: Será que não estou voltando a uma visão cínica do mandatário, à velha visão do século XVIII, aquela do sacerdote que explora a credulidade, que engana, e que encontramos [nos filósofos Claude-Adrien] Helvétius e [no barão de] Holbach? Eu acho que um dos progressos da ciência social

552. Maximilien Robespierre (1758-1794) e Louis de Saint-Just (1767-1794) foram dois personagens importantes da Revolução Francesa, particularmente em relação ao período conhecido como "O Terror". Ambos foram guilhotinados em 1794 [N.T.].

(com Marx, os sociólogos etc.) é ter entendido muito bem os limites de uma visão ingenuamente material do tipo: "Os sacerdotes manipulam os povos para satisfazer seus próprios interesses". Na realidade, o porta-voz, o manipulador, só manipula porque ele também é manipulado; ele só faz acreditar porque acredita, e um dos mecanismos que fazem com que os manipuladores e os porta-vozes acreditem no que dizem – o que contribui para o efeito de crença do que dizem – são os efeitos de homologia entre o espaço dos mandatários e o espaço dos mandantes. Vou colocar isso de maneira abstrata (vou tentar explicar depois): se o mandatário não é cínico é porque, com muita frequência, cada mandatário (cada clérigo, cada agente religioso etc.) está para os outros mandatários (os outros clérigos, os outros agentes religiosos etc.) que combate numa relação homóloga àquela de seus destinatários com os outros destinatários.

Por exemplo, num campo político relativamente autônomo, aquele que ocupa uma posição *a* de esquerda está para aquele que ocupa uma posição *b* de direita como aquele que ocupa uma posição *A* de esquerda no espaço social está para aquele que ocupa uma posição *B* de direita no espaço social: o porta-voz dos dominados está para o porta-voz dos dominantes numa relação homóloga àquela entre os dominados e os dominantes. O que faz com que estejamos na lógica da jogada dupla, que é uma das coisas mais complicadas de compreender no mundo social. Ela significa que cada jogada que os agentes fazem dentro do campo relativamente autônomo (cada jogada do profeta contra o sacerdote, cada jogada do poeta de vanguarda contra o poeta antiquado, do acadêmico contra o poeta simbolista etc.) seja, devido à homologia entre o campo relativamente autônomo e os espaços mais amplos (o espaço da clientela burguesa na literatura, o espaço dos eleitores), sobredeterminada. As pessoas matam dois coelhos com uma cajadada. Se eu sou porta-voz da Esquerda Proletária, ao fazer uma jogada que derruba os trotskistas[553], eu expresso o grupinho homólogo no campo...

Eu não sei se estou me fazendo entender[554]... Os interesses específicos dos mandatários que obedecem a seus interesses específicos obedecem, além disso, em muito mais casos do que poderíamos imaginar, aos interesses de seus man-

---

553. A Esquerda Proletária é uma organização que se afirma maoista, formada em setembro de 1968. Nos anos seguintes ao maio de 1968, ela concorre na extrema-esquerda com os "trotskistas" da Liga Comunista Revolucionária.

554. Sobre esses pontos, pode-se ler também os desenvolvimentos no segundo ano (*Sociologia geral volume 2, op. cit.*, p. 374-375, 383-385 [624-626, 636-639]).

dantes, o que faz com que esqueçamos que eles obedecem a seus próprios interesses. Eles parecem tanto falar *realmente* para seus mandantes que esquecemos que o princípio de sua tomada de posição está na relação com os outros mandatários. É porque, na maior parte do tempo, devido a essa homologia "isso funciona". Só percebemos os interesses específicos dos mandatários nos casos de discordância manifesta entre os interesses dos mandatários e os interesses dos mandantes (por exemplo, quando ocorrem conflitos de aparelhos). Os mandatários passam então a denunciar o apolitismo ou o antiparlamentarismo pequeno-burguês. Não podemos denunciar os interesses específicos dos mandatários sem desconfiarmos da "generosidade" (como dizia Nietzsche) dos mandatários e sem que desconfiem de um suposto antiparlamentarismo, ou de algum tipo de populismo [*poujadisme*] ou de fascismo de nossa parte.

Isto posto, há um monte de situações em que, como os mandatários obedecem antes de mais nada à lógica específica do campo relativamente autônomo em que estão engajados, os efeitos de homologia fazem com que, com muito mais frequência do que poderíamos acreditar, eles cumpram sua função declarada, o que faz com que seu serviço seja tanto melhor quanto mais eles se sirvam ao servirem; na maior parte do tempo, ao servirem seus interesses específicos eles servem além disso os interesses daqueles em nome de quem falam.

Os mandantes e os corpos dos mandatários

Termino com um último ponto: depois de analisar o efeito de constituição do grupo pelos representantes, seria preciso analisar o que são as relações entre os representantes e o corpo, já que os representantes existem sob a forma de um corpo que, como o corpo sacerdotal, tem suas tendências próprias. Max Weber diz que toda análise da religião deve analisar "as tendências próprias do corpo sacerdotal"[555], quer dizer, os interesses específicos que estão ligados ao fato de se pertencer a uma Igreja. Da mesma maneira, toda análise de sociologia política deve analisar as tendências próprias dos aparelhos políticos que têm uma tendência à autorreprodução. Como todo corpo, todo aparelho político está preocupado com sua própria reprodução e pode sacrificar sua função à sua própria reprodução.

---

555. Sobre este ponto, ver a aula de 15 de março de 1984, p. 114.

Quero apenas mostrar que, se podemos ter a impressão de que o mandatário é delegado pelo mandante, a existência de corpos relativamente autônomos de mandatários faz com que, na realidade, essa delegação se torne uma delegação dos mandantes pelo corpo dos mandatários. Segundo Weber, a Igreja é um corpo que, por deter o monopólio da manipulação legítima dos bens de salvação, detém ao mesmo tempo o monopólio da consagração dos sacerdotes: os sacerdotes detêm o sagrado do corpo. Essa é a diferença entre o sacerdote e o profeta: o profeta consagra a si mesmo, ele é o princípio de seu próprio carisma, enquanto o sacerdote (como o professor) recebe seu carisma da instituição que o consagra, que lhe dá os instrumentos de consagração e que ao mesmo tempo lhe estabelece limites ("Preste atenção, é preciso fazer um milagre todas as manhãs, mas não um milagre de verdade, e acima de tudo não seja carismático"). Isso é parecido nos aparelhos políticos: o aparelho político tem sua lógica própria, suas tendências à reprodução, suas leis de consagração e cada um porta seu mandato do corpo dos mandatários com as mesmas funções, os mesmos limites (a pessoa do aparelho não faz milagres, tem língua-de-cobra, precisa dizer o que o aparelho diz, não deve ser profética).

Última pergunta: Como o corpo dos mandatários escolhe os mandantes? O que ele pede dos mandantes? Se é verdade que o corpo dos mandatários tem como princípio sua própria conservação, ele terá uma tendência a escolher os mandantes mais apropriados para reproduzir o corpo dos mandatários. No fundo, essa é a lei de ferro dos aparelhos: o corpo dos mandatários dá tudo àqueles que lhe dão tudo, àqueles que não são nada fora do aparelho. Reencontramos a forma estrutural da modéstia sacerdotal: o sacerdote perfeito, típico, recebe todo o seu sagrado da Igreja; em si mesmo ele não é sagrado. Da mesma forma, o mandatário do aparelho retira todo seu carisma do aparelho e poderíamos, a partir dessa análise estrutural, fazer uma psicologia social do mandatário.

Eu gostaria de ter citado textos de Zinoviev para vocês: o princípio do sucesso de Stalin reside no fato de que ele era alguém "extraordinariamente medíocre"[556].

556. "O que mais me aflige, diz o Neurastênico, não é tanto que eles sejam arrivistas, é que eles sejam medíocres, incluindo como arrivistas. É assim em todo lugar, diz o Borrador, o talento é raro. Mas você ainda assim não vai negar que o Patrão, por exemplo, era um arrivista de talento. Sim, diz o Neurastênico. Ele só apareceu porque era extraordinariamente medíocre em todos os pontos de vista. Como assim, diz o Borrador. Há várias lembranças que o mostram como um homem que veio do povo comum. Pense em alguém que você considera como a mediocridade ideal, diz o Neurastênico. Perfeito; agora coloque-o no comando de nossa União. Espere uns dez anos. Ele

Uma outra frase: sobre um *apparatchik*, ele diz que tem "uma força extremamente insignificante e de fato invencível"[557]. Como Nietzsche, Zinoviev sentiu muito bem, no modo da indignação, que uma das propriedades do mandatário legítimo é uma certa mediocridade, uma certa nulidade. Por quê? Porque aquele que não é nada fora do corpo dá tudo ao corpo. As Igrejas adoram os oblatos[558], aqueles que são dados à Igreja pela sua família desde a infância, aqueles que dão tudo à Igreja porque devem tudo a ela. Hoje em dia, entre os bispos franceses, há uma grande proporção de oblatos que são completamente dedicados à Igreja porque não são nada fora da Igreja[559]. Quanto mais eu sou alguma coisa fora da Igreja, mais tenho tendência a ser esperto, a ser profético, a contestar etc. Se eu devo tudo à Igreja, eu me entrego totalmente à Igreja, sou devotado e avanço na Igreja...

começará a fazer coisas tão inacreditáveis que poderíamos logo editar uma coleção dos melhores aforismos desse cretino. Uma nulidade que pensa ter asas começa a se conduzir como se fosse um gênio. Os esforços de uma imensa multidão acabam criando a ilusão de um gênio" (Alexandre Zinoviev, *Les Hauteurs béantes* [*As alturas escancaradas*]. Lausana: L'Âge d'homme, 1977 [1976], tradução de Wladimir Berelowitch, p. 306).

557. "A impressão é de estar exposto a uma força extraordinariamente insignificante e, por causa disso, invencível" (A. Zinoviev, *ibid.*, p. 307) ["*Apparatchik*" é uma gíria russa para um funcionário em tempo integral do Partido Comunista Soviético – N.T.].

558. Ver a obra que P. Bourdieu acabara de dedicar ao episcopado (P. Bourdieu & M. de Saint Martin, "La sainte famille", *art. cit.*). P. Bourdieu também utilizou a noção de "oblato" em sua análise do mundo universitário que acabara de publicar (*Homo academicus*, *op. cit.*).

559. P. Bourdieu & M. de Saint Martin, "La sainte famille", *art. cit.*

Aula de 17 de maio de 1984

Primeira hora (aula): o efeito das formas. – Uma análise da disciplina. – A ambiguidade da disciplina. – Um etnocentrismo do universal. – Segunda hora (resposta a perguntas e seminário): o problema das aproximações históricas. – A coerência do curso. – As aproximações históricas ("isso me faz pensar em...") – A falsa eternidade dos debates acadêmicos.

Primeira hora (aula): o efeito das formas

Eu gostaria de voltar ao problema que formulei na última aula, o problema das estruturas formais e do papel que elas podem desempenhar no mundo social. Esse é um ponto extremamente difícil e eu mesmo não tenho clareza completa sobre o que vou dizer, mas não acho que a obscuridade tenha a ver apenas com a obscuridade de minha mente: eu acho que esse é um dos pontos mais difíceis da análise científica. Com efeito, desde que a sociologia existe, e especialmente desde Max Weber, coloca-se o problema da racionalização do mundo social, desses processos que se desenrolam desde a origem dos tempos e que parecem orientar o mundo social na direção de maior racionalidade, maior coerência, maior lógica... Esse problema normalmente é resolvido na lógica da filosofia da história a partir de uma espécie de hegelianismo mais ou menos maduro, mais ou menos consciente de si mesmo. O que eu quis fazer nas últimas sessões era tentar enxergar, em relação a operações sociais concretas, onde poderia residir o fundamento dessa experiência de racionalização. Na última aula tentei mostrar que todas as atividades sociais geradas por uma disciplina, à imagem do direito, são habitadas por uma espécie de caráter formal que lhes dá uma generalidade e, poderíamos dizer, uma "generabilidade" ["*générabilité*"] intrínsecas que as dotam de todas as aparências segundo as quais normalmente reconhecemos as práticas racionais. É, portanto, esse tipo de práticas que gostaria de analisar para tentar ver como elas se constituem no mundo social, como elas funcionam.

Para dar uma ideia da dificuldade do problema, seria preciso refletir sobre a noção de competência. Como vocês sabem, a noção de competência foi submetida a uma crítica muito violenta na época de 1968: as críticas dessa noção enxergavam nela um dos apoios ideológicos de todas as reivindicações de hierarquia. De modo geral, a análise crítica feita sobre essa noção tendia a rebaixar a competência técnica ao plano da competência social e dizer: "A competência que vocês reivindicam, seja científica, técnica, tecnocrática, política, e que vocês descrevem como intrinsecamente fundamentada ["racional" quer dizer "intrinsecamente fundamentada" – P.B.], como capaz de se sustentar pela força própria de sua coerência, só tem fundamentos sociais; ela tem como fundamento uma autoridade exterior a si mesma, delegada pela ordem social". Contra a tendência das competências sociais a se fundamentar na razão, a se racionalizar, a pretender que seu fundamento não é arbitrário e sim necessário, quer dizer, lógico e, portanto, racional, a análise sociológica introduz o questionamento relativista que consiste em reduzir todo poder cultural, toda afirmação de universalidade cultural, ao arbitrário. Assim, nas análises que propus do sistema escolar[560], introduzi a ideia de arbitrário cultural que, banal na antropologia e na etnologia, introduz uma forma de questionamento dos próprios fundamentos do universo cultural quando aplicada a um universo que tem a pretensão da autossuficiência racional. De fato, a questão que coloco aqui é saber se as capacidades e as autoridades de pretensão racional são, como pretendem, fundamentadas na razão ou se, pelo contrário, são estritamente sociais.

Parece-me que a análise científica deve pelo menos formular a questão da aparência de racionalidade, quer dizer, de autossuficiência, que essas competências podem produzir e que fazem parte pelo menos de seu efeito social. Falar de violência simbólica, como faço com frequência, é pelo menos reconhecer a existência de formas de poder (simbólico) que só se exercem com a cumplicidade daqueles que as sofrem. Entre esses poderes, os poderes de tipo racional estão no primeiro plano: a universalidade de sua autoridade tem a ver com o fato de que valem para todo sujeito possível e que não há nada que possa se opor a eles, já

560. P. Bourdieu & J.-C. Passeron, *A reprodução*, *op. cit.*

que se enunciam (ou se anunciam de alguma forma) em nome da razão razoável... Eis o sentido, o centro do que tentei dizer na última aula: eu queria colocar essas questões não nesses termos um pouco gerais em que só há solução dogmática ou ideológica, mas de maneira concreta, em relação a uma prática particular ao tentar, por exemplo, demonstrar o que poderia aproximar modos de pensar tão distantes como o modo de pensar jurídico e o modo de pensar matemático. Hoje, quero prolongar um pouco esse ponto e tentar ver no que essa noção de regra, de regra formal, de certa maneira constitutiva do social, carrega a ambiguidade do que acabo de dizer.

Uma análise da disciplina

Começarei mencionando a noção de disciplina que, estranhamente, foi muito pouco analisada pelos sociólogos. O único texto que conheço sobre a questão encontra-se no volume II de *Economia e sociedade*, de Weber[561]. Nele Weber destaca um certo número de pontos: ele diz que a disciplina designa ao mesmo tempo a regra coletiva destinada a garantir a ordem de uma instituição e a disposição inculcada pelo exercício que leva a obedecer a essa regra coletiva. Se vocês abrirem [o dicionário] *Le Robert*, a palavra francesa [*discipline*] também anuncia dois sentidos. Por um lado, fala-se da "disciplina de uma ordem religiosa", da "disciplina de uma instituição militar" ou da "disciplina de um colégio": no sentido objetivo, a "disciplina" é uma regra coletiva, explícita, quase sempre codificada, escrita, impressa, destinada a garantir a ordem constitutiva de uma instituição total no sentido de Goffman[562]. Por outro lado, fala-se que fulano "tem uma disciplina" ou que "lembra sicrano da disciplina": a palavra designa então a disposição inculcada pelo exercício. Quando se diz: "A disciplina é a força dos exércitos", mobilizamos os dois sentidos; pensamos ao mesmo tempo na ordem militar e nessa ordem incorporada que é o *habitus* disciplinado do bom soldado, e esse *habitus* disci-

561. M. Weber, *Economia e sociedade*, vol. II, *op. cit.* "O disciplinamento e a objetivação das formas de dominação", p. 356-362.

562. O conceito de "instituição total" (ou "totalitária") que Bourdieu já havia utilizado em cursos anteriores é desenvolvido em *Manicômios, prisões e conventos*. Ao defini-lo, Goffman se refere explicitamente à regulamentação e à disciplina: "Uma instituição total pode ser definida como um local de residência e trabalho onde um grande número de indivíduos com situação semelhante, separados da sociedade mais ampla por considerável período de tempo, levam uma vida fechada e formalmente administrada" (E. Goffman, *Manicômios, prisões e conventos*, *op. cit.*, p. 11).

plinado do bom soldado é o produto da disciplina imposta a ele. A disciplina é, portanto, ao mesmo tempo a regra externa e a disposição inculcada pelo exercício de obedecer a essa regra.

Uma anotação que acho importante: a disciplina é a disposição a obedecer realizando a ordem de maneira imediata, precisa, sem discussão crítica, ou seja, completamente instantânea... É a disciplina como obediência imediata que dá à ação seu caráter mecânico, automático, imediatamente orquestrado. Ela é um meio de obter o caráter uniforme e automático do mecanismo em relação às condutas humanas. No fundo, se Durkheim dizia que "é preciso tratar os fatos sociais como coisas"[563], podemos dizer que as instituições totais tratam os agentes sociais como coisas. Elas conseguem fazer com que eles ajam como coisas, funcionem como máquinas que não precisam pensar nem refletir (a reflexão leva tempo); é preciso obedecer antes de refletir. Se alguém fala: "se jogue no chão", não se deve olhar se o chão está molhado, é preciso se jogar no chão. Compreende-se nessa lógica o absurdo que muitas vezes caracteriza os exercícios destinados a obter a disciplina no sentido subjetivo. A crítica espontânea do exercício militar sempre se refere ao lado absurdo e arbitrário do exercício por meio do qual o exército tende a produzir a mente disciplinada, mas esse caráter absurdo faz parte das próprias condições da produção da disciplina, como obediência de tipo kantiano[564]. Nunca pensamos nisso, mas não há nada mais kantiano do que o exército: os imperativos militares são imperativos categóricos[565] que excluem qualquer raciocínio do tipo: "Mas se choveu será que preciso me jogar no chão?" Para produzir essa disposição universal e imediata a obedecer é preciso fazer obedecer nas situações mais opostas possíveis à obediência, na lógica do imperativo hipotético. Se só obedecemos quando é fácil, não seria preciso obediência. Essa análise ajuda

---

563. "A primeira regra e a mais fundamental é *considerar os fatos sociais como coisas*" (É. Durkheim, *As regras do método sociológico*, *op. cit.*, p. 15 [108]).

564. Para Kant, se o sujeito moral só dá ouvidos à sua razão, ele obedece ao "imperativo moral" sem nenhuma outra consideração.

565. Um "imperativo" é "uma regra que é designada pelo verbo 'dever', que expressa a necessitação objetiva da ação e significa que, se a razão determinasse totalmente a vontade, a ação ocorreria infalivelmente segundo essa regra". Kant distingue os imperativos hipotéticos dos imperativos categóricos. Os primeiros são "preceitos da habilidade" que "determinam as condições de causalidade do ser racional, como causa eficiente, meramente em vista do efeito e da suficiência para produzi-lo". Os segundos seriam "leis práticas" que "determinam apenas a vontade, seja ela suficiente ou não para o efeito" (Immanuel Kant, *Crítica da razão prática.* Trad. de M. Hulshof. Petrópolis: Vozes, 2016, p. 21 [*Kritik der praktischen Vernunft*, 1788]).

a ver que a disciplina busca obter que os agentes sociais reajam como autômatos, como autômatos espirituais orquestrados objetivamente pelo efeito da disciplina. De certa maneira, a disciplina é a partitura, no sentido musical do termo, de todas as práticas: no mesmo momento todos tocam a mesma nota sem precisar refletir.

Encontramos aqui o problema que formulei num outro momento do curso[566] sobre a orquestração das práticas sociais: Como conseguir que um grupo de pessoas faça a mesma coisa ao mesmo momento, quer dizer (acho que essa é a frase correta), que um grupo aja como uma única pessoa? Se a dança desempenha um papel tão importante em tantas sociedades – e em particular nas sociedades arcaicas nas quais ela permite que o grupo afirme suas estruturas, suas unidades, suas diferenças, a divisão do trabalho entre os sexos, permite que o grupo ofereça o espetáculo de sua unidade na diversidade –, é exatamente porque ela é uma manifestação dessa espécie de partitura segundo a qual os grupos se organizam. A disciplina de tipo militar ou de tipo monástico tem, portanto, como primeira função fazer agir como uma única pessoa, o que não é autoevidente e é sempre uma espécie de conquista contra a dispersão ou a entropia espontânea dos grupos...

Seria preciso explicitar mais uma segunda função: a disciplina é uma maneira de fazer um conjunto de pessoas agir como uma única, sem exigir que elas pensem suas ações como coletivas e racionais. Aqui também, a análise weberiana da disciplina é muito kantiana (parece até um comentário de Kant): a disciplina tende a substituir o entusiasmo e a devoção. Contra as morais espontâneas, as morais da simpatia, todas as morais que exigem que os agentes tragam, de alguma forma, alguma coisa em sua ação moral, Kant propunha o seguinte argumento: quando a espontaneidade é maldisposta, a ação é muito provavelmente imoral[567]. Portanto, não devemos confiar na espontaneidade dos agentes. Se é preciso que eu esteja em estado de simpatia em relação à pessoa com quem serei caridoso para a caridade

566. P. Bourdieu sem dúvida pensa no final da aula de 19 de abril de 1984.

567. Para Kant, a ação só pode ser moral se for fundamentada no dever: "Ser caritativo quando se pode sê-lo é um dever, e há além disso muitas almas de disposição tão compassiva que, mesmo sem nenhum outro motivo de vaidade ou interesse, acham íntimo prazer em espalhar alegria à sua volta e se podem alegrar com o contentamento dos outros, enquanto este é obra sua. Eu afirmo, porém, que neste caso uma tal ação, por conforme ao dever, por amável que ela seja, não tem, contudo, nenhum verdadeiro valor moral [...], pois à sua máxima falta o conteúdo moral que manda [que] tais ações se pratiquem, não por inclinação, mas *por dever*" (Immanuel Kant, *Fundamentação da metafísica dos costumes*. *In*: *Os pensadores,* vol. XXV. Trad. de P. Quintela. São Paulo: Abril Cultural, 1974, p. 207 [*Grundlegung zur Metaphysik der Sitten*, 1795]).

acontecer, basta que eu esteja maldisposto para minha caridade desaparecer. Se queremos ações morais, a moral deve ter como princípio a moral da obediência pura, ou seja, um princípio puro, universal, irredutível ao acaso, às "intermitências do coração", como dizia Proust[568], aos acasos da versatilidade humana.

Weber diz então que, sem excluí-los (se existem pessoas heroicas, a disciplina toma a responsabilidade por isso...), a disciplina tende a substituir o entusiasmo e a devoção a uma causa ou pessoa. Nesse ponto, a disciplina racional se opõe à devoção de tipo carismático, que está na lógica da moral da simpatia: eu só me atiro ao fogo por alguém se estiver disposto; basta que meu humor mude para que essa pessoa não possa obter mais nada de mim (o carisma é vulnerável porque seus efeitos são, por excelência, descontínuos). Portanto, em oposição à devoção carismática e ao entusiasmo pelo chefe, a disciplina constitui para Weber uma forma de racionalização porque está protegida das flutuações dos sentimentos que afetam todas as práticas humanas enquanto estiverem subordinadas a uma autoridade de tipo carismático. Em outras palavras, Weber enxerga nas estruturas de tipo formal que descrevi na última aula invenções históricas que permitem garantir no mundo social uma constância, uma permanência que nenhum outro princípio pode garantir. Ele demonstra, por exemplo, que as invenções de tipo disciplinar são tão importantes na história do exército quanto as invenções técnicas, as invenções de armas, que sempre colocamos na frente[569]: as transformações dos armamentos, no fundo, são secundárias em relação às transformações das estruturas organizacionais, e os maiores progressos militares são invenções propriamente sociais (a falange, o exército revolucionário formado pelo serviço militar), e não apenas técnicas.

Aliás, poderíamos estender a análise de Weber opondo a ela uma análise muitas vezes esquecida porque se encontra numa simples nota do *Suicídio*, de Durkheim[570]. Para explicar por que os militares tendem a se suicidar mais do que os

568. Título de uma seção do primeiro capítulo da segunda parte de *Sodoma e Gomorra* (Marcel Proust, *Em busca do tempo perdido*, vol. 4: *Sodoma e Gomorra*. Trad. de M. Quintana. São Paulo: Globo, 1998, p. 149-176 [*À la recherche du temps perdu*, 1913-1927]).

569. M. Weber, *Economia e sociedade* vol. II, *op. cit.*, p. 358-361.

570. "Vê-se pelas considerações precedentes que há um tipo de suicídio que se opõe ao suicídio anômico, tal como o suicídio egoísta e o suicídio altruísta opõem-se um ao outro. É aquele que resulta de um excesso de regulamentação, aquele cometido pelos indivíduos cujo futuro está implacavelmente barrado, cujas paixões são violentamente reprimidas por uma disciplina opressiva. É o suicídio dos homens casados muito jovens, da mulher casada sem filhos. Para completar, deve-

outros, Durkheim fala de um "suicídio [fatalista]" que seria causado por excesso de regulamentação. Essa oposição Weber/Durkheim tem a virtude de lembrar a ambiguidade das estruturas de tipo formal que descrevo. Poderíamos opor a visão otimista que Weber propõe, segundo a qual a disciplina é uma forma de racionalização, a uma visão pessimista, segundo a qual o excesso de disciplina, o excesso de regulamentação, a "disciplina opressiva" como diz Durkheim, levam a favorecer as "intemperanças do despotismo material ou moral". Assim, Durkheim observa que se a disciplina pode ser uma força racional, ela também pode acarretar usos patológicos, no sentido de Kant[571], o despotismo daqueles que utilizam a disciplina pode levar a intemperanças próprias, a favorecer o que ele chama de "suicídio fatalista", encontrado especialmente entre os militares e – isso fará vocês se lembrarem do que eu disse há algumas aulas sobre a relação com o tempo[572] – os "indivíduos cujo futuro está implacavelmente barrado" e que sofrem o "caráter inevitável e inflexível da regra [contra] a qual nada se pode fazer". Durkheim quer dizer que a disciplina, utilizada de maneira totalitária, pode ter efeitos anômicos e levar ao suicídio aqueles que a sofrem na medida em que ela tem como efeito anular qualquer visão do futuro. Em outras palavras, se a disciplina tem essa eficiência imediata de que Weber fala, é precisamente porque anula toda antecipação de um espaço dos possíveis. Se todo mundo age, se todos os agentes agem como uma única pessoa, é porque não têm alternativa. Eles estão diante de uma não escolha e, ao mesmo tempo, seu futuro está irremediavelmente barrado, só há uma coisa a fazer. Essa experiência da disciplina que Durkheim observa não é de modo algum antagônica àquela que Weber imaginava.

---

ríamos, portanto, constituir um quarto tipo de suicídio. Mas ele tem tão pouca importância hoje e, além dos casos que acabamos de citar, é tão difícil encontrar exemplos, que nos parece inútil nos deter nele. Contudo, pode ser que tenha interesse histórico. É a esse tipo que pertencem os suicídios de escravos, que se diz serem frequentes em certas condições [...], todos aqueles, em suma, que podem ser atribuídos às intemperanças do despotismo material ou moral. Para evidenciar esse caráter inevitável e inflexível da regra [contra] a qual nada se pode fazer, e por oposição à expressão anomia que acabamos de empregar, poderíamos chamá-lo de *suicídio fatalista*" (É. Durkheim, *O suicídio*, *op. cit.*, p. 353, n. 29 [311], tradução modificada).

571. O termo "*pathologisch*" em Kant não tem relação com a doença. Às vezes ele é traduzido como "afetivo" ou "passional". É o termo que designa aquilo que depende dos sentimentos (com a exceção do "sentimento moral") e das paixões.

572. Ver as análises desenvolvidas a partir de *Esperando Godot* e das pesquisas de Paul Willis na aula de 19 de abril de 1984, assim como a discussão sobre a experiência do tempo nas "instituições totais" na aula de 26 de abril de 1984 e, no final dessa mesma aula, sobre a relação entre o tempo e o poder.

Eis a análise que eu queria fazer no começo, para mostrar um dos efeitos dessa espécie de formalização das práticas. Se pensarmos a ação social como eu fiz na última aula, enfocando essas estratégias de direção das práticas sociais nas quais os agentes sociais estão subordinados a formas universais, a disciplina aparece como um caso-limite da regulação formal das práticas em que o aspecto subjetivo, individual e singular da prática social é completamente abolido. Ao aproximar a análise weberiana da disciplina da análise kantiana da ação moral, eu queria destacar que a regra disciplinar tende a transformar os agentes sociais em puros *x*: quando obedecem a uma regra formal, eles se libertam de tudo aquilo que tem a ver com o que Kant chama de "eu patológico"[573], ou seja, de sua singularidade, suas paixões, seus interesses próprios, suas pulsões pessoais.

Num certo sentido, esse modo de organização das ações humanas realizado pela disciplina, o universo militar como limite do universo kantiano, é o oposto absoluto de uma organização social de tipo fourierista[574] na qual, como vocês sabem, cada agente seria conduzido pelo bom uso de suas paixões e pulsões. O universo rigorista realizado pela disciplina se oporia a um universo espontaneísta em que cada um, ao fazer o que tem vontade de fazer, faria o que há de melhor para o grupo. Eu acho que os universos sociais oscilam entre a utopia da caserna e a utopia da abadia de Theleme[575], em que a anarquia das paixões leva à harmonia das práticas. Entre esses dois, há um outro mito – so-

---

573. Para Kant, o indivíduo que age moralmente neutraliza seu "eu patológico": "Mas agora encontramos nossa natureza, enquanto seres sensíveis, constituída de tal maneira que a matéria da faculdade de desejar (os objetos da inclinação, sejam eles a esperança ou o medo) se impõe pela primeira vez e que o nosso eu mesmo patologicamente determinável, embora não seja de modo algum apto por suas máximas à legislação universal, ainda assim se esforça, como se ele constituísse todo o nosso eu mesmo, para fazer valer anteriormente suas pretensões como primeiras e originárias" (I. Kant, *Crítica da razão prática, op. cit.*, p. 74-75).

574. Referência ao tipo de organização comunitária que [o filósofo socialista] Charles Fourier [1772-1837] desejava desenvolver e que ficou conhecida pelo termo "falanstério".

575. O mito da abadia de Theleme (do grego Θέλημα, "vontade", "desejo") encontra-se em *Gargântua*, de Rabelais. Theleme se baseia na inversão da disciplina monástica, ou seja, na regra que consiste em não haver nenhuma regra: "Toda a sua vida era regida não por leis, estatutos ou regras, mas segundo a sua vontade e franco arbítrio. Levantavam-se da cama quando queriam, bebiam, comiam, trabalhavam, dormiam quando tinham desejo disso; ninguém os acordava, ninguém os obrigava nem a beber, nem a comer, nem a fazer outra coisa qualquer. Assim o estabelecera Gargântua. Na sua regra só havia esta cláusula: FAZE O [QUE] QUISERES" (François Rabelais, *Gargântua*. Trad. de M.G. Bragança. Lisboa: Europa-América, 1987, cap. LVII, p. 215 [*Gargantua*, 1534]).

bre o mundo social, vamos de um mito para outro... –, o da mão invisível[576] que assombra os economistas e que não remete nem a Fourier nem a Kant: é um universo no qual cada um, ao obedecer a suas paixões e a interesses que sempre têm uma dimensão racional ou, em todo caso, potencialmente racional, apesar de tudo entra em acordo com os outros através da mediação dos mecanismos do mercado.

A ambiguidade da disciplina

As estruturas de tipo formal e as práticas que obedecem a regras formais tendem a produzir condutas completamente orquestradas, de modo que as partes deixadas ao acaso, por um lado, e à improvisação individual, por outro, sejam mínimas. De fato, essa forma de capital que chamei, ao generalizar a noção de capital cultural, de "capital informacional" dá a certos agentes o domínio das regras de ação, o domínio de tudo aquilo que, no mundo social, tende a gerenciar as práticas dos agentes conforme a uma regra do tipo da disciplina. Em outras palavras, esse capital informacional fundamenta todo tipo de perícia. Ao mostrar a própria ambiguidade dessa competência[577] vou tentar fundamentar a existência de uma forma muito geral de poder que não é redutível ao poder puramente econômico e que se baseia no domínio de estruturas informacionais que organizam as práticas reais. As duas formas mais típicas desse poder são as competências de tipo jurídico e as competências de tipo político na medida em que elas buscam agir sobre os agentes sociais, influenciando suas práticas através da informação de sua representação das práticas.

576. A "mão invisível" é a expressão que Adam Smith utiliza em algumas ocasiões para defender a ideia de que o jogo livre dos interesses particulares realizaria por si mesmo o interesse geral, sem haver a necessidade de uma intervenção como a do Estado. "Geralmente, na realidade, [o indivíduo] não tenciona promover o interesse público nem sabe até que ponto o está promovendo, [...] ele tem em vista apenas sua própria segurança, [...] visa apenas a seu próprio ganho e, neste, como em muitos outros casos, é levado como que por mão invisível a promover um objetivo que não fazia parte de suas intenções. [...] Ao perseguir seus próprios interesses, o indivíduo muitas vezes promove o interesse da sociedade muito mais eficazmente do que quando tenciona realmente promovê-lo" (Adam Smith, *A riqueza das nações*. Trad. de L.J. Baraúna. São Paulo: Nova Cultural, 1996, livro IV, cap. 2, p. 438 [*The wealth of nations*, 1776]).

577. P. Bourdieu voltará a discutir a noção de competência especialmente em "Les ambiguïtés de la compétence" ["As ambiguidades da competência"]. *In*: *La Noblesse d'État* [*A nobreza do Estado*]. Paris: Minuit, 1989, p. 163-175.

Como se exerce esse efeito próprio de racionalização? Aqui vou retomar, talvez de maneira mais simples, o que disse na última aula. Desde Hegel[578] – daqui a pouco citarei análises de Durkheim muito pouco conhecidas que lembram Hegel sem que possamos saber se ele foi uma inspiração consciente –, as análises da burocracia com muita frequência tendem a pensar os detentores da autoridade burocrática como os detentores de uma espécie de poder racional e as estruturas burocráticas como estruturas racionais, como o lugar da racionalidade no mundo social, e o burocrata seria de alguma forma o agente ou o depositário do universal; ele é aquele que arbitra, que transige, que equilibra entre os interesses antagônicos. Mas se a burocracia se encontra espontaneamente investida desse poder, isso não acontece somente, como diz Hegel, porque o burocrata é detentor de um poder sobre os recursos formais ou universais, não somente porque ele tem o controle dos instrumentos de administração e gestão comuns e públicos, mas talvez também exatamente porque aquilo que ele manipula e aquilo com que manipula tem essa propriedade de ser o produto de um trabalho de publicação e de objetivação. Ao aproximar uma fórmula jurídica de uma fórmula matemática, eu queria mostrar que a característica de um certo número de princípios de ações formais é produzir uma forma de universalização dos princípios da prática. Essa universalização pode ser mais aparente do que real, mais formal do que material, como diria Weber[579]; existe aquilo que chamei de uma *vis formae*, uma força intrínseca da coerência e talvez seja porque os burocratas são os depositários das formas que agem por sua força própria que eles exercem, pelo menos aparentemente, essa força do universal[580].

Aqui gostaria de lembrar um texto que citei na última aula. Ele trata das axiomáticas lógicas, mas me parece que se aplica ao mundo social de modo muito mais geral: "Diante de uma axiomática, nós podemos nos encontrar na situação de dois companheiros que não entram em acordo sobre as regras de um jogo: se eles não tomarem a precaução de enunciá-las uma a uma, isso impede que joguem

578. No ano anterior, P. Bourdieu comentou as análises de Hegel sobre a burocracia e desenvolveu os pontos mencionados posteriormente (aula de 19 de outubro de 1982, *Sociologia geral volume 2*, *op. cit.*, p. 87-90 [277-280]).

579. Sobre a distinção entre racionalidade formal e racionalidade material, ver M. Weber, *Economia e sociedade*, vol. 1, *op. cit.*, p. 52-53.

580. Essa reflexão sobre o "universal" vai se amplificar nos anos seguintes para P. Bourdieu e ocupará um lugar importante no início da década de 1990, no curso sobre o Estado (*Sobre o Estado*, *op. cit.*) e em seus textos sobre o "corporativismo do universal".

uma partida juntos; mas se eles as comunicam um para o outro e combinam, por exemplo, de alternar os dois regulamentos, podem então jogar partidas sucessivas sem se acusar de trapaças"[581]. Esse texto ajuda a ver que no próprio princípio da regra há um acordo explícito sobre a regra. Não existe uma regra, uma regra explícita, proclamada, pública, publicada sem um acordo explícito daqueles que obedecem à regra sobre a própria regra. A regra de gramática, direito ou álgebra é um produto do acordo que produz o acordo. Para que exista regra, para que exista um *homologein*, para que exista um discurso semelhante, para que os dois companheiros aceitem associar os mesmos sons aos mesmos sentidos e dar o mesmo som ao mesmo signo (para voltar ao exemplo da língua[582]), também é preciso que, ao fazer isso, eles reproduzam o acordo que foi produzido pelo acordo. Em outras palavras, a regra é, de alguma forma, o social por excelência: ela produz o consenso com base num consenso preliminar. Eu acho que essa espécie de acordo fundamental está inscrito no próprio fato da objetivação. A objetivação, na medida em que é, como eu disse na última aula, uma publicação, uma oficialização, uma explicitação, pressupõe e manifesta o acordo dos sujeitos e, de alguma forma, a transcendência do social. A objetivação é uma maneira de realizar a objetividade como acordo dos sujeitos. Objetivar sob a forma de regra um princípio que regia as práticas no estado implícito, como fazem os jogadores que entram em acordo para dizer "a partir de agora a tomada não é mais obrigatória"[583], é fazer existir, independentemente dos sujeitos e, de alguma forma, de modo definitivo, independente dos momentos, dos sujeitos, de seu estado de espírito ou de seus estados de alma, uma regra que será a regra universal das práticas.

É evidentemente no domínio do Estado que esse gênero de normas se põe em prática: o funcionário é um agente intercambiável cujas práticas são garantidas por regras universais e que garante ele mesmo essas regras universais. Poderíamos assim deduzir dessa definição da regra a realidade dupla do funcionário tal como expressa, por exemplo, por Durkheim ou Weber. O funcionário, à maneira de um sujeito kantiano, é um ser duplo: ele é a regra na medida em que é produto da regra e quem garante a regra e, em outra medida, ele é uma pessoa singular que

581. R. Blanché, *L'Axiomatique*, *op. cit.*, p. 59-60.

582. P. Bourdieu utilizou o exemplo da língua na aula anterior (ver *supra*, p. 327).

583. Na aula anterior, P. Bourdieu ilustrou a citação de R. Blanché com o exemplo do jogo de damas: a adoção ou rejeição da regra que consiste em obrigatoriamente tomar uma peça dividia há muito tempo jogadores e federações.

pode incessantemente se servir da regra para transgredir a regra. Cito Durkheim: "Todo funcionário é um personagem duplo. É um agente da autoridade pública em algum grau; mas é, ao mesmo tempo, uma pessoa privada, um cidadão como os outros. Sua função não preenche sua vida; ele tem o direito e o dever de se interessar não somente pelo seu serviço, mas pelos negócios de seu país, os negócios humanos, e desempenhar um papel neles. Se ele conseguisse viver esses dois personagens sucessivamente de tal forma que um não invadisse o outro, não haveria dificuldade. No serviço, ele depende de regras especiais que presidem seu serviço e basta se conformar a elas. Em sua vida de pessoa, ele depende apenas de sua consciência e da moral pública. Infelizmente, essa dissociação radical é impossível. Às vezes é difícil para o funcionário no próprio exercício de sua função se esquecer de sua consciência de pessoa, e muitas vezes é impossível para a pessoa, mesmo fora de sua função, despojar-se completamente de sua qualidade de funcionária. Ela a segue até sua vida privada. É ela que cria as questões; é daí que vêm tantos casos de consciência difíceis de resolver". E ele continua: "O caráter e a autoridade que o funcionário obtém de sua função devem servir apenas a ela"[584].

Basta aproximar esse texto daquele que citei a respeito do suicídio[585] para ver que a ambiguidade da disciplina que assinalei tem a ver não com a disciplina, mas com o fato de que aqueles que devem servir a essa disciplina podem se servir da disciplina e assim reintroduzir o eu patológico no lugar do eu formal que é exigido pela obediência à disciplina. O que a disciplina weberiana produz e exige é um eu kantiano que age enquanto sujeito transcendental e que se joga na lama porque foi constituído de maneira a obedecer categoricamente aos imperativos categóricos. Dito isso, o eu patológico se reintroduz incessantemente por meio de todo tipo de artimanha. Seria preciso, por exemplo, analisar as estratégias por meio das quais os agentes sociais tentam negociar com o funcionário para despertar nele o eu não categórico: "Mas veja, eu estava atrasado, precisei furar o sinal vermelho..." Ao dizer isso, invocamos o eu não formal do policial que responde: "Regras são regras", quer dizer, "Eu sou um *x* e, não importa o que você faça, não tenho paixão nem sentimento, executo a regra cuja encarnação sou". O mesmo agente social que pode se identificar à regra também pode se reintroduzir dissimuladamente na

584. Émile Durkheim, *Textes, III. Fonctions sociales et institutions* [*Textos III: funções sociais e instituições*]. Paris: Minuit, 1975, p. 192. Trata-se de discursos orais feitos por Durkheim na cátedra em 1908 a propósito de um "debate sobre a relação entre os funcionários e o Estado".

585. Ver *supra*, p. 355.

regra, no seu uniforme, para se servir dele e exercer suas pulsões patológicas. Essa ambiguidade das práticas sociais fundamentadas na regra é inerente ao próprio estatuto de funcionário e ao próprio estatuto de todas as práticas de tipo formal.

Aquilo que Durkheim diz sobre a ambiguidade do funcionário Weber também diz, mas de maneira mais otimista, ao insistir no fato de que a racionalização de tipo burocrático tende a produzir a separação entre a pessoa e a função. Essa separação se manifesta em particular pela separação entre o local de residência e o local de trabalho, uma característica importante, segundo Weber, do processo de racionalização capitalista[586]. Um pequeno comerciante tradicional mistura na mesma caixa os recursos da família e os da empresa (eu observei, durante uma entrevista, um pequeno comerciante argelino dizer a seu filho: "Tome, pegue 100 francos, vá comprar alguma coisa"), quer dizer, a economia doméstica e a economia da empresa, enquanto a empresa de tipo moderno separa completamente o local de residência do local de trabalho, o eu doméstico do eu racional. Durkheim tem razão em lembrar que essa dissociação, na qual Weber enxerga manifestações até na própria estrutura do espaço da vida, jamais se realiza completamente; os agentes sociais jamais são os *x* que a racionalização exige.

Um etnocentrismo do universal

Percebemos isso muito bem quando operam as competências dos peritos que analiso hoje. Queria lembrar aqui uma análise de Aaron Cicourel sobre os usos práticos de uma forma de competência, a competência médica. Cicourel analisou numa série de trabalhos[587] conversas entre pacientes, médicos, residentes, chefes

586. Max Weber aborda esse ponto em várias ocasiões. Por exemplo: "O que desapareceu primeiro foi a comunidade doméstica real como base necessária da relação associativa na empresa comum. O sócio não é mais necessariamente (ou, pelo menos, não regularmente) membro da casa. Com isso, torna-se inevitável a separação entre o patrimônio do negócio e a propriedade privada de cada sócio. Do mesmo modo, diferenciam-se o empregado do negócio e o criado pessoal da casa. Sobretudo é necessário distinguir as dívidas da casa comercial, como tais, das dívidas privadas da casa de cada sócio [...]" (M. Weber, *Economia e sociedade*, vol. 1, *op. cit.*, p. 261).

587. Dez dias antes dessa aula, em 7 de maio de 1984, P. Bourdieu recebeu Aaron Cicourel em seu seminário na Escola de Altos Estudos em Ciências Sociais. Ele publicou a transcrição dessa intervenção em sua revista no ano seguinte (Aaron V. Cicourel, "Raisonnement et diagnostic: le rôle du discours et de la compréhension clinique en médicine" ["Raciocínio e diagnóstico: o papel do discurso e da compreensão clínica na medicina"], *Actes de la recherche en sciences sociales*, n. 60, 1985, p. 79-89) e, 15 anos depois, uma coletânea de artigos em sua coleção "Liber" (Aaron V. Cicourel, *Le Raisonnement médical* [*O raciocínio médico*], textos reunidos e apresentados por Pierre Bourdieu e Yves Winkin. Paris: Seuil, 2002).

de clínica etc. para compreender como funciona essa forma de competência perita que é a competência médica. Ele demonstra, por exemplo, que ao interrogar um paciente, um residente mobiliza um saber codificado[588] do tipo que descrevi na última aula: defrontam-se a competência prática dos pacientes que é feita de esquemas práticos com uma competência científica feita de esquemas explícitos, escritos em livros, constituídos racionalmente, que obedecem a uma coerência racional de tipo científico. O confronto entre essas duas formas de competência gera mal-entendidos muito importantes que escapam do detentor da competência dominante de tipo racional porque ele não tem o código das utilizações práticas de seu próprio código. (Encontramos o mesmo gênero de análise em *Manicômios, prisões e conventos*, de Goffman: uma das forças dos psiquiatras no hospital psiquiátrico é ter consigo uma linguagem poderosa, o discurso científico psiquiátrico, que é uma forma de força de instituição; a instituição não é simplesmente a camisa de força, as grades, os muros, os guardas e a força física, é também essa força invisível do discurso de perito.)

No caso da relação paciente/médico defrontam-se duas linguagens – talvez eu consiga fazer com que vocês entendam essa noção de força da forma. Sob a aparência de uma conversa cara a cara (o paciente e o médico), joga-se uma disputa entre duas formas de competência. O paciente tem uma competência do tipo daquela que detêm as sociedades orais. Ela é ao mesmo tempo linguística, social e médica. Ela é feita de estratégias semielaboradas para se apresentar bem ao médico, causar boa impressão, responder bem às perguntas dele. O médico pergunta onde dói, respondemos como podemos, apontando com o dedo ("Aqui"); ele pergunta: "Mas é mais de manhã ou mais de noite?" Nós pensamos e dizemos: "É mais quando eu acordo – Mas então é uma inflamação". Então traduzimos: "Sim, isso incha e fica vermelho". O paciente oferece duas linguagens. Ele oferece seu corpo, que fala por si mesmo – essa é uma chance (o corpo se presta a exames) –, ele oferece seu corpo como uma linguagem que vai contar

588. Ver *Le Raisonnement médical, op. cit.* Por exemplo: "As entrevistas médicas e as reconstituições de históricos clínicos que elas geram refletem aspectos de duas formas de saber: o médico recodifica as informações muitas vezes ambíguas e incoerentes que obtém nas entrevistas em categorias abstratas que facilitam a solução dos problemas e especificam as condições de uma solução eficaz; e os pacientes recorrem a um campo semântico particular ou restrito para traduzir as crenças que utilizam em relação a suas doenças – e convém destacar que tais crenças muitas vezes vão de encontro ao ponto de vista do médico" (*Ibid.*, p. 66).

mais ou menos sua doença. Ele também oferece em resposta às perguntas do perito manifestações verbais complementares, coisas que não se enxergam (por exemplo, a expressão das dores: "Dói mais na articulação ou...?"). O médico, por sua vez, tem uma competência elaborada, inscrita nos livros: em caso de artrite, por exemplo, ele tem uma lista de sintomas observados, mais ou menos frequentes segundo estudos estatísticos. Essa é uma competência de perito. Podemos pensar num advogado, num perito em seguros ou num jurista que deve, por meio de uma série de questões, obter a informação útil indispensável para a aplicação de sua competência; a aplicação de sua competência valerá o quanto valer sua capacidade de formular as perguntas adequadas para que surjam os elementos pertinentes para aplicar sua competência.

O perito tira sua força de sua competência e não se dá conta disso. Há, portanto, uma forma de etnocentrismo da competência de perito, que é um etnocentrismo do universal. De alguma forma, a competência do perito deve seu limite ao fato de não conhecer seu próprio limite: toda competência de perito se acredita universal, tende a se universalizar inconscientemente e encontra ao mesmo tempo seus limites. Como demonstra Cicourel, o paciente com muita frequência produz respostas a partir de uma competência que o perito não tem. O perito tem sua própria competência científica e racional, muitas vezes conquistada em oposição à competência nativa e ingênua, mas, ao universalizar essa competência, ele entende a partir de seu código as coisas produzidas a partir de um outro código e faz um trabalho de retradução sem se dar conta disso: ele traduz como "inflamação" aquilo que foi expresso sob a forma de "vermelhidão"; ora, "vermelhidão" poderia ter resultado em outra coisa. Cicourel demonstra – um objetivo de seu trabalho é dar uma espécie de assistência aos médicos que lhes ajudará a fazer diagnósticos melhores – que, em muitos casos, os erros de diagnóstico têm a ver com o fato de os peritos não terem o quadro a partir do qual foi emitida a proposição que interpretam a partir de outro código; eles nem sequer fazem ideia dessa distância entre os códigos.

As competências de perito de tipo burocrático, de tipo racional sob as quais vivem nossas sociedades porque são formais e racionais têm a seu favor a razão e a solidariedade de todas as competências racionais... Essa é uma coisa importante que eu não disse: todos os peritos são objetivamente solidários. Um direito racional, se é que posso dizer isso, vai imediatamente dar as mãos à matemática racional. Todas as ilhotas de racionalização vão se sustentar objetivamente e poderemos passar de uma a outra. A música racional, tal como a define Weber em *Economia e sociedade*[589], essa música matematizada que surgiu depois do século XII, também será solidária ao direito racional, à burocracia formal, às formalidades etc. As formalidades cumpridas num escritório serão solidárias à investigação racional do médico. Essa espécie de etnocentrismo da racionalidade dominante vai favorecer uma cegueira às racionalidades locais de um outro tipo, cegueira tão forte que será preciso fazer uma espécie de etnologia do paciente, à maneira de Cicourel, uma espécie de etnologia de quem contrata assistência jurídica, do cavalheiro que preenche seus formulários na Assistência Social. Será preciso uma etnologia do simples praticante para descobrir essa lacuna entre o discurso forte e o fraco, entre a *vis formae* e a fraqueza do simples agente que age segundo suas paixões, interesses e disposições, que faz das tripas coração [*en faisant flèche de tout bois*], que mobiliza uma medicina herdada de sua avó, ideias recebidas, uma sintomatologia mais ou menos fantasiosa etc.

Portanto, acho que uma análise dessas linguagens formais resulta numa compreensão melhor do que poderia consistir a força das organizações modernas. Na lógica das perguntas que formulei no começo, muitas vezes fazemos discursos apocalípticos sobre a burocracia ou sobre o Leviatã moderno, mas sem captar a verdadeira raiz prática dessa violência ordinária. O que eu quis fazer nas últimas análises foi tentar encontrar na própria coisa o princípio dessa violência que não parece ser nada: a da formalidade a cumprir. É claro que podemos observar que há pessoas que não sabem ler nem escrever, mas esses são casos-limite: todos vocês já viram um imigrante na agência de correios querendo enviar uma remessa postal para sua família. Mas eu acho que o importante é essa forma de violência do universal que é, como eu ia dizer, a pior das violências, já que não há nada a se opor a ela. Uma violência universal é por definição não coercitiva, já que ela invoca, naquele que a [sofrerá (?)], o que ele tem de universal, e a formalidade burocrática tem em comum com a fórmula matemática o fato de valer para qualquer sujeito e exigir que qualquer sujeito se comporte como sujeito universal, ou seja, aquilo que melhor se pode exigir de um sujeito, aquilo que todas as morais universais sempre exigiram e que é aquilo que há de mais elevado em matéria de humanismo. É por isso que, para realmente dar conta desses fenômenos muito

589. Max Weber, *Os fundamentos racionais e sociológicos da música*. Trad. de L. Waizbort. São Paulo: Edusp, 1995 [*Die rationalen und soziologischen Grundlagen der Musik*, 1956 – texto originalmente publicado como um apêndice à edição alemã de *Economia e sociedade*].

especiais que chamamos de processos de racionalização, é preciso conseguir resolver essa espécie de paradoxo do arbitrário cultural que se exerce sob a forma de uma racionalidade. Eu acho que a característica do arbitrário cultural moderno, das sociedades racionalizadas, é que sua forma de arbitrário, sua forma de violência, se exerce sob a aparência da universalidade racional.

Segunda hora (respostas a perguntas e seminário): o problema das aproximações históricas

Para começar a segunda hora da aula, gostaria de responder a algumas perguntas. Um de vocês me questiona sobre o problema do direito nas situações-limite porque eu disse sobre o nazismo, talvez de maneira um pouco imprudente, que a existência de um direito discriminatório aparecia retrospectivamente como um mal menor em comparação com uma situação de arbitrário total[590]. É claro que não se deve dar a essas proposições um alcance universal. Eu queria apenas dizer que, em certas conjunturas, felizmente relativamente raras, em que tudo se torna possível, descobrimos retrospectivamente que mesmo um direito injusto, na medida em que designa limites em que poderia haver uma ausência total de limites, constitui um mal menor.

Por outro lado, fico envergonhado por algumas das perguntas que foram feitas. [*P. Bourdieu lê duas delas, mas rápido demais para que pudéssemos reconstituí-las*]. Não é que elas me pareçam menos pertinentes, mas meu trabalho consiste em excluí-las, ou pelo menos em transformá-las para que não possamos mais formulá-las, ou em todo caso não as formular como normalmente fazemos. Como eu disse com frequência no curso deste ano, uma dificuldade do que digo nas minhas aulas é que muitas vezes essas questões tocam em coisas que já foram ditas há muito tempo. Elas merecem ser formuladas, mas a maneira pela qual digo essas coisas renova tão completamente esses problemas que não deveríamos mais poder pensá-los nos termos que são utilizados nas perguntas feitas pela plateia. Eu acho, por exemplo, que o que eu disse hoje de manhã pode ser aplicado a um certo número de questões de tipo dissertativo. A reflexão deve enfrentar essas coisas muito evidentes ("O que é uma formalidade burocrática?", "O que é um ato racional?" etc.), mas de tal maneira que

590. Ver *supra* as segundas horas das aulas de 19 e 26 de abril, p. 243 e 265.

não façamos mais dissertações... Às vezes conseguimos, às vezes não. Às vezes, depois de falar, sentimos que não tivemos nenhum sucesso, que conseguimos apenas complicar um pouco as coisas sem conseguir renovar completamente o pensamento sobre a coisa.

Volto, por exemplo, para essa noção de competência (não estou muito satisfeito com o que disse a vocês sobre isso) que empregamos sem refletir – a "competência de um juiz", a "competência de um tribunal", a "competência de um perito": "Esse psicólogo tem competência para dizer que meu filho é idiota?", "Esse professor é competente?", "A banca que recusou uma menção honrosa para esse doutorado tão importante é competente?" Essas questões que fazemos todos os dias são extremamente difíceis porque sempre há na própria pergunta a desconfiança de que uma competência, qualquer que seja, se enraíza num poder, numa autoridade, numa violência, numa relação de força etc. Isso vale também para a relação entre o médico e o paciente. Uma coisa que Cicourel reporta e que esqueci de dizer é que um grande princípio de erro na relação entre paciente e médico é o tempo. O médico tem muito pouco tempo, e uma das condições para se aplicar sistematicamente a grade científica, para formular um diagnóstico em total conhecimento de causa, é ter muito tempo. Como o residente quase sempre está um pouco apressado, ele emprega perguntas que já contêm a resposta e, ao mesmo tempo, o doente, com sua competência pobre, não consegue se defender do interrogatório: "Você tem dores? – Sim, sim. – É mais de manhã?" Como resultado, o diagnóstico está incluído na maneira de colocar as perguntas. Em outras palavras, o exercício mais ordinário das competências de perito – aquela de todos os poderes que se baseiam no capital informacional – engloba uma forma de violência que não é sempre, nem somente, aquela da razão. Isto posto – minha interrogação também tinha esse sentido –, essa violência também não é independente de um efeito característico de razão... Se o poder médico fosse apenas um poder arbitrário, ele não se exerceria enquanto poder médico. Sua especificidade, como o poder jurídico, está nesse tipo de ambiguidade que define a forma específica de sua violência. Se vocês tiverem em mente esse gênero de dificuldades... o que eu queria, no fundo, era pelo menos deixar em suas mentes a ideia de que essa dificuldade, acho, é uma dificuldade real e não apenas uma dificuldade na minha mente.

A coerência do curso

Eu também recebi uma outra pergunta sobre a noção de campo... Sem a responder, vou contar em duas palavras uma das dificuldades que sinto neste ensino. Como vocês percebem bem, a plateia é diversa, descontínua, muito pouco formal no sentido em que falei hoje: nunca são os mesmos ouvintes, nunca no mesmo lugar... Esse não é de forma alguma o universo da disciplina que descrevi. Do ponto de vista de um ensino que eu quis que tivesse uma certa continuidade no tempo, uma certa cumulatividade, isso coloca problemas consideráveis e gera para mim um certo sofrimento subjetivo [...].

Vou recapitular muito rapidamente a lógica de minha proposta. A aula que dei agora há pouco foi o final de uma série de aulas que se estendeu por três anos. Durante o primeiro ano[591], descrevi a noção de *habitus* tendo em mente o objetivo de recusar a representação ordinária do sujeito social como sujeito individual, consciente e organizado, um princípio de alguma forma autotélico de suas próprias condutas. Tentei mostrar que o sujeito da maioria de nossas ações é um sistema de disposições mais ou menos explicitadas. Essa primeira série de aulas foi prolongada por uma análise da noção de campo, dos princípios gerais desse modo de existência do social[592]. Tentei descrever as leis fundamentais de funcionamento dos campos, explicar por que é preciso pensar em termos de campo. O que devem ser as relações sociais para funcionar em termos de campo? O que a noção de campo traz? Eu exemplifiquei num primeiro momento a lógica dos campos através do caso do campo artístico no século XIX. Depois de descrever as propriedades gerais do funcionamento do campo, demonstrei a existência de um laço entre campo e capital e demonstrei que para cada espaço social do tipo "campo" corresponde uma forma particular de capital. O capital literário, por exemplo, corresponde àquilo que é preciso ter para jogar e ganhar nesse jogo particular que é o jogo literário.

Depois de definir a noção de campo em sua relação com a noção de capital, este ano tentei descrever em suas relações as duas formas fundamentais de capital

---

591. Na verdade, P. Bourdieu menciona aqui sobretudo o conteúdo de seu ensino a partir das aulas de 9 e 16 de novembro de 1982, centradas sobre o *habitus* (ver *Sociologia geral volume 2, op. cit.*, p. 139ss.).

592. P. Bourdieu se refere aqui às seis últimas aulas de seu segundo ano letivo (aulas de 30 de novembro de 1982 e seguintes, *ibid.*, a partir da p. 229).

que, em seguida, se especificam: o capital econômico e o capital cultural que rebatizei de "capital informacional". Hoje, tentei sintetizar as propriedades mais gerais do capital de tipo cultural ou informacional em sua forma mais racionalizada e mais objetivada para tentar, por meio dessa descrição da noção de capital informacional, compreender e extrair um certo número de propriedades gerais dos campos autônomos: campo literário, campo intelectual, campo político, campo científico etc. O que tentei extrair são propriedades comuns a todos os campos especializados como lugares onde corpos de especialistas dotados da competência específica adequada lutam pelo monopólio da imposição de uma definição da competência legítima. Tentei descrever essas propriedades gerais da perícia, quer dizer, aquilo que há em comum entre campos tão diferentes quanto o campo científico, o campo jurídico, o campo literário etc., entendendo que em cada caso essa competência formal, formalizada, investida em regras mais ou menos codificadas vai se especificar e tomar formas muito diversas: o matemático, que aproximei do jurista em relação à posse de uma perícia formal, distingue-se totalmente desse no momento em que eu explicar as leis específicas de funcionamento de sua competência característica.

Assim, voltar à noção de campo me aborrece um pouco, tenho vontade de remeter vocês às aulas anteriores. Isto posto, posso repetir uma coisa que disse no começo, já que alguém me perguntou qual seria o sinônimo mais próximo de "campo": eu responderia prontamente com a palavra "meio"[593] no sentido newtoniano do termo, que entretanto não podemos utilizar porque essa palavra foi usada demais e reduzida a um sentido muito banal. Mas a palavra "meio", que, como demonstrei utilizando um artigo de Canguilhem[594], passou da teoria física newtoniana para as ciências sociais, guardou por um certo tempo seu sentido original de campo de gravitação etc. Foi apenas pouco a pouco que ela se enfraqueceu e assumiu esse sentido mole e fraco.

Para terminar, aproveito para reenquadrar isso que vocês ouviram. Depois de descrever neste ano as grandes espécies de capital e suas propriedades gerais, e enfatizar esse processo de institucionalização que se exerce em todos os

---

593. Ver a aula de 14 de dezembro de 1982 (*ibid.*, p. 310-312 [547-550]).

594. Georges Canguilhem, *O conhecimento da vida*. Trad. de V. Ribeiro. Rio de Janeiro: Forense, 2011, p. 139ss. [*La connaissance de la vie*. Paris: Vrin, 1965, p. 129ss.]. P. Bourdieu utilizou e comentou essa referência na aula de 14 de dezembro de 1982 (*Sociologia geral volume 2, op. cit.*, p. 310 [548]).

campos com efeitos gerais, voltarei nos próximos anos a falar das relações entre campo e *habitus* (que, em última instância, nunca elaborei completamente). Assim, para começar eu gostaria de descrever o que significa pertencer a um campo, qual é a relação, de alguma forma originária, dos agentes sociais com o campo no qual estão imersos. O que é estar num espaço social, o que é viver nele, estar imerso nele? O que é estar tomado pelo jogo, investir num jogo, aquilo que chamo de *illusio*? O que é o investimento social? Em seguida, depois de ter descrito numa fase anterior os campos como campos de forças nos quais os agentes obedecem a forças de atração e repulsão, o que acabaria fazendo com que eles se assemelhassem a seres físicos, a seres mecânicos, gostaria de mostrar como os campos sociais se distinguem dos campos astronômicos, dos campos físicos já que os agentes não são simplesmente corpos: mesmo quando eles obedecem *perinde ac cadaver* [à maneira de um cadáver], como uma única pessoa, de maneira mecânica, eles permanecem sendo agentes sociais que podem se revoltar, que podem pensar no que fazem... (Digamos que eles guardam para si o que pensam: mesmo os soldados que se jogam na água guardam para si o que pensam disso.) Para dar conta adequadamente do mundo social é preciso pensar o fato de que os agentes pensam, mesmo quando são colocados em condições de não pensar.

Sem isso, a disciplina não conseguiria ser tão estrita, tão violenta, tão extrema, tão anômica. (É por isso que foi muito útil aproximar [como feito na primeira hora] Durkheim de Weber... Ninguém nunca fez isso, isso foi muito original. Não consegui fazer vocês perceberem isso porque estava cansado. Se vocês tiverem a coragem de reler os dois textos que citei, verão que isso fala por si mesmo.) Essa disciplina absoluta que se exerce sobre os agentes sociais, reduzindo-os a mecanismos, não os anula enquanto agentes que pensam sobre a mecânica e é apenas nas situações-limite... Eu me interesso muito pelas situações-limite porque elas têm o valor de variação imaginária que faz aparecer *a contrario* o que está implícito nas situações ordinárias. O soldado que obedece como um autônomo lembra que, na existência ordinária, as coisas nem sempre se passam assim e também lembra a que preço podemos conseguir que as pessoas obedeçam como autômatos. A própria violência da coerção que é preciso exercer para conseguir que as pessoas obedeçam como autômatos lembra que, normalmente, elas respondem não como autônomos, mas como *habitus* que improvisam, que inventam. No fundo, os dois polos seriam um jogador de tênis que improvisa um golpe de contrapé e o soldado que se joga na água porque alguém manda que ele se jogue na água. As situações-limite de execução simples são, portanto, um caso particular do universo das situações possíveis.

A partir daí, eu queria demonstrar – esse será o objeto das próximas aulas – que os campos sociais não são campos de forças nos quais os agentes seriam manipulados como limalhas num campo magnético, mas também campos de lutas para transformar a relação de força: num campo sempre existe a questão da própria natureza do campo e os agentes não pensam o campo de qualquer maneira, eles o pensam em função da posição que ocupam no campo. Portanto, o pensamento do campo tem como limite o próprio campo. É isso que eu queria demonstrar, para chegar num dos problemas que me parece ser dos mais difíceis da sociologia que é o problema do poder, do campo do poder, das lutas em relação ao poder, quer dizer, das lutas dentro de cada um dos campos especializados para definir o monopólio da competência legítima, e das lutas entre os campos para definir de alguma forma a competência das competências, ou seja, quem deve ter o poder. Um paradoxo do mundo social (abordei esse assunto quando falei de Kafka[595]) é que a cada instante questiona-se o poder no mundo social e, mais exatamente, o que é preciso ser para se ter direito ao poder, o que é o poder, quer dizer, o que é preciso ser legitimamente para poder exercer o poder. É tudo isso que preparo lentamente...

(Isso que vocês escutam aqui me assusta um pouquinho agora porque, se eu tentar dar uma espécie de unidade a cada episódio, a coerência do curso estará na escala do conjunto... [...])

As aproximações históricas ("isso me faz pensar em...")

Como tenho muito pouco tempo, vou formular um problema mais na lógica do jogo de sociedade do que propor uma verdadeira reflexão. Trata-se do problema das aproximações históricas. É um problema real. Em todo caso, ele se coloca muito frequentemente na prática. Em particular, os jornalistas muitas vezes funcionam na lógica do precedente: "A viagem de X para lá é uma nova Ialta"[596].

595. Ver as aulas de 22 e 29 de março de 1984.

596. A conferência que aconteceu na cidade de Ialta, na Crimeia, em fevereiro de 1945, reuniu Winston Churchill, Franklin Roosevelt, Josef Stalin e o General De Gaulle para discutir a reorganização da Alemanha e da Europa ao final da Segunda Guerra Mundial [N.T.].

Assim, um evento é pensado em analogia a um evento anterior. Muitas vezes, é uma maneira de explicar *obscurum per obscurius* [o obscuro pelo mais obscuro]. Esse modo de raciocínio é também muito frequente na percepção artística. Por exemplo, há uma brincadeira que se repete em Proust e devia acontecer nos salões do final do século XIX, dizia-se sobre Monet etc.: "É um Watteau a vapor..."[597] Todos se divertiam com essas analogias. Elas são relativamente agradáveis na vida ordinária. O juízo literário ou artístico procede dessa maneira: enunciamos um juízo sincrético ou confuso sobre uma obra (sobre Proust ou sobre [o pintor Piet] Mondrian, por exemplo) evocando a seu respeito uma outra realidade também obscura e percebida sincreticamente. Assim, o juízo artístico coloca em relação dois termos que são eles próprios igualmente indefinidos. Aliás, o juízo cotidiano sobre as pessoas também procede dessa maneira: "Ele me lembra...", "Ele é igualzinho a Françoise"[598]. Em outras palavras, buscamos enunciar alguma coisa sobre uma realidade singular, que é definida por exemplo pela singularidade, quer dizer, a superabundância de sentidos, a polissemia, a impossibilidade de exauri-la... Assim como o evento singular, os indivíduos na vida cotidiana são caracterizados por todas essas propriedades: eles são inesgotáveis, podem ser enunciados de 30 maneiras, não sabemos como poderíamos evocá-los. Se quisermos descrever uma pessoa para alguém que nunca a viu, diríamos: "Ele me lembra [o ator Alain] Delon, mas..." Portanto, teríamos apenas esses tipos de discursos encantados mencionando outros indivíduos e eu poderia mobilizar várias séries de analogias.

Diante de um quadro, uma pessoa, um evento histórico tendemos, portanto, a pensar nessa lógica do precedente, da encantação. "Maio de 68", por exemplo, é um evento que causou muita discussão. Como dizer algo de inteligente sobre ele? Todos os intelectuais foram postos à prova diante de maio de 1968: o evento os envolvia diretamente e era fundamental ter um discurso, um discurso inteligente, ou seja, *único e singular,* mas com pelo menos um pouquinho de fun-

---

597. "Mas [Paul César] Helleu me agrada mais. – Não tem nenhuma relação com Helleu – disse a Sra. Verdurin. – Sim, é um século XVIII febril. É um [Antoine] Watteau a vapor – disse Saniette, e pôs-se a rir. – Oh! Isso é para lá de velho, faz anos que me servem esse prato – disse o Sr. Verdurin a quem, com efeito, Ski fizera outrora essa observação, mas como sendo de sua autoria" (M. Proust, *Em busca do tempo perdido*, vol. 4: *Sodoma e Gomorra*, *op. cit.*, p. 324). Essa brincadeira é uma daquelas frases tão difundidas que vários autores (Degas, Léon Daudet, autores anônimos etc.) são considerados seus criadores dependendo das circunstâncias ["*Watteau à vapeur*" é foneticamente muito parecido com "*bateau à vapeur*", "barco a vapor" – N.T.].

598. P. Bourdieu talvez ainda tivesse Proust em mente (Françoise é o nome da governanta do narrador de *Em busca do tempo perdido*).

damentação na objetividade. Para dizer alguma coisa diante dessas situações, existe todo tipo de estratégias, e em particular a estratégia do precedente: aproxima-se então maio de 68 à revolução de 1848 ou – fizeram muito isso – ao caso Dreyfus[599]. Essas analogias fenomenais, aliás, não são sem fundamento, elas têm uma base objetiva. Mas o que elas valem? O que é essa comparação de um evento com outro evento? Eu acho que essa questão merece ser formulada. Mais uma vez, trata-se de "desbanalizar" uma questão que vocês já ouviram muitas vezes sobre "a diferença entre o fato histórico e o fato sociológico", o fato histórico que nunca se repete duas vezes – Seignobos, Durkheim etc.[600] Como dar conta da singularidade de um evento histórico sem aniquilar a ciência, já que "só existe ciência do geral", como dizia Aristóteles[601]? Será que uma conjuntura histórica pode ser objeto de um discurso científico, ou será que ela só pode ser objeto de uma designação, à maneira dos indivíduos singulares? O problema que coloco é

599. Um dos maiores escândalos políticos da história da França, e também um símbolo da posição que a imprensa e os intelectuais viriam a assumir nas sociedades modernas, o caso Dreyfus começou em 1894, quando o Capitão Alfred Dreyfus [1859-1935], de origem judaica, foi condenado por traição. Uma investigação posterior comprovou que Dreyfus fora acusado falsamente, mas foi suprimida pelo comando das forças armadas francesas. A revelação desse fato gerou um escândalo que levou a um segundo julgamento de Dreyfus em 1899, e a sociedade francesa ficou fortemente dividida entre os que apoiavam Dreyfus, em sua maioria de posições progressistas e laicas (incluindo vários escritores e intelectuais importantes como Émile Zola, Sarah Bernhardt, Henri Poincaré, Anatole France etc.), e os que defendiam a versão oficial do caso, em sua maioria de posições conservadoras, religiosas e muitas vezes antissemitas. Dreyfus foi condenado novamente nesse segundo julgamento, mas depois imediatamente perdoado, uma solução que não agradou a nenhum dos lados. Em 1906, todas as acusações contra Dreyfus foram abandonadas e ele foi reabilitado oficialmente [N.T.].

600. Cerca de 1900, houve um desacordo entre [o historiador] Charles Seignobos, para quem "o 'fato social' como admitido por muitos sociólogos é uma construção filosófica, não um fato histórico" (Charles-Victor Langlois & Charles Seignobos, *Introduction aux études historiques* [*Introdução aos estudos históricos*]. Paris: Hachette, 1909 [1898], p. 188) e os sociólogos durkheimianos. Os próprios Seignobos e Durkheim debateram: ver "Débat sur l'explication en histoire et en sociologie" ["Debate sobre a explicação na história e na sociologia"], *Bulletin de la société française de philosophie*, n. 8, 1908, p. 229-245 e 347, republicado em É. Durkheim, *Textes I. Éléments d'une théorie sociale.* Paris: Minuit, 1975, p. 199-217. Ver também François Simiand, *Método histórico e ciências sociais.* Trad. de J.L. Nascimento. Bauru: Edusc, 2003 ["Méthode historique et sciences sociales", *Annales ESC*, vol. 15, n. 1, 1960 (1903), p. 83-119].

601. "E mais, os elementos não serão cognoscíveis: de fato, eles não são universais e a ciência é sempre ciência do universal. E isso decorre claramente das demonstrações e das definições que não existem sem o universal: de fato, não se pode demonstrar silogisticamente que este determinado triângulo contém dois ângulos retos se não se demonstra universalmente que todo triângulo tem os ângulos iguais a dois retos; e não se pode demonstrar que este determinado homem é um animal, se não se demonstra universalmente que todo homem é animal" (Aristóteles, *Metafísica*. Trad. de G. Reale. São Paulo: Loyola, 2002, 1086b, p. 653).

aquele da ciência do individual: Existe um discurso científico possível sobre um evento individual? Existe uma ciência das conjunturas e dos eventos conjunturais? Em outras palavras, será que posso fazer uma ciência geral, por exemplo, da crise de maio de 1968 e, nesse caso, será que essa ciência geral da crise de maio de 1968 não vai absorver uma teoria geral das crises e fazer maio de 1968 desaparecer em sua singularidade? Em seguida, se eu conseguir fazer uma teoria geral de maio de 1968, será que posso subsumir outras crises a essa teoria?

Depois de colocar a pergunta dessa maneira, seria preciso entrar nos detalhes de uma análise. No caso de maio de 1968, por exemplo[602], aceitemos a analogia entre 68 e o caso Dreyfus: um fato que imediatamente dá um fundamento para a aproximação é que o movimento nos dois casos partiu do campo intelectual e universitário e depois se difundiu para o exterior. Todos os observadores notaram isso. Se vocês lerem Proust, em que o caso Dreyfus é mencionado o tempo todo, verão que a querela sobre Dreyfus passa do salão para a cozinha: um dia, o narrador chega em casa e encontra o criado dos Guermantes discutindo com seu próprio criado, cada um defendendo a causa de seus patrões[603]. Essa é uma observação de Proust, mas o trabalho de Charle sobre o caso Dreyfus[604] mostra muito bem como as clivagens do caso Dreyfus dentro do campo literário em seguida se impuseram fora dele: o campo político, no momento em que se desencadeia o caso Dreyfus, estava relativamente indiferenciado e amorfo, as oposições eram moles e foram as clivagens intelectuais do caso Dreyfus que se generalizaram e se estenderam a ele. Eis uma característica que é comum às duas situações.

Uma outra característica: a divisão em lados, dentro do campo intelectual e universitário, se organiza mais ou menos da mesma maneira. Charle mostra que

602. P. Bourdieu usa o exemplo do "momento crítico" que analisou em *Homo academicus*, *op. cit.*, p. 207-248 [207-250].

603. "O nosso [mordomo] deu a entender que Dreyfus era culpado, o dos Guermantes que era inocente. Não era para dissimularem as suas convicções, mas por maldade e encarniçamento do jogo. O nosso mordomo, na incerteza de que se efetuaria a revisão, queria previamente, para o caso de uma derrota, tirar ao mordomo dos Guermantes a alegria de julgar batida uma causa justa. O mordomo dos Guermantes pensava que, no caso de recusa de revisão, ficaria o nosso mais aborrecido ao ver conservarem um inocente na ilha do Diabo" (Marcel Proust, *Em busca do tempo perdido*, vol. 3: *O caminho de Guermantes*. Trad. de M. Quintana. São Paulo: Globo, 2000, p. 267).

604. Christophe Charle, "Champ littéraire et champ du pouvoir: les écrivains et l'Affaire Dreyfus" ["Campo literário e campo do poder: os escritores e o Caso Dreyfus"], *Annales ESC*, vol. 32, n. 2, 1977, p. 240-264. Ver também Christophe Charle, *Naissance des "intellectuels", 1880-1900* [*O nascimento dos "intelectuais": 1880-1900*]. Paris: Minuit, 1990.

durante o caso Dreyfus tínhamos, de um lado, a vanguarda e os simbolistas, e do outro os acadêmicos etc., assim como, no campo literário, tínhamos de um lado os sociólogos, historiadores e parte dos filósofos e, do outro lado, os defensores da história literária mais tradicional etc. Portanto, a clivagem opunha os modernistas aos tradicionalistas. Em 1968, temos algo do mesmo tipo. A grande querela Barthes/Picard[605], que todos têm na memória, foi uma espécie de repetição geral de maio de 1968. Ela permite estudar *in vitro* o que se passou em 68. Temos de um lado as ciências sociais, a etnologia, a sociologia etc.; do outro, a tradição literária. Há, portanto, um monte de analogias.

Uma outra característica comum importante: essa propriedade geral das situações críticas, das situações de crise, que reside no fato de que um princípio de divisão propriamente político, relativamente arbitrário do ponto de vista da vida ordinária, torna-se o princípio de todas as divisões. Aqui também, se vocês relerem Proust, é surpreendente: vemos que não há mais lugar onde se possa escapar à divisão entre a favor e contra Dreyfus, entre revisionistas/antirrevisionistas... Por exemplo, num certo momento ele diz que Saint-Loup, em sua caserna (nas casernas, o problema se colocava com força particular porque o exército estava em questão) não falava mais do caso porque em sua mesa todos eram contra Dreyfus e ele era o único a favor[606]. Nessas situações, todo mundo está situado (e é chamado a se situar) em relação a um problema. Não há mais alternativa possível: tudo se situa em relação a um problema principal, e todas as outras oposições são deduzidas dele; a partir de sua posição sobre o movimento de maio de 1968 se deduzirão suas posições sobre as relações entre os sexos, sobre o seminário, sobre a palestra, sobre o curso *ex cathedra* etc. Todos os princípios de divisão se deduzem a partir de um princípio de divisão constituído como principal. Essa é uma propriedade interessante comum às duas situações.

605. Alusão à controvérsia que opôs o professor universitário Raymond Picard, especialista no teatro de Racine, a Roland Barthes depois que este publicou *Sobre Racine* (Trad. de I.C. Benedetti. São Paulo: Martins Fontes, 2008 [*Sur Racine*. Paris: Seuil, 1963]), considerado o símbolo da "nova crítica" que apareceu na década de 1960 e que foi fustigado por Picard em *Nouvelle critique ou nouvelle imposture?* [*Nova crítica ou nova enganação?*] (Paris: Pauvert, 1965). Ver P. Bourdieu, *Homo academicus*, *op. cit.*, p. 154-159 [151-156].

606. "Principalmente, no tocante ao exército, o que antes de tudo preocupava Robert naquele momento era o caso Dreyfus. Pouco falava a respeito disso porque era o único dreyfusista da sua mesa; os outros eram violentamente hostis à revisão, exceto meu vizinho de mesa, o meu novo amigo, cujas opiniões pareciam assaz flutuantes" (M. Proust, *Em busca do tempo perdido*. Vol. 3: *O caminho de Guermantes*, *op. cit.*, p. 97).

Vemos se desenhar uma teoria dos invariantes da crise. Nos dois casos, um certo número de casos seria passível do que poderíamos chamar de "efeito guerra civil" (e poderiam ser subsumidos a ele): a partir de um princípio de divisão entre outros possíveis (Dreyfus é inocente/não é inocente; o movimento de maio é bom/não é bom...) constituem-se todas as divisões possíveis entre as pessoas. Em tempos ordinários, temos uma infinidade de princípios de divisão. Se a vida social ordinária é possível, é porque nós não alinhamos todos os princípios de divisão uns em relação aos outros e porque não estamos submetidos à exigência de coerência total: aquilo que achamos sobre a aula como palestra não precisa estar em coerência com o que pensamos sobre a liberdade sexual e o que pensamos sobre o Afeganistão[607] não precisa estar em coerência perfeita com o que pensamos sobre as relações com nossos pais. Uma propriedade de certas situações de crise é, de alguma forma, exigir essa coerência total. Sabendo que X é revisionista [no quadro do caso Dreyfus], pode-se deduzir o que ele pensa sobre os judeus, sobre o exército, sobre a laicidade, sobre a República etc.

Assim, vemos propriedades gerais, mas apesar disso devemos sobrepor as duas crises? Podemos dizer que Barthes está para Picard assim como Proust está para Brunetière[608], por exemplo? Se formos mais longe, fica muito complicado. Nas polêmicas da vida ordinária, diremos que é um "novo Brunetière" ou um "novo Faguet"[609]... As dissertações também funcionam dessa maneira, o que é uma coisa importante. Quando você recebe, para uma dissertação, um texto de Proust sobre o "caso" [Dreyfus], você vai funcionar na lógica do precedente. Brunetière, não sabemos bem quem foi. Se formos muito cultos, sabemos que ele estava contra Lanson: era esquerda (Lanson)/direita (Brunetière). Veremos bem que Lanson era cientista e Brunetière defendia a criação etc. Mas, se é preciso ser a favor ou contra, seremos a favor ou contra com base em quê? Com base numa posição que ocupamos num espaço homólogo, porque estaremos, no espaço atual, para Brunetière como Lanson estava para Brunetière. Assim, o texto funcionará

607. Na época desse curso, o Afeganistão estava em guerra contra a União Soviética, que invadira o país em 1979 [N.T.].

608. Ver P. Bourdieu, *Homo academicus*, *op. cit.*, p. 154 [155]. [Ferdinand Brunetière (1849-1906) foi um crítico e historiador da literatura de posições tradicionalistas – N.T.].

609. Émile Faguet (1847-1916), crítico literário muito ligado à defesa da tradição clássica, eleito membro da Academia Francesa em 1900.

para nós como um mal-entendido, um mal-entendido fundamentado pela homologia que é uma identidade na diferença.

Não é falso dizer que Barthes está para Picard como Lanson estava para Brunetière... Mas o que é muito incômodo é que o herdeiro de Lanson é Picard. O que aconteceu foi que dois campos homólogos se separaram por toda uma história que faz de Picard o herdeiro de Lanson. Podemos então dizer que "Picard é Lanson mais Agathon"[610], quer dizer, o cientismo republicano, Terceira República, progressista, que acabou interiorizando a crítica feita a ele pelas pessoas representadas por Agathon. Mas é tão simples assim? Vamos ter dois estados diferentes de um campo com efeitos de homologia que nos farão compreender aquilo que há de mais singular no conflito, mas com base em contrassensos formidáveis. Não vou desenvolver isso porque seria extremamente longo, mas é a cultura histórica que dá essa espécie de compreensão imediata, entendendo "cultura histórica" no sentido ordinário do termo, ou seja: "Eu sei que Lanson existiu, sei que ele foi o único a favor de Dreyfus na universidade literária, sei que Lanson se opôs à Sorbonne, sei que Lanson escreveu coisas sobre a literatura, que foi o fundador de 'a pessoa/a obra'[611], posso até escrever dissertações sobre Lanson, fundador da dissertação moderna". Essa cultura histórica será ao mesmo tempo aquilo que permitirá uma compreensão semi-histórica e o que impedirá o conhecimento histórico de quem foi Lanson e de qual é a diferença entre "ser Lanson" e "ser Barthes".

A falsa eternidade dos debates acadêmicos

É um pouco uma aposta difícil me lançar nesse tema, mas se vocês quiserem prolongar um pouco isso que estou esboçando hoje (vou confundir suas mentes uma última vez), podem ler o livro de Compagnon[612] que citei na última aula. Nele vocês encontrarão todos os elementos para formular o problema que formulei e, ao mesmo tempo, é a ilustração perfeita da ambiguidade que estou

---

610. Alusão aos ataques inspirados em Charles Maurras, em nome da cultura clássica, contra a nova Sorbonne feitos por Henri Massis e Alfred de Tarde sob o pseudônimo "Agathon" em *L'Esprit de la Nouvelle Sorbonne* [*O espírito da nova Sorbonne*] (1911) e *Les Jeunes Gens d'aujourd'hui* [*Os jovens de hoje*] (1913).

611. A forma de análise literária que dá grande espaço à biografia dos autores para nela encontrar elementos de interpretação dos textos [N.T.].

612. A. Compagnon, *La Troisième République des Lettres*, *op. cit.*

enunciando. O livro de Compagnon é muito interessante para o sociólogo. Eu acho que é muito típico de uma espécie de jogo duplo com a história e com a cultura histórica muito frequente hoje em dia. A história social das ciências sociais progrediu e torna-se difícil fazer história social e ciência social sem ter pelo menos um pouquinho de cultura histórica e sem introduzir na relação com sua própria ciência um conhecimento mínimo de sua ciência. Ao mesmo tempo, acho que nos servimos da história social não para objetivar a história social de nossa própria ciência, mas para obter mais efeitos históricos, ou seja, efeitos cultos, efeitos de cultura.

O livro de Compagnon é típico disso porque ele resvala no que deveria ser feito enquanto se mantém a uma distância infinita disso: ele certamente representa aquilo que está mais próximo do que deveria ser feito e, ao mesmo tempo, aquilo que está mais longe. É porque fazer completamente o que deveria ser feito é correr o risco de cair nas sombras exteriores, quer dizer, sair do universo literário, não ser mais chique, não ter mais os lucros que se pode obter estando no universo literário. É correr o risco de objetivar o literário, de se objetivar como tendo lucros subjetivos por ser objetivamente literário etc.

O livro – isso é muito interessante – começa com uma espécie de texto de pretensão literária: frases sem verbos, pós-modernas, sobre o estatuto de Barthes, aquele que é muito central. Essa espécie de jogo literário com o efeito de precedente consiste em dizer: "Vocês acham que Barthes é um meteoro que caiu de um desastre obscuro, mas existem precedentes na história: vejam Lanson. É ao mesmo tempo novo e velho… sobre os versos novos etc." Há, portanto, uma espécie de abertura literária. Em seguida, na primeira parte do livro, passamos à história: "Existiram tais debates sobre o literário, o que estava em jogo? Por que a reforma, por que esse papel da literatura? Por que o modelo alemão? Por que uns eram internacionalistas e outros nacionalistas? Por que os modernos eram internacionalistas… como hoje…?" Trata-se aqui de uma outra homologia: a oposição nacional/internacional se sobrepõe à oposição palestra/seminário etc. Há oposições invariantes. Em seguida, na segunda parte do livro, chegamos a duas releituras absolutamente literárias de Taine e Proust. Depois de ter aparentemente historicizado, ele portanto des-historiciza novamente e, em particular com a releitura de Proust, reconstitui como uma espécie de oposição literária trans-histórica a oposição Proust/Taine ou Proust/Lanson, e Barthes retorna.

Se vocês lerem esse livro tendo em mente os problemas misturados que tentei colocar nele, verão assim que uma das questões de fundo é: O que é ler[613]? O que é reler? O que é ler historicamente? O que faz a cultura histórica na leitura? Hoje em dia, todo mundo sabe que ler é ler com as grades que são elas mesmas o produto da história. Todo mundo sabe que é preciso fazer a história dessas grades que são o produto da história e buscar o princípio dessas grades não na história geral, mas na história mais imediata, a do próprio campo literário. Tudo isso é muito bom, mas, nesse momento, como consigo ler pessoas, como os críticos, cuja pretensão é ler e dar as grades de leitura sem historicizar completamente as grades de leitura que eles produzem até o seu retorno? Porque uma coisa muito interessante é o efeito de retorno: se fazemos dissertações, eternamente as mesmas e eternamente diferentes ("indivíduo e sociedade" etc.), é porque existem homologias. Se jamais entrássemos duas vezes no mesmo rio histórico, se o caso Dreyfus não tivesse nada a ver com maio de 1968, isso não funcionaria. Para que isso funcione é preciso ao mesmo tempo que exista história e que a história tenha invariantes.

Essa forma de leitura semi-historicizada e a-histórica tem como efeito produzir essa espécie de falsa eternidade que é a vida acadêmica. No fundo, o que eu tinha a dizer hoje é essa espécie de falsa eternidade dos diálogos nos infernos acadêmicos: Como acontece que ainda seja possível fazer dialogar Taine e Barthes, Renan e Foucault, Bourdieu e Durkheim? Se podemos fazer esse gênero de diálogos, às custas de uma trapaça extraordinária, é porque não formalizamos. Aqui prego no sentido da competência de perito: eu acho que uma maneira de fazer progredir realmente o debate científico e o debate intelectual consistiria em axiomatizar o máximo possível o jogo intelectual, quer dizer objetivar o mais completamente possível aquilo que permanece no estado implícito e que está ligado exatamente ao histórico não analisado. A vida intelectual, em particular nos terrenos como a história literária, sempre está nessa espécie de universo em que todo mundo obedece à ilusão do já visto (*déjà-vu*) e do jamais visto (*jamais-vu*): fingimos o tempo todo descobrir ideias ultrapassadas como um problema novo. Mas descobri-las como ideias ultrapassadas ainda é uma maneira de não as pensar completamente porque ou as historicizamos demais ou não as historicizamos o bastante.

613. Ver P. Bourdieu, *As regras da arte, op. cit., passim* e em particular "Fundamentos de uma ciência das obras", p. 203-318 [291-455]; "Como ler um autor". *In*: *Meditações pascalianas, op. cit.*, p. 103-112 [122-131].

Esse é um pouco o sentido do que tento fazer muitas vezes quando faço ressurgir velhos debates: acho que uma das funções mais poderosas da cultura histórica, se ela for realmente utilizada, seria exatamente destruir essa espécie de composto de cumplicidade no semianalisado que cria os debates chamados de "eternos". Eu acho que não existem debates eternos: só existem debates históricos. O que não quer dizer que não existam invariantes trans-históricas nos debates históricos, que não existam leis trans-históricas mesmo no mais histórico, ou seja, no evento histórico em sua singularidade, na crise, por exemplo.

Situação do terceiro volume do Curso de Sociologia Geral em sua época e na obra de Pierre Bourdieu

Por Julien Duval

Este terceiro volume continua a publicação do "Curso de Sociologia Geral" que Pierre Bourdieu ofereceu nos seus cinco primeiros anos de ensino no Collège de France a partir de 1982. Ele reúne as dez aulas de duas horas dadas durante o ano universitário de 1983-1984[614].

De acordo com uma expressão que o sociólogo empregou na primeira de todas as aulas, o "Curso de Sociologia Geral" constitui uma apresentação dos "contornos fundamentais" de seu trabalho[615]. Oferecido no embalo de sua aula inaugural proferida em abril de 1982, o primeiro ano, relativamente curto, centrou-se sobre a questão da classificação, da constituição dos grupos e das "classes sociais". Ele parece, em relação ao conjunto do Curso de Sociologia Geral, uma espécie de prólogo. No segundo ano, Bourdieu explicou como concebia o objeto da sociologia e desenvolveu reflexões sobre o conhecimento e a prática, e depois começou uma apresentação dos principais conceitos de sua abordagem sociológica, explicitando seus pressupostos teóricos assim como a função que lhes designava na economia geral de sua teoria. Ele dedicou um conjunto de aulas ao conceito de *habitus*, que leva em conta o fato de que o sujeito da sociologia, diferentemente do sujeito da filosofia, é um sujeito socializado, ou seja, investido por forças sociais, e demonstrou como esse conceito permitia pensar a ação social escapando da alter-

614. A edição francesa deste curso foi dividida em dois volumes, o primeiro com os dois primeiros anos letivos e o segundo com os três últimos. Este texto, publicado ao final do segundo volume, contém, portanto, referências aos dois últimos anos letivos de P. Bourdieu, que serão publicados posteriormente em português nesta série [N.T.].

615. Aula de 28 de abril de 1982, P. Bourdieu, *Sociologia geral volume 1, op. cit.*, p. 15 [11].

nativa entre o mecanicismo e o finalismo. Em seguida, procedeu a uma primeira abordagem do conceito de campo, apresentando-o como campo de forças (uma abordagem "fisicalista") e deixando para uma etapa posterior do curso a análise do campo em sua dinâmica, ou seja, como campo de lutas que buscam modificar o campo de forças.

O terceiro ano contido neste volume centra-se no conceito de capital. Bourdieu lembra o elo desse conceito com o conceito de campo, e desenvolve em seguida as diferentes formas de capital (ligadas à pluralidade dos campos), assim como os diferentes estados do capital cultural. A codificação e a objetivação do capital são objeto de uma atenção particular: esses processos são designados como um dos motivos da continuidade do mundo social e como um princípio de diferenças importante entre as sociedades pré-capitalistas e nossas sociedades diferenciadas. O quarto ano abordará o conceito de campo enquanto um campo de lutas na medida em que é o objeto de percepções dos agentes sociais, percepções essas que se engendram na relação entre o *habitus* e o capital. Nesse quarto ano, Bourdieu desenvolve o projeto de uma sociologia da percepção social, concebida como um ato inseparavelmente cognitivo e político na luta em que se envolvem os agentes sociais para definir o *nomos*, a visão legítima do mundo social. O quinto ano prolonga essas análises, mas, preparando-se para concluir seu curso, Bourdieu busca também reunir os dois aspectos do conceito de campo (o campo como campo de forças e como campo de lutas) por meio da mobilização simultânea dos três conceitos principais. As lutas simbólicas buscam transformar os campos de forças. Sua compreensão pressupõe a introdução da noção de poder simbólico, de capital simbólico ou do efeito simbólico do capital, que se constitui na relação de *illusio* entre o *habitus* e o campo. O ano termina com interrogações relativas à posição das ciências sociais nas lutas simbólicas que buscam impor uma certa representação do mundo social e com a ideia de que as ciências sociais devem reunir as perspectivas estruturalista e construtivista para estudar o mundo social, que é ao mesmo tempo um campo de forças e um campo de lutas destinadas a transformar esse campo de forças, mas também condicionadas por ele.

Uma coerência na escala de cinco anos

Esse curso, oferecido durante cinco anos, permitiu a Bourdieu realizar um retorno ao sistema teórico que ele construiu progressivamente. Pouco tempo antes dessas aulas, e antes de sua eleição para o Collège de France, ele publicara duas longas obras de síntese: *A distinção* (1979) para o conjunto de pesquisas que realizou sobre a cultura e as classes sociais na França, e *O senso prático* (1980) para suas pesquisas na Argélia e a teoria da ação que deduziu a partir delas. O Curso de Sociologia Geral cobre simultaneamente esses dois conjuntos de trabalhos e tenta a elaboração de uma teoria social que valha tanto para as sociedades pré-capitalistas quanto para as sociedades fortemente diferenciadas. Contra a divisão habitual entre antropologia e sociologia, ele manifesta ao mesmo tempo a coerência dessas diferentes pesquisas e o projeto de unidade das ciências sociais. Especialmente em 1984-1985 e 1985-1986, o sociólogo se pergunta sobre o processo que leva das sociedades pré-capitalistas às sociedades diferenciadas, valorizando sua continuidade. Mais de uma vez, ele designa as sociedades pré-capitalistas como base de análise de nossas sociedades: elas oferecem uma "imagem ampliada" das relações entre os sexos, elas permitem ver "de modo amplo" a luta simbólica, menos perceptível, mas sempre em operação nas sociedades diferenciadas (25 de abril de 1985); e ele destaca, por exemplo, que suas análises sobre as classes sociais devem-se a seu trabalho sobre as relações de parentesco na Argélia (2 de maio de 1985).

O esforço de síntese também se aplica aos conceitos. Um dos objetivos de seu ensino é, com efeito, "mostrar a articulação entre os conceitos fundamentais e a estrutura das relações que unem os conceitos"[616]. Para fins de clareza, uma parte do curso no segundo e no terceiro ano consiste em apresentar sucessivamente os três conceitos-chave, e algumas aulas utilizam os primeiros estados das afirmações teóricas geralmente muito breves que Bourdieu publica, especialmente em sua revista *Actes de la recherche en sciences sociales* no final da década de 1970 e começo dos anos de 1980, sobre as espécies e os estados do capital, sobre as propriedades dos campos, sobre os efeitos de corpos etc. Mas, mesmo nessa fase do curso, os conceitos permanecem ligados uns aos outros. O conceito de capital, por exemplo, é imediatamente introduzido em relação com o conceito de campo e o *habitus* reaparece quando é introduzida a noção de "capital informacional"[617]. A questão da codificação e da institucionalização, assim como a noção de campo de

---

616. *Ibid.*

617. "A noção de *habitus* quer dizer que existe uma espécie de capital informacional, estruturante e estruturado, que funciona como princípio de práticas estruturadas sem que essas estruturas que podemos encontrar nas práticas tenham existido anteriormente à produção das práticas enquanto regras" (10 de maio de 1984).

poder abordadas respectivamente no terceiro e no quinto anos, remetem às relações entre o capital e o campo; e o problema da percepção, no coração do quarto ano, implica diretamente a relação entre o *habitus* e o campo. Contra a tentação de empréstimos seletivos da sociologia de Bourdieu, este "Curso de Sociologia Geral" lembra o quanto os conceitos de *habitus*, capital e campo foram pensados como "conceitos [...] 'sistêmicos' porque sua utilização pressupõe a referência permanente ao sistema completo de suas inter-relações"[618].

Se Bourdieu se dá ao trabalho (cada vez com maior frequência à medida que avança em seu ensino) de recapitular sua proposta, é porque temia que sua preocupação em "produzir um discurso cuja coerência aparecerá na escala de vários anos" escapasse de sua plateia (1º de março de 1984). Ao espaçamento entre o tempo das aulas e dos anos de ensino se junta o fato de que o sociólogo se dirige a um "público descontínuo" (*ibid.*) que se renova parcialmente com o passar do tempo. Sua maneira de ensinar, aliás, garante a possibilidade de improvisações e de "digressões" às vezes muito longas dentro de um quadro preestabelecido. A exposição, em última instância, não pode seguir uma ordem perfeitamente linear: ela consiste em circular numa espécie de espaço teórico que autoriza diferentes encaminhamentos. Quando começa seu quarto ano letivo, Bourdieu, por exemplo, diz explicitamente que hesitou entre várias "interseções" possíveis (7 de março de 1985).

O curso não estava destinado a ser publicado, pelo menos não da maneira que o fizemos[619], mas sua "coerência de conjunto" talvez fique mais aparente aos leito-

---

618. Frase empregada em P. Bourdieu, J.-C. Chamboredon & J.-C. Passeron, *O ofício de sociólogo*, *op. cit.*, p. 47-48 [53-54].

619. P. Bourdieu certamente trabalhou sobre o texto, como ele costumava fazer, mas uma curta observação ("Aliás, isso existe sob forma de livro, ou existirá, espero, sob forma de livro", 25 de abril de 1985) e indicações posteriores ("Tentei extrair as propriedades gerais dos campos, levando as diferentes análises realizadas a um nível superior de formalização, nos cursos que dei no Collège de France de 1983 a 1986 e que constituirão o objeto de uma publicação posterior" [*As regras da arte*, *op. cit.*, p. 402 [300]; ver também *Sobre o Estado*, *op. cit.*]) apontam que ele visualizou uma publicação (ou mais de uma). O "Curso de Sociologia Geral" talvez seja um desses cursos que ele não publicou por falta de tempo (sobre esse ponto, ver Pierre Bourdieu & Yvette Delsaut, "Sobre o espírito da pesquisa" [entrevista]. Trad. de P. Neves. *Tempo Social*, vol. 17, n. 1, 2005, p. 201 ["L'esprit de la recherche". *In*: Yvette Delsaut & Marie-Christine Rivière, *Bibliographie des travaux de Pierre Bourdieu*. Pantin: Le Temps des cerises, 2002, p. 224]). *Meditações pascalianas* (assim como a obra que ele quase terminou sobre a "teoria dos campos") foi uma ocasião de publicação de alguns desenvolvimentos do curso [O livro inacabado de Bourdieu sobre a teoria dos campos foi publicado apenas em 2022: Pierre Bourdieu, *Microcosmes* [*Microcosmos*]. Paris: Seuil, 2022 – N.T.].

res das retranscrições publicadas aqui do que teria sido possível para os ouvintes do curso. O tempo da leitura dos cursos publicados não é o de sua elaboração, nem sequer de sua exposição oral. A leitura age, para o leitor, como uma espécie de acelerador dos processos de pensamento em operação no curso. A justaposição dos [cinco] volumes fará, por exemplo, aparecer o "fechamento" que uma das últimas aulas do "Curso de Sociologia Geral" realiza ao voltar para "esse famoso velho problema das classes sociais que é absolutamente central para as ciências sociais" (5 de junho de 1986), que estava no centro do primeiro ano letivo (1982-1983). Esse retorno ao ponto de partida, ou isso que pode parecer como tal em primeira análise, é um exemplo da coerência do conjunto do curso. Ele permitirá ao leitor medir o caminho percorrido e tomar consciência das questões que foram aprofundadas ou que tomaram uma nova amplitude devido aos desenvolvimentos propostos nesse intervalo.

Ele também pode sugerir uma leitura do curso. O primeiro ano, na primavera de 1982, foi apresentado como uma reflexão sobre a classificação e as classes sociais. As análises propostas mobilizaram os resultados de *A distinção*, mas também na mesma medida das obras que o sociólogo realizava então: particularmente seu livro sobre a linguagem e as análises dedicadas à nomeação ou ao poder performativo que as palavras recebem em certas condições sociais; assim, Bourdieu aprofundava notavelmente sua teoria das classes sociais[620]. O movimento do "Curso de Sociologia Geral" poderia então ser compreendido como uma maneira de amplificar, aprofundar e generalizar os temas expostos no primeiro ano sobre as classes sociais. O sociólogo faz um desvio no segundo e no terceiro ano através de seu sistema teórico para formular, nos dois últimos anos, a questão da luta simbólica em torno dos princípios de percepção do mundo social dos quais a divisão em classes é uma espécie de caso particular. A concorrência dentro do "campo da perícia" e o poder muito particular do Estado em matéria de nomeação, que o problema das classes sociais obriga a tratar, são, de modo geral, dois aspectos principais da luta simbólica em nossas sociedades diferenciadas.

Lido dessa maneira, o curso não opera um movimento circular. Longe de se reunir ao ponto de partida numa vontade de fechamento, o retorno final às classes sociais representa uma abertura e uma progressão associada a uma forma

---

620. As reflexões propostas durante esse ano de 1981-1982 forneceriam o material de um importante artigo posterior: "Espaço social e gênese das classes", *art. cit.*

de generalização. É menos um fechar e mais um movimento em "espiral" que teria sido realizado durante esses cinco anos. A imagem da "espiral"[621], como a da "eterna retomada" de suas pesquisas[622] que Bourdieu também utilizou para descrever sua maneira de trabalhar, não se impõe somente em relação à estrutura de conjunto do curso. Ela vale também para os ecos muito numerosos que as aulas sucessivas fazem umas das outras. Por temer dar a impressão de se repetir, o sociólogo às vezes assinala explicitamente que não se trata de "reprises" idênticas: "Acontece de eu passar pelo mesmo ponto por trajetórias diferentes" (17 de abril de 1986); "Eu disse isso numa aula antiga, hoje retomo esse tema num outro contexto" (18 de abril de 1985); "Eu desenvolvi aquilo que trata da dimensão objetiva – indico isso caso vocês queiram se lembrar – numa aula dois anos atrás" (15 de maio de 1986). Os temas retornam (por exemplo, a discussão sobre o finalismo e o mecanicismo e a crítica da teoria da decisão, ambas abordadas em 1982, voltam em 1986) e certos exemplos às vezes são convocados para ilustrar análises diferentes: assim, a trajetória dos escritores regionalistas do século XIX é citada dentro do campo literário no qual eles fracassam (25 de janeiro de 1983) e é relacionada mais tarde ao espaço de onde eles vieram e para onde retornam para fazer aparecer a contribuição desses escritores a uma certa mitologia escolar (12 de junho de 1986).

Os "impromptus" da segunda hora

O ano incluído [neste volume] corresponde ao momento em que o ensino de Bourdieu no Collège de France assume uma forma que se estabiliza. Desde que assumiu sua posição, na primavera de 1982, o sociólogo renunciara à fórmula que consiste, nessa instituição, em dar uma aula de uma hora e, num outro horário e numa sala menor, um seminário da mesma duração. Os pesquisadores que trabalhavam ao seu lado se lembram de que a primeira sessão do seminário acabou antes do tempo, numa atmosfera de grande desordem, já que a sala não era grande o bastante para receber a numerosa plateia que compa-

621. "E quando me ocorre examinar e reexaminar cuidadosamente os mesmos temas, retornando em diversas ocasiões aos mesmos objetos e às mesmas análises, tenho sempre a impressão de operar num movimento em espiral que permite alcançar a cada vez um grau de explicitação e de compreensão superior e, ao mesmo tempo, descobrir relações insuspeitadas e propriedades ocultas" (P. Bourdieu, *Meditações pascalianas*, *op. cit.*, p. 18 [19]).

622. Ver P. Bourdieu & Y. Delsaut, "Sobre o espírito da pesquisa", *art. cit.*, p. 184 [193].

receu[623]. Depois dessa experiência, Bourdieu decidiu, em 1982-1983, lecionar na forma de sessões de duas horas seguidas em que nada distinguia uma parte "aula" de outra parte "seminário".

Ele procede de modo um pouco diferente [no ano reunido] neste volume. Como menciona regularmente durante as aulas, a fórmula do ensino por meio de palestras diante de um público heterogêneo, anônimo e reduzido ao papel de ouvinte sempre lhe causou problemas. Ele julga esse quadro mal-adaptado àquilo que busca transmitir (mais um "método" do que saberes propriamente ditos[624]) e se recusa a adaptar-se totalmente a ele. Ele não resiste à tentação dos parênteses parcialmente improvisados que o levam a lamentar[625] com muita frequência no final das aulas por não ter dito tudo que havia previsto e a deixar certos desenvolvimentos para a sessão seguinte. Em intervalos regulares, ele também continua, como já havia feito nos dois primeiros anos, a responder a perguntas que lhe foram feitas por meio de bilhetes no intervalo ou no final das aulas e que lhe permitem manter um mínimo de trocas com aqueles que vieram escutá-lo[626]. Mas ele reintroduz, no começo do ano de 1983-1984, uma distinção entre suas duas horas de aula[627]: elas aconteciam nas manhãs das quintas-feiras e, enquanto a primeira hora, das 10 às 11 horas, era dedicada a "análises teóricas" (1º de março de 1984), a segunda, das 11 horas ao meio-dia, marca uma mudança de assunto e de tom[628].

Como ele não conseguia propor, no Collège de France, um verdadeiro seminário, ele busca na segunda hora "dar uma ideia do que seria um seminário, mostrando como podemos construir um objeto, elaborar uma problemática, e sobretudo aplicar essas formulações e essas fórmulas teóricas nas operações con-

623. Esse incidente explica por que, como lembrado anteriormente, o primeiro ano publicado no primeiro volume da série é mais curto do que os quatro seguintes (e talvez também por que o segundo ano seja o mais longo: Bourdieu talvez tenha preparado um número maior de aulas em 1982-1983 para recuperar as horas que não aconteceram na primavera de 1982).

624. P. Bourdieu, *Sociologia geral volume 1*, *op. cit.*, p. 19 [15].

625. Entretanto, às vezes ele se divertia com eles (ver, p. ex., a aula de 2 de maio de 1985).

626. "[...] as perguntas são muito úteis psicologicamente [para mim] porque elas me dão a sensação de conhecer melhor a demanda" (23 de maio de 1985).

627. Isso tem como consequência o fato de que todas as aulas publicadas neste volume duram mais ou menos duas horas, enquanto no ano de 1982-1983 algumas aulas ultrapassaram consideravelmente o tempo estabelecido.

628. Entre as duas horas, P. Bourdieu realiza sistematicamente uma pausa (ou um "entreato", como dizia um pouco ironicamente, talvez para lembrar o caráter objetivamente um pouco teatral da situação).

cretas, o que me parece ser a característica do ofício científico, a saber, a arte de reconhecer problemas teóricos nos fatos mais singulares e mais banais da vida cotidiana" (1º de março de 1984). Com poucas exceções, a segunda hora das aulas publicadas neste volume são dedicadas a "trabalhos *in process* [em processo]" (29 de maio de 1986), a "ensaios provisórios, reflexões sobre assuntos arriscados" (26 de abril de 1984), a "impromptus" (17 de abril de 1986). Aqui Bourdieu "se permite mais liberdade" do que na primeira hora (15 de maio de 1986), especialmente em relação a um "itinerário linear" (12 de junho de 1986) e a um "discurso regular, coerente no tempo longo" que acarreta o risco de ser "um pouquinho fechado e total (alguns diriam um pouquinho totalitário)" (17 de abril de 1986). Na medida do possível, busca-se uma correspondência mínima entre "as aplicações [da] segunda hora [e] as análises teóricas [...] [da] primeira hora" (1º de março de 1984). Assim, no quarto ano, as "análises teóricas" tratam da percepção do mundo social e a segunda hora sobre uma categoria social, os pintores, que, com Manet, realizam uma revolução da visão e da percepção (23 de maio de 1985): as primeiras desenvolvem notavelmente a noção de *nomos* enquanto a segunda enfatiza a "institucionalização da anomia" feita pela arte moderna.

A segunda hora geralmente é dedicada a trabalhos que Bourdieu apresenta pela primeira vez. Em 1984-1985, trata-se da pesquisa realizada com Marie-Claire Bourdieu sobre o campo da pintura. Nos anos imediatamente seguintes ao curso, ele publicará os primeiros artigos que resultaram dela[629]. No final da década de 1990, ele dedicará a ela dois anos inteiros de seu ensino[630]. As aulas dadas em 1985 dão a ocasião de medir que esse trabalho, que começou provavelmente no início da década de 1980[631], já estava bem avançado, mesmo que ainda faltassem, por exemplo, as análises das obras de Manet que serão propostas na década de 1990. Em 1985, Bourdieu trabalha paralelamente em *As regras da arte*, que será publicado em 1992, e o objeto dessa pesquisa parece residir antes de mais nada numa "série de análises das relações entre o campo literário e o campo artístico" (7 de março de 1985): o estudo das relações entre pintores e escritores ocupa um lugar

---

629. Pierre Bourdieu, "A institucionalização da anomia". *In*: *O poder simbólico*, *op. cit.*, p. 255-280 ["L'institutionnalisation de l'anomie", *Les Cahiers du Musée national d'art moderne*, n. 19-20, 1987, p. 6-19]; "La révolution impressionniste" ["A revolução impressionista"], *Noroît*, n. 303, 1987, p. 3-18.

630. P. Bourdieu, *Manet: une révolution symbolique*, *op. cit.*

631. Ver as indicações fornecidas a esse respeito na aula de 14 de março de 1985.

central nas exposições, e certos desenvolvimentos remetem muito diretamente às análises da "invenção da vida de artista" realizadas no quadro do trabalho sobre Flaubert e o campo literário[632]. Nessa época, o sociólogo toma muito cuidado para demonstrar que o processo de autonomização ocorre na escala da totalidade do campo artístico e, portanto, não pode ser captado completamente numa pesquisa dedicada a um único setor (pintura, literatura, música etc.).

Em 1983-1984 e em 1985-1986, a segunda hora trata de trabalhos mais circunscritos que geralmente não ocupam mais do que duas ou três sessões sucessivas. O primeiro trabalho apresentado é a análise, que Bourdieu diz ter "[encontrado] folheando [suas] notas" (1º de março de 1984), de uma lista de vencedores publicada na revista *Lire* em abril de 1981. Ele talvez tenha utilizado a aula para redigir o texto que aparecerá sob a forma de artigo alguns meses mais tarde, e depois como apêndice de *Homo academicus* em novembro de 1984[633]. Quatro anos mais tarde, ele o aproximará da análise de um "jogo chinês" que havia proposto alguns anos antes[634]. Ele falará de uma espécie de "obra-prima, como aquelas feitas pelos artesãos da Idade Média" e apresentará assim sua empreitada[635]: "Eu direi: eis o material; ele está sob seus olhos, todo mundo pode ver. Por que isso está malconstruído? [...] O que você faria com ele? [...] É preciso questionar a amostra: Quem são os juízes cujos juízos levaram a essa lista de vencedores? Como eles foram escolhidos? A lista de vencedores não estaria incluída na lista dos juízes escolhidos e em suas categorias de percepção? [...] Uma pesquisa idiota, cientificamente nula, pode assim fornecer um objeto cientificamente apaixonante se, em vez de lermos estupidamente os resultados, lermos as categorias de pensamento inconscientes que se projetaram nos resultados que elas produziram. [...] Trata-se de dados já publicados que precisavam ser reconstruídos"[636]. Entretanto, esse trabalho sobre a

632. P. Bourdieu, "L'invention de la vie d'artiste", *art. cit.*

633. P. Bourdieu, "Le hit-parade des intellectuels français, ou qui sera juge de la légitimité des juges?", *art. cit.*

634. Pierre Bourdieu, "Un jeu chinois. Notes pour une critique sociale du jugement", *Actes de la recherche en sciences sociales*, n. 4, 1976, p. 91-101; reimpresso como "Um jogo de sociedade" em *A distinção*, *op. cit.*, p. 492-502 [625-640].

635. "Eu sou um pouco como um velho médico que conhece todas as doenças do entendimento sociológico." Entrevista com Pierre Bourdieu feita por Beate Krais (dezembro de 1988), publicada na edição francesa de P. Bourdieu, J.-C. Chamboredon & J.-C. Passeron, *Le Métier de sociologue*, *op. cit.*, p. xvi.

636. *Ibid.*, p. xvi-xvii.

lista de vencedores não é somente um exercício de método ou de estilo. Bourdieu também encontra nele uma ocasião de refletir sobre as propriedades do campo intelectual, sua fraca institucionalização e sua vulnerabilidade diante de uma "ação social" de origem jornalística. A escolha de um material reduzido e de fácil acesso, mas também muito bem-escolhido e explorado intensivamente, talvez tenha uma ligação com o fato de que Bourdieu certamente estava refletindo, nesses anos, sobre a maneira de poder continuar a realizar pesquisas empíricas. Sua eleição para o Collège de France foi acompanhada de novas obrigações e necessariamente reduziu sua presença no seu centro de pesquisa[637] e também na Escola de Altos Estudos em Ciências Sociais – uma instituição que, ao contrário do Collège de France, oferece a seus professores a possibilidade de orientar teses[638]. Sua disponibilidade para a pesquisa, do modo como a praticava desde a década de 1960, sem dúvida ficou um pouco mais limitada, mesmo que a pesquisa sobre a casa individual, começada na primeira metade da década de 1980 (2 de maio de 1985), assim como *A miséria do mundo*, demonstrem que ele conseguiu realizar novas pesquisas coletivas importantes com material de primeira mão.

Entre os outros trabalhos apresentados na "segunda hora", vários tinham a particularidade de se basear em textos literários, uma atividade que até então Bourdieu só havia praticado em sua análise de *A educação sentimental*[639]. Assim, ele discute *O processo*, de Franz Kafka (22 e 29 de março de 1984); *Ao farol*, de Virginia Woolf (15 e 22 de maio de 1986); e, um pouco mais rapidamente, *Esperando Godot*, de Samuel Beckett (19 de abril de 1984) e *A metamorfose*, de Kafka (22 de maio de 1986)[640]. O sociólogo parece dedicar um interesse maior do que no passado ao material e às análises literárias. A análise de *O processo* levou a uma comunicação apresentada, no final do ano letivo 1983-1984, num colóquio multidisciplinar organizado pelo Centre Pompidou em ocasião do sexagésimo aniversário da morte do escritor[641]. É possível que esse interesse pela literatura tenha uma

637. Podemos assinalar que em 1985 P. Bourdieu saiu da direção do Centro da Educação e da Cultura.

638. Com efeito, entre 1983 e 1997 Bourdieu orientou menos da metade das teses que orientara entre 1970 e 1983 (14 contra 29).

639. P. Bourdieu, "L'invention de la vie d'artiste", *art. cit.*

640. Bourdieu cita mais rapidamente *O jogador*, de Dostoiévski (29 de março de 1984). Ele publica, nesse mesmo período, um texto sobre Francis Ponge: "Nécessiter" ["Necessitar"]. *In*: "Francis Ponge", *Cahiers de L'Herne*, 1986, p. 434-437.

641. P. Bourdieu, "La dernière instance", *art. cit.*

ligação com a redação de *As regras da arte*: Bourdieu não encontra apenas uma forma de alegoria em *O processo*, ele também de certa maneira pratica a "ciência das obras" cujos princípios serão desenvolvidos no livro de 1992, no sentido de que a visão "kafkiana" do mundo estaria ligada à incerteza que caracteriza o campo literário (e a posição de Kafka nele) que a produziu. Alguns anos mais tarde, ele mencionará uma leve mudança de sua relação com a literatura: ele se liberta pouco a pouco da tentação, forte no começo, num contexto em que a cientificidade da sociologia não estava bem garantida, de se distanciar de sua formação e de seus gostos literários[642]. No "Curso de Sociologia Geral", a preocupação de conter o lugar das análises literárias permanece ("Não desenvolverei isso – como já fiz meu pequeno pedaço literário, vocês iriam achar que estou exagerando" – 15 de maio de 1986), mas os sociólogos ouvintes são convidados a refletir sobre sua relação com a literatura. Ao expor suas reflexões sobre a "ilusão biográfica" que mobilizam em particular William Faulkner e Alain Robbe-Grillet, Bourdieu chama a atenção para a "dupla vida intelectual" dos sociólogos, que podem ler, por interesse pessoal, obras do Novo Romance sem tirar delas consequências para suas práticas profissionais (24 de abril de 1986), e destaca que a repressão do "literário" na sociologia se deve à posição que esta ocupa no espaço das disciplinas; a forma particular tomada pela oposição entre as letras e as ciências no século XIX esconde o avanço que os escritores tinham em relação aos pesquisadores quanto a questões como a teoria da temporalidade.

O anúncio de trabalhos posteriores

Ao misturar a apresentação de pesquisas em realização com retornos a trabalhos passados, o "Curso de Sociologia Geral" é levado por uma dinâmica na qual o leitor contemporâneo enxerga o esboço de alguns dos trabalhos que Bourdieu realizará na segunda metade da década de 1980 e até na de 1990.

Antes de mais nada, é o conjunto das aulas que Bourdieu dará no Collège de France de 1987 a 1992 que se anuncia. Não é por acaso que a aula que abre este volume contém uma observação incidental sobre as carências francesas da edição de Max Weber: esse autor será convocado com frequência nesse ano de

642. P. Bourdieu, *Images d'Algérie. Une affinité élective*, *op. cit.*, p. 42.

1983-1984[643]. Aliás, alguns anos antes, Bourdieu publicou no jornal *Libération* um texto chamado "Não tenham medo de Max Weber!"[644] que parece ter sido motivado apenas por suas preocupações do momento. Em suas aulas, Bourdieu comenta textos que só conhecia através das edições alemãs e inglesas de *Economia e sociedade*[645], que tratam da codificação, da noção de "disciplina", ou discutem a sociologia do direito. As observações de Weber sobre a *Kadijustiz*, as justiças de Sancho Pança e de Salomão se tornam referências recorrentes durante as aulas. É provavelmente no período em que essas aulas acontecem que o interesse de Bourdieu por Weber e pela sociologia do direito se desenvolve com força. O tema da *vis formae*, nunca mencionado durante os dois anos anteriores, aparece em várias ocasiões. O artigo sobre a "força do direito" será publicado em 1986[646], ou seja, durante o ano de ensino que fecha o "Curso de Sociologia Geral" e que comporta referências a pesquisas de sociologia do direito (15 de maio de 1986, 5 de junho de 1986), assim como reflexões sobre o campo jurídico, que estará no coração das aulas dadas em 1987-1988.

Não é somente o direito, mas, de modo mais geral, também o Estado que se torna um objeto de reflexão central. A frase com a qual Bourdieu ampliou a definição que Weber deu do Estado ("uma organização [...] que reivindica o controle da coerção física legítima") volta com frequência durante suas aulas do começo dos anos de 1980. Sua crítica, em 1983-1984, das interpretações lineares do processo de racionalização anuncia as reflexões que desenvolverá alguns anos mais tarde em seu curso sobre a gênese do Estado (29 de março de 1984). As referências ao Estado são muito numerosas nas últimas sessões do quarto ano. O tema principal da percepção social remete, com efeito, ao da percepção homologada cujo monopólio pertence ao Estado. Igualmente, a análise do certificado remete ao Estado, definido então como um "campo de perícia, ou [...] campo dos agentes

643. O índice remissivo da edição completa de *Sociologia geral* confirma: Marx, Durkheim e Weber são os autores aos quais Bourdieu se refere com mais frequência (eles são seguidos por Sartre, Kant, Hegel, Flaubert, Lévi-Strauss, Platão, Goffman, Kafka, Foucault e Husserl). Weber é o mais citado (116 citações contra 86 e 81 para Marx e Durkheim), particularmente em 1983-1984.

644. P. Bourdieu, "N'ayez pas peur de Max Weber!", *Libération*, 6 de julho de 1982, p. 25.

645. Em 1962-1963, Bourdieu, que então lecionava em Lille, dedicou um curso a Max Weber e convidou seus alunos a ler e traduzir passagens de *Economia e sociedade.* Na década de 1960, ele mimeografou algumas passagens para alunos e pesquisadores. Foi apenas em 1971 que uma tradição parcial do livro foi publicada pela Editora Plon.

646. P. Bourdieu, "A força do direito", *art. cit.*

em concorrência pelo poder de certificação social" (9 de maio de 1985), e a última aula do ano termina com a constatação de que uma sociologia das lutas simbólicas deve se interrogar sobre essa "última instância" que o Estado representa. Bourdieu registra que o Estado se tornou um objetivo principal de suas análises mesmo antes de começar, em 1989-1990, seu curso sobre o Estado[647]: a partir de 1987-1988, ele intitulará seu curso de "A propósito do Estado".

Da mesma forma, tanto o artigo (1990) quanto o livro (1998) que dedicará à "dominação masculina"[648] são esboçados no "Curso de Sociologia Geral". No ano de 1985-1986, vários desenvolvimentos se relacionam à dimensão política da dominação masculina ou ao "inconsciente androcêntrico" das sociedades mediterrâneas. É também em 1985-1986 que ele comenta *Ao farol* (referência importante em seus escritos posteriores sobre as relações entre os sexos); ele se refere em particular à visão feminina do investimento masculino nos jogos sociais.

Se é mais difícil discernir no "Curso de Sociologia Geral" os sinais que anunciam os trabalhos que Bourdieu publicará na década de 1990, leitores contemporâneos não podem deixar de pensar, diante das reflexões de método sobre as dificuldades da restituição e da explicitação da experiência dos agentes sociais (12 de junho de 1986), no dispositivo da pesquisa coletiva que resultará em 1993 em *A miséria do mundo*. Da mesma forma, é tentador aproximar o trabalho sobre a "parada de sucessos" à análise que Bourdieu dedicará dez anos depois ao "domínio do jornalismo"[649]: ainda que não empregue esta última expressão em 1984, ele enxerga na lista de vencedores o sinal de uma transformação das relações de força entre o campo intelectual e o campo jornalístico em favor deste último. Entretan-

---

647. P. Bourdieu, *Sobre o Estado, op. cit.*

648. P. Bourdieu, "La domination masculine", *Actes de la recherche en sciences sociales*, n. 84, 1990, p. 2-31; *A dominação masculina, op. cit.*

649. Sobre essa reflexão (precedida por "L'évolution des rapports entre le champ universitaire et le champ du journalisme" ["A evolução das relações entre o campo universitário e o campo do jornalismo"], *Sigma*, n. 23, 1987, p. 65-70), que incluirá uma análise do jornalismo em termos de campo, ver principalmente: "L'emprise du journalisme" ["O domínio do jornalismo"], *Actes de la recherche en sciences sociales*, n. 101-102, 1994, p. 3-9; "Journalisme et éthique" ["Jornalismo e ética"] (Comunicação à ESJ Lille, 3 de junho de 1993), *Le Cahiers du journalisme*, n. 1, 1996, p. 10-17; "Champ politique, champ des sciences sociales, champ journalistique" ["Campo político, campo das ciências sociais, campo jornalístico"] (Aula do Collège de France, 14 de novembro de 1995), *Cahiers du Groupe de recherche sur la socialisation*, Lyon, Université Lumière-Lyon 2, 1996; *Sobre a televisão, op. cit.*; *Contrafogos*. Trad. de L. Magalhães. Rio de Janeiro: Jorge Zahar, 1998, p. 56-69 [76-92]; "À propos de Karl Kraus et du journalisme" ["Sobre Karl Kraus e o jornalismo"], *Actes de la recherche en sciences sociales*, n. 131-132, 2000, p. 123-126.

to, a mídia e a relação que Bourdieu travará com ela serão notavelmente transformadas na década que separa a análise da "parada de sucessos" (que o sociólogo só publicará em sua revista e como anexo de um livro acadêmico) e o pequeno livro de intervenção que será publicado no final de 1996 para um público mais amplo, *Sobre a televisão*, que é em parte um livro sobre os "intelectuais midiáticos"[650]. Para mencionar o essencial, podemos dizer que os cursos publicados aqui são levemente anteriores à virada que representou a privatização, em 1986, do canal de maior audiência [da televisão francesa], TF1. No começo da década de 1980, o espírito de serviço público herdado dos primórdios da televisão ainda era bastante potente. Ainda acontece de Bourdieu participar pontualmente de programas de televisão[651] ou discutir publicamente com jornalistas importantes. Em 1985, por exemplo, ele intervém num fórum organizado pelo Comitê de Informação para a Imprensa no Ensino[652] e, envolvido por seu colega do Collège de France, Georges Duby, ele começa a participar do projeto de "televisão educativa" que resultará na criação do canal "La Sept", que posteriormente será transformado na emissora Arte[653] [emissora europeia de programação cultural].

O quadro do Collège de France

Para compreender o espaço no qual Pierre Bourdieu se situa nesses anos de 1983 a 1986 é preciso mencionar o Collège de France. Nele, Georges Duby é um

650. Patrick Champagne, "Sur la médiatisation du champ intellectuel. À propos de *Sur la télévision*" ["Sobre a midiatização do campo intelectual: a propósito de *Sobre a televisão*"]. *In*: Louis Pinto, Gisèle Sapiro & Patrick Champagne (orgs.), *Pierre Bourdieu, sociologue*. Paris: Fayard, 2004, p. 431-458.

651. Durante o período correspondente ao curso, P. Bourdieu participa de duas edições do programa "Apostrophes" (discutindo *A economia das trocas linguísticas* e depois o relatório do Collège de France sobre o ensino), e apresenta dois de seus livros (*A economia das trocas linguísticas* e *Homo academicus*) em jornais televisivos (um "regional", outro "noturno").

652. Com base em suas análises dos campos de produção cultural, ele introduz uma reflexão sociológica sobre os temas do afastamento dos "jovens" em relação à imprensa e sobre as relações entre o jornalismo e a instituição escolar. Ver Philippe Bernard, "Exercice illégal de la pédagogie" ["Exercício ilegal da pedagogia"], *Le Monde*, 16 de maio de 1985.

653. Ver *Pierre Bourdieu & les médias. Rencontres INA/Sorbonne (15 mars 2003)* [*Pierre Bourdieu e a mídia: encontros INA/Sorbonne (15 de março de 2003)*]. Paris: L'Harmattan, 2004. Nos anos seguintes ao curso (e, portanto, durante o desenvolvimento dos canais privados na França), Bourdieu será um dos iniciadores do movimento "Para que a televisão pública viva" (Pierre Bourdieu; Ange Casta; Max Gallo; Claude Marti; Jean Martin & Christian Pierret, "Que vive la télévision publique!", *Le Monde*, 19 de outubro de 1988).

de seus colegas mais próximos. A relação entre eles é antiga: Duby foi um dos fundadores da revista *Études rurales* na qual Bourdieu publicou um artigo muito longo (de mais de cem páginas) no começo da década de 1960, quando ainda era quase desconhecido[654]. Nas aulas de 1986 em que elabora a noção de "campo do poder", o sociólogo cita com frequência o livro do medievalista *As três ordens ou o imaginário do feudalismo* (1978). Ele também se refere às análises das tríades indo-europeias desenvolvidas por Georges Dumézil, que se aposentara em 1968 (ele falece em 1986) depois de quase 20 anos de ensino no Collège de France. As discussões das análises de Claude Lévi-Strauss são ainda mais frequentes (entretanto, Bourdieu sempre se referiu muito aos trabalhos do antropólogo em todas as épocas de sua obra, mesmo que tivesse deixado de participar de seu seminário). Claude Lévi-Strauss se aposenta do Collège de France em 1982, mas uma conferência que proferiu em 1983 marca um momento de tensão entre os dois, que fica marcado numa aula de 1986 (5 de junho de 1986). As aulas de Bourdieu também contêm alusões rápidas ou discussões de trabalhos de professores mais jovens do Collège de France: Emmanuel Le Roy Ladurie (18 de abril de 1985), Jacques Thullier (2 de maio de 1985), que o sociólogo conhecia desde a École Normale Supérieure, e Gérard Fussman (28 de março de 1985).

Bourdieu participa da vida da instituição. Ele se refere em duas ocasiões a seminários ou colóquios que reúnem participantes vindos das diferentes disciplinas históricas e literárias representadas no Collège de France (22 de maio e 19 de junho de 1986). Ele participará até sua aposentadoria de diferentes manifestações desse gênero. Em 1984-1985, ele incita os ouvintes de suas aulas a assistirem às conferências que Francis Haskell vem dar no Collège de France (18 de abril de 1985, 2 de maio de 1985). As aulas não contêm referências aos trabalhos dos "cientistas do Collège", mas quando a direita retorna ao poder em 1986, Bourdieu assina junto a vários deles (o biólogo Jean-Pierre Changeux, o físico Claude Cohen-Tannoudji, o farmacólogo Jacques Glowinski e o químico Jean-Marie Lehn) um "apelo solene" ao governo que deseja reduzir os créditos públicos destinados à pesquisa. Além do mais, as aulas são contemporâneas à preparação das "Propostas para o ensino do futuro" que o presidente da República pede em fevereiro de 1984 aos

654. Remi Lenoir, "Duby et les sociologues" ["Duby e os sociólogos"]. *In*: Jacques Dalarun & Patrick Boucheron (orgs.), *Georges Duby. Portrait de l'historien en ses archives.* Paris: Gallimard, 2015, p. 193-203.

professores do Collège de France e que são entregues em março de 1985[655]. Como especialista em educação, Bourdieu foi seu redator principal e até mesmo, em grande medida, quem tomou a iniciativa[656].

Durante esses anos, um dos membros do Collège de France cujos cursos são dos mais concorridos é Michel Foucault. Bourdieu mencionará muito mais tarde o que o aproximava e separava de Michel Foucault[657] – ele participara de um dos seminários de Foucault na École Normale Supérieure. Na década de 1980, Foucault e Bourdieu se encontraram em ações destinadas a apoiar os sindicalistas poloneses e questionar o governo francês, mas as aulas publicadas aqui demonstram bem uma mistura de estima e distância. Se Bourdieu faz referências explícitas aos trabalhos de Foucault, à noção de *épistémè*, por exemplo, o quarto e o quinto anos são atravessados por uma crítica das análises do poder desenvolvidas pelo filósofo: em particular, a frase "o poder vem de baixo" aparece como a expressão de um pensamento ingênuo, inspirado sobretudo pelo espírito de contradição (17 de abril de 1986). No final de junho de 1984, quando falece Foucault, o curso de Bourdieu já havia terminado há pouco mais de um mês. O sociólogo, junto com André Miquel, foi um dos professores do Collège de France a participarem da cerimônia parisiense que precedeu o sepultamento[658]. Ele publicará dois textos de homenagem a "um amigo, um colega" em *Le Monde* e *L'Indice*[659].

655. "Proposições para o ensino do futuro". Trad. de M.S. Guimarães. *Revista Brasileira de Estudos Pedagógicos*, n. 67, 1986, p. 152-169 ["Propositions pour l'enseignement de l'avenir. Rapport du Collège de France". Paris: Minuit, 1985. Também em *Le Monde de l'éducation*, n. 116, maio 1985, p. 61-68].

656. Sobre as origens, redação e recepção do relatório, ver os trabalhos em preparação de Pierre Clément (para um primeiro estágio: "Réformer les programmes pour changer l'école? Une sociologie historique du champ du pouvoir scolaire" ["Reformar os currículos para mudar a escola? Uma sociologia histórica do campo do poder escolar"], tese de doutorado, Universidade de Picardie Jules-Verne, 2013, cap. 2, p. 155-240).

657. P. Bourdieu, *Esboço de autoanálise*, *op. cit.*, p. 104-107 [102-107].

658. P. Bourdieu menciona essa cerimônia em *Manet: une révolution symbolique*, *op. cit.*, p. 484.

659. P. Bourdieu, "Le plaisir de savoir" ["O prazer de saber"], *Le Monde*, 27 de junho de 1984; "Non chiedetemi chi sono. Un profilo de Michel Foucault" ["Não pergunte quem sou: um perfil de Michel Foucault"], *L'Indice*, outubro de 1984, p. 4-5.

O campo intelectual na primeira metade da década de 1980

Para além do Collège de France, o curso tem a marca do campo intelectual da época[660]. Ele contém alusões regulares a grandes figuras das décadas precedentes, como Jean-Paul Sartre e Jacques Lacan, que faleceram respectivamente em 1980 e 1981, e a Louis Althusser, que foi internado em novembro de 1980 depois do assassinato de sua esposa. Bourdieu alude numa de suas aulas à problemática jornalística da época que consiste em procurar um "sucessor" de Sartre[661]. As figuras dominantes do momento que acumulam um reconhecimento intelectual[662] e uma notoriedade no público culto são essas pessoas de cerca de 50 anos, entre as quais estava Bourdieu, incluindo, principalmente, Michel Foucault, Jacques Derrida, Gilles Deleuze (e Félix Guattari). Eles se tornaram conhecidos nos anos anteriores a maio de 1968 e compartilham daquilo que Bourdieu chama de "temperamento anti-institucional" (2 de maio de 1985). Esses "hereges consagrados", segundo uma outra frase do sociólogo[663], distanciaram-se da universidade e da filosofia tradicionais. Na primeira metade da década de 1980, eles muitas vezes se encontram assinando os mesmos apelos ou petições. Os jovens recém-chegados começam, entretanto, a enviá-los ao passado: no outono de 1985, um ensaio de grande repercussão na mídia tem como alvo o "pensamento anti-humanista de 1968" que eles representariam[664]. Bourdieu alude a esse livro numa aula (5 de junho de 1986) e menciona em várias ocasiões as temáticas do "retorno a Kant" e do "retorno ao sujeito" das quais seus autores participam.

Ainda que ele cite apenas de maneira alusiva (sobre obras de sociólogos das ciências que o mencionam e cujo relativismo ele critica) o desenvolvimento do "pós-modernismo" que data da segunda metade da década de 1970, ele faz várias

---

660. Para uma análise detalhada do campo filosófico no momento em que os cursos acontecem, ver Louis Pinto, *Les Philosophes entre le lycée et l'avant-garde. Les métamorphoses de la philosophie dans la France d'aujourd'hui* [*Os filósofos entre o liceu e a vanguarda: as metamorfoses da filosofia na França de hoje*]. Paris: L'Harmattan, 1987.

661. Ver também Pierre Bourdieu, "Sartre", *London Review of Books*, vol. 2, n. 22, 1980, p. 11-12.

662. Esse reconhecimento intelectual se estende, a partir dessa época, às universidades norte-americanas. Em relação a Foucault, por exemplo, uma onda de traduções começa em 1977 nos Estados Unidos. Nesse momento, Bourdieu, que é um pouco mais jovem e o único a não se chamar de "filósofo", ainda está um pouco mais afastado desse movimento.

663. Ver P. Bourdieu, *Homo academicus*, *op. cit.*, p. 143-151 [140-148].

664. Luc Ferry & Alain Renaut, *La Pensée 68. Essai sur l'anti-humanisme contemporaine* [*O pensamento 68: ensaio sobre o anti-humanismo contemporâneo*]. Paris: Gallimard, 1985.

referências ao aparecimento, mais ou menos no mesmo momento, dos "novos filósofos": "A partir do momento em que alguém surge no espaço, mesmo um 'novo filósofo', sua existência causa problemas e leva a pensar, faz pensar e corre o risco de fazer pensar torto – sem falar do fato de ela se arriscar a consumir uma energia que poderia ser melhor empregada em outro lugar" (18 de abril de 1985). Assim, a atitude a se adotar diante desses concorrentes de um novo tipo, e de modo mais geral diante das ameaças a que a "filosofia" parece estar exposta nessa época, suscita debates; várias alusões nos cursos indicam reservas ou distâncias de Bourdieu em relação às declarações (para ele contraproducentes) de Gilles Deleuze sobre a "nulidade" dos "novos filósofos" ou sobre os "Estados Gerais da Filosofia" organizados por Jacques Derrida[665]. Sua análise da "parada de sucessos" mostra, entretanto, sua consciência das transformações estruturais que se aceleram nessa época[666] e do perigo que elas representam para a perpetuação do modelo de intelectual que ele encarna.

Nesse começo dos anos de 1980, seu próprio estatuto no campo intelectual muda, mas segundo uma lógica que não se deixa caracterizar de maneira unívoca. Sua eleição para o Collège de France, por exemplo, ou o sucesso obtido por *A distinção*, que se impõe como um livro marcante muito rapidamente e para além de um público de especialistas, aumentam o reconhecimento de sua obra, mas o transformam ao mesmo tempo na encarnação de uma disciplina e de um pensamento que muitas correntes intelectuais denunciam como um "sociologismo", como um pensamento "determinista", até "totalitário". Entre as várias críticas e ataques difusos (os quais as aulas publicadas neste volume muitas vezes ecoam), podemos mencionar, ainda que sejam apenas dois entre vários exemplos possíveis, aqueles vindos de colaboradores ou intelectuais ligados à revista *Esprit* ou o livro publicado em 1984, *O império do sociólogo*[667].

---

665. Sobre esse ponto ver Benoît Peeters, *Derrida*. Paris: Flammarion, 2010, p. 369-380.

666. Esse modelo é o do intelectual que acumula um reconhecimento propriamente intelectual e uma notoriedade para um público culto muito grande. O começo da década de 1980 (que corresponde, por exemplo, ao momento em que François Maspero vende sua editora) é uma época em que os editores começam a deplorar a rarefação de autores acadêmicos consagrados de grandes tiragens, num contexto em que a especialização universitária parece aumentar.

667. Coletivo As Revoltas Lógicas, *L'Empire du sociologue*. Paris: La Découverte, 1984.

O subespaço da sociologia

Essa ambiguidade é reencontrada no subespaço da sociologia. Como sua obra já estava num estado que autorizava olhares retrospectivos, às vezes Bourdieu tenta em seu curso captar e formular o sentido geral de sua empreitada: ele insiste no esforço que teria feito para iluminar, contra a "análise econômica e economicista", o "papel determinante do simbólico nas trocas sociais", "todas essas lutas de que a história está cheia e nas quais os objetivos jamais são redutíveis à dimensão material desses objetivos" (22 de março de 1984 e 30 de maio de 1985); ocasionalmente ele também enfatiza que sua "contribuição histórica" teria sido "[fazer] seu trabalho [de sociólogo] até o fim, [quer dizer], até a objetivação dos profissionais da objetivação" (19 de junho de 1986)[668] ou "introduzir uma relação muito respeitosa a tudo aquilo que poderia contribuir para ajudar a pensar melhor o mundo social" (14 de março de 1985). Além do mais, começava um trabalho de síntese e de vulgarização (do qual o curso participa). Bourdieu se põe a publicar, paralelamente a suas obras de pesquisa, livros destinados a dar uma ideia mais acessível de seu trabalho: em 1980, pela primeira vez, reuniu num volume intervenções orais proferidas em diversas circunstâncias[669]. Em 1983, um de seus primeiros alunos, Alain Accardo, publica o primeiro livro que tenta colocar à disposição de um público de estudantes e militantes os principais conceitos de sua sociologia[670]. Da mesma forma, aumenta sua notoriedade internacional. Assim, logo antes de começar seu quinto ano letivo, ele fez uma viagem de um mês para os Estados Unidos, durante a qual deu cerca de 15 seminários e conferências em universidades americanas (San Diego, Berkeley, Chicago, Princeton, Filadélfia, Baltimore, Nova York). Nos anos seguintes, ele fará viagens do mesmo tipo para outros países.

Essa consagração crescente não significa o exercício de um "magistério". Na sociologia, como no conjunto do campo intelectual, o reconhecimento crescente de Bourdieu parece gerar formas de rejeição que duplicam de intensidade. Na

---

668. Podemos mencionar também sua observação sobre o caráter "um pouco cubista" de sua sociologia (9 de maio de 1985).

669. P. Bourdieu, *Questões de sociologia*, *op. cit.*

670. Alain Accardo, *Initiation à la sociologie de l'illusionnisme social. Invitation à la lecture des œuvres de Pierre Bourdieu* [*Iniciação à sociologia do ilusionismo social: convite à leitura das obras de Pierre Bourdieu*]. Bordeaux: Le Mascaret, 1983. A esse livro segue-se uma coletânea de textos comentados por Alain Accardo e Philippe Corcuff: *La Sociologie de Bourdieu* [*A sociologia de Bourdieu*]. Bordeaux: Le Mascaret, 1986.

primeira metade da década de 1980, várias empreitadas buscam descrever sua sociologia como "superada", invocando às vezes um "retorno do ator". Esse é o caso principalmente do "individualismo metodológico", que pressupõe explicar os fenômenos sociais a partir das estratégias de um *homo sociologicus* dessocializado. Seu líder é Raymond Boudon que, depois de ter sido na década de 1960 um dos principais importadores franceses da "metodologia" de Paul Lazarsfeld (à qual Bourdieu opôs uma reflexão epistemológica[671]), desenvolveu na década de 1970 uma análise das desigualdades escolares que concorreu com aquela que se impôs depois de *Os herdeiros* e *A reprodução*. Se Bourdieu, em suas aulas, lembra em várias ocasiões suas críticas ao "individualismo metodológico" ou se afasta da visão que este tende a ter de seus trabalhos, é porque essa corrente que progride paralelamente nos Estados Unidos estava numa fase particularmente agressiva. Em 1982, foi publicado pela Editora Presses Universitaires de France um *Dicionário crítico da sociologia* organizado por Raymond Boudon e François Bourricaud que, em seu projeto de "investigar as imperfeições, incertezas e falhas das teorias sociológicas, mas também as razões de seu sucesso", tem como alvo a sociologia de inspiração marxista ou estruturalista.

Já as observações de Bourdieu sobre o "ultrassubjetivismo" e o "radicalismo fácil" que se desenvolvem na sociologia das ciências respondem à publicação em 1979 do livro *A vida de laboratório*[672]. Com base no estudo etnográfico de um laboratório de neuroendocrinologia, esse livro pretende fundamentar uma abordagem explicitamente diferente das análises que Bourdieu propunha desde meados da década de 1970 sobre "o campo científico e as condições sociais do progresso da razão"[673]. Para Bourdieu, essa empreitada radicaliza até chegar num relativismo, que ele rejeita, a tese segundo a qual os fatos científicos são construídos

671. Ver, sobre a oposição entre metodologia e epistemologia, P. Bourdieu, J.-C. Chamboredon & J.-C. Passeron, *O ofício de sociólogo*, *op. cit.*, p. 11-12 [13-14]; sobre a relação de P. Bourdieu com a empreitada de Paul Lazarsfeld, P. Bourdieu, *Esboço de autoanálise*, *op. cit.*, p. 101 [97-98]; e sobre o "imperativo metodológico" que tende a reunir os diferentes momentos da sociologia de Raymond Boudon, Johan Heilbron, *French Sociology* [*Sociologia francesa*]. Ithaca: Cornell University Press, 2015, p. 193-197.

672. Bruno Latour & Steve Woolgar, *A vida de laboratório: a produção dos fatos científicos*. Trad. de A.R. Vianna. Rio de Janeiro: Relume-Dumará, 1997 [*Laboratory life: the social construction of scientific facts*. Londres: Sage, 1979].

673. Pierre Bourdieu, "La spécificité du champ scientifique et les conditions sociales du progrès de la raison" ["A especificidade do campo científico e as condições sociais do progresso da razão"], *Actes de la recherche en sciences sociales*, n. 2-3, 1976, p. 88-104; "O campo científico", *art. cit.*

socialmente. A insistência sobre a busca da credibilidade pelos pesquisadores e sobre os instrumentos retóricos leva a negligenciar que, no campo científico, nem todas as estratégias são possíveis (28 de março de 1985 e 19 de junho de 1986). Quinze anos depois, quando essa "nova sociologia das ciências" já estará consideravelmente desenvolvida, Bourdieu voltará a essas críticas[674].

Nas aulas também se questiona as importações produzidas na sociologia na década de 1980. O período é marcado por uma onda de traduções na França de Georg Simmel, um contemporâneo alemão de Durkheim, e pela "descoberta" do interacionismo e da etnometodologia, correntes "heterodoxas" da sociologia estadunidense que datam das décadas de 1950 e 1960. Na interseção entre a sociologia e a filosofia, as obras da Escola de Frankfurt, muito pouco conhecidas na França até a década de 1970, também passam a ser publicadas numerosamente no começo da década de 1980, particularmente pela Editora Payot sob o incentivo de Miguel Abensour. Durante uma aula, Bourdieu propõe uma análise dessas importações da década de 1980 (5 de junho de 1986). Se ele zomba do provincianismo francês que leva a traduzir obras quando elas já saíram de moda no seu país de origem, ele não deixa de se irritar com essas importações já que, iniciadas por concorrentes mais ou menos declarados no espaço da sociologia, elas são apresentadas como novidades que merecem uma atenção exclusiva. De fato, às vezes elas eram opostas explicitamente à sua própria sociologia, quando se tratava de autores que ele já havia lido há muito tempo, que às vezes até contribuiu para que fossem conhecidos na França (o essencial da obra de Goffman foi traduzido nas décadas de 1970 e 1980 em sua coleção na Editora Minuit) e que, sobretudo, ele havia integrado à sua abordagem.

O contexto político

A preocupação em propor um ensino teórico que não estivesse separado das realidades mais concretas inspira alusões frequentes ao contexto político da época, às questões e aos problemas constituídos como tais na mídia e no mundo político. Bourdieu encontra um exemplo quase perfeito de suas reflexões sobre a "ciência do Estado" nos dados de desemprego publicados pelo Insee. Esse indicador estatístico torna-se, com efeito, um objetivo central do debate político na época:

---

674. P. Bourdieu, *Para uma sociologia da ciência*, *op. cit.*, p. 37-50 [41-66].

muito baixa até 1973, a taxa de desemprego cresceu continuamente até meados da década de 1980. Entre outras coisas, o surgimento de um desemprego em massa na França contribuiu para uma reformulação da questão da "imigração", em relação à qual os resultados eleitorais registrados [pelo partido de extrema-direita] Fronte Nacional a partir de 1982 são apenas a manifestação mais espetacular. A "atualidade" ilustra assim muito diretamente uma das ideias que Bourdieu desenvolve: os princípios de visão do mundo social (e, no caso, a questão de saber se a divisão entre ricos e pobres pode ser substituída pela divisão entre imigrantes e não imigrantes) são objetos de luta. Na primeira metade da década de 1980, a estigmatização crescente dos imigrantes suscita mobilizações em sentido contrário às quais Bourdieu se associa. Assim, o sociólogo assina um texto de apoio à Marcha pela Igualdade e contra o Racismo que acontece no outono de 1983[675] e participa das iniciativas da associação SOS Racismo, ligada ao Partido Socialista e criada em 1984. Em novembro de 1985, por exemplo, ele participa de um encontro com a associação no qual adverte contra o risco de um "movimento ético-mágico" e denuncia a análise da imigração em termos de diferenças culturais que deixa de lado as desigualdades econômicas e sociais entre franceses e imigrantes.

O curso também comporta ecos sobre a progressão do neoliberalismo, cuja aceleração no começo da década de 1980 é simbolizada pela chegada ao poder de Margaret Thatcher na Grã-Bretanha e Ronald Reagan nos Estados Unidos. Os economistas da "Escola de Chicago", mencionados em várias ocasiões por Pierre Bourdieu, são considerados os inspiradores de programas econômicos que, na contramão das políticas intervencionistas estabelecidas nas décadas do pós-guerra, consideram, segundo uma frase que se tornou célebre, que o Estado (ou pelo menos sua "mão esquerda") "é o problema, e não a solução". Ao tratar num momento da diferença entre a caridade privada e a assistência social (9 e 23 de maio de 1985), Bourdieu menciona os questionamentos que o Estado de Bem-estar sofre na época. Na última aula do quarto ano, a aproximação que ele realiza entre o drama de Heysel que acabara de acontecer[676] e a política da "Dama de ferro"

675. Sobre as tomadas de posição durante esse período, ver P. Bourdieu, *Interventions 1961-2001*, *op. cit.*, p. 157-187.

676. Referência à tragédia ocorrida no dia 29 de maio de 1985 no estádio de futebol Heysel, em Bruxelas, quando uma briga entre torcedores do clube inglês Liverpool e do italiano Juventus causou uma debandada que resultou em 39 mortes e mais de 600 feridos, a maioria por esmagamento [N.T.].

anuncia o tema da "lei da conservação da violência", que ele vai opor às políticas neoliberais na década de 1990[677]. Além do mais, o curso muitas vezes ecoa eventos e fatos que aparecem na mídia francesa da época nas páginas dedicadas ao "estrangeiro". Assim, Bourdieu alude à revolução iraniana e ao conflito irlandês, e propõe elementos de reflexão sobre eles com base em suas análises teóricas.

No nível nacional, o período corresponde ao primeiro mandato de François Mitterrand. As aulas contêm poucas alusões aos eventos de política interna, com exceção de observações críticas sobre a restauração da escola da Terceira República proposta e reivindicada pelo ministro socialista da Educação Nacional, Jean-Pierre Chevènement (12 de junho de 1986). O último ano do curso contém algumas referências (anedóticas) ao retorno da direita ao governo como resultado das eleições legislativas de maio de 1986. Entretanto, podemos indicar que, sem aludir a elas nos cursos, durante esses anos Bourdieu toma posições públicas sobre certos aspectos das políticas instituídas pelos sucessivos governos: ele assina várias petições que condenam a posição do governo socialista sobre os eventos na Polônia[678], e também um apelo relativo à situação carcerária na França e, depois do retorno da direita ao poder em 1986, textos contra as restrições orçamentárias para a pesquisa ou contra o projeto de suspensão da construção [do teatro] Opéra de la Bastille.

A aula de 19 de junho de 1986 encerra o "Curso de Sociologia Geral" que Bourdieu deu durante cinco anos e que constituiu a primeira introdução geral à sociologia proposta no Collège de France. No ano seguinte, Bourdieu utilizará a possibilidade que têm os membros dessa instituição de suspender provisoriamente seu ensino. Ele retomará seus cursos em março de 1988, sob um novo título: "A propósito do Estado". Esse será o começo de um ciclo de cinco anos dedicados à análise e à desconstrução dessa instituição e, de modo mais geral, do período em que os cursos de Bourdieu no Collège de France tratarão de temas específicos: depois da sociologia do Estado[679], a sociologia do campo econômico[680], a sociolo-

677. Ver, por exemplo, P. Bourdieu, *Contrafogos, op. cit.*, p. 34 [46].

678. Isto se refere à prisão pelo governo comunista dos líderes do sindicato Solidariedade, primeiro sindicato independente da Polônia, ocorrida no final de 1981. Em 1983, o líder do sindicato, Lech Wałęsa, recebe o Prêmio Nobel da Paz [N.T.].

679. P. Bourdieu, *Sobre o Estado, op. cit.*

680. P. Bourdieu, *Anthropologie économique, op. cit.*

gia da dominação, a sociologia de uma revolução simbólica na pintura[681]; depois, numa espécie de conclusão do seu ensino, ele analisará os trabalhos dedicados à sociologia da ciência em geral e à sociologia da sociologia em particular[682], como se para lembrar, contra um certo relativismo radical, que apesar de certas condições sociais, as mesmas que constituem o campo científico, é possível produzir verdades que não sejam redutíveis ao mundo social que as produz.

681. P. Bourdieu, *Manet: une révolution symbolique, op. cit.*

682. P. Bourdieu, *Para uma sociologia da ciência, op. cit.*

Anexo

Resumo dos cursos publicados no Anuário do Collège de France

1983-1984

Como espaço de relações objetivas relativamente duráveis entre agentes ou instituições definidos por sua posição nesse espaço, o campo é o local de *investimentos específicos* (por exemplo, no caso da relojoaria, estudado por François Eymard-Duvernay, de métodos de produção, procedimentos de fabricação, modos de gestão da mão de obra, métodos de valorização do produto etc.) que pressupõem a posse de um *capital específico* e garantem lucros materiais e simbólicos (em particular, tanto no campo econômico quanto no campo de produção cultural, a "reputação", ligada principalmente à antiguidade). As estratégias dos agentes (empresas, autores etc.) dependem de sua posição nesse campo, quer dizer, de sua posição na distribuição do capital específico que se encontra posto em jogo, portanto de sua força relativa na concorrência.

A questão dos limites do campo sempre está em jogo no campo: por exemplo, as empresas de produção econômica ou cultural podem trabalhar para se diferenciarem das empresas mais próximas, de modo a diminuir a concorrência e garantir um monopólio sobre um subcampo. Apenas a pesquisa pode determinar os limites dos diferentes campos: esses limites apenas raramente assumem a forma de fronteiras jurídicas (por exemplo, *numerus clausus*), ainda que sejam marcados por "barreiras de entrada" mais ou menos institucionalizadas. Os limites do campo se situam no ponto em que terminam os efeitos do campo, e a passagem de um subcampo para o campo que o engloba – por exemplo, de um gênero literário como a poesia ao campo literário tomado em seu conjunto – é marcada por uma mudança qualitativa.

O princípio da dinâmica do campo está na forma de sua estrutura, e especialmente na distância entre as diferentes forças específicas presentes. Os dominados têm uma força não nula, pelo menos potencialmente, e isso por definição, já que fazer parte de um campo é ser capaz de produzir efeitos nele (por exemplo, suscitar reações de exclusão e de excomunhão da parte dos detentores das posições dominantes). As propriedades que agem no campo – portanto, retidas pelo analista como pertinentes porque produzem os efeitos mais determinantes – são aquelas que definem o capital específico, princípio dos investimentos específicos. O capital só existe e só funciona em relação ao campo onde vale: como os trunfos num jogo, ele confere um poder sobre esse campo, e em particular sobre os instrumentos materializados ou incorporados de produção e de reprodução cuja distribuição constitui a própria estrutura do campo, e sobre as regularidades (mecanismos) e regras (instituições) que definem o funcionamento ordinário do campo; e ao mesmo tempo sobre os lucros que se engendram nesse campo (por exemplo, o capital cultural e as leis de transmissão do capital cultural por meio da intermediação do sistema escolar).

Paramos aqui para definir o mundo social como lugar de tendências imanentes, de uma *vis insita* e de uma *lex insita*. Os jogos de azar, como a roleta, dão uma ideia de um universo de igualdade perfeita das chances, sem acumulação, em que qualquer um pode ganhar ou perder tudo a cada momento. O capital, enquanto capacidade de produzir lucros e de se reproduzir, idêntico ou aumentado, contém uma tendência de perseverar em seu ser que faz com que nem tudo seja igualmente possível ou impossível para todos a cada momento. Podemos distinguir as sociedades, especialmente as pré-capitalistas das capitalistas, segundo o grau em que elas são habitadas por mecanismos espontâneos ou institucionalizados capazes de produzir regularidades, em particular nas relações sociais entre os agentes: nas sociedades pré-capitalistas, devido ao fato da fraca objetivação do capital nos mecanismos econômicos e culturais, as relações sociais só podem ter qualquer duração – mesmo entre parentes – às custas de um trabalho incessante de recriação; nas sociedades capitalistas, a reprodução das relações sociais de dominação é deixada aos mecanismos, dispensando os agentes (pelo menos na fase inicial) do trabalho de manutenção das relações. Daí, contra a visão evolucionista de Weber ou Elias, o fato de que encontramos ao mesmo tempo mais violência bruta, física ou econômica, mas também mais violência suave e eufemizada (as relações "encantadas") nas sociedades pré-capitalistas do que nas sociedades capitalistas, em que a "violência inerte" dos mecanismos econômicos e culturais dispensa os dominantes do trabalho de eufemização da violência (cf. a passagem do criado doméstico para o operário). Isso pelo menos enquanto o desenvolvimento da força própria dos dominados não coagir os dominantes a recorrer a formas eufemizadas de dominação e a todos os recursos da violência simbólica que, tanto nas sociedades pré-capitalistas como nas sociedades mais desenvolvidas, exerce-se através de um trabalho de *criação de formas*.

Passamos assim à análise das espécies e dos estados de capital. Se existem tantas espécies de capital (trunfos) quanto há campos (espaços de jogo), podemos distinguir duas espécies fundamentais, o capital econômico e o capital cultural, que são eficientes em graus e formas diferentes, em todos os campos sociais. Deixando de lado o capital econômico, concentramo-nos em caracterizar os três estados do capital cultural – distinguido preliminarmente do "capital humano" dos economistas –, o estado incorporado, o estado objetivado e o estado institucionalizado. Ao falar, mediante uma generalização da noção, de *capital informacional*, um estoque de informações e disposições estruturadas e estruturantes que permitem informar e estruturar a informação recebida, examinamos em última instância o processo de objetivação e de codificação da informação e, em particular, o efeito próprio da *formalização*, comum à ciência e ao direito, à fórmula matemática e à formalidade jurídica. Tentamos assim explicar a *vis formae*, que é o fundamento da competência propriamente burocrática, e compreender a lógica específica dos processos chamados de "racionalização".

Na segunda hora, examinamos, com base em documentos ou pesquisas, uma série de problemas mais circunscritos: as relações entre o campo intelectual e o campo jornalístico – em relação a uma "lista de vencedores" de intelectuais –, as relações entre tempo e poder – a propósito de *O processo*, de Kafka –, a noção de crise – a propósito de maio de 1968 – etc.

Índice de nomes

Índice de conceitos

Conecte-se conosco:

 facebook.com/editoravozes

 @editoravozes

 @editora_vozes

 youtube.com/editoravozes

 +55 24 2233-9033

www.vozes.com.br

Conheça nossas lojas:

www.livrariavozes.com.br

Belo Horizonte – Brasília – Campinas – Cuiabá – Curitiba
Fortaleza – Juiz de Fora – Petrópolis – Recife – São Paulo

Vozes de Bolso

EDITORA VOZES LTDA.
Rua Frei Luís, 100 – Centro – Cep 25689-900 – Petrópolis, RJ
Tel.: (24) 2233-9000 – E-mail: vendas@vozes.com.br